REGARDS

FRANÇAIS • 2ᵉ CYCLE DU SECONDAIRE • TROISIÈME ANNÉE

Carole Tremblay
Sophie Trudeau
Andrée Lacombe

MANUEL DE L'ÉLÈVE • TOME 2

GRAFICOR
CHENELIÈRE ÉDUCATION

Regards
Français, 2e cycle du secondaire, 3e année

Manuel de l'élève, tome 2

Carole Tremblay, Sophie Trudeau, Andrée Lacombe

© 2010 Chenelière Éducation inc.

Édition : Ginette Létourneau
Coordination et révision linguistique : Ginette Duphily, Dominique Lapointe,
   Anne Melançon, Simon St-Onge
Correction d'épreuves : Renée Bédard, Lucie Lefebvre
Conception graphique, conception de la page couverture et infographie :
   Micheline Roy
Conception graphique de la section 4 et infographie : Valérie Deltour
Infographie : Jocelyne Cantin, Josée Brunelle
Recherche iconographique et demandes de droits : Marie-Chantal Laforge,
   Christine Guilledroit, Anne Sol
Rédaction des notices biographiques et collaboration aux pages Littérature + :
   Simon St-Onge
Consultation en grammaire : François Morin
Impression : Imprimeries Transcontinental

Illustrations
Christine Delezenne : pages 308-309, 359, 376, 377, 379, 380,
   381, 382
Jacques Laplante : page 316

Source
Couverture : David Yerga, *En lisant le journal*, 2007, acrylique
   sur toile, 61 x 50 cm, collection privée.

GRAFICOR

CHENELIÈRE ÉDUCATION

7001, boul. Saint-Laurent
Montréal (Québec) Canada H2S 3E3
Téléphone : 514 273-1066
Télécopieur : 450 461-3834 / 1 888 460-3834
info@cheneliere.ca

ISBN 978-2-7652-1048-1

Dépôt légal : 1er trimestre 2010
Bibliothèque et Archives nationales du Québec
Bibliothèque et Archives Canada

Imprimé au Canada

1 2 3 4 5 ITIB 13 12 11 10 09

Nous reconnaissons l'aide financière du gouvernement du Canada par l'en-
tremise du Programme d'aide au développement de l'industrie de l'édition
(PADIÉ) pour nos activités d'édition.

Gouvernement du Québec – Programme de crédit d'impôt pour l'édition de
livres – Gestion SODEC.

Membre du CERC

Membre de
l'Association nationale
des éditeurs de livres

ASSOCIATION NATIONALE DES ÉDITEURS DE LIVRES

Les abréviations

Adj.	adjectif
Adv.	adverbe
Attr.	attribut
f.	féminin
Inf.	infinitif
m.	masculin
Modif.	modificateur
Part. prés.	participe présent
pers.	personne grammaticale
pl.	pluriel
Prép.	préposition
Pron.	pronom
Pron. rel.	pronom relatif
s.	singulier
Sub.	subordonnée
Sub. circ.	subordonnée circonstancielle
Sub. compl.	subordonnée complétive
Sub. corr.	subordonnée corrélative
Sub. rel.	subordonnée relative

Les symboles

C	complément
C de P	complément de phrase
C du N	complément du nom
CD du V	complément direct du verbe
CI du V	complément indirect du verbe
GAdj	groupe adjectival
GAdv	groupe adverbial
GInf	groupe infinitif
GN	groupe nominal
GPart	groupe participial
GPrép	groupe prépositionnel
GPron	groupe pronominal
GV	groupe verbal
N	nom
P	phrase
S	sujet
V	verbe
VAttr	verbe attributif

Les pictogrammes

➡	renvoi à des pages de la section *Références* ou à l'*Index des notions*
⊘	forme incorrecte ou emploi non approprié
✕	élément fautif
+	addition, ajout
↔	déplacement
✄	effacement, soustraction
[ ]	encadrement
>	réduction
↓	remplacement

Sujet de P

Prédicat de P

C de P

(Les couleurs de ces trames n'ont cette signification que dans la partie «Connaissances».)

 document reproductible

 dossier d'apprentissage

 DVD

organisateur textuel

Les mots et expressions en gris, soulignés, renvoient à des notions répertoriées dans l'index. On y indique les pages à consulter pour trouver des explications relatives à ces notions.

TABLE DES MATIÈRES | TOME 2

SECTION 1 **DOSSIERS**   2

DOSSIER 4 **QUESTIONS DE SOCIÉTÉ**

Essentiel des notions et des concepts traités dans ce dossier

- Procédé argumentatif
- Explication argumentative
- Réfutation
- Techniques de réfutation (concession, disqualification, etc.)
- Stratégie argumentative

- Texte d'opinion/Lettre ouverte (structure: introduction, développement, conclusion; organisateurs textuels)
- Article critique (caractéristiques, composantes)
- Débat (caractéristiques, préparation, outils langagiers, modérateur)

DOSSIER 5 **INVITATION AU VOYAGE**

Essentiel des notions et des concepts traités dans ce dossier

- Univers poétique, thèmes, images
- Ressources sonores, ressources langagières, ressources visuelles et graphiques, figures de style
- Éléments de versification (rythme, rime, strophe, etc.)

- Structure du texte poétique, formes fixes, formes libres
- Visées du poème (esthétique, émotive, persuasive, ludique, etc.)

Essentiel des notions et des concepts traités dans ce dossier

- Répliques (dialogue, tirade, aparté, soliloque, monologue) ; didascalies ; coup de théâtre, quiproquo
- Temps et lieu au théâtre
- Divisions d'un texte de théâtre (actes, scènes, tableaux) ; séquence dialogale
- Personnages, schéma actantiel

PRÉSENTATION DU MANUEL

SECTION 1 **DOSSIERS**

Dans chaque tome, il y a trois dossiers de un à cinq ateliers chacun.

▶ Les pages d'ouverture présentent le dossier et donnent un aperçu de la façon dont vous l'aborderez.

Le titre informe sur le thème du dossier, et le sous-titre précise l'univers dans lequel les apprentissages s'inscrivent.

Le texte de présentation énonce le sujet du dossier et la problématique à laquelle vous serez invités à réfléchir au fil des ateliers.

Le **Sommaire** annonce le contenu du dossier et de chacun des ateliers.

Dans cette liste, on énumère les notions de grammaire abordées dans la rubrique **Grammaire en contexte**.

▶ À l'étape de la **PRÉPARATION**, vous amorcez une réflexion sur vos apprentissages. Vous êtes amenés à faire un survol du dossier afin d'en prendre connaissance.

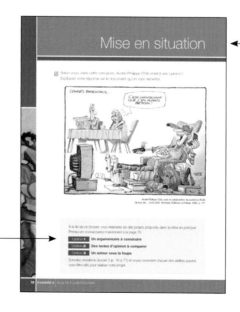

La page **Mise en situation** est consacrée à l'étape de la PRÉPARATION. Vous activez les connaissances sur lesquelles vous travaillerez dans le dossier.

Vous examinez aussi les projets à réaliser et le contenu des ateliers.

▶ À l'étape de la **RÉALISATION**, vous développez vos compétences en lecture, en écriture et en communication orale, tout en utilisant vos connaissances et vos stratégies.

Un court préambule présente les textes de la **Lecture préparatoire** et donne l'intention de lecture.

La rubrique **Au fil du texte** vous amène à mieux comprendre certains mots et expressions.

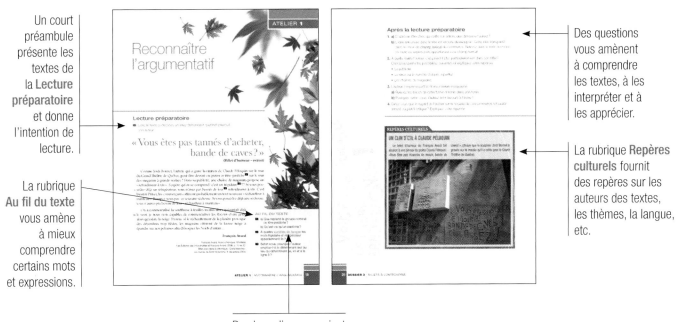

Des questions vous amènent à comprendre les textes, à les interpréter et à les apprécier.

La rubrique **Repères culturels** fournit des repères sur les auteurs des textes, les thèmes, la langue, etc.

Des hyperliens renvoient à l'index du manuel.

Les pages **Bloc théorique** exposent les notions et les concepts liés aux types et aux genres de textes.

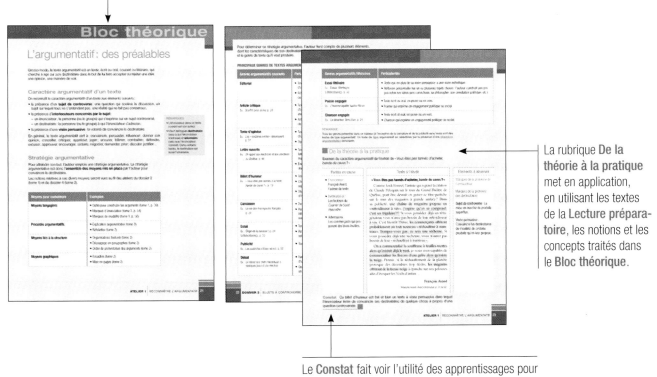

La rubrique **De la théorie à la pratique** met en application, en utilisant les textes de la **Lecture préparatoire**, les notions et les concepts traités dans le **Bloc théorique**.

Le **Constat** fait voir l'utilité des apprentissages pour la compréhension ou l'appréciation des textes.

Les pages **Activités** présentent des extraits de textes, accompagnés de questions et d'activités qui vous amènent à mettre en œuvre les notions et les concepts du **Bloc théorique**. Ces pages vous permettent aussi de comprendre, d'interpréter et d'apprécier les textes, d'acquérir des connaissances, d'utiliser des stratégies et de développer des compétences.

Le picto **TEXTES EN RÉSEAU** signale une activité ou une question qui vous invite à mettre des textes en relation. Les mises en relation sont variées : elles peuvent être faites entre des textes qui traitent du même sujet, entre des textes d'un même auteur, entre des textes d'un même univers ou d'univers différents, etc.

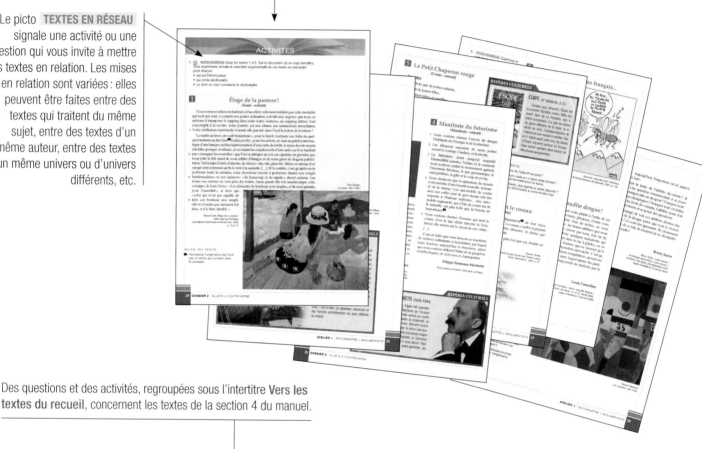

Des questions et des activités, regroupées sous l'intertitre **Vers les textes du recueil**, concernent les textes de la section 4 du manuel.

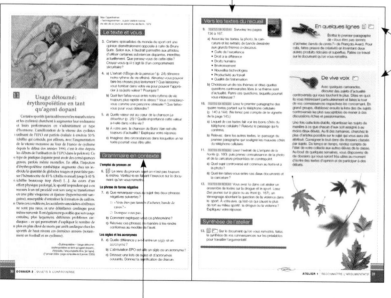

Les rubriques **En quelques lignes** et **De vive voix** comportent de courtes situations d'écriture et de communication orale qui sont liées aux apprentissages de l'atelier.

Des questions et des activités, regroupées sous l'intertitre **Grammaire en contexte**, vous amènent à faire des observations grammaticales dans les textes des pages **Activités** et dans les textes du **Recueil de textes**.

Les pages **Littérature +** présentent un contenu littéraire qui s'ajoute à celui traité dans les ateliers.

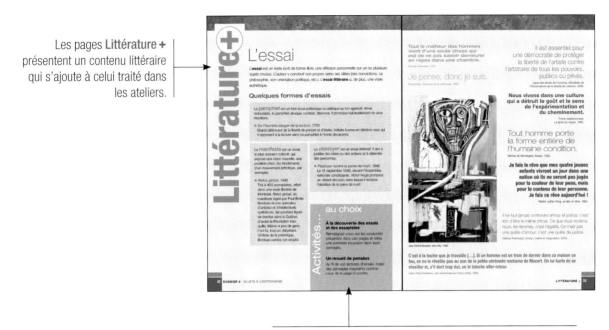

La rubrique **Activités… au choix** regroupe des activités à faire en enrichissement, soit individuellement, soit en équipe. Ces activités sont basées sur le contenu des pages **Littérature +**.

▶ À l'étape de l'**INTÉGRATION ET DU RÉINVESTISSEMENT**, vous réalisez un projet pour mettre à profit vos nouveaux apprentissages et vous prenez connaissance des propositions de lecture.

La page **Répertoire** vous invite à poursuivre vos lectures et vos expériences culturelles.

Dans la page **Mise en pratique**, un choix de trois projets correspondant à des productions écrites ou orales vous est proposé. Des pistes de travail sont aussi fournies. Des documents reproductibles sont offerts pour plusieurs projets.

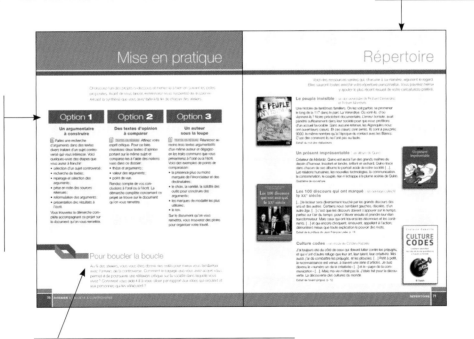

La rubrique **Pour boucler la boucle** vous amène à faire un retour sur le travail accompli dans tout le dossier et à jeter un nouveau regard sur la problématique de départ.

Neuf séries d'activités et d'exercices de grammaire sont réparties dans les deux tomes.

▶ La section **Activités et exercices de grammaire** regroupe des séries d'activités et d'exercices organisées autour des erreurs les plus fréquentes. Ces séries devraient vous amener à comprendre vos erreurs et vous aider à développer des réflexes d'autocorrection.

L'encadré **Connaissances à consulter, au besoin** désigne les articles de la partie « Connaissances » à consulter.

La première activité de chaque série vous amène toujours à faire le point sur votre habileté à reconnaître et à corriger un type d'erreur. Ainsi, vous êtes en mesure d'évaluer comment la série d'activités et d'exercices pourra vous être utile.

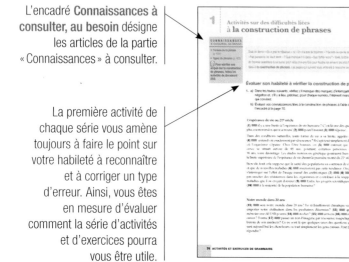

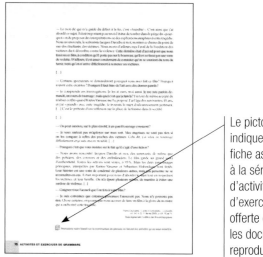

Le pictogramme indique qu'une fiche associée à la série d'activités et d'exercices est offerte dans les documents reproductibles.

SECTION 3 RÉFÉRENCES

▶ La partie A de cette section, les **Connaissances**, regroupe les notions au programme du 2e cycle du secondaire. C'est un outil d'apprentissage et une ressource à consulter, au besoin.

▶ La partie B de cette section, les **Stratégies**, regroupe les principales stratégies au programme. Ces stratégies constituent un outil d'apprentissage et une ressource à consulter, au besoin.

La capsule **Remarque** signale une difficulté particulière ou une mise en garde.

Les notions sont présentées dans l'ordre alphabétique.

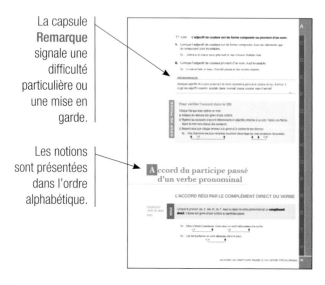

La capsule **Coup de pouce** propose des savoir-faire utiles.

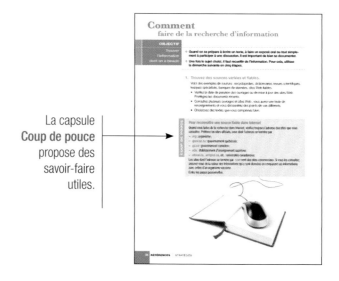

▶ La section **Recueil de textes** offre une sélection de textes de longueur différente, de genres et de degrés de difficulté variés. Les textes sont regroupés et liés à chacun des dossiers du manuel.

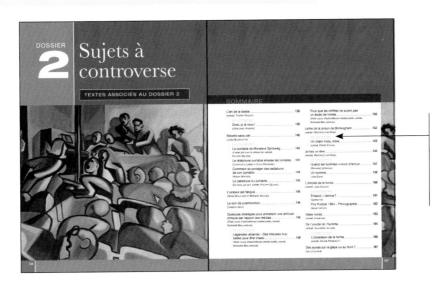

Des textes sont parfois accompagnés de textes **En contrepoint**. Ceux-ci traitent du même sujet, mais ils sont souvent de genres différents.

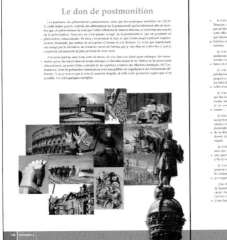

Les rubriques **Repères culturels** de cette section présentent toutes des notices biographiques d'écrivains.

Les textes de cette section sont de genres très variés : extrait de roman, extrait de BD, fable, lettre ouverte, billet d'humeur, texte documentaire, reportage, poème, etc.

Questions de société

ARGUMENTER : APPROFONDISSEMENT

Hilary Rosen, *Septembre*, 2001.

Prendre position sur les petites et les grandes questions de société, débattre de ses choix, s'affirmer, se remettre en question, écouter d'autres opinions, voilà quelques-unes des expériences que la vie en société nous réserve. Pour améliorer notre compréhension du monde, pour mieux vivre ensemble, pourquoi ne pas participer aux échanges d'idées autour de nous ?

SOMMAIRE

Notions de grammaire abordées dans ce dossier

L'accord du verbe
La formation et l'accord du participe passé
Les marqueurs de relation
La reprise de l'information
L'emploi du pronom *on*

19

42

60

3

Notions de base en argumentation

Cet aide-mémoire regroupe
les blocs théoriques
du dossier 2 (tome 1).

L'argumentatif : des préalables

TOME 1, p. 117

Grosso modo, le texte argumentatif est un texte, écrit ou oral, courant ou littéraire, qui cherche à agir sur son destinataire dans le but de lui faire accepter ou rejeter une idée, une opinion, une manière de voir.

Caractère argumentatif d'un texte

On reconnaît le caractère argumentatif d'un texte aux éléments suivants :

- la présence d'un **sujet controversé** : une question qui soulève la discussion, un sujet sur lequel tous ne s'entendent pas, une réalité qui ne fait pas consensus ;
- la présence d'**interlocuteurs concernés par le sujet** :
  - un énonciateur : la personne (ou le groupe) qui s'exprime sur un sujet controversé,
  - un destinataire : la personne (ou le groupe) à qui l'énonciateur s'adresse ;
- la présence d'une **visée persuasive** : la volonté de convaincre le destinataire.

En général, le texte argumentatif sert à : convaincre, persuader, influencer ; donner son opinion, conseiller, critiquer, apprécier, juger ; accuser, blâmer, combattre ; défendre, excuser ; approuver, encourager, séduire ; négocier, demander, prier ; discuter, justifier…

REMARQUES
- L'énonciateur, dans un texte courant, est l'auteur du texte.
- Il faut distinguer **destinataire** (celui à qui l'énonciateur s'adresse) et **adversaire** (celui que l'énonciateur combat). Dans certains textes, le destinataire est aussi l'adversaire.

Principaux genres argumentatifs

Genres argumentatifs courants	Particularités
Éditorial Ex. : *Le fanatisme des animalistes*, tome 2, p. 32.	• Texte publié dans les pages éditoriales d'un journal, d'un magazine, d'une revue ou d'un site Internet. • Réflexion, prise de position ou commentaire exprimé par la direction de la publication ou du site Internet ; traite des grandes questions d'actualité.
Article critique Ex. : *Souffrir pour écrire*, tome 1, p. 122. Ex. : *J'ai tué ma mère*, tome 2, p. 60.	• Texte publié dans une rubrique culturelle (ou autre) d'un journal, d'un magazine, d'une revue ou d'un site Internet ; texte oral présenté dans une chronique culturelle (ou autre) radiophonique ou télévisuelle. • Article dans lequel on présente et apprécie une œuvre ou une manifestation relevant du domaine culturel (ou autre) : livre, film, CD, spectacle, exposition, festival, salon, etc.
Texte d'opinion Ex. : *Les «soutanes vertes» débarquent*, tome 1, p. 147. Ex. : *Moins de rouge, plus de vert*, tome 2, p. 42.	• Texte publié habituellement dans les pages *Idées*, *Libre opinion*, *Tribune libre*, etc., d'un journal, d'un magazine, d'une revue ou d'un site Internet. • Opinions, commentaires des lecteurs sur des questions d'actualité.

Genres argumentatifs courants	Particularités
Lettre ouverte Ex.: *Un appel aux électrices et aux électeurs du Québec,* tome 1, p. 142. Ex.: *Lettre ouverte de Victor Hugo aux journaux,* tome 2, p. 332.	• Texte d'opinion (voir à la page précédente) rédigé sous forme de lettre à l'intention d'un destinataire précis (ministre, président ou présidente d'entreprise, groupe de citoyens, etc.), mais communiqué publiquement ; traite des grandes questions d'actualité. • Énonciateur : simple citoyen ou personne reconnue pour ses compétences dans un domaine donné.
Billet d'humeur Ex.: « *Vous êtes pas tannés d'acheter, bande de caves ?* », tome 1, p. 115. Ex.: *Tintin en joual,* tome 2, p. 325.	• Texte publié habituellement dans les pages éditoriales d'un journal ou d'un magazine. • Chronique dans laquelle un journaliste fait part de ses états d'âme à l'égard d'un sujet, le plus souvent lié à l'actualité. • Style du billet d'humeur : très libre et personnel. Contrairement à l'éditorial, le billet d'humeur n'engage que son auteur.
Caricature Ex.: *La vie des maringouins français...,* tome 1, p. 124.	• Dessin publié habituellement dans les pages éditoriales d'un journal ou d'un magazine. • Représentation humoristique qui, le plus souvent, met l'accent sur le ridicule d'une idée, d'une situation, d'une décision, d'un personnage connu (souvent un homme ou une femme politique), etc.
Essai Ex.: *Éloge de la paresse !,* tome 1, p. 120. **Littérature⊕,** tome 1, p. 128. Ex.: *Abolissons l'hiver !,* tome 2, p. 304.	• Texte de forme libre. • Réflexion personnelle sur un ou plusieurs sujets choisis ; l'auteur construit son texte selon ses idées (ses convictions, sa philosophie, son orientation politique, etc.).
Publicité Ex.: *Les publicités d'Éduc'alcool,* tome 1, p. 146.	• Texte écrit ou oral qui fait la promotion d'un produit, d'un service, d'une idée.
Débat Ex.: Le « débat des chefs » télédiffusé à quelques jours d'une élection. Ex.: **Littérature⊕,** tome 2, p. 76.	• Face-à-face au cours duquel des personnes ayant des opinions divergentes débattent d'une ou de plusieurs questions controversées. • Quand il est diffusé à la télévision ou à la radio, le débat est habituellement régulé par un modérateur.

Genres argumentatifs littéraires	Particularités
Essai littéraire Ex. : *Essais*, Montaigne. **Littérature⊕**, tome 1, p. 128.	• Texte qui, en plus de sa visée persuasive, a une visée esthétique. • Réflexion personnelle sur un ou plusieurs sujets choisis ; l'auteur construit son texte selon ses idées (ses convictions, sa philosophie, son orientation politique, etc.).
Poésie engagée Ex. : *L'homme rapaillé*, Gaston Miron. Ex. : *Plus jamais je ne détournerai les yeux…*, André Laude, tome 2, p. 102.	• Texte écrit ou oral, en prose ou en vers. • Poème qui exprime un engagement politique ou social.
Chanson engagée Ex. : *Le déserteur*, Boris Vian, tome 2, p. 9. Ex. : *Les Yankees*, Richard Desjardins, tome 2, p. 399.	• Texte écrit ou oral, en prose ou en vers. • Chanson qui exprime un engagement politique ou social.

REMARQUE

Tous les genres présentés dans ces tableaux (à l'exception de la caricature et de la publicité sans texte) sont des textes de type argumentatif. Un texte de <u>type</u> argumentatif se caractérise par la présence d'une <u>séquence argumentative</u> dominante.

Le vocabulaire de base

TOME 1, p. 132

Notions	Définitions	Exemples dans *Le déserteur*
Sujet controversé	**Sujet qui suscite la discussion.** **Synonymes :** sujet qui prête à controverse, question controversée, objet de la controverse, objet de la discussion, objet du débat.	L'obligation de faire la guerre.
Thèse	**Opinion de l'énonciateur sur le sujet controversé, ce qu'il défend, ce dont il veut convaincre le destinataire.** **Synonymes :** prise de position, position, opinion, conclusion. (Attention : ne pas confondre *conclusion* au sens de « thèse » et *conclusion* au sens de « fin d'un texte ».) **Pour repérer la thèse**, on pose la question suivante : *quelle opinion soutient-on dans ce texte ?* La réponse constitue la thèse.	Il ne faut pas faire la guerre.
Argument	**Raison que l'énonciateur donne pour appuyer sa thèse.**	• On ne vit pas pour tuer des gens. • La guerre n'apporte que des souffrances. • La guerre détruit tout.
Contre-thèse	**Opinion adverse, thèse contraire à la thèse de l'énonciateur.** **Pour repérer la contre-thèse**, on pose la question suivante : *quelle opinion combat-on dans ce texte ?* La réponse constitue la contre-thèse.	Les conscrits doivent faire la guerre.
Contre-argument	**Argument qui soutient la contre-thèse.**	La désertion est passible de la peine de mort.
Séquence argumentative	Séquence qui contient, à la base : • une thèse, • une argumentation (l'ensemble des arguments au service de la thèse), • parfois la reformulation de la thèse. **Remarque** Un texte argumentatif peut contenir une ou plusieurs séquences argumentatives de même qu'une ou plusieurs séquences secondaires d'un autre type.	

REMARQUE
Une thèse (un argument, une contre-thèse ou un contre-argument) **explicite** est clairement énoncée dans le texte. Une thèse (un argument, une contre-thèse ou un contre-argument) **implicite** est suggérée, sous-entendue ; on doit la déduire.

Le déserteur
(Chanson)

Monsieur le Président,
Je vous fais une lettre
Que vous lirez peut-être
Si vous avez le temps.
Je viens de recevoir
Mes papiers militaires
Pour partir à la guerre
Avant mercredi soir.
Monsieur le Président,
Je ne veux pas la faire,
Je ne suis pas sur terre
Pour tuer de pauvres gens.
C'est pas pour vous fâcher,
Il faut que je vous dise,
Ma décision est prise,
Je m'en vais déserter.

Depuis que je suis né,
J'ai vu mourir mon père,
J'ai vu partir mes frères
Et pleurer mes enfants.
Ma mère a tant souffert
Qu'elle est dedans sa tombe
Et se moque des bombes
Et se moque des vers.
Quand j'étais prisonnier,
On m'a volé ma femme,
On m'a volé mon âme
Et tout mon cher passé.
Demain de bon matin,
Je fermerai ma porte
Au nez des années mortes
J'irai sur les chemins.

Je mendierai ma vie
Sur les routes de France,
De Bretagne en Provence,
Et je dirai aux gens :
Refusez d'obéir,
Refusez de la faire,
N'allez pas à la guerre,
Refusez de partir.
S'il faut donner son sang,
Allez donner le vôtre,
Vous êtes bon apôtre,
Monsieur le Président.
Si vous me poursuivez,
Prévenez vos gendarmes
Que je n'aurai pas d'armes
Et qu'ils pourront tirer.

Paroles de Boris Vian, musique de Boris Vian et Harold Berg,
© Éditions Djanick Music, 1964.

La construction des arguments

TOME 1, p. 134

On peut distinguer l'**énoncé** d'un argument et le **développement** de cet argument.

- L'**énoncé** de l'argument est l'idée de base qui soutient la thèse.
- Le **développement** de l'argument est ce qui étoffe l'idée de base de manière à la rendre plus convaincante.

Le plus souvent, l'énoncé de l'argument précède son développement.

Thèse	Les Américains éprouvent une fascination stupéfiante pour la nourriture.
Argument Énoncé de l'argument Développement de l'argument	Pour certains, manger – bâfrer pourrait-on écrire – est presque devenu une occupation à plein temps. Quel que soit le lieu (19 % des repas sont consommés en voiture), le moment (la presque totalité des chaînes de *fast-food* restent ouvertes 24 heures sur 24), l'Américain éprouve le besoin de satisfaire les exigences de son estomac. William Reymond, *Toxic : Obésité, malbouffe, maladie : enquête sur les vrais coupables*, Paris, Flammarion, coll. «Enquête», 2007, p. 36.

Toutefois, il arrive que le développement de l'argument soit placé avant son énoncé.

Thèse	Les Américains éprouvent une fascination stupéfiante pour la nourriture.
Argument Développement de l'argument Énoncé de l'argument	Deux comportements sont révélateurs : les Américains mangent n'importe où (19 % des repas sont consommés en voiture) et à toute heure du jour et de la nuit (la plupart des chaînes de *fast-food* restent ouvertes 24 heures sur 24). Pour certains, manger – bâfrer pourrait-on écrire – est presque devenu une occupation à plein temps. D'après William Reymond, *ibid*.

Outils pour construire des arguments

Pour énoncer ou développer un argument (ou un contre-argument), on se sert de différents outils. Selon le contexte dans lequel on les utilise, ces outils sont plus ou moins intéressants, crédibles, réfutables. Il importe donc de toujours évaluer la qualité des arguments qu'on lit ou qu'on entend.

Outils	Exemples	Pistes pour analyser la qualité des arguments
Référence à une autorité, c'est-à-dire à une personne, à une association ou à une institution reconnue pour sa compétence, sa notoriété ou son prestige	On devrait interdire l'exploitation de restaurants offrant de la malbouffe à proximité des écoles. En effet, selon Flore Boucher, diététiste et fondatrice de la coalition Bien manger, leur présence nuit considérablement aux efforts de chacun et chacune pour développer de saines habitudes alimentaires.	• La compétence de la personne, de l'association ou de l'institution est-elle vraiment reconnue ? La personne se prononce-t-elle dans son domaine de compétence ? Est-elle en conflit d'intérêts ? • Les idées mentionnées ou les propos rapportés sont-ils vraiment attribuables à l'autorité à laquelle on se réfère ? La personne est-elle citée correctement ? Est-elle citée hors contexte ?
Utilisation de faits, de données scientifiques, historiques, statistiques, etc.	Aux États-Unis, les adolescents ingurgitent en moyenne 34 cuillères à café de sucre quotidiennement, dont 15 proviennent des deux boissons gazeuses qu'ils boivent. Mais ces chiffres ne disent pas tout. L'étude ne tient pas compte des sucres présents dans les boissons énergisantes.	• Les faits rapportés sont-ils pertinents dans le contexte ? Sont-ils vérifiables, observables ou admis par tous ? • Les chiffres avancés sont-ils vraisemblables ? Les a-t-on suffisamment mis en contexte pour qu'ils aient du sens ? Ex. : « Les Québécois consomment en moyenne trois hamburgers. » Cette donnée n'a aucune valeur parce qu'on ignore s'il s'agit de leur consommation hebdomadaire, mensuelle ou annuelle.
Recours à la définition, à l'étymologie	Ne l'oublions pas, dans le mot *malbouffe*, on trouve *mal* et *bouffe*. Difficile d'être plus clair : la malbouffe est de la mauvaise nourriture. Mauvaise pour ceux qui la consomment, mauvaise pour ceux qui la produisent et mauvaise pour l'environnement.	• La définition que l'on donne à l'appui provient-elle d'une source fiable (un dictionnaire, par exemple) ?
Rapprochement de deux réalités (analogie) pour faire ressortir des ressemblances ou des différences	Nous vivons dans une société qui crée pour les chiens de la nourriture équilibrée, bonne pour le poil, les dents et le système digestif. Dans cette même société, on laisse les enfants manger de la malbouffe à l'école.	• Les réalités rapprochées ont-elles suffisamment de points de comparaison pour être mises en parallèle ?
Établissement d'un rapport de cause à conséquence La cause est l'origine d'un phénomène ; la conséquence en est le résultat.	Mal manger a des effets désastreux sur le cerveau : les connexions neuronales se font plus difficilement.	• Le lien entre une cause et une conséquence est-il plausible, solide ?

Aide-mémoire

Outils	Exemples	Pistes pour analyser la qualité des arguments
Présentation d'avantages ou d'inconvénients	Le bilan est catastrophique : la consommation d'aliments trop gras et trop sucrés favorise le diabète, l'hypertension et l'hypercholestérolémie, trois tueurs silencieux.	• Les faits présentés comme des avantages ou des inconvénients sont-ils vraiment perçus ainsi dans le contexte ?
Appel aux valeurs (tradition, nouveauté, qualité, quantité, etc.)	On laisse les enfants manger de la malbouffe à l'école. Nous avons un problème. Un gros. Nos enfants ne méritent-ils pas ce qu'il y a de mieux ?	• Dans le contexte, l'invocation d'une valeur donnée est-elle pertinente ?
Exposé d'une expérience personnelle	Le bannissement de la malbouffe à l'école se répercute jusqu'à la maison. Il y a deux jours, j'étais à l'épicerie avec mon fils et j'ai déposé un sac de croustilles dans le panier. Mon fils l'a pris, a lu les informations nutritives et m'a regardé d'un air réprobateur : «Tu ferais mieux de grignoter des bébés carottes. Tu serais moins gros !» m'a-t-il dit. Je n'en suis pas encore tout à fait revenu…	• L'expérience personnelle relatée a-t-elle de la pertinence dans le contexte ? Ce qui est propre à soi peut-il avoir de la valeur pour les autres dans ce cas précis ?
Utilisation d'énoncés de sagesse populaire (adages, proverbes, maximes, dictons)	Puisqu'on ne sait pas encore quels sont les effets de ces produits alimentaires sur la santé, il est préférable de s'abstenir d'en consommer. Prudence est mère de sûreté.	• À un énoncé de sagesse populaire donné, peut-on en opposer un autre de sens contraire ? Ex. : À *Prudence est mère de sûreté* on pourrait opposer *Qui ne risque rien n'a rien.*
Appel au clan, c'est-à-dire à l'opinion d'un groupe de personnes ayant les mêmes goûts ou les mêmes intérêts que soi	Bannir la pizza des écoles n'est pas une solution. Dans mon entourage, nous sommes plusieurs à penser qu'il serait plus intelligent de proposer des pizzas santé moins grasses et moins salées. De plus, il nous semble incontournable de mieux éduquer les jeunes : de la pizza à l'occasion, c'est bon ; de la pizza chaque midi, c'est une tragédie.	• Le groupe dont on adopte les idées a-t-il une opinion valable et pertinente ?
Appel à la norme, c'est-à-dire présentation d'une chose comme étant normale, évidente, acceptée par tous	Trois milliards de sandwichs servis jusqu'à maintenant ! Tout le monde en mange, faites-le donc !	• Que tout le monde fasse ou pense une chose, est-ce un gage d'intelligence, de bon sens ?
Appel aux sentiments (compassion, empathie, indulgence, etc.)	Je suis responsable de la cantine de l'école depuis dix-sept ans. J'aimerais qu'on se mette à notre place. Il n'est pas facile de faire à manger à des ados qui critiquent tout le temps. C'est un travail stressant. Et puis, nous faisons notre possible avec le peu d'argent que nous avons.	• Pourquoi fait-on appel à ces sentiments ? Est-ce pertinent dans le contexte ?
Exploitation de préjugés, d'idées toutes faites, de partis pris, de clichés, de lieux communs	«Les gros manquent de volonté. S'ils le voulaient vraiment, ils pourraient maigrir. Les régimes amaigrissants, c'est fait pour ça.» Voilà un préjugé fort répandu, comme l'a si bien rappelé la conférencière, lundi dernier.	• Une telle affirmation n'est-elle pas qu'un simple préjugé facilement réfutable ?

Énonciateur et marques d'énonciation

TOME 1, p. 150

L'énonciateur d'un texte argumentatif peut :

- manifester sa présence dans son texte ou, au contraire, rester en retrait ;
- rendre manifeste la présence du destinataire ou, au contraire, ne pas la faire voir.

Ces choix, l'énonciateur les fait en fonction de la stratégie argumentative qu'il adopte.

Pour manifester sa présence et rendre manifeste celle du destinataire, l'énonciateur emploie des **marques d'énonciation**.

Marques d'énonciation		Exemples
Marques révélant la présence de l'énonciateur	Pronoms personnels, pronoms possessifs et déterminants de la 1re personne, verbes de la 1re personne de l'impératif (Dans certains contextes : pronom *on*.)	• Je pleurais quand je vins au monde, et chaque jour me montre pourquoi. (Proverbe espagnol) • Comment prétendons-nous qu'un autre puisse garder notre secret, si nous ne pouvons le garder nous-mêmes ? (La Rochefoucauld)
	Signature	
Marques révélant la présence du destinataire	Pronoms personnels, pronoms possessifs et déterminants de la 2e personne, verbes de la 2e personne de l'impératif (Dans certains contextes : – pronoms personnels, pronoms possessifs et déterminants de la 1re personne du pluriel, verbes de la 1re personne de l'impératif ; – pronom *on*.)	• Ton pied te conduira où tu veux aller. (Proverbe hébreu) • Descendez en vous-même, et vous reconnaîtrez la pauvreté de votre demeure. (Proverbe latin)
	Toute forme d'interpellation (apostrophe, formule d'appel, etc.)	• Si tu te présentes les mains vides, on te dira : le maître dort ; si tu te présentes avec un présent, on te dira : Maître, daignez entrer. (Proverbe turc)

REMARQUES

- En l'absence de marques d'énonciation révélant la présence de l'énonciateur, il faut conclure que la présence de l'énonciateur est non marquée dans le texte.
- En l'absence de marques d'énonciation révélant la présence du destinataire, il faut conclure que la présence du destinataire est non marquée dans le texte.
- Le pronom *nous* peut désigner différentes réalités. Le *nous* collectif englobe l'énonciateur et au moins une autre personne (qui peut être le destinataire), tandis que le *nous* de modestie est celui que peut employer l'énonciateur pour se désigner lui-même.

Point de vue de l'énonciateur et marques de modalité

TOME 1, p. 152

L'énonciateur d'un texte argumentatif manifeste son point de vue de deux manières :
- par l'attitude qu'il a **envers son destinataire** ;
- par l'attitude qu'il a **par rapport à son propos**.

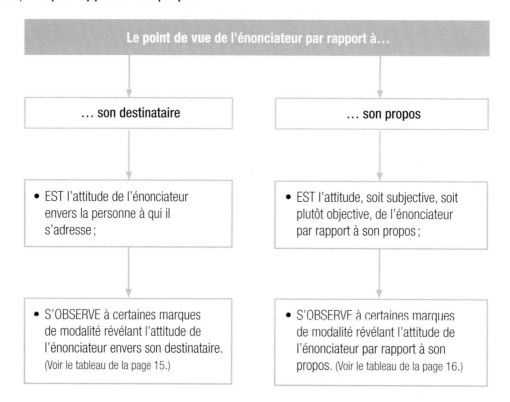

- Le choix des marques de modalité se fait en fonction de la stratégie argumentative adoptée.

- Pour qu'un texte soit cohérent, il faut, entre autres, que le point de vue de l'énonciateur soit constant du début à la fin. Tout changement de point de vue doit être justifié.

REMARQUE

Dans la langue courante, le terme *point de vue* est un synonyme d'*opinion*. Toutefois, en argumentation, le terme *point de vue* est réservé à l'attitude de l'énonciateur. Dans ce manuel, *point de vue* n'est donc pas employé comme synonyme d'*opinion* ou de *thèse*.

Point de vue de l'énonciateur envers son destinataire

Le point de vue de l'énonciateur envers son destinataire s'observe aux marques de modalité suivantes.

Marques de modalité révélant l'attitude envers le destinataire	Exemples
Manière de parler du destinataire (emploi de vocabulaire à connotation positive ou à connotation négative)	• Tu as l'esprit vif, les idées claires, le cœur pur. Vraiment, tu es la candidate idéale pour nous représenter. (Le vocabulaire mélioratif, valorisant, donne une connotation positive.) • Vous avez un esprit tordu, une langue fourchue, un cœur de pierre. Comment voulez-vous qu'on vous fasse confiance? (Le vocabulaire péjoratif, dévalorisant, donne une connotation négative.)
Choix du vouvoiement ou du tutoiement	• À chacun de vos dons, vous donnez de l'espoir aussi. • Ta clé. Ton auto. Ton samedi soir. Ta liberté. Qu'attends-tu?
Formules de politesse (salutations, remerciements, excuses, etc.)	• Je vous remercie de me céder la parole, j'en ferai bon usage. • Je vous prie de croire en l'expression de mes regrets les plus sincères.
Manière d'interpeller le destinataire (apostrophe, formule d'appel, etc.)	• **Jeunes écocitoyens**, exigez un environnement toujours plus sain. (Interpellation au moyen d'une apostrophe contenant du vocabulaire à connotation positive.)
Manière d'utiliser les phrases interrogatives et les phrases impératives	• Ne croyez-vous pas que le respect de l'être humain et celui de la nature sont indissociables? • Lançons un cri d'alarme pour dénoncer les abus.
Choix d'une variété de langue pour créer un effet de distanciation, de complicité, de provocation, etc.	• Un effet de complicité est perceptible quand un énonciateur s'adresse à son destinataire dans la variété de langue que ce dernier utilise habituellement. • Un effet de provocation est perceptible quand un énonciateur s'adresse à son destinataire dans une variété de langue qui choque ce dernier.
Autres marques (ironie, reformulation, etc.)	• Nos soldats vont mourir à l'autre bout du monde alors qu'ils pourraient nous être utiles ici. **Félicitations pour votre beau gâchis!** (Ironie) • Saviez-vous que certaines entreprises ont largement profité d'avantages financés à même nos impôts et qu'en retour, elles nous vendent leurs produits beaucoup plus cher qu'aux États-Unis? **En d'autres mots, savez-vous qu'elles nous volent?** (Reformulation)

L'attitude de l'énonciateur envers le destinataire transparaît également dans le **ton** qu'il emploie.

- Pour **plaire** à son destinataire, l'énonciateur peut adopter un ton amical, affectueux, élogieux, protecteur, flatteur, complice, admiratif, etc., qui révèle l'accord, l'harmonie entre eux.
- Pour **provoquer** son destinataire, l'énonciateur peut adopter un ton accusateur, agressif, méprisant, moqueur, menaçant, etc., qui révèle le désaccord entre eux.
- Pour **marquer une hiérarchie** entre son destinataire et lui, l'énonciateur peut adopter un ton autoritaire, hautain, condescendant, etc. (rapport de supériorité), ou un ton suppliant, humble, candide, etc. (rapport d'infériorité).
- Pour **établir un rapport neutre** entre son destinataire et lui, l'énonciateur adopte un ton objectif, distancié. Il évite aussi de marquer sa présence et celle de son destinataire.

Point de vue de l'énonciateur par rapport à son propos

Le point de vue de l'énonciateur par rapport à son propos s'observe aux marques de modalité suivantes.

Marques de modalité révélant l'attitude par rapport au propos	Exemples
Vocabulaire connoté pour exprimer un jugement, une appréciation par rapport au propos	• L'entreprise cessera ses activités demain. Cette sage décision a été prise ce matin par la ministre du Travail. Enfin, une politicienne courageuse qui prend les bonnes décisions! (Le vocabulaire mélioratif, valorisant, donne une connotation positive.) • Demain, on ferme définitivement cette horrible entreprise qui a empoisonné ses travailleurs et détruit l'environnement. Elle a toujours été stupidement diri-gée par des incompétents. (Le vocabulaire péjoratif, dévalorisant, donne une connotation négative.)
Auxiliaires de modalité comme *devoir*, *falloir*, *pouvoir*, *vouloir*, *paraître*, *sembler* qui, suivis d'un verbe à l'infinitif, expriment notamment l'incertitude, le doute, la possibilité, la probabilité, la certitude, l'obligation, la volonté	• Ils **semblent** dire la vérité. (Doute) • Cette erreur **a pu** nuire aux discussions. (Possibilité) • Il **faut** congédier les responsables. (Obligation) • Elles **veulent** agir rapidement. (Volonté)
Emploi du conditionnel et du futur pour nuancer, atténuer des propos, suggérer une certaine prudence, évo-quer une hypothèse, une possibilité, anticiper un résultat	• Les responsables **seraient** en fuite. Ils **auraient quitté** le pays hier soir. • Cette mésaventure **aura miné** la confiance des inves-tisseurs.
Adverbes modalisateurs comme *certainement*, *évidemment*, *franche-ment*, *probablement*, etc., qui permettent à l'énonciateur de com-menter son énoncé, d'émettre un jugement	• **Malheureusement**, plusieurs petits épargnants ont perdu tous leurs avoirs. • Plusieurs épargnants ont, **malheureusement**, tout perdu. • Cette erreur était évitable, **évidemment**.
Groupes incidents comme *à mon avis*, *à notre grand étonnement*, *à vrai dire*, *en toute franchise*, *selon moi*, etc.	• **À mon avis**, les autorités ont manqué de vigilance. • L'attitude des autorités est, **à vrai dire**, déconcertante.

→

Marques de modalité révélant l'attitude par rapport au propos	Exemples
Phrases incidentes comme *je crois*, *on le sait*, *paraît-il*, *semble-t-il*, etc.	• Les autorités ont, **je crois**, tardé à agir. • Les autorités ont manqué de vigilance, **semble-t-il**.
Phrases emphatiques	• C'est au gouvernement que revient cette responsabilité.
Figures de style comme l'accumulation, l'euphémisme, l'hyperbole, la litote, etc.	• **Non, no, niet, kapout, finito, oubliez ça.** (Accumulation) • Les autorités déplorent des **pertes civiles.** (Euphémisme) • Elle leur aurait **décroché la lune.** (Hyperbole) • Cette histoire **n'est pas simple.** (Litote)
Ponctuation expressive et phrases chargées d'émotion	• Les jeunes roulent en fou ? Tant pis pour eux ! On les a à l'œil. Pour vrai…
Interjections	• **Hélas !** Les autorités n'ont pas la capacité d'agir.
Guillemets pour exprimer une réserve. Souvent, cette réserve concerne des emplois linguistiques particuliers (néologisme, anglicisme, tournure fautive, etc.)	• La publicité laissait entendre que ce produit était « the next big thing ». (Mots anglais) • Après plusieurs mois, son ado lui a enfin présenté « la fille qu'il sort avec »… (Tournure fautive)
Procédés typographiques (soulignements, caractères gras ou italiques, majuscules, etc.) pour signaler une insistance	• Un tel laxisme NE DOIT PLUS JAMAIS être toléré.

• Le point de vue de l'énonciateur par rapport au propos peut également transparaître dans le choix du **verbe de parole** introduisant des paroles rapportées et dans l'**ajout de certains commentaires**.

Ex. : « Votre solution n'est pas la bonne », **prétend à tort** ce chercheur.

• Un texte argumentatif qui comporte plusieurs marques de modalité est fortement teinté de la subjectivité de son auteur. Le point de vue de l'énonciateur est alors subjectif, engagé.

Un texte argumentatif qui comporte peu de marques de modalité donne une impression d'objectivité. Le point de vue de l'énonciateur est alors plutôt objectif, distancié.

Dans un texte argumentatif, le point de vue n'est jamais totalement objectif (après tout, l'énonciateur cherche à convaincre quelqu'un de quelque chose). Toutefois, l'énonciateur peut choisir d'adopter un point de vue plutôt objectif parce qu'il estime que, dans le contexte, cela rend son propos plus convaincant.

Mise en situation

  Réfléchissez à la façon de construire une argumentation solide et efficace en faisant l'activité suivante.

Votre école organise un voyage de quelques jours. Vous désirez y participer, mais vous savez que vos parents s'opposeront à ce projet pour toutes sortes de raisons. Vous devez donc vous préparer à défendre solidement votre cause. Pour cela, dressez la liste :

- des arguments que vous pourriez avancer pour convaincre vos parents de la nécessité pour vous de participer à ce voyage ;
- des contre-arguments de vos parents que vous devriez prévoir et des moyens de combattre chacun de ces contre-arguments.

Une fois votre préparation terminée, formez une équipe avec deux camarades et comparez vos listes. Réfléchissez à la manière d'améliorer la qualité de vos arguments afin de persuader vos parents. Pensez à la stratégie à adopter.

- Vous faudra-t-il peu ou beaucoup d'arguments ?
- Comment soutiendrez-vous ces arguments ?
- Accepterez-vous de faire des concessions ? Si oui, lesquelles ?

Par la suite, échangez vos idées en grand groupe sur les difficultés rencontrées et les réussites obtenues au cours de cette activité.

À la fin de ce dossier, vous réaliserez un des projets proposés dans la *Mise en pratique*. Prenez-en connaissance maintenant à la page 80.

Option 1   **Une lettre ouverte à écrire**

Option 2   **Un débat auquel participer**

Option 3   **Un article critique à rédiger**

Survolez ensuite le dossier 4 (p. 2 à 81) et voyez comment le travail proposé dans chacun des ateliers pourra vous être utile pour réaliser votre projet.

Observer le procédé argumentatif dominant

Lecture préparatoire

■ Lisez les deux textes argumentatifs suivants en vous demandant ce que fait l'énonciateur : défend-il son opinion ou combat-il celle d'une autre personne ?

15 février 1839

(Extrait de la préface)

À plusieurs reprises, Téléfilm Canada refuse d'accorder à Pierre Falardeau, un cinéaste québécois, le financement nécessaire à la production de 15 février 1839, un film relatant les vingt-quatre dernières heures du patriote Chevalier de Lorimier, condamné à la pendaison. Après les deux premiers refus, convaincu de la qualité de son projet, Pierre Falardeau publie le scénario du film précédé d'une préface, dont voici un extrait.

Frédéric Gilles, dans le rôle de Charles Hindelang, *15 février 1839*, 2001.

Malgré toutes les difficultés, j'éprouve encore un grand plaisir à écrire des articles ou des scénarios de film. C'est beau comme travail, comme faire des meubles, de la sculpture ou de la tarte aux pommes. On se retrouve en bonne compagnie, avec des personnages merveilleux, grands, forts. On vit dans sa tête, à mille milles de la petitesse du quotidien.
5 Petitesse des petits commentateurs, petitesse des petits politiciens, petitesse des petits marchands de bonheur en conserve. Mais parfois le cauchemar : la réalité vous rattrape. Bientôt, il faudra affronter les décideurs. Quelle horreur !

Et le réel est toujours à la hauteur de vos pires cauchemars. Le musée des horreurs. La fosse aux chrétiens. Le tribunal de l'Inquisition . […] Voici
10 l'acte d'accusation.

« Ton film manque de rebondissements. » Oui, je sais. C'est moi qui l'ai écrit, figurez-vous. Il n'y a pas de rebondissements tout simplement parce que je n'ai pas mis de rebondissements. Dans ce film, je cherche autre chose. De Lorimier est condamné à mort. Dans vingt-quatre heures, il va mourir. Et il sait exactement que rien ni personne
15 ne viendra le sauver. Ni la fée des étoiles avec sa baguette, ni le héros blond et bronzé

AU FIL DU TEXTE

1 Qu'est-ce que ce *tribunal de l'Inquisition* ?

avec son hélicoptère, ni les sept nains avec Bambi. Mon film est construit comme une voie ferrée. Un train roule à cent milles à l'heure et au bout des rails, il y a un mur de ciment. Et ça ne rebondit pas, le ciment. […]

20 « Ton film n'est pas assez explicitement politique. On ne comprend pas bien les enjeux politiques, ni le contexte de l'époque. » […] Mon but n'est pas de faire du documentaire politique, mais de faire naître une émotion qui va au-delà du politique. La pseudo-démocratie **2** du Bas-Canada, le Conseil exécutif, l'Assemblée législative, la clique du Château, les mandements de monseigneur Lartigue, on s'en fout. J'essaie de faire une œuvre qui pèse son poids de sueur et de sang, pas du téléroman historique. […] On ne va 25 pas demander à chaque œuvre de réécrire un résumé de l'Histoire. Il y a des bibliothèques pleines de livres extraordinaires sur le sujet. Je sais, je les ai lus. […] Au-delà des détails particuliers, l'histoire de l'humanité est la même partout, toujours. Je ne nie pas la valeur de la télévision éducative, mais le cinéma que je veux faire tient plus de la peinture, de la musique ou de la sculpture que de la série à caractère historique ou du *quiz* pour étudiants 30 boutonneux.

« Le problème, c'est que ton héros est beaucoup trop héroïque. » […] Moi qui croyais avec quelques autres que les héros ne sont pas des hommes ou des femmes extraordinaires, mais des hommes et des femmes ordinaires placés dans des circonstances extraordinaires. […]

Mais voilà que je me suis trompé. Trop héroïque ! Je vais réécrire l'Histoire pour faire 35 de De Lorimier un personnage d'homme plus conforme à notre tradition littéraire et cinématographique : un absent, une mitaine, une grosse plorine, un perdu, un ti-coune, un ti-casse, une lavette […]. Comme si le courage, la grandeur d'âme, la force de caractère nous étaient des valeurs étrangères. […]

« De toute façon, on n'a pas d'argent. » Enfin une bonne raison, un argument valable. Si 40 c'est effectivement le cas, je retire mon projet sur-le-champ, j'abandonne sans problème

AU FIL DU TEXTE

2 Que signifie la racine grecque *pseudo* ? Par conséquent, qu'est-ce qu'une pseudo-démocratie ?

3 L'auteur propose de tourner un film à huis-clos. Que veut-il dire ?

REPÈRES CULTURELS

CHEVALIER DE LORIMIER (1803-1839)

Chevalier de Lorimier, l'un des chefs patriotes des Rébellions de 1837-1838, condamne la politique du gouverneur Dalhousie dès 1827 et exige sa destitution. En 1834, il soutient activement le Parti patriote de Louis-Joseph Papineau et ses 92 Résolutions pour une plus grande démocratie au Bas-Canada et le respect des droits des Canadiens français. En 1837, le gouvernement britannique rejette en bloc ces demandes. C'est le déclenchement des Rébellions.

De Lorimier est au cœur de la résistance : il participe à la bataille de Saint-Eustache et à la mise sur pied des Frères Chasseurs ; il est l'un des meneurs de l'insurrection de 1838. En novembre, il est appréhendé par les troupes britanniques et, avec quatre autres patriotes, il est pendu à Montréal le 15 février 1839. La veille de son exécution, il écrit son testament politique : « Je meurs sans remords, je ne désirais que le bien de mon pays […]. »

Charles Alexander Smith, *Assemblée des six-comtés*, 1890.

le long métrage de fiction. Je ferai autre chose tout simplement : des pamphlets, du théâtre, des graffitis. Sauf que… De l'argent, il y en a pour un tel et un tel et un tel et un autre tel. Alors ! Y en a ou y en n'a pas ? Si y en a, dites-le, si y en n'a pas, dites-le aussi. On s'ajustera. J'ai toujours essayé de tourner des films «pas chers» ou «pas
45 trop chers» en développant l'idée de huis-clos ■3. Pour l'instant, je ne me sens pas plus bête que les autres tels […].

«Tu devrais développer un peu plus les troisièmes rôles… ce serait très intéressant. » Oui, je sais. Mais alors ça devient des personnages secondaires, des deuxièmes rôles ou encore des personnages principaux. Je ne les ai pas développés justement
50 parce que ce sont des troisièmes rôles, des personnages d'arrière-fond. C'est de Lorimier qui m'intéresse, pas le gardien qui ouvre la porte. […]

J'arrête là. Comme dirait mon ami Gaëtan Hart, je commence à en avoir «ras-la-bol» de toujours être obligé de tout justifier année après année, chaque mot, chaque point, chaque virgule. […]

55 Après tant d'années, j'avais espéré pouvoir consacrer toutes mes énergies à faire des films, tout simplement, et non à me répandre inutilement en luttes stériles. J'avais espéré pouvoir consacrer toutes mes énergies à me battre contre moi-même et la matière filmique qui refuse chaque fois de plier. Mais non ! Faut croire que je suis condamné à rouler
60 cette saloperie de pierre jusqu'au sommet, année après année. […]

Si je m'intéresse à cette histoire en particulier, c'est d'abord et avant tout parce que c'est une belle histoire. Point. Tout simplement parce qu'à l'âge de quinze ans j'avais les larmes aux yeux en lisant le testament de De Lorimier. Tout simplement parce que trente-cinq ans plus tard, à
65 cinquante ans, j'ai encore les larmes aux yeux en écrivant ce scénario ou en rêvant au film. Me semble que c'est pas compliqué. Pourquoi «têter» sur les détails ? Aucun argument n'arrivera à me faire changer d'idée. La boule que j'ai à l'estomac, le motton dans la gorge, les bouffées d'émotion me disent que j'ai raison. C'est final et sans appel.

70 J'ai rêvé, je rêve encore ce film. Avec Luc Picard dans le rôle de De Lorimier et avec Sylvie Drapeau dans le rôle de sa femme Henriette. Quand je les rencontre, parfois par hasard, je les regarde à la dérobée et je me surprends à rêver encore. Sans le vouloir. J'imagine un gros plan avec Luc et je pars. Son visage fait d'un mélange de force et de
75 fragilité. Ses yeux de juste où on lit une pointe d'angoisse. Ce côté «pas sûr de lui» que j'aime bien chez les gens. Tout cela qui fait un héros à hauteur d'homme et non un ridicule héros américain de bande dessinée. Je l'imagine avec Sylvie en train de jouer. Non. En train de revivre le calvaire de De Lorimier et d'Henriette. Leur Passion. Et moi, premier spectateur de la beauté de
80 leurs gestes, de leurs regards, de leurs étreintes. J'en ai des frissons. J'imagine aussi le beau visage de Sylvie sur un écran. Ses yeux apeurés, ses larmes, cette rage de vivre. Toute la misère du monde sur un seul visage.

Pierre Falardeau
28 juillet 1996

Pierre Falardeau, *Presque tout Pierre Falardeau*, Montréal, Les Éditions internationales Alain Stanké, 2001, p. 330 à 341.

INTERTEXTUALITÉ
UN RAPPEL DU HÉROS GREC SISYPHE

Dans *L'Odyssée*, Homère raconte les mésaventures de Sisyphe qui, pour avoir contrarié les dieux, est condamné à rouler un rocher au sommet d'une colline, tâche absurde puisque le rocher finit toujours par redescendre dans la vallée. C'est à ce travail inutile et sans fin que le cinéaste fait référence quand il rappelle les tracasseries qui jalonnent son parcours.

Edward Burne-Jones, *Sisyphe*, 1870.

La route vers le sacrifice

(Article critique – extrait)

Odile Tremblay

Réalisation et scénario : Pierre Falardeau
Avec Luc Picard, Sylvie Drapeau, Frédéric Gilles, Pierre Rivard, Yvon Barrette, Denis Trudel, Luc Proulx
Image : Alain Dostie
Musique : Jean St-Jacques

5 Les sceptiques seront confondus. *15 février 1839*, le fameux film de Pierre Falardeau que Téléfilm refusa si longtemps de subventionner, le fruit de la colère et de l'acharnement, l'œuvre portée par les coups de gueule de son géniteur, ne pouvait tout bonnement pas se planter. Ça aurait fait plaisir à trop de monde. Reste à Téléfilm l'exercice du mea-culpa **4**. Falardeau signe ici son meilleur film, une œuvre d'intensité portée à la fois par le jeu
10 sensible des comédiens et par un climat quasi mystique qui lui apporte sa grâce. […]

Georges de La Tour,
La Madeleine à la veilleuse,
vers 1645.

Basé sur les lettres de Chevalier de Lorimier, sur son testament, sur des témoignages, mêlant histoire et extrapolation, le film évoque les dernières 24 heures de deux patriotes condamnés à être pendus le lendemain avec d'autres compagnons, à la prison du Pied-
15 du-Courant de Montréal.

S'insérant dans la lignée du *Party* et d'*Octobre*, huis-clos d'hommes confrontés aux situations extrêmes de l'emprisonnement ou de la captivité volontaire, mais dépassant ces deux œuvres en unité, en émotion, en beauté formelle aussi, *15 février 1839* apporte
20 une dimension nouvelle à l'univers trop manichéen **5** de Falardeau. Quelque chose comme la tendresse, le respect, la douceur, plus de nuances aussi. Appelons ça une maturité de cinéaste et n'en parlons plus.

Luc Picard apporte au rôle de Chevalier de Lorimier, héros prin-
25 cipal, une sensibilité frémissante. Son personnage de condamné qui a peur mais qui tient le coup, qui étreint sa femme et rit avec des copains, restera humain de bout en bout, sans sombrer dans la caricature, mais au contraire en passant par toute la gamme des émotions avec une dignité qui n'exclut jamais la faiblesse. Quant
30 à Sylvie Drapeau, on peut trouver un brin excessive sa prestation bouleversée en épouse qui fait ses adieux à l'homme qu'elle aime, mais force est d'admettre que la situation se prête à l'étalage de sentiments puissants. Ici son visage torturé en gros plan devient l'incarnation même de la douleur, alors qu'elle étreint son mari comme une pietà **6** éplorée.

35 Le rythme est lent et attentif à ne jamais perdre le fil des émotions, à respecter cette espèce de che- min de croix d'hommes qui se préparent à mourir et pour qui chaque minute compte et doit être saluée comme une étape vers le renoncement à soi pour se
40 fondre en une cause à laquelle ces hommes adhèrent jusqu'à la mort.

AU FIL DU TEXTE

4 Qu'est-ce qu'un mea-culpa ?

5 Que signifie l'adjectif *manichéen* ?

6 Qu'est-ce qu'une pietà ?

Par-delà les scènes clés – dialogue entre Chevalier de Lorimier et un soldat ennemi qui s'excuse jusqu'à l'absurde du rôle qu'il joue, rencontre ultime des deux époux, extrême-onction **7**, montée à l'échafaud –, le film repose aussi sur des petits moments de vie carcérale **8**, dernier repas au milieu des farces bouffonnes, cours loufoque de natation. Il repose également sur la beauté des images dont les éclairages de clairs-obscurs rappellent certains tableaux de Georges de La Tour.

Oui, il y a bien quelques sorties **9** « falardiennes » **10**, échos des préoccupations politiques contemporaines du cinéaste. […] Le spectateur n'a pas à partager ses positions pour apprécier son film, juste à accepter d'arpenter un moment avec ses personnages la route vers le sacrifice, qui possède des résonances nationalistes pure laine évidemment, mais également universelles.

Odile Tremblay, « La route vers le sacrifice »,
Le Devoir, 27 janvier 2001, p. C7.

AU FIL DU TEXTE

7 Expliquez ce qu'est l'extrême-onction.

8 Que veut dire l'adjectif *carcérale* ?

9 Qu'est-ce qu'une sortie dans le contexte ?

10 Quel rôle les guillemets encadrant l'adjectif *falardiennes* jouent-ils ?

Après la lecture préparatoire

1. **TEXTES EN RÉSEAU** Les deux textes que vous venez de lire ont comme point de départ le film *15 février 1839*, dont le titre rappelle la date de la pendaison du patriote Chevalier de Lorimier.

   a) Que savez-vous de la période trouble de 1837-1838 dans le Bas-Canada ?

   b) Comment comprenez-vous la dernière phrase de l'article critique d'Odile Tremblay ?

2. **TEXTES EN RÉSEAU** Dans chacun de ces textes, de quoi chaque énonciateur veut-il convaincre ses destinataires ?

3. Dans *La route vers le sacrifice*, quelle phrase montre que la journaliste traite d'un sujet controversé ? Expliquez votre réponse.

4. Examinez la relation conflictuelle entre Pierre Falardeau et ses adversaires.

   a) À quels adversaires le cinéaste s'oppose-t-il ? Relevez, dans le premier paragraphe, le passage qui le précise.

   b) Diriez-vous que le cinéaste est en position offensive ou défensive ? Expliquez votre réponse et servez-vous du deuxième paragraphe pour l'étayer.

5. Observez quelques <u>marques de modalité</u> révélant l'attitude des énonciateurs par rapport à leur propos.

   ### *15 février 1839*

   a) Relevez, entre les lignes 1 et 18, la phrase traduisant les sentiments du cinéaste devant l'obligation de se justifier.

   b) Relevez, entre les lignes 39 et 51, l'<u>interjection</u> et la phrase chargée d'émotion traduisant l'exaspération du cinéaste devant les mensonges qu'on lui sert.

   c) Relevez, entre les lignes 47 et 54, la <u>phrase emphatique</u> traduisant l'exaspération du cinéaste devant l'incompréhension des décideurs.

   d) Relevez, entre les lignes 52 et 60, quatre termes à connotation négative traduisant le découragement du cinéaste.

   ### *La route vers le sacrifice*

   e) Relevez, entre les lignes 5 et 23, dix termes à connotation positive qualifiant le film *15 février 1839*.

6. **TEXTES EN RÉSEAU** À la lumière de ce que ces deux textes révèlent sur le cinéaste, quelle image avez-vous de ce dernier ? Quelles sont, selon ce que vous avez lu, les valeurs qui l'animaient ?

L'explication argumentative et la réfutation

Pour atteindre son but, l'énonciateur emploie une <u>stratégie argumentative</u> qui repose sur un ensemble de moyens. Parmi ces moyens, il y a les **procédés argumentatifs**. Le choix du procédé argumentatif dominant dépend principalement de l'intention de l'énonciateur.

INTENTION	**INTENTION**
Faire valoir la justesse de sa thèse.	Contester l'opinion adverse (pour mieux défendre sa thèse).

PROCÉDÉ ARGUMENTATIF	**PROCÉDÉ ARGUMENTATIF**
Explication argumentative	Réfutation

- **En utilisant ce procédé argumentatif**, l'énonciateur s'emploie essentiellement à expliquer pourquoi sa <u>thèse</u> est valable.
- **Pour cela**, l'énonciateur apporte des arguments, des preuves qui justifient sa thèse, qui montrent qu'elle est fondée.
- **En somme**, tout se passe comme si l'énonciateur disait, en gros : « J'ai raison, et voici pourquoi. »

- **En utilisant ce procédé argumentatif**, l'énonciateur s'emploie essentiellement à rejeter, à contredire, à combattre la <u>contre-thèse</u> (la thèse de ses adversaires).
- **Pour cela**, l'énonciateur apporte des arguments qui font ressortir les faiblesses de la contre-thèse combattue et l'invalident.
- **En somme**, tout se passe comme si l'énonciateur disait, en gros : « L'adversaire a tort, et voici pourquoi. »

Particularités de l'explication argumentative

1) En principe, la thèse défendue est énoncée explicitement. (La contre-thèse peut apparaître en filigrane.)

2) Il y a un rapport de causalité entre la thèse et chacun des arguments. Autrement dit, chaque argument pourrait être introduit par *parce que* (ou un équivalent). Le plus souvent, ces rapports de causalité sont implicites ; il appartient alors au lecteur de les reconstituer.

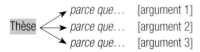

3) Les arguments justifiant la thèse peuvent être construits notamment à l'aide de définitions, d'exemples, de comparaisons, de reformulations, etc.

Remarque

Dans une explication argumentative, on peut aussi réfuter un contre-argument. Dans ce cas, toutefois, l'accent n'est pas mis sur la réfutation : l'énonciateur cherche davantage à justifier sa propre thèse qu'à combattre la contre-thèse.

Particularités de la réfutation

1) Le plus souvent, la contre-thèse combattue est énoncée explicitement.

2) Des contre-arguments sont énoncés et réfutés. Il y a un rapport entre chaque contre-argument énoncé et l'argument qui le réfute. Il peut s'agir d'un rapport d'<u>opposition</u>, de <u>restriction</u>, de <u>concession</u>, etc.

3) La réfutation se fait à l'aide de techniques de réfutation. (Voir le bloc théorique 2, p. 28.)

Remarque

En réfutant une contre-thèse, l'énonciateur peut proposer sa propre thèse. La réfutation contient alors une explication argumentative. Celle-ci peut précéder la réfutation, la suivre ou s'intercaler entre les passages réfutés.

■ De la théorie à la pratique

Observation du déroulement de l'explication argumentative dans l'extrait de *La route vers le sacrifice*

Texte à l'étude	Analyse de la séquence argumentative

La route vers le sacrifice

Odile Tremblay

Les sceptiques seront confondus. […] Falardeau signe ici son meilleur film, une œuvre d'intensité portée à la fois par le jeu sensible des comédiens et par un climat quasi mystique qui lui apporte sa grâce. […]

Thèse : *15 février 1839* est le meilleur film de Pierre Falardeau.

[S'insérant dans la lignée du *Party* et d'*Octobre*, huis-clos d'hommes confrontés aux situations extrêmes de l'emprisonnement ou de la captivité volontaire, mais dépassant ces deux œuvres en unité, en émotion, en beauté formelle aussi, *15 février 1839* apporte une dimension nouvelle à l'univers trop manichéen de Falardeau. Quelque chose comme la tendresse, le respect, la douceur, plus de nuances aussi. Appelons ça une maturité de cinéaste et n'en parlons plus.]

[Argument 1] : *Parce que…* ce film ajoute une dimension nouvelle à l'univers tranché de Falardeau.

[Luc Picard apporte au rôle de Chevalier de Lorimier, héros principal, une sensibilité frémissante. Son personnage de condamné qui a peur mais qui tient le coup, qui étreint sa femme et rit avec des copains, restera humain de bout en bout, sans sombrer dans la caricature, mais au contraire en passant par toute la gamme des émotions avec une dignité qui n'exclut jamais la faiblesse. Quant à Sylvie Drapeau, on peut trouver un brin excessive sa prestation bouleversée en épouse qui fait ses adieux à l'homme qu'elle aime, mais force est d'admettre que la situation se prête à l'étalage de sentiments puissants. Ici son visage torturé en gros plan devient l'incarnation même de la douleur, alors qu'elle étreint son mari comme une pietà éplorée.]

[Argument 2] : *Parce que…* le jeu des comédiens tenant les rôles principaux est juste.

[Le rythme est lent et attentif à ne jamais perdre le fil des émotions, à respecter cette espèce de chemin de croix d'hommes qui se préparent à mourir et pour qui chaque minute compte et doit être saluée comme une étape vers le renoncement à soi pour se fondre en une cause à laquelle ces hommes adhèrent jusqu'à la mort.]

[Argument 3] : *Parce que…* le rythme convient au propos.

[Par-delà les scènes clés – dialogue entre Chevalier de Lorimier et un soldat ennemi qui s'excuse jusqu'à l'absurde du rôle qu'il joue, rencontre ultime des deux époux, extrême-onction, montée à l'échafaud –, le film repose aussi sur des petits moments de vie carcérale, dernier repas au milieu des farces bouffonnes, cours loufoque de natation.] [Il repose également sur la beauté des images dont les éclairages de clairs-obscurs rappellent certains tableaux de Georges de La Tour.]

[Argument 4] : *Parce que…* le film repose sur de bonnes scènes.

[Argument 5] : *Parce que…* le film repose aussi sur la beauté des images et des éclairages.

[…]

Odile Tremblay, « La route vers le sacrifice ».

Constat Dans son article critique, la journaliste Odile Tremblay privilégie l'explication argumentative. En effet, elle exprime une opinion qu'elle défend au moyen de plusieurs arguments. Dans cette explication, le lien de causalité entre la thèse et chacun des arguments est implicite.

De la théorie à la pratique

Observation du déroulement de la réfutation dans l'extrait de la préface du scénario du film *15 février 1839*

Texte à l'étude	Analyse de la séquence argumentative

Texte à l'étude

15 février 1839

Malgré toutes les difficultés, j'éprouve encore un grand plaisir à écrire des articles ou des scénarios de film. […] On vit dans sa tête, à mille milles de la petitesse du quotidien. […] Mais parfois le cauchemar : la réalité vous rattrape. Bientôt, il faudra affronter les décideurs. Quelle horreur !

Et le réel est toujours à la hauteur de vos pires cauchemars. Le musée des horreurs. La fosse aux chrétiens. Le tribunal de l'Inquisition. […] Voici l'acte d'accusation.

[« Ton film manque de rebondissements. »] Oui, je sais. C'est moi qui l'ai écrit, figurez-vous. [Il n'y a pas de rebondissements tout simplement parce que je n'ai pas mis de rebondissements. Dans ce film, je cherche autre chose. De Lorimier est condamné à mort. Dans vingt-quatre heures, il va mourir. Et il sait exactement que rien ni personne ne viendra le sauver. Ni la fée des étoiles avec sa baguette, ni le héros blond et bronzé avec son hélicoptère, ni les sept nains avec Bambi. Mon film est construit comme une voie ferrée. Un train roule à cent milles à l'heure et au bout des rails, il y a un mur de ciment. Et ça ne rebondit pas, le ciment.] […]

[« Ton film n'est pas assez explicitement politique. On ne comprend pas bien les enjeux politiques, ni le contexte de l'époque. »] […] [Mon but n'est pas de faire du documentaire politique, mais de faire naître une émotion qui va au-delà du politique. La pseudo-démocratie du Bas-Canada, le Conseil exécutif, l'Assemblée législative, la clique du Château, les mandements de monseigneur Lartigue, on s'en fout. J'essaie de faire une œuvre qui pèse son poids de sueur et de sang, pas du téléroman historique.] […]

[« Le problème, c'est que ton héros est beaucoup trop héroïque. »] […] [Moi qui croyais avec quelques autres que les héros ne sont pas des hommes ou des femmes extraordinaires, mais des hommes et des femmes ordinaires placés dans des circonstances extraordinaires. […]

Mais voilà que je me suis trompé. Trop héroïque ! Je vais réécrire l'Histoire pour faire de De Lorimier un personnage d'homme plus conforme à notre tradition littéraire et cinématographique : un absent, une mitaine, une grosse plorine, un perdu, un ti-coune, un ti-casse, une lavette […].]

[« De toute façon, on n'a pas d'argent. »] [Enfin une bonne raison, un argument valable. Si c'est effectivement le cas, je retire mon projet sur-le-champ, j'abandonne sans problème le long métrage de fiction. Je ferai autre chose tout simplement : des pamphlets, du théâtre, des graffitis. Sauf que… De l'argent, il y en a pour un tel et un tel et un tel et un autre tel.] […]

Analyse de la séquence argumentative

Contre-thèse (implicite) : Ce film ne mérite pas d'être financé, car le scénario comporte des défauts.

[Contre-argument 1] : Le scénario manque de rebondissements.

Réfuté par [argument 1] : L'absence de rebondissements est voulue, l'histoire n'en a pas besoin.

[Contre-argument 2] : Les enjeux politiques et historiques ne sont pas assez développés.

Réfuté par [argument 2] : Ce film n'est pas un documentaire politique ou historique ; il se situe du côté de l'émotion.

[Contre-argument 3] : Le héros est trop héroïque.

Réfuté par [argument 3] : De Lorimier est un vrai héros, le présenter autrement reviendrait à le dénaturer.

[Contre-argument 4] : L'organisme manque de fonds.

Réfuté par [argument 4] : Il y a pourtant de l'argent pour plusieurs autres projets.

Texte à l'étude

[«Tu devrais développer un peu plus les troisièmes rôles… ce serait très intéressant. »] [Oui, je sais. Mais alors ça devient des personnages secondaires, des deuxièmes rôles ou encore des personnages principaux. Je ne les ai pas développés justement parce que ce sont des troisièmes rôles, des personnages d'arrière-fond. C'est de Lorimier qui m'intéresse, pas le gardien qui ouvre la porte.] […]

Si je m'intéresse à cette histoire en particulier, [c'est d'abord et avant tout parce que c'est une belle histoire. Point. Tout simplement parce qu'à l'âge de quinze ans j'avais les larmes aux yeux en lisant le testament de De Lorimier. Tout simplement parce que trente-cinq ans plus tard, à cinquante ans, j'ai encore les larmes aux yeux en écrivant ce scénario ou en rêvant au film.] Me semble que c'est pas compliqué. Pourquoi « têter » sur les détails ? Aucun argument n'arrivera à me faire changer d'idée. La boule que j'ai à l'estomac, le motton dans la gorge, les bouffées d'émotion me disent que j'ai raison. C'est final et sans appel.

[…]

Pierre Falardeau

Pierre Falardeau, *Presque tout Pierre Falardeau*, p. 330 à 341.

Analyse de la séquence argumentative

[Contre-argument 5] : Les troisièmes rôles ne sont pas assez développés.

Réfuté par [argument 5] : Il n'est pas pertinent de développer des personnages d'arrière-plan.

Thèse (implicite) : Cette histoire mérite qu'on s'y intéresse et qu'on en fasse un film.

[Argument 6] : *Parce que…* c'est une belle histoire émouvante.

Reformulation de la thèse : L'intensité des émotions que cette histoire fait naître est garante de la valeur du projet.

Constat Dans cet extrait, le cinéaste Pierre Falardeau privilégie la réfutation. En effet, il cherche d'abord à combattre la contre-thèse de ses adversaires en réfutant chacun de leurs contre-arguments. Ce faisant, il avance des arguments qui soutiennent sa propre thèse. ■

Luc Picard, dans le rôle
de Chevalier de Lorimier,
15 février 1839, 2001.

Bloc théorique 2

Les techniques de réfutation

Pour contester une contre-thèse, on emploie divers procédés ou techniques de réfutation.

Techniques de réfutation	Exemples	
	• Contre-thèse à réfuter	• Argument réfutant la contre-thèse
Attaque des prémisses Déclarer que la contre-thèse (ou un contre-argument) est dépassée.	• Les femmes qui occupent un emploi volent du travail aux hommes.	• Les personnes qui soutiennent une telle position vivent-elles dans un autre siècle ? Au Québec, de nos jours, la question de la place des femmes sur le marché du travail ne se pose plus. On vit à l'ère de l'égalité entre les sexes. **Remarque** L'argument met en évidence le caractère désuet d'une contre-thèse sans résonance dans la société actuelle.
Déclarer que la contre-thèse (ou un contre-argument) est mal fondée.	• Il faudrait plus de policiers pour lutter contre la hausse du taux de criminalité.	• Cette proposition n'a aucun sens. En effet, le taux de criminalité n'a jamais été aussi bas qu'aujourd'hui. C'est la diffusion en boucle des reportages sur les actes criminels qui donne l'impression trompeuse que ces actes sont plus nombreux qu'avant. **Remarque** L'argument met en évidence le fait que la contre-thèse ne s'appuie pas sur des données valables.
Recours à l'exception Opposer une exception à la contre-thèse.	• Les mineurs qui commettent des crimes ne devraient jamais aller en prison.	• Je ne peux être d'accord avec une telle idée. En effet, une peine de prison me semble tout indiquée pour les mineurs qui commettent des crimes graves contre la personne. **Remarque** En faisant valoir qu'une exception devrait s'appliquer dans certains cas, l'argument souligne les failles de la contre-thèse.
Mise en évidence d'une contradiction Qualifier la contre-thèse (ou un contre-argument) de contradictoire.	• Certains textes du dernier album du groupe Mes jujubes devraient être censurés.	• Le fait que vous réclamiez la censure de certains textes de Mes jujubes me semble contradictoire. En effet, pas plus tard que la semaine dernière, vous écriviez qu'il fallait lutter contre la censure des artistes. Branchez-vous ! **Remarque** L'argument démontre que l'adversaire manque de constance, de cohérence, de rigueur.
Disqualification Discréditer l'adversaire, s'attaquer à sa crédibilité.	• On devrait installer des radars photo sur les routes du Québec.	• Cette recommandation était prévisible : elle émane des travaux d'un comité présidé par M. Alfred Léger, le propriétaire de Radars photo plus. Étant donné qu'il y a apparence de conflit d'intérêts, le comité n'a-t-il pas perdu sa crédibilité ? **Remarque** L'argument soulève un sérieux doute sur la crédibilité du comité.
Rétorsion Reprendre à son avantage un contre-argument.	• Les œuvres d'Ariane Bordeleau ont le défaut d'être totalement numériques.	• C'est précisément cette particularité qui fait l'originalité du travail de Mme Bordeleau. À notre avis, cette artiste devrait être considérée comme une pionnière du « tout numérique » : c'est la première à recourir au numérique de la conception à la réalisation de ses pièces. **Remarque** Cet argument retourne la contre-thèse contre la personne qui l'a formulée.

Techniques de réfutation	Exemples	
	• Contre-thèse à réfuter	• Argument réfutant la contre-thèse
Concession Accorder quelque chose à son adversaire pour en tirer avantage.	• On ne devrait pas censurer les propos des animateurs sur les ondes radiophoniques.	• Certes, la liberté d'expression mérite d'être protégée, mais cela ne signifie certainement pas que l'on puisse dire impunément n'importe quoi sur n'importe qui. Le droit à la liberté d'expression comporte aussi des obligations, ne l'oublions pas. **Remarques** • Le point concédé est annoncé ici par *Certes*, tandis que la riposte est annoncée par *mais*. • Bien souvent, concéder un point est une façon habile de faire valoir son opinion. En effet, la concession permet à l'énonciateur de faire croire à son objectivité et donc d'amener le destinataire à suivre son raisonnement.
Réfutation par l'absurde Imaginer des cas où la contre-thèse ne tient pas.	• Le système de santé public ne devrait pas soigner les personnes malades d'avoir fumé la cigarette.	• Tentez de voir plus loin que le bout de votre nez. Que ferez-vous des personnes qui ne mangent pas des légumes tous les jours ? de celles qui ne font pas au moins trente minutes d'exercice chaque jour ? Refuserez-vous qu'on les traite, elles aussi, si elles sont malades ? Si vous vous blessiez en sautant en parachute, devrait-on refuser de vous soigner sous prétexte que vous êtes responsable de votre malheur ? Où tracerez-vous la ligne entre les personnes qu'on devrait guérir et celles qu'on devrait laisser périr ? **Remarque** Les nombreuses questions ont pour objectif de pousser l'adversaire dans ses derniers retranchements et de montrer les limites d'une contre-thèse dangereusement discriminatoire.

■ De la théorie à la pratique

Analyse de la réfutation dans cinq extraits de la préface du scénario du film *15 février 1839*

1er extrait à l'étude	Technique de réfutation

[« Ton film manque de rebondissements. »] Oui, je sais. C'est moi qui l'ai écrit, figurez-vous. [Il n'y a pas de rebondissements tout simplement parce que je n'ai pas mis de rebondissements. Dans ce film, je cherche autre chose. De Lorimier est condamné à mort. Dans vingt-quatre heures, il va mourir. Et il sait exactement que rien ni personne ne viendra le sauver. Ni la fée des étoiles avec sa baguette, ni le héros blond et bronzé avec son hélicoptère, ni les sept nains avec Bambi. Mon film est construit comme une voie ferrée. Un train roule à cent milles à l'heure et au bout des rails, il y a un mur de ciment. Et ça ne rebondit pas, le ciment.]	[Contre-argument] [Argument qui réfute par la rétorsion.] (Les passages en violet signalent l'essentiel de la rétorsion.)

Constat Dans ce passage, l'énonciateur montre que le défaut qu'on reproche à son scénario (le manque de rebondissements) est en réalité une qualité. Comme il le fait remarquer, les rebondissements n'auraient aucun sens dans le film qu'il envisage. L'énonciateur reprend donc à son avantage un contre-argument pour mieux en montrer la non-pertinence.

2ᵉ extrait à l'étude	Technique de réfutation
[« Ton film n'est pas assez explicitement politique. On ne comprend pas bien les enjeux politiques, ni le contexte de l'époque. »] […] [Mon but n'est pas de faire du documentaire politique, mais de faire naître une émotion qui va au-delà du politique. La pseudo-démocratie du Bas-Canada, le Conseil exécutif, l'Assemblée législative, la clique du Château, les mandements de monseigneur Lartigue, on s'en fout. J'essaie de faire une œuvre qui pèse son poids de sueur et de sang, pas du téléroman historique.]	[Contre-argument] [Argument qui réfute par l'attaque des prémisses.] (Les passages en violet signalent l'essentiel de l'attaque.)

Constat Dans ce passage, l'énonciateur déclare que l'analyse de l'adversaire est incorrecte. En effet, ce dernier applique des critères d'appréciation inadéquats : il juge le film comme un documentaire, ce qu'il n'est pas. L'énonciateur montre que l'argument de l'adversaire est non fondé, donc sans valeur.

3ᵉ extrait à l'étude	Technique de réfutation
[« Le problème, c'est que ton héros est beaucoup trop héroïque. »] […] [Moi qui croyais avec quelques autres que les héros ne sont pas des hommes ou des femmes extraordinaires, mais des hommes et des femmes ordinaires placés dans des circonstances extraordinaires. […] Mais voilà que je me suis trompé. Trop héroïque ! Je vais réécrire l'Histoire pour faire de De Lorimier un personnage d'homme plus conforme à notre tradition littéraire et cinématographique : un absent, une mitaine, une grosse plorine, un perdu, un ti-coune, un ti-casse, une lavette […].]	[Contre-argument] [Argument qui réfute par l'attaque des prémisses et la réfutation par l'absurde.] (Les passages en violet signalent l'essentiel de l'attaque et de la réfutation par l'absurde.)

Constat Dans ce passage, l'énonciateur explique que la notion de héros est mal comprise par l'adversaire. Il montre donc que l'argument de l'adversaire est non fondé et, par le fait même, sans valeur. L'énonciateur explique aussi que, pour contourner le défaut qu'on lui reproche (un héros trop héroïque), il lui faudrait présenter de Lorimier comme un être sans envergure, ce qui serait contraire à la vérité et tout à fait absurde.

4ᵉ extrait à l'étude	Technique de réfutation
[« De toute façon, on n'a pas d'argent. »] [Enfin une bonne raison, un argument valable. Si c'est effectivement le cas, je retire mon projet sur-le-champ, j'abandonne sans problème le long métrage de fiction. Je ferai autre chose tout simplement : des pamphlets, du théâtre, des graffitis. Sauf que… De l'argent, il y en a pour un tel et un tel et un tel et un autre tel. Alors ! Y en a ou y en n'a pas ?]	[Contre-argument] [Argument qui réfute par la mise en évidence d'une contradiction.] (Les passages en violet signalent l'essentiel de la mise en évidence de la contradiction.)

Constat Dans ce passage, l'énonciateur montre que l'adversaire se contredit. En effet, l'organisme affirme ne pas avoir d'argent et, pourtant, il en distribue à certains cinéastes.

5ᵉ extrait à l'étude

[«Tu devrais développer un peu plus les troisièmes rôles… ce serait très intéressant.»] [Oui, je sais. Mais alors ça devient des personnages secondaires, des deuxièmes rôles ou encore des personnages principaux. Je ne les ai pas développés justement parce que ce sont des troisièmes rôles, des personnages d'arrière-fond. C'est de Lorimier qui m'intéresse, pas le gardien qui ouvre la porte.]

Technique de réfutation

[Contre-argument]
[Argument qui réfute par la concession.]

(Les passages en violet signalent l'essentiel de la concession.)

Constat Dans ce passage, l'énonciateur commence par accepter le reproche qu'on lui adresse, mais il montre ensuite que, s'il suivait les recommandations qu'on lui fait, son film y perdrait.

ACTIVITÉS

■ En lisant les deux textes suivants, demandez-vous quel procédé argumentatif chaque auteur utilise.

Une chasse odieuse
(Texte d'opinion)

La chasse au phoque est une chasse odieuse, immonde, qui devrait être interdite sur-le-champ, et ce, pour plusieurs raisons.

D'abord, il s'agit d'une chasse rouge vif sur fond blanc qui fait un tort considérable à la réputation du Canada à l'étranger. Les images qu'on rapporte de cette chasse et
5 qu'on diffuse à l'échelle de la planète nous font passer pour des barbares sanguinaires de la pire espèce.

De plus, il s'agit d'une chasse qui coûte extrêmement cher, probablement beaucoup plus qu'elle ne rapporte. Les bateaux, les avions et les hélicoptères de la Garde côtière déployés pendant la saison de la chasse coûtent cher. L'ouverture au brise-glace de
10 la route vers la banquise pour permettre aux chasseurs d'atteindre leurs proies coûte cher. Contrer les boycottages [1] de produits du phoque sur les marchés américains et européens, cela doit coûter cher aussi.

Finalement, on ne peut même pas se cacher derrière le prétexte qu'on chasse cet animal pour ramener aux humains une viande bonne pour la santé. Les chasseurs ne
15 s'intéressent qu'à la peau des phoques. La viande, ils la laissent sur la banquise ! On ne peut leur en tenir rigueur [2] : mangeriez-vous la chair du bébé phoque qu'on vient d'abattre sauvagement ?

Assez, c'est assez ! Cette chasse est indéfendable. Un point, c'est tout.

Lisette Gendron

Lisette Gendron, « Une chasse odieuse », site de l'auteure, [en ligne].
(mars 2007 ; page consultée le 24 mars 2009)

AU FIL DU TEXTE

[1] a) Qu'est-ce que le boycottage ?
   b) D'où ce nom tire-t-il son origine ?

[2] Que signifie la locution verbale *tenir rigueur à quelqu'un* ?

Le fanatisme des animalistes [3]
(Éditorial – extrait)

Jean-Robert Sansfaçon

[…] Cette année encore, la chasse aux phoques du Groenland suscite la critique partout où la propagande [4] mensongère des militants, conçue pour recueillir des fonds davantage que pour protéger les bêtes, atteint sa cible.

5 Le troupeau de phoques tourne autour de six millions de têtes alors qu'il ne dépassait pas les deux millions au début des années 1970. Chaque année, le Canada autorise l'abattage de 350 000 bêtes. Loin de mener à l'hécatombe [5], cette politique est une excellente façon de ralentir et de contrôler l'évolution des troupeaux.

10 Les deux arguments qui ont toujours fait du mal à la réputation des chasseurs, c'est la méthode d'abattage, perçue comme cruelle, et les images de blanchons tués alors qu'ils sortaient à peine du ventre de leur mère.

Rappelons que, dans le premier cas, une commission royale 15 sur la chasse au phoque a conclu que l'abattage au gourdin pratiqué correctement n'était pas plus cruel, au contraire, que les méthodes utilisées dans les abattoirs commerciaux.

Pour ce qui est des blanchons, les chasser est interdit depuis vingt ans. C'est pourtant toujours un blanchon aux grands yeux tristes qui accueille les visiteurs sur les 20 sites Internet des groupes animalistes.

Il y a beaucoup d'hypocrisie à refuser de voir un chasseur abattre un animal. Les humains sont des omnivores [6] qui tuent depuis toujours pour se nourrir. Le poulet et l'agneau vendus déjà découpés et emballés sur papier éponge destiné à absorber la dernière goutte de sang ont quand même été abattus par quelqu'un !

25 […]

Gallo Gallina,
L'attente sur la glace,
La chasse au phoque (détail),
sans date.

Jean-Robert Sansfaçon, « Le fanatisme des animalistes »,
Le Devoir, [en ligne]. (5 et 6 avril 2008 ;
page consultée le 11 mars 2009)

AU FIL DU TEXTE

[3] Le nom *animaliste* est un néologisme. Quel est son sens ?

[4] Définissez le nom *propagande*.

[5] Qu'est-ce qu'une hécatombe ?

[6] Quel est le mode de formation du mot *omnivore* ?

---

1. **TEXTES EN RÉSEAU** Les textes que vous venez de lire traitent du même sujet controversé : la chasse au phoque.

   a) Un des auteurs reconnaît d'emblée qu'il s'agit d'un sujet à controverse. Relevez le passage où cette constatation est faite.

   b) Comment fait-on comprendre, au début de ce même texte, que le débat n'est pas nouveau ?

2. Les questions 2 à 5 portent sur le texte d'opinion *Une chasse odieuse* (p. 31).

   a) Quelle est la position de l'auteure concernant la chasse au phoque ? Relevez le premier passage où elle énonce la thèse qu'elle défend, puis donnez cette thèse en vos mots.

   b) Relevez la reformulation de la thèse contenue dans la conclusion du texte.

   c) Dans le développement, l'auteure présente ses arguments. Combien y en a-t-il ? Formulez chacun d'eux en vos mots.

   d) Le deuxième argument est développé à l'aide d'exemples. Montrez-le.

   e) Quel argument est développé à l'aide d'une comparaison ? Que compare-t-on par cette image ?

3. Le procédé argumentatif privilégié par l'énonciatrice est l'explication argumentative. Faites-en la preuve en montrant que le texte comporte toutes les particularités de l'explication argumentative présentées à la page 24. Illustrez la deuxième particularité à l'aide d'un tableau ou d'un schéma.

4. Ce texte d'opinion repose sur une structure cohérente. Vérifiez-le en répondant aux questions suivantes.

   a) Quels moyens l'énonciatrice prend-elle pour vous permettre de repérer rapidement le nombre d'arguments au service de la thèse ?

   b) Relevez le passage qui annonce clairement que le procédé argumentatif utilisé est l'explication argumentative.

5. Montrez que le titre contribue à la cohérence du texte.

6. Les questions 6 à 9 portent sur l'éditorial *Le fanatisme des animalistes* (p. 32).

   a) Qui l'énonciateur combat-il dans ce texte ?

   b) Que reproche-t-il à ses adversaires dans le premier paragraphe ? Répondez en vos mots.

   c) Formulez en une courte phrase la contre-thèse (c'est-à-dire la thèse des adversaires).

   d) Quels sont les deux contre-arguments soutenant la contre-thèse ? Formulez chacun d'eux en une courte phrase.

7. a) Montrez que le procédé argumentatif privilégié par l'énonciateur est la réfutation. Pour cela, recopiez le schéma de la colonne de droite et complétez-le.

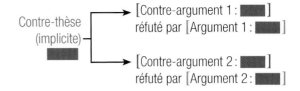

   b) À l'aide de quelle <u>technique de réfutation</u> l'énonciateur repousse-t-il chacun des contre-arguments ? Expliquez vos réponses.

   c) Quel rapport y a-t-il entre chaque contre-argument énoncé et l'argument qui le réfute ? Est-ce un rapport d'opposition, de restriction ou de concession ?

8. Cet éditorial repose sur une structure cohérente. Vérifiez-le en répondant aux questions ci-dessous.

   a) De quelle façon le passage suivant guide-t-il la lecture ?

   Les deux arguments qui ont toujours fait du mal à la réputation des chasseurs […].

   b) Quels moyens l'énonciateur prend-il pour vous permettre de repérer rapidement ses propres arguments ?

   c) Que laisse présager l'emploi de l'<u>organisateur textuel</u> *dans le premier cas* (ligne 14) ?

9. Montrez que le titre contribue à la cohérence du texte.

■ Les deux textes qui suivent portent sur le même sujet de controverse. Après les avoir lus, vous examinerez, entre autres, le procédé argumentatif que privilégie chacun des énonciateurs.

Tintin au pays du joual
(Éditorial – extrait)

Ariane Krol

Les éditions Casterman ont décidé d'adapter un album de Tintin en « québécois »**7**, nous apprend *Le Devoir* ce matin. Quelle idée stupide ! Les responsables du projet, qui marchent visiblement sur des œufs**8**, comparent cette version à d'autres adaptations déjà parues en diverses langues régionales comme le catalan, le basque ou l'occitan**9**. C'est bien
5 gentil d'avoir pensé à nous, mais comme on dit poliment, nous n'aurons pas besoin de vos services. Non seulement nous comprenons très bien le français international dans lequel sont racontées les aventures de Tintin, mais nous avons d'excellents auteurs québécois. Lorsque nous voulons lire des œuvres originales dans une langue proche de celle que nous parlons tous les jours, nous avons l'embarras du choix.

10 Cette inutile version québécisée de *Coke en stock* privera les jeunes lecteurs d'une ouverture sur le monde. Comme des milliers de petits Québécois, j'ai appris des tas de choses amusantes en lisant des BD européennes comme Tintin ou Astérix. Les jurons du capitaine Haddock constituaient à eux seuls une excellente source de vocabulaire enrichi, des lettres A à Z. […]

Ariane Krol, « Tintin au pays du joual »,
Cyberpresse – Le blogue de l'édito, [en ligne].
(20 novembre 2008 ; page consultée le 11 mars 2009)

AU FIL DU TEXTE

7 Pourquoi le nom *québécois* est-il placé entre guillemets ?

8 Que signifie l'<u>expression figée</u> *marcher sur des œufs* ?

9 a) Où le catalan, le basque et l'occitan sont-ils parlés ?

   b) Lesquelles de ces langues appartiennent à la même famille que le français ?

Tonnerre de Brest !
(Texte d'opinion – extrait)

Christian Rioux

[…] En fouillant dans la bibliothèque de ma fille cette semaine, je suis tombé sur l'album de Tintin *Coke en stock*. Celui-là même qu'une bande d'olibrius, bien de chez nous ceux-là, se sont mis dans la tête de traduire (ou d'adapter) en… «québécois». Vous avez bien lu, en «québécois» !

5 Excusez mon emportement. Quel journaliste ne serait pas amoureux du célèbre reporter du *Petit Vingtième* **10** ? Mais trop, c'est trop ! Ce projet n'est pas qu'un petit caprice anodin, comme on serait tenté de le croire. Il s'agit d'une aberration **11** sans nom, qui ne peut que dénaturer complètement le texte d'Hergé tout en alimentant le mythe éculé d'une langue québécoise qui n'a pas plus d'existence que le syldave **12**.

10 Je m'explique.

Chacun sait qu'Hergé était Belge et qu'il venait de Bruxelles. Pourtant, je mets quiconque au défi de trouver dans son œuvre un quelconque belgicisme. Vous savez, ces formules qu'affectionnent tant nos cousins du plat pays **13**, du genre «je ne sais pas le faire» (je ne peux pas le faire) ou «nonente-et-un» (quatre-vingt-onze). Tous 15 ces mots merveilleux qu'on entend dans les «fritures» (friteries) où les étudiants font la «guindaille» (fête). Les experts pourront évidemment détecter quelques rares tournures de phrases qui ont échappé à leur auteur. Mais, pour le commun des mortels, Tintin ne parle pas plus le français de la Belgique que celui de la Suisse, du Mali, du Québec ou même de la France. Il parle un français qu'on ne peut pas qualifier autre-20 ment que d'international.

C'est d'ailleurs ainsi que l'avait voulu son auteur. Le français très neutre du reporter correspond parfaitement à la personnalité que lui a insufflée Hergé. Le jeune héros est un journaliste qui parcourt le monde et qui s'exprime donc dans la langue à la fois la plus simple et la plus précise qui soit. Il doit en effet être compris de tous. À la 25 rigueur, on pourrait imaginer que Tintin n'a pas vraiment d'accent. Du moins, rien de très prononcé. Dans le très beau film du cinéaste québécois Benoît Pilon, *Ce qu'il faut pour vivre*, on voit d'ailleurs un jeune Inuit du Nunavik qui lit *Tintin et le lotus bleu* sans aucun problème.

Ce qui est vrai du héros d'Hergé est aussi vrai de ses compagnons. Même les jurons 30 du capitaine Haddock n'ont pas la moindre connotation régionale. Dans quel pays en effet jure-t-on en disant «moule à gaufres», «mille sabords», «ectoplasme», «boit-sans-soif», «protozoaire» ou «Bachi-bouzouk des Carpates» ? Je n'ai jamais rien entendu de tel dans les cafés de Paris, de Bruxelles et d'Ouagadougou. Ces insultes n'ont pas la moindre origine nationale ou ethnique. Elles ont justement été choisies pour 35 cela. En fait, elles relèvent beaucoup plus de la poésie surréaliste, d'ailleurs née en Belgique, que du vocabulaire des injures proprement dit. Il serait donc parfaitement ridicule de les remplacer par des sacres ou des jurons québécois.

[…]

La meilleure preuve que Tintin parle un niveau de langue international, c'est que 40 son éditeur n'a jamais senti le besoin d'en faire des traductions spécifiques pour les États-Unis, l'Australie ou le Canada anglais. Dans tous ces pays, on lit la même version qu'en Grande-Bretagne. La traduction en catalan s'adresse à tous les Catalans, qu'ils vivent en France ou en Espagne, même si cette langue à part entière connaît des variantes régionales, comme toutes les autres.

45 […]

Alors pourquoi une adaptation en «québécois»? Probablement parce que l'éditeur s'est laissé abuser par certains esprits de chez nous qui pensent encore que les Québécois ont une langue à part. La preuve que les Québécois parlent et écrivent pour l'essentiel le même français que les Belges, les Suisses et les Français, c'est que l'article de mon col-
50 lègue Fabien Deglise, qui a révélé ce projet de l'éditeur Casterman, aurait pu être publié sans en changer un seul mot dans les quotidiens *Le Monde*, de Paris, *Le Temps*, de Genève, et *Le Soir*, de Bruxelles.

Quant à ceux qui pensent le contraire, on pourrait leur rappeler gen-timent cette délicieuse réplique du capitaine Haddock tirée justement
55 de *Coke en stock*: «Pourriez pas parler français comme tout le monde, espèce de bayadère de carnaval?!»

Christian Rioux, «Tonnerre de Brest!»,
Le Devoir, [en ligne]. (5 décembre 2008;
page consultée le 11 mars 2009)

© Hergé/Moulinsart 2009.

AU FIL DU TEXTE

10 Qui est ce *célèbre reporter du Petit Vingtième*?

11 Donnez un synonyme du nom *aberration* convenant au contexte.

12 Que veut dire l'auteur quand il parle du *mythe éculé d'une langue québécoise qui n'a pas plus d'existence que le syldave*?

13 Que désigne le groupe nominal *nos cousins du plat pays*?

---

10. **TEXTES EN RÉSEAU** Ces deux textes ont quelques points en commun. Vérifiez-le en répondant aux questions suivantes.

  a) Quel sujet de controverse les deux journalistes abordent-ils?

  b) En gros, quelle opinion partagent-ils?

  c) Quels adversaires communs les deux journalistes ont-ils?

  d) Quelle intention anime l'énonciateur de chacun de ces deux textes?

11. **TEXTES EN RÉSEAU** Autre point commun, les deux journalistes ont choisi le même procédé argumentatif dominant: l'explication argumentative.

  a) Montrez que l'auteure de *Tintin au pays du joual* (p. 33) utilise l'explication argumentative. Pour cela, créez un schéma ou un tableau dans lequel vous formulerez avec précision:
  – la thèse qu'elle défend;
  – les trois arguments qu'elle avance pour faire valoir la justesse de sa thèse;
  – le lien de causalité qui unit chacun des arguments à la thèse.

  b) Montrez que l'auteur de *Tonnerre de Brest!* utilise l'explication argumentative. Pour cela, mar-quez le texte sur le document qu'on vous remettra.

12. **TEXTES EN RÉSEAU** Malgré leurs ressemblances, ces deux textes diffèrent considérablement.

  a) La construction des arguments n'est pas la même d'un texte à l'autre. Expliquez cette dif-férence en vous basant sur les points suivants:
  – le développement des arguments;
  – la qualité de ces arguments.

  b) Les deux journalistes ne s'en prennent pas à leurs adversaires de la même manière. Montrez-le.

  c) Les deux textes ne produisent pas la même im-pression générale. Quelle impression chaque texte vous a-t-il laissée?

13. **TEXTES EN RÉSEAU** Exercez votre jugement critique.

  a) Maintenant que vous avez analysé ces deux articles, lequel vous semble le plus efficace pour convaincre ses destinataires? Expliquez votre réponse.

  b) Parmi tous les arguments lus dans ces deux textes, lequel trouvez-vous le plus pertinent? Pourquoi?

■ Le texte d'opinion *Pour le radar photo automatisé* privilégie la réfutation, et vous aurez à en faire la preuve.

14. Avant de lire le texte, survolez-le en répondant aux questions suivantes.

a) Que révèle le titre ?

b) Que vous apprend la lecture du paragraphe d'introduction ?

c) Que révèlent les deux ou trois premières lignes de chacun des paragraphes 2 à 5 ?

d) Après ce bref survol, vous devriez pouvoir dégager l'intention de l'énonciateur. Quelle est-elle ?

e) Lisez maintenant le texte attentivement. À la prochaine activité, vous devrez montrer qu'il s'agit bel et bien d'une réfutation.

Pour le radar photo automatisé
(Texte d'opinion)

❶ Au Québec, dès qu'il est question de radar photo automatisé, on assiste à une levée de boucliers : il serait préférable de mettre plus de policiers dans les rues et sur les routes ; le radar photo n'est qu'une machine à fric ; ce n'est pas un moyen efficace pour améliorer la sécurité routière ; l'utilisation de cet appareil constitue une intrusion dans la vie privée des gens. Démontons ces critiques une par une.

❷ La première : il serait préférable de mettre plus de policiers dans les rues et sur les routes. Certes, cela est envisageable, mais ce n'est ni économique ni très efficace. Examinons d'abord l'aspect économique. Le Québec compte aujourd'hui 13 700 policiers, qui nous coûtent annuellement 135 000 $ chacun*. On peut considérer que les forces de police consacrent un tiers de leur temps à la surveillance routière, ce qui signifie que la route occupe à temps plein l'équivalent de 5000 policiers environ. Si ces 5000 policiers cessaient de fermer les yeux sur les neuf dixièmes des conduites délinquantes dont ils sont témoins et qu'on ajoutait 2500 nouveaux policiers assignés exclusivement à la surveillance routière, on ne tarderait pas à voir une amélioration de la sécurité sur nos routes. Toutefois, ces 2500 policiers de plus coûteraient 350 millions de dollars par an. Le déploiement de 1000 radars photo automatisés coûterait à peu près le même montant, mais une seule fois ; il ne resterait ensuite qu'à payer annuellement les frais de fonctionnement et d'entretien. Passons maintenant à l'aspect de l'efficacité. En comptant 1000 heures réelles de présence sur la route par an par policier, l'ajout de 2500 policiers n'augmenterait que de 2,5 millions d'heures par an le temps total de surveillance, soit trois fois moins qu'un parc de 1000 radars photo. Ajoutons à cela qu'un policier peut difficilement donner plus d'une contravention par période de vingt minutes, alors qu'un radar photo automatisé, lui, peut produire autant de contraventions qu'il y a de conducteurs fautifs. Force est de conclure que, pour ce qui est du rapport coût–efficacité, 1000 appareils l'emportent largement sur 2500 policiers supplémentaires.

❸ La deuxième critique, celle voulant que les radars photo soient de véritables machines à fric, n'est pas fondée. La première année de déploiement des radars photo en France (de novembre 2003 à octobre 2004) est instructive à cet égard. Effectivement, le nombre de contraventions a grimpé en flèche durant les premiers mois. En juillet 2004, par exemple, les 100 appareils en service ont délivré 160 000 contraventions, mais deux mois plus tard, ce nombre avait baissé à 125 000, même s'il y avait désormais 130 appareils en fonction. Avec les radars photo, l'objectif n'est pas de donner un nombre croissant de contraventions mais, à l'opposé, de ne plus en donner, ne serait-ce qu'une seule, parce que tous les conducteurs auraient compris l'importance de respecter les limites de vitesse.

---

* Données pour l'année 2005.

❹ La troisième critique des détracteurs est que les radars photo sont inefficaces, tant pour réduire la vitesse que pour améliorer le bilan routier. Qu'en est-il vraiment ? Examinons les faits. En novembre 2003, au moment de leur entrée en fonction, 75 % des Français ne respectaient pas les limites de vitesse. En octobre 2004, sur les parties du réseau surveillées par radars photo, cette proportion n'était plus que de 25 %. Quant aux accidents, sur ces parties du réseau, ils avaient chuté de 86 %. Plus significatif encore, la vitesse avait baissé en moyenne de 6 % partout sur le réseau routier français, ce qui signifie que, même si le nombre d'appareils déployés était faible, le radar avait « saisi » l'esprit de la forte majorité des Français, les aidant à comprendre l'urgence de modifier leurs comportements habituels en matière de conduite automobile. Ce fort impact symbolique et éducatif a contribué à réduire le taux de mortalité routière, qui est passé de 8160 décès en 2001 à 5215 en 2004. Indéniablement, les radars photo sont efficaces pour améliorer la sécurité sur les routes.

John Newcomb,
Après-midi à Merritt, 1992.

❺ Reste la dernière critique, selon laquelle l'utilisation de tels appareils serait une atteinte aux droits et aux libertés. Ce qu'il faut savoir, c'est que ces radars automatisés ne commandent la prise de photo qu'après avoir détecté le dépassement de cette limite ; donc, seuls les conducteurs fautifs sont photographiés. Le fonctionnement de ces appareils diffère en cela de celui des caméras de rue, auxquelles on reproche de filmer tout le monde, par conséquent d'engranger de l'information sur tout un chacun. De plus, avec les radars photo, aucun automobiliste contrevenant ne peut se faufiler entre les mailles du filet. Actuellement, les opérations de surveillance policière permettent aux conducteurs de jouer en permanence au chat et à la souris. Les souris que nous sommes acceptent que les chats les épient, leur tendent des pièges et bondissent sur elles dès que l'occasion se présente. Mais encore cela dépend-il de l'humeur du chat, lequel, en vertu de ses *pouvoirs discrétionnaires*, peut choisir de laisser les souris danser. C'est pourquoi elles ne savent jamais vraiment à quoi s'en tenir. Avec les radars photo automatisés, ce côté aléatoire et arbitraire de la surveillance routière disparaît. Le fait de remplacer l'aléatoire et l'arbitraire par une mesure universelle, neutre, objective et totalement dépersonnalisée ne constitue pas un recul, mais une avancée sur le plan des droits et des libertés.

❻ Qui crie le plus promptement et le plus fort à l'atteinte de ses droits et de ses libertés ? N'est-ce pas celui qui, au volant d'un *muscle car*, a la ferme intention de ne respecter les dispositions du *Code de la route* que sporadiquement ? Par ce code, nous avons convenu démocratiquement de règles du jeu en matière de circulation, après avoir soupesé un ensemble de considérations relatives à l'efficacité des déplacements, à la sécurité des personnes, à la santé publique et aux valeurs communément partagées. Dire non au radar photo automatisé, c'est laisser le champ libre à ceux qui font fi des règles et qui se permettent de conduire en fou au mépris de notre sécurité à tous.

❼ Qu'entends-je ? Vous aussi, de temps en temps, vous aimez bien rouler un peu trop vite, un privilège que vous souhaiteriez conserver. Le jeu du chat et de la souris, il ne vous déplaît pas tant que cela, d'autant que vous avez remarqué qu'il faut vraiment être malchanceux pour être piégé. Cette belle et puissante auto dont vous êtes le fier propriétaire, vous ne rechignez pas, une fois n'est pas coutume, à la mettre à l'épreuve. Et la liberté individuelle, c'est indéniablement un acquis précieux. Pour ces raisons, me dites-vous en conclusion, vous êtes réticent, vous aussi, à l'idée du radar photo automatisé. Qu'on se comprenne bien : cette liberté dont vous parlez, c'est celle de tricher. Si vous défendez comme un droit votre liberté de tricher un peu et de temps en temps, vous autorisez par le fait même les conducteurs qui s'imaginent sur une piste de course à tricher beaucoup et tout le temps. Accepter le radar photo automatisé, c'est mettre fin à notre solidarité avec ceux-là.

Adapté de : Richard Bergeron, *Les Québécois au volant, c'est mortel*, Montréal, Les Éditions des Intouchables, 2005, p. 153 à 158.

15. Faites maintenant la preuve que le texte présente deux des particularités de la réfutation.

   a) 📄 Montrez que des contre-arguments y sont énoncés et réfutés. Pour cela, retracez le déroulement de la réfutation à l'aide du schéma fourni sur le document qu'on vous remettra.

   b) Associez chacun des paragraphes 2, 3, 4 et 7 à l'une des <u>techniques de réfutation</u>.

16. 📄 Le texte *Pour le radar photo automatisé* a ceci de particulier : chaque paragraphe de son développement se termine par une phrase qui synthétise, résume ou reprend l'argument ou les arguments développés dans le paragraphe. Chacune de ces phrases-résumés constitue une ***conclusion partielle***.

   Sur le document que vous avez déjà en main, vous observerez les conclusions partielles des paragraphes 2 et 3, puis vous relèverez celles des paragraphes 4 à 7.

Le texte et vous

17. À la page 20, Pierre Falardeau qualifie les personnages masculins du cinéma québécois d'absents, de mitaines, de perdus, etc. Repensez aux films et aux téléromans québécois que vous avez vus. Repensez aussi à l'image qu'on donne généralement des hommes dans les publicités. Êtes-vous d'accord avec ce jugement ? Expliquez votre réponse.

18. À votre tour de vous exprimer de la manière la plus appropriée possible. Que pensez-vous de chacun des sujets suivants ?
   - La chasse au phoque
   - L'adaptation d'un album de Tintin en « québécois »
   - L'existence d'une langue « québécoise »
   - L'implantation des radars photo automatisés sur le réseau routier québécois

Grammaire en contexte

L'accord du verbe

19. Justifiez l'accord des verbes en gras.
   1) Moi qui **croyais** avec quelques autres que [...].
   2) Comme si le courage, la grandeur d'âme, la force de caractère nous **étaient** des valeurs étrangères.
   3) Cette année encore, la chasse aux phoques du Groenland suscite la critique partout où la propagande mensongère des militants, conçue pour recueillir des fonds davantage que pour protéger les bêtes, **atteint** sa cible.
   4) Vous savez, ces formules qu'**affectionnent** tant nos cousins du plat pays, du genre « je ne sais pas le faire » [...].

La formation et l'accord du participe passé

20. Justifiez l'orthographe ou l'accord des participes passés en gras.
   1) Il n'y a pas de rebondissements tout simplement parce que je n'ai pas **mis** de rebondissements.
   2) Il y a des bibliothèques pleines de livres extraordinaires sur le sujet. Je sais, je les ai **lus**.
   3) « Tu devrais développer un peu plus les troisièmes rôles… ce serait très intéressant. » Oui, je sais. Mais alors ça devient des personnages secondaires, des deuxièmes rôles ou encore des personnages principaux. Je ne les ai pas **développés** justement parce que ce sont des troisièmes rôles, des personnages d'arrière-fond.
   4) Le français très neutre du reporter correspond parfaitement à la personnalité que lui a **insufflée** Hergé.
   5) Il doit en effet être **compris** de tous.

21. À l'automne 2009, le cinéaste Pierre Falardeau, dont vous avez lu un texte au début de l'atelier, est décédé. Pour prendre la mesure de cet imposant personnage, lisez *Salut, Falardeau !* (p. 319), un émouvant hommage que lui adresse son ami, le comédien Luc Picard.

22. **TEXTES EN RÉSEAU** Malgré les réactions très partagées qu'il a suscitées, le projet d'adaptation en «québécois» d'un album de Tintin a finalement été réalisé. Lisez *Un Tintin bien de chez nous* de Réjean Labrie (p. 324) et *Tintin en joual* de Lysiane Gagnon (p. 325), deux textes publiés lors de la parution de l'album. Comparez la thèse et les arguments présentés dans ces deux textes.

23. **TEXTES EN RÉSEAU** Lisez les deux extraits d'*Abolissons l'hiver !* de l'anthropologue québécois Bernard Arcand (p. 304).

a) Dans le premier extrait, l'auteur défend sa thèse selon laquelle «l'hiver nous tue» à l'aide d'une explication argumentative. Montrez-le.

b) Sur le document qu'on vous remettra, montrez que le procédé argumentatif dominant utilisé dans le deuxième extrait est la réfutation.

24. **TEXTES EN RÉSEAU** Toutes les opinions se valent-elles ? Voyez ce qu'en pensent Pierre Bourgault dans *La vraie nature de l'opinion* (p. 300) et Louis Cornellier dans *L'art de défendre ses opinions* (p. 299).

25.  Sur le document qu'on vous remettra, faites la synthèse de vos connaissances sur les procédés argumentatifs que sont l'explication argumentative et la réfutation.

En quelques lignes

Voici quatre prises de position sur des questions de société susceptibles de vous toucher.

1) Au secondaire, les cours de mathématiques ne devraient pas être mixtes. Il devrait y avoir des classes pour les filles et d'autres pour les garçons.

2) On devrait permettre la vidéosurveillance dans les autobus scolaires.

3) Il faudrait augmenter le nombre d'heures d'enseignement du français en 5ᵉ secondaire.

4) On ne devrait pas imposer le port du casque protecteur ni dans les sports de glisse, ni à vélo, ni en rouli-roulant.

• En équipe de quatre, répartissez-vous les quatre prises de position. Individuellement, rédigez un argument soutenant la prise de position qui vous revient. Prévoyez au moins cent mots pour ce premier paragraphe. Échangez ensuite votre copie avec un coéquipier ou une coéquipière. Lisez attentivement l'argument avancé par votre camarade, puis réfutez-le dans un paragraphe d'au moins cent mots.

• Une fois cette étape franchie, procédez en grand groupe à la mise en commun et à l'examen des arguments. Faites cette partie de l'activité sur le document qu'on vous remettra.

De vive voix

Écoutez attentivement le texte qu'on vous lira, intitulé *Mettre nos jeunes à l'abri de leur chimie*. Avec quelques camarades, vous échangerez ensuite vos impressions sur les idées exprimées dans ce texte. Pour tirer le maximum de votre écoute, consultez la stratégie *Comment prendre des notes au cours d'une écoute*, p. 277.

Élaborer sa stratégie argumentative

Les occasions d'exprimer votre opinion sont nombreuses. Pour le faire efficacement, vous devez chaque fois élaborer une stratégie argumentative.

La stratégie argumentative est l'ensemble des moyens mis en place par un énonciateur pour convaincre son destinataire.

Votre stratégie argumentative commence à se dessiner dès que vous savez que vous devrez exprimer une opinion (que ce soit à l'écrit ou à l'oral).

Concevoir une stratégie argumentative, c'est faire des choix en fonction, entre autres, du message à communiquer et des caractéristiques (âge, connaissances, valeurs, intérêts, notoriété, etc.) du destinataire à convaincre.

Principaux choix à faire	Pistes de réflexion
Choisir le genre argumentatif approprié.	À moins qu'un genre argumentatif ne vous ait été imposé, choisissez celui qui vous semble le plus approprié à la situation de communication. • Pour vous adresser à un large public, vous pourriez écrire un texte d'opinion destiné à être publié dans un journal ou dans le réseau Internet. *(Dans l'atelier 2, aux pages 45 à 52, vous verrez comment structurer un tel texte.)* • Pour vous adresser publiquement à un destinataire précis, vous pourriez écrire une lettre ouverte destinée à être publiée dans un journal ou dans le réseau Internet. *(Dans l'atelier 2, aux pages 45 à 52, vous verrez comment structurer un tel texte.)* • Pour faire connaître et apprécier une œuvre ou une manifestation culturelle, vous pourriez concevoir un article critique destiné à être publié dans un journal ou dans le réseau Internet, ou destiné à être présenté dans une chronique radiophonique ou télévisuelle. *(Dans l'atelier 3, aux pages 62 à 66, vous verrez comment structurer un tel texte.)* • Pour débattre d'une question de vive voix, vous pourriez participer à un débat. *(Dans la partie Participer ou assister à un débat, aux pages 73 à 75, vous trouverez des informations à ce sujet.)*
Préciser sa thèse.	Après avoir bien cerné la question controversée sur laquelle vous avez à vous prononcer, clarifiez votre opinion par rapport à cette question.
Choisir le procédé argumentatif dominant.	Choisissez le procédé correspondant le mieux à votre intention. • Pour faire valoir la justesse de votre thèse, optez pour l'explication argumentative. *(Si vous optez pour l'explication argumentative, vous concevrez, plus tard, le plan de votre texte en tenant compte des particularités de l'explication argumentative.)* • Pour contester une opinion adverse, optez pour la réfutation. *(Si vous optez pour la réfutation, vous concevrez, plus tard, le plan de votre texte en tenant compte des particularités de la réfutation et des techniques de réfutation.)*
Choisir ses arguments.	Formulez l'énoncé de chacun de vos arguments en vous assurant qu'ils sont tous liés à la thèse. *(Plus tard, à l'étape du plan, vous développerez vos arguments en utilisant les différents outils pour construire des arguments.)*

→

Principaux choix à faire	Pistes de réflexion
(À l'écrit) **Choisir de marquer ou non sa présence et celle de son destinataire.**	Déterminez si vous voulez manifester votre présence dans votre texte ou, au contraire, rester en retrait. Déterminez aussi si vous voulez rendre manifeste la présence de votre destinataire ou, au contraire, ne pas la faire voir. (Plus tard, lors de l'écriture de votre texte, si vous avez choisi de manifester votre présence et de rendre manifeste celle de votre destinataire, vous emploierez les marques d'énonciation appropriées.)
Choisir un point de vue par rapport à son destinataire.	Déterminez l'attitude à adopter envers votre destinataire, compte tenu de ses caractéristiques. (Plus tard, à l'étape de l'écriture de votre texte, vous emploierez les marques de modalité révélant l'attitude envers le destinataire et le ton convenant au rapport que vous souhaitez établir avec votre destinataire.)
Choisir un point de vue par rapport à son propos.	Déterminez si vous voulez donner à vos propos une impression de subjectivité ou une impression d'objectivité. (Plus tard, à l'étape de l'écriture de votre texte, vous donnerez à vos propos une impression de subjectivité en employant des marques de modalité révélant l'attitude par rapport au propos ou, au contraire, vous leur donnerez une impression d'objectivité en évitant d'employer de telles marques.)

Erreurs à éviter dans l'élaboration de sa stratégie argumentative

Concernant sa thèse, son opinion

- Mal cerner la question controversée et, par conséquent, émettre une opinion non pertinente.
- Avoir une opinion difficile à cerner.
- Se contredire, changer d'opinion en cours de route.

Concernant son argumentation

- Énoncer des arguments qui ne sont pas liés à la thèse.
- Énoncer des arguments faibles qui risquent de ne pas résister à un examen critique.

Concernant ses destinataires

- Ne pas tenir compte de ses destinataires : ne pas prendre en considération leur âge, leur personnalité, leurs valeurs, leurs connaissances, leurs intérêts, etc.
- Choisir un ton inapproprié.

Écrire un texte d'opinion ou une lettre ouverte

Lecture préparatoire

▦ Un simple citoyen prend la parole publiquement pour donner son opinion sur un sujet qui lui tient à cœur. Lisez son texte ; par la suite, vous en examinerez les particularités.

Moins de rouge, plus de vert !

En septembre 2009, l'Institut national de santé publique du Québec se félicitait de l'amélioration de nos habitudes alimentaires. Les adultes québécois consomment en effet moins de gras et plus de fruits et légumes qu'il y a quinze ans. Mais il reste des progrès à faire. Certains proposent d'ailleurs d'éliminer la viande rouge de nos menus. Sans aller
5 jusque-là, je pense qu'il faut manger moins de viande rouge, autant pour des raisons de santé que pour des raisons environnementales.

Examinons d'abord les conséquences sur la santé de la surconsommation de viande rouge. On sait que la viande fournit des protéines et toutes sortes d'éléments nutritifs essentiels. Mais elle contient aussi des substances qui, en trop grande quantité, sont nocives.
10 De plus en plus de recherches associent la viande rouge aux maladies cardiovasculaires[1] et au diabète. En outre, des études scientifiques récentes établissent des liens entre la surconsommation de viande rouge et le cancer du côlon[2]. La chose est tellement sérieuse que le Fonds mondial de recherche contre le cancer, une autorité en la matière, recommande aux parents de bannir les charcuteries, saucisses à hot-dog et autres salamis de
15 l'alimentation des enfants, et de limiter la consommation de viande rouge. La Société canadienne du cancer (SCC) va dans le même sens. Selon la SCC, trois portions de 85 grammes de viande rouge par semaine (trois portions de la grosseur d'un paquet de cartes) suffisent à un adulte. Or Statistique Canada nous apprend qu'en 2008, les Canadiens en consommaient en moyenne 500 grammes par semaine. À la lecture de ces données, une seule
20 solution s'impose : il faut manger moins de viande rouge.

AU FIL DU TEXTE

▪1 Quelles parties du corps les maladies cardiovasculaires affectent-elles ?

▪2 Donnez un synonyme du nom *côlon*.

Maintenant, penchons-nous sur les conséquences environnementales de la consomma-tion de viande rouge. Savez-vous combien coûte le steak qui se retrouve dans votre assiette ? Pour produire un kilo de viande, il faut 10 kilos de grains et plus de 15 000 litres d'eau. Il faut aussi des terres pour cultiver le grain dont se nourrissent les bovins. Aujourd'hui,
25 30 % des terres arables servent à nourrir du bétail et non des humains. Comme les surfaces actuelles ne suffisent pas, on déforeste **3** à tour de bras pour planter du soja ou du maïs. Pour augmenter le rendement des terres, on utilise des pesticides et des engrais chimiques, qui épuisent les sols. Ces pratiques polluent les sols, les cours d'eau, la nappe phréatique **4** et menacent des espèces végétales et animales. Déforestation, pollution, bouleversement de
30 l'écosystème, c'est cher payé pour saliver devant un hamburger.

Une autre conséquence environnementale nuisible est la production de gaz à effet de serre, responsables du réchauffement climatique. Selon l'Organisation des Nations Unies pour l'alimentation et l'agriculture, plus de 20 % des émissions de gaz à effet de serre sont attribuables à la production de viande. Ces gaz proviennent du déboisement, des sols nourris
35 aux engrais azotés, du méthane que les bovins libèrent en digérant, du lisier **5** des animaux, du transport sur de longues distances des marchandises et des animaux. Pour préserver notre planète, il est donc impératif de réduire notre consommation de viande.

Bref, la surconsommation de viande rouge pèse lourd sur la santé et l'environnement, on ne peut le nier. Faut-il pour autant se priver de viande ? Pas du tout, mais il faut en manger
40 de façon plus raisonnable, mettre un peu moins de rouge dans notre assiette pour avoir un peu plus de vert sur notre planète.

Grégoire Painchaud

Grégoire Painchaud, « Moins de rouge, plus de vert ! », site Web de l'auteur,
[en ligne]. (septembre 2009 ; page consultée le 15 octobre 2009)

AU FIL DU TEXTE

3 a) Le verbe *déforester* est une création de l'auteur de ce texte. Expliquez la formation de ce verbe.

   b) Par quel verbe pourrait-on remplacer « déforester » ?

4 Qu'est-ce que la nappe phréatique ?

5 Qu'est-ce que le lisier ?

Après la lecture préparatoire

1. Synthétisez la <u>séquence argumentative</u> de ce texte dans un tableau semblable au suivant. Notez vos réponses dans vos mots.

Séquence argumentative		
Thèse paragraphe : ▓▓▓	**Argumentation** paragraphes : ▓▓▓	**Reformulation de la thèse** paragraphe : ▓▓▓
Thèse défendue : ▓▓▓	– Argument 1 : ▓▓▓ – …	Reformulation de la thèse défendue : ▓▓▓

2. Examinez quelques moyens utilisés par l'énonciateur pour convaincre ses destina-taires de la validité de sa thèse.

   a) L'énonciateur a pris soin de bien développer ses arguments. Dans chacune des phrases suivantes, dites lequel ou lesquels des <u>outils pour construire des arguments</u> ont été utilisés.

   1) On sait que la viande fournit des protéines et toutes sortes d'éléments nutritifs essentiels.

   2) De plus en plus de recherches associent la viande rouge aux maladies cardiovasculaires et au diabète.

3) En outre, des études scientifiques récentes établissent des liens entre la surconsommation de viande rouge et le cancer du côlon.

4) La chose est tellement sérieuse que le Fonds mondial de recherche contre le cancer, une autorité en la matière, recommande aux parents de bannir les charcuteries, saucisses à hot-dog et autres salamis de l'alimentation des enfants, et de limiter la consommation de viande rouge.

5) La Société canadienne du cancer (SCC) va dans le même sens. Selon la SCC, trois portions de 85 grammes de viande rouge par semaine (trois portions de la grosseur d'un paquet de cartes) suffisent à un adulte.

6) Or Statistique Canada nous apprend qu'en 2008, les Canadiens en consommaient en moyenne 500 grammes par semaine.

7) Pour produire un kilo de viande, il faut 10 kilos de grains et plus de 15 000 litres d'eau.

8) Il faut aussi des terres pour cultiver le grain dont se nourrissent les bovins.

9) Aujourd'hui, 30 % des terres arables servent à nourrir du bétail et non des humains.

10) Selon l'Organisation des Nations Unies pour l'alimentation et l'agriculture, plus de 20 % des émissions de gaz à effet de serre sont attribuables à la production de viande.

11) Ces gaz proviennent du déboisement, des sols nourris aux engrais azotés, du méthane que les bovins libèrent en digérant, du lisier des animaux, du transport sur de longues distances des marchandises et des animaux.

b) Ce texte est facile à suivre. Expliquez pourquoi il en est ainsi.

c) Le ton employé par l'énonciateur est plutôt objectif. À quoi cela se voit-il ? Quel effet l'usage de ce ton produit-il sur vous ?

La structure du texte d'opinion et de la lettre ouverte

Le **texte d'opinion** sert le plus souvent à exprimer son opinion sur des sujets d'actualité. On le trouve habituellement dans les pages *Idées*, *Libre opinion*, *Tribune libre*, etc. d'un journal, d'un magazine, d'une revue ou d'un site Internet.

La **lettre ouverte** est un texte d'opinion rédigé sous forme de lettre à l'intention d'un destinataire précis (ministre, président ou présidente d'entreprise, groupe de citoyens, etc.), mais communiqué publiquement. Elle présente la même structure (une introduction, un développement et une conclusion) que le texte d'opinion. Tout ce qui est dit dans les pages suivantes sur le texte d'opinion s'applique aussi à la lettre ouverte.

> **REMARQUE**
> Avant de rédiger son texte d'opinion (ou sa lettre ouverte), on élabore sa stratégie argumentative (p. 40).

L'introduction

L'introduction est un moment fort du texte d'opinion ou de la lettre ouverte. Comme c'est par elle que les destinataires entrent en contact avec le texte, elle doit les intéresser, capter leur attention.

Il existe différentes manières de composer l'introduction d'un texte d'opinion. Celle du texte d'opinion modèle suit le plus souvent les étapes ci-dessous.

Étapes	Description	Exemple
Amener le sujet	Situer le sujet dans un contexte élargi de manière à susciter l'intérêt du lecteur. Cette mise en contexte peut se faire par la présentation, par exemple : – d'un fait d'actualité ; – de faits historiques ; – de données scientifiques ; – d'une anecdote ou d'un fait vécu ; – d'un fait de société.	Il n'y a pas si longtemps, la possibilité pour le commun des mortels d'échanger des fichiers rapidement d'un bout à l'autre de la planète n'existait pas. Aujourd'hui, grâce à Internet, c'est à la portée de chacun de nous. Cela pose la délicate question de la reproduction d'œuvres artistiques (musicales, mais aussi cinématographiques, littéraires, photographiques, etc.) disponibles sur Internet. Pour moi, ce n'est pas un problème ; je suis en faveur de la reproduction sans restriction des œuvres artistiques disponibles sur Internet. En effet, la reproduction de ces œuvres a des effets positifs pour les consommateurs, les créateurs et la société en général.
Poser le sujet	Présenter la <u>question controversée</u> sur laquelle on s'exprime.	
Formuler la thèse	Exprimer son opinion, celle qui sera défendue dans la suite du texte. **Remarque** La thèse n'est pas toujours formulée dans l'introduction. Elle peut être formulée ailleurs, dans la conclusion, par exemple.	
Diviser le sujet	Annoncer les points qui seront présentés dans le développement pour guider la lecture. **Remarque** Quand le texte d'opinion est très court, il n'y a habituellement pas de sujet divisé.	

> **REMARQUES**
> - L'introduction devrait constituer environ 15 % du texte d'opinion modèle. Ainsi, pour un texte d'environ 500 mots, elle devrait compter à peu près 75 mots.
> - Souvent, on planifie l'introduction dès le départ, mais on la rédige en dernier.

Erreurs à éviter dans la rédaction de l'introduction

- Amener le sujet d'une manière trop vague.

  Ex. : Tout le monde a un ordinateur aujourd'hui. Cela pose la délicate question de la reproduction d'œuvres artistiques […].

  Le sujet est mal amené : il n'y a pas de lien direct entre la possession d'un ordinateur et la reproduction d'œuvres artistiques.

- Oublier de poser le sujet.

- Annoncer un point qui ne sera pas développé ou ne pas annoncer un point qui sera développé.

Le développement

Le développement du texte d'opinion ou de la lettre ouverte présente les <u>arguments</u> en quelques paragraphes. Dans un texte d'opinion modèle, on lie entre eux les paragraphes du développement à l'aide d'<u>organisateurs textuels</u> ou de formules de transition. Le plus souvent, on place ces organisateurs ou ces formules au début des paragraphes.

- Si le procédé argumentatif dominant est l'<u>explication argumentative</u>, on présente une série d'arguments liés à la thèse. Habituellement, on présente un argument (<u>énoncé de l'argument</u> et <u>développement de l'argument</u>) par paragraphe.

- Si le procédé argumentatif dominant est la <u>réfutation</u>, on présente une série de <u>contre-arguments</u> réfutés chacun par un argument au service de la thèse. Dans un texte d'opinion modèle, on présente habituellement un contre-argument et sa réfutation par paragraphe.

> **REMARQUE**
> Un texte d'opinion modèle d'environ 500 mots devrait compter deux ou trois arguments.

Exemple de texte d'opinion dont le procédé argumentatif dominant est l'explication argumentative	Éléments à observer dans le développement
Une chasse odieuse	
La chasse au phoque est une chasse odieuse, immonde, qui devrait être interdite sur-le-champ, et ce, pour plusieurs raisons.	
D'abord, il s'agit d'une chasse rouge vif sur fond blanc qui fait un tort considérable à la réputation du Canada à l'étranger. Les images qu'on rapporte de cette chasse et qu'on diffuse à l'échelle de la planète nous font passer pour des barbares sanguinaires de la pire espèce.	Paragraphe présentant l'argument 1 ; cet argument est lié à la thèse.
De plus, il s'agit d'une chasse qui coûte extrêmement cher, probablement beaucoup plus qu'elle ne rapporte. Les bateaux, les avions et les hélicoptères de la Garde côtière déployés pendant la saison de la chasse coûtent cher. L'ouverture au brise-glace de la route vers la banquise pour permettre aux chasseurs d'atteindre leurs	Paragraphe présentant l'argument 2 ; cet argument est lié à la thèse.

→

Exemple de texte d'opinion dont le procédé argumentatif dominant est l'explication argumentative	Éléments à observer dans le développement
proies coûte cher. Contrer les boycottages de produits du phoque sur les marchés américains et européens, cela doit coûter cher aussi. Finalement, on ne peut même pas se cacher derrière le prétexte qu'on chasse cet animal pour ramener aux humains une viande bonne pour la santé. Les chasseurs ne s'intéressent qu'à la peau des phoques. La viande, ils la laissent sur la banquise! On ne peut leur en tenir rigueur: mangeriez-vous la chair du bébé phoque qu'on vient d'abattre sauvagement? Assez, c'est assez! Cette chasse est indéfendable. Un point, c'est tout. Lisette Gendron, «Une chasse odieuse».	Paragraphe présentant l'argument 3; cet argument est lié à la thèse. Organisateurs textuels soulignant la progression de l'argumentation.

L'ordre de présentation des arguments

Il est préférable de commencer et de terminer par les arguments les plus efficaces dans le contexte. Cet ordre permet de capter l'attention des lecteurs dès le début et de laisser une bonne impression finale.

Il y a des risques à choisir un autre ordre de présentation des arguments. L'ordre croissant (de l'argument le moins fort au plus fort) laisse une bonne impression finale, mais il pourrait ne pas capter l'attention dès le départ. Les destinataires risquent donc de se désintéresser du sujet. L'ordre décroissant (de l'argument le plus fort au moins fort) capte l'attention dès le départ, mais il ne laisse pas une impression finale forte. Comme c'est souvent la dernière idée qui s'impose, les destinataires risquent de ne pas être convaincus.

Dans tous les cas, la pertinence et la solidité des arguments sont de la première importance. Si un ou deux arguments sont peu convaincants, il vaut mieux les retravailler ou les remplacer.

Erreurs à éviter dans la rédaction du développement

- Présenter les arguments dans un ordre différent de celui annoncé dans la partie «sujet divisé», quand il y en a une.
- Employer des arguments faibles, qui ne résistent pas à un examen critique.
- Employer des organisateurs textuels non pertinents.
- Proposer une division en paragraphes incohérente.

La conclusion

La conclusion est, avec l'introduction, un moment fort du texte d'opinion ou de la lettre ouverte. Comme c'est le dernier passage que les destinataires liront, c'est souvent celui qu'ils retiendront. Il est donc important que l'opinion y apparaisse nettement, et qu'elle soit donnée d'une manière personnelle, originale.

Il existe différentes façons de composer une conclusion. Dans un texte d'opinion modèle, on doit formuler ou reformuler la thèse de façon percutante pour qu'elle s'impose aux destinataires. De plus, on peut :

– synthétiser les grandes lignes de l'argumentation ;

– inciter à l'action ;

– formuler une recommandation, un souhait ;

– élargir la question ;

– etc.

La conclusion est habituellement annoncée par un organisateur textuel ou une formule de transition. Son rôle est de montrer que la conclusion découle naturellement de ce qui précède.

REMARQUES
- La conclusion devrait constituer environ 10 % du texte d'opinion modèle. Ainsi, pour un texte d'environ 500 mots, elle devrait compter à peu près 50 mots.
- Dans les textes publiés de nos jours, la conclusion est souvent absente. Toutefois, dans un texte d'opinion modèle, on la considère comme essentielle.

EXEMPLES DE TERMES ANNONÇANT LA CONCLUSION

Ainsi	En fin de compte
Après tout	En résumé
Au fond	En somme
Bref	En terminant, je dirais que
C'est pour ces raisons que	En un mot
C'est pourquoi	Nous avons vu que
Compte tenu de tout cela, il faut	Pour conclure, rappelons que
En conclusion	Pour résumer
En définitive	Pour tout dire

Exemple 1

Dans son texte, l'auteur montre que le remplacement de certains noms de rue s'impose. Voici sa conclusion.

Conclusion	Éléments à observer
Oui, il y a du ménage à faire avec nos noms de rue pour se respecter en tant qu'être humain, et ne pas honorer des criminels de guerre, peu importe de quelle époque ils viennent. Louis Dusseault, « Amherst et le courage collectif », *Le Devoir*, [en ligne]. (25 août 2009 ; page consultée le 2 octobre 2009)	Terme annonçant la conclusion Formulation de la thèse Synthèse des grandes lignes de l'argumentation

Exemple 2

Dans son texte, une jeune enseignante montre que la précarité de sa situation est décourageante. Voici sa conclusion.

Conclusion	Éléments à observer
En somme, je ne conseillerais à personne de s'orienter vers l'enseignement. Cela est regrettable, car l'enseignement est une profession noble qui pourrait être attrayante.	Terme annonçant la conclusion Reformulation de la thèse Élargissement de la question

Erreur à éviter dans la rédaction de la conclusion
Ajouter un nouvel argument dans la conclusion; on réserve les arguments pour le développement.

La silhouette du texte d'opinion

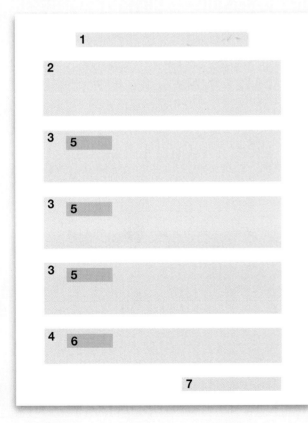

1 Titre

2 Introduction (environ 15 % du texte)

3 Développement (deux ou trois arguments présentés chacun dans un paragraphe)

4 Conclusion (environ 10 % du texte)

5 Organisateurs textuels ou formules de transition soulignant la progression de l'argumentation

6 Terme annonçant la conclusion

7 Signature

La silhouette de la lettre ouverte

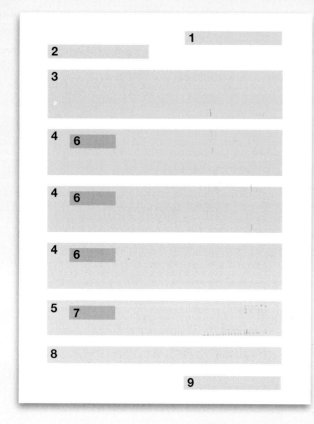

1 Indication de la date
2 Appel
3 Introduction (environ 15 % du texte)
4 Développement (deux ou trois arguments présentés chacun dans un paragraphe)
5 Conclusion (environ 10 % du texte)
6 Organisateurs textuels ou formules de transition soulignant la progression de l'argumentation
7 Terme annonçant la conclusion
8 Salutation
9 Signature

Principaux éléments du protocole de la lettre ouverte

- La **date** s'écrit en lettres et en chiffres, sans ponctuation. Elle se place au début de la lettre.

  Ex. : Le 4 mai 2011

- L'**appel** se limite souvent au titre de civilité *Madame* ou *Monsieur*. Dans l'appel, ces mots commencent par une majuscule, s'écrivent au long et sont suivis d'une virgule.

  Ex. : Madame,

  Si on s'adresse à plusieurs femmes, on emploie *Mesdames* ; à plusieurs hommes, *Messieurs* ; à un groupe mixte, *Mesdames et Messieurs*.

  Quand on ajoute un titre professionnel, ce dernier commence par une majuscule.

  Ex. : Madame la Ministre,
      Monsieur le Maire,

- La **salutation** forme un paragraphe distinct. Elle se compose de trois segments : un verbe ou une formule contenant un verbe, la répétition de l'appel, une formule de courtoisie.

  Ex. : Recevez, Madame, mes salutations distinguées.
      Recevez, Madame la Ministre, mes salutations distinguées.
      Veuillez recevoir, Monsieur le Maire, mes salutations les meilleures.
      Je vous prie de recevoir, Messieurs, l'expression de mes meilleurs sentiments.

  Dans la salutation, la répétition de l'appel se trouve obligatoirement entre virgules.

De la théorie à la pratique

Examen de la structure du texte d'opinion *Moins de rouge*, *plus de vert!*

Texte à l'étude	Structure à observer

Texte à l'étude

Moins de rouge, plus de vert!

En septembre 2009, l'Institut national de santé publique du Québec se félicitait de l'amélioration de nos habitudes alimentaires. Les adultes québécois consomment en effet moins de gras et plus de fruits et légumes qu'il y a quinze ans. Mais il reste des progrès à faire. Certains proposent d'ailleurs d'éliminer la viande rouge de nos menus. Sans aller jusque-là, je pense qu'il faut manger moins de viande rouge, autant pour des raisons de santé que pour des raisons environnementales.

[Examinons d'abord les conséquences sur la santé de la surconsommation de viande rouge. On sait que la viande fournit des protéines et toutes sortes d'éléments nutritifs essentiels. Mais elle contient aussi des substances qui, en trop grande quantité, sont nocives. De plus en plus de recherches associent la viande rouge aux maladies cardiovasculaires et au diabète. En outre, des études scientifiques récentes établissent des liens entre la surconsommation de viande rouge et le cancer du côlon. La chose est tellement sérieuse que le Fonds mondial de recherche contre le cancer, une autorité en la matière, recommande aux parents de bannir les charcuteries, saucisses à hot-dog et autres salamis de l'alimentation des enfants, et de limiter la consommation de viande rouge. La Société canadienne du cancer (SCC) va dans le même sens. Selon la SCC, trois portions de 85 grammes de viande rouge par semaine (trois portions de la grosseur d'un paquet de cartes) suffisent à un adulte. Or Statistique Canada nous apprend qu'en 2008, les Canadiens en consommaient en moyenne 500 grammes par semaine. À la lecture de ces données, une seule solution s'impose : il faut manger moins de viande rouge.]

[Maintenant, penchons-nous sur les conséquences environnementales de la consommation de viande rouge. Savez-vous combien coûte le steak qui se retrouve dans votre assiette? Pour produire un kilo de viande, il faut 10 kilos de grains et plus de 15 000 litres d'eau. Il faut aussi des terres pour cultiver le grain dont se nourrissent les bovins. Aujourd'hui, 30 % des terres arables servent à nourrir du bétail et non des humains. Comme les surfaces actuelles ne suffisent pas, on déforeste à tour de bras pour planter du soja ou du maïs. Pour augmenter le rendement des terres, on utilise des pesticides et des engrais chimiques, qui

Structure à observer

Introduction

Sujet amené
Les adultes québécois mangent mieux qu'avant.

Sujet posé (rappel de la controverse)
Faut-il cesser de consommer de la viande rouge?

Formulation de la thèse
Il faut manger moins de viande rouge.

Sujet divisé
Les préoccupations sanitaires
Les préoccupations environnementales

Développement

Paragraphe présentant le premier argument

[Argument 1] : *Parce que…* manger trop de viande rouge est nocif pour la santé.

(Ce paragraphe présente les préoccupations sanitaires.)

Paragraphe présentant le deuxième argument

[Argument 2] : *Parce que…* la production de viande rouge contribue à la déforestation et à la pollution, et menace la biodiversité.

(Ce paragraphe présente des préoccupations environnementales.)

Texte à l'étude

épuisent les sols. Ces pratiques polluent les sols, les cours d'eau, la nappe phréatique et menacent des espèces végétales et animales. Déforestation, pollution, bouleversement de l'écosystème, c'est cher payé pour saliver devant un hamburger.]

[Une autre conséquence environnementale nuisible est la production de gaz à effet de serre, responsables du réchauffement climatique. Selon l'Organisation des Nations Unies pour l'alimentation et l'agriculture, plus de 20 % des émissions de gaz à effet de serre sont attribuables à la production de viande. Ces gaz proviennent du déboisement, des sols nourris aux engrais azotés, du méthane que les bovins libèrent en digérant, du lisier des animaux, du transport sur de longues distances des marchandises et des animaux. Pour préserver notre planète, il est impératif de réduire notre consommation de viande.]

Bref, la surconsommation de viande rouge pèse lourd sur la santé et l'environnement, on ne peut le nier. Faut-il pour autant se priver de viande ? Pas du tout, mais il faut en manger de façon plus raisonnable, mettre un peu moins de rouge dans notre assiette pour avoir un peu plus de vert sur notre planète.

Grégoire Painchaud

Grégoire Painchaud, «Moins de rouge, plus de vert!».

Structure à observer

Paragraphe présentant le troisième argument

[Argument 3] : *Parce que…* la production de viande rouge contribue aux émissions de gaz à effet de serre.

(Ce paragraphe présente aussi des préoccupations environnementales.)

Conclusion

Synthèse des grandes lignes de l'argumentation

Reformulation de la thèse

Organisateurs textuels et transitions

Constat Ce texte d'opinion se caractérise par la clarté des idées énoncées et la limpidité de son organisation. Il est en effet structuré en trois parties (l'introduction, le développement, la conclusion) aisément repérables grâce, entre autres, au découpage en paragraphes.

L'introduction est complète et énonce clairement la position liée au sujet controversé (la consommation de viande rouge). Elle est de la longueur requise.

Le développement est divisé en trois paragraphes consacrés chacun à un argument. Chaque argument est fondé et lié à la thèse défendue. Des transitions et des organisateurs textuels balisent le développement et font voir le passage d'un argument à l'autre. L'ordre de présentation des arguments est conforme à celui annoncé dans la dernière partie de l'introduction.

La conclusion, annoncée par un organisateur textuel, reformule la thèse de manière complète. Elle est de la longueur requise.

La cohérence du texte s'observe jusque dans le titre. En effet, celui-ci n'entre pas en contradiction avec la thèse défendue.

La signature place le texte sous la responsabilité de son auteur.

Bref, ce texte constitue un bon modèle de texte d'opinion. ◼

Bloc théorique 2

Le commentaire sur une œuvre littéraire

Le texte d'opinion peut prendre la forme d'une rédaction sur une œuvre littéraire, un roman ou un extrait de roman, par exemple. Le but de ce type de rédaction est de montrer sa capacité à construire une argumentation claire, cohérente et solide sur une question liée à une œuvre.

Exemples de tâches demandées	Exemples de consignes
Se prononcer sur un aspect d'une œuvre.	Le personnage du père dans *Bonheur d'occasion* de Gabrielle Roy est un rêveur, un être immature. Montrez-le en vous appuyant sur des passages de l'extrait qu'on vous a remis.
Se prononcer sur une opinion émise sur une œuvre.	On a dit du personnage d'Azarius Lacasse qu'il manquait de maturité. Êtes-vous d'accord avec cette opinion ? Étayez votre réponse en vous appuyant sur des passages de l'extrait de *Bonheur d'occasion* de Gabrielle Roy qu'on vous a remis.

Les étapes à suivre pour la rédaction d'un texte d'opinion sur une œuvre littéraire sont les suivantes.

Étapes à suivre	Précisions
Bien comprendre la consigne.	• Chercher le sens des mots inconnus ou mal connus dans la consigne. • Repérer les mots clés de la consigne. • Reformuler la consigne pour s'assurer d'en saisir tous les aspects.
Formuler sa thèse.	• Prendre position de façon claire.
Énoncer ses arguments.	• Choisir les arguments et s'assurer qu'ils sont au service de la thèse.
Développer ses arguments.	• Apporter des preuves ou des exemples tirés de l'œuvre. • Appuyer ses dires par des citations judicieusement choisies et bien intégrées au texte.
Mettre son texte en forme.	• Suivre la structure du texte d'opinion. • Rédiger les notes de référence en bas de page, s'il y a lieu. • Donner un titre à son texte, titre qui inclura le titre de l'œuvre littéraire et le nom de son auteur. • Signer son texte.

■ Lisez le texte d'opinion ci-dessous. Vous en observerez la structure.

Une juste condamnation

Récemment, un juge de la Chambre de la jeunesse de la Cour du Québec a trouvé un joueur de la Ligue de hockey junior majeur du Québec coupable de voie de fait armée pour avoir asséné un coup de bâton au visage d'un de ses adversaires. Cette condamnation est-elle trop sévère? Certes, elle est extrêmement dure (l'agresseur risque d'avoir
5 un casier judiciaire), mais je la trouve appropriée. Les agresseurs, leurs victimes et les joueurs qu'on pousse à la brutalité y trouveront matière à réflexion.

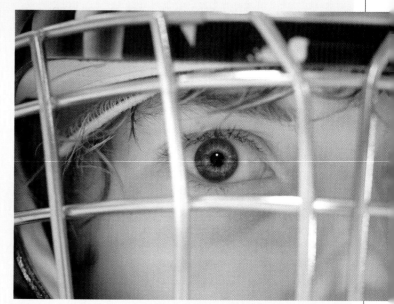

Le premier mérite de cette condamnation est de rappeler, tant à l'agresseur qu'au commun des mortels, que nous sommes tous égaux devant la
10 loi. En effet, le Code criminel■ s'applique à chacun de nous, partout au pays, en tout temps et en toutes circonstances. Si vous frappez votre voisin au visage avec un bâton de hockey, vous devrez faire face à la justice. Pourquoi les joueurs de hockey
15 seraient-ils traités autrement que vous et moi? La récente condamnation devrait faire comprendre à tous les hockeyeurs et à leurs entraîneurs qu'il est désormais risqué d'obéir à ce ridicule et stupide code de conduite non écrit tolérant la brutalité sur
20 la patinoire.

Le deuxième mérite de cette condamnation est d'apaiser un sentiment d'injustice. On ne compte plus les hockeyeurs de talent qui ont vu leur carrière brisée par une blessure subie lors d'une agres-
25 sion sauvage tandis que leurs agresseurs en patins récoltaient les félicitations de leurs coéquipiers et de leurs entraîneurs. L'ère de cette choquante injustice tire à sa fin. S'ouvre une nouvelle ère, celle des joueurs qui dénoncent des violences qu'ils n'ont pas à subir. Être en uniforme sur une patinoire implique qu'on veut jouer au hockey, pas qu'on accepte de subir des coups.

30 Le dernier grand mérite de cette condamnation, et le plus important à mes yeux, est de fournir aux joueurs un excellent argument pour refuser d'agresser leurs adversaires. On le sait, certains joueurs subissent des pressions de toutes parts pour «jouer salaud». Comment résister à ces pressions quand elles émanent des entraîneurs, des coéquipiers, des partisans et parfois même des parents? Pas facile pour un jeune qui ne demande
35 qu'à se concentrer sur la rondelle. La décision de la Cour du Québec vient d'apporter un peu d'eau à son moulin■.

En somme, la condamnation du coup de bâton était nécessaire. Elle n'a pas fini de faire réfléchir. Espérons que les mentalités évolueront dans le bon sens. Qui sait, peut-être un jour interdira-t-on toute forme de violence sur la patinoire. Ce jour-là, le hockey
40 sera redevenu un sport extraordinaire qui permet à nos jeunes de s'amuser et de se développer sainement dans un cadre sécuritaire.

Rosina Sanchez

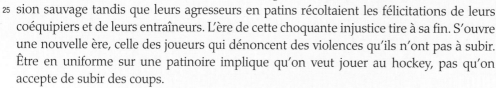

AU FIL DU TEXTE

■ Faites une recherche et dites ce qu'est le Code criminel.

■ Que signifie l'expression *apporter de l'eau au moulin de quelqu'un*?

1. 📄 Sur le document qu'on vous remettra, reconstituez la structure de ce texte d'opinion : délimitez-en l'introduction, le développement et la conclusion.

2. 📄 Décortiquez l'introduction que vous venez de circonscrire.

   a) Montrez qu'elle comporte les quatre étapes de l'introduction d'un texte d'opinion modèle (voir p. 45).

   b) Comment l'auteure a-t-elle choisi d'amener son sujet ?

   c) Reformulez le <u>sujet posé</u> sous la forme d'une phrase déclarative.

   d) Reformulez la thèse en vos mots.

   e) En combien de points le sujet a-t-il été divisé ? Énumérez-les.

3. 📄 Observez maintenant le développement de ce texte.

   a) Montrez que le développement contient un argument par paragraphe. Pour cela, soulignez, sur votre copie, l'<u>énoncé</u> de chaque argument.

   b) Reformulez en vos mots l'énoncé de chaque argument.

   c) Dans chaque paragraphe, qu'est-ce qui suit l'énoncé de l'argument ?

   d) Montrez que la progression de l'argumentation est bien balisée : sur votre copie, surlignez la formule de transition et entourez l'organisateur textuel introduisant chaque paragraphe du développement.

4. 📄 Passez finalement à la construction de la conclusion.

   a) Comment la conclusion de ce texte est-elle annoncée ?

   b) Relevez la reformulation de la thèse.

   c) Que fait l'auteure dans les quatre dernières phrases de sa conclusion ?

5. 📄 Le titre de ce texte vous semble-t-il approprié ? Expliquez votre réponse.

6. **TEXTES EN RÉSEAU** Comparez le titre et la structure de *Moins de rouge, plus de vert !* (p. 42) et de *Une juste condamnation*. Quelles ressemblances remarquez-vous entre ces deux textes ?

■ Voici un texte d'opinion comportant quelques maladresses. Lisez-le attentivement ; vous devrez rendre sa structure conforme à celle d'un texte d'opinion modèle.

¹Certains médias dérapent et perdent de la crédibilité. ²Plusieurs journalistes manquent de préparation et n'exercent pas leur sens critique. ³Une des conséquences de cette lacune est qu'on laisse les politiciens dire n'importe quoi, même des mensonges. ⁴Récemment, un ministre invité à une tribune téléphonique énumérait toutes les mesures mises en place par son gouvernement pour préserver l'environnement. ⁵Le journaliste qui le recevait n'a rien remis en question. ⁶N'eût été l'intervention d'un écologiste bien connu, nous, les auditeurs, n'aurions jamais su que le ministre venait de mentir sur toute la ligne : aucune des mesures qu'il venait d'énumérer n'avait été appliquée. ⁷Les journalistes qui manquent de vigilance deviennent les marionnettes de ceux et celles qui savent les manipuler. ⁸Les médias diffusent de plus en plus d'informations sensationnalistes dont personne n'a besoin. ⁹Dans ma région, par exemple, on a amplement parlé d'un bébé mort à la naissance dont le corps a été retrouvé dans une laveuse de la buanderie de l'hôpital. ¹⁰Était-il absolument nécessaire de diffuser une si désolante nouvelle ? ¹¹Quelqu'un a-t-il pensé au couple dévasté par la perte de son bébé ? ¹²Ces nouvelles à sensation sont à l'information ce que la restauration minute

est à la gastronomie : du vide, du laid, du mauvais… ¹³Les médias consacrent souvent beaucoup trop de temps à certaines nouvelles au détriment d'autres nouvelles plus importantes. ¹⁴Ainsi, on passe en boucle les images d'un événement tragique (écrasement d'un avion, effondrement d'un viaduc, par exemple) même si on n'a rien à en dire. ¹⁵On consacre un temps fou à la disparition de grandes vedettes (Lady Diana et Michael Jackson, pour ne citer qu'eux), même si on en sait peu de choses. ¹⁶On assiste alors à un délire d'hypothèses fondées sur presque rien… ¹⁷Ces niaiseries, c'est autant de temps volé aux nouvelles plus sérieuses.

Madame C.

7. Première maladresse : ce texte apparaît tout d'un bloc.

  a) En utilisant la numérotation apparaissant dans le texte, dites quelles phrases correspondent à l'introduction et au développement.

  b) L'introduction contient-elle la formulation de la thèse ? Si oui, relevez-la.

8. Deuxième maladresse : le développement de ce texte n'a pas été découpé en paragraphes. À vous de proposer un tel découpage.

  a) Dans un texte d'opinion, quel grand principe devrait guider le découpage du développement en paragraphes ?

  b) Repérez dans le texte les phrases énonçant les arguments.

  c) Dans ce texte, chacun des arguments est résumé dans une conclusion partielle. Quelles phrases du texte contiennent ces conclusions partielles ?

  d) Dites maintenant quelles phrases forment chacun des paragraphes du développement.

9. La troisième maladresse à corriger est le manque d'organisateurs textuels ou de formules de transition pour introduire les paragraphes du développement et les lier entre eux. Sur le document qu'on vous remettra, récrivez le début de chacun des paragraphes du développement de manière à remédier à ce problème.

10. Maintenant que vous avez une idée plus claire de l'argumentation proposée, reconstituez la séquence argumentative à la base du texte. Pour cela, utilisez un tableau semblable au suivant et notez vos réponses dans vos mots.

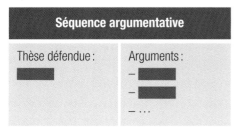

Séquence argumentative

Thèse défendue :

Arguments :
–
–
– …

11. Cette mise au point faite, revenez à la correction des maladresses. Quatrième maladresse : l'introduction est nettement incomplète.

  a) Sur le document que vous avez déjà en main, récrivez l'introduction pour qu'elle soit conforme à celle d'un texte d'opinion modèle.

  b) Marquez votre proposition d'introduction de manière à en identifier les quatre étapes.

12. La cinquième maladresse à corriger est l'absence de conclusion.

  a) Écrivez une conclusion conforme à celle d'un texte d'opinion modèle. Elle sera annoncée par un organisateur textuel ou une formule de transition appropriée.

  b) Marquez votre proposition de conclusion de manière à en faire ressortir la construction.

13. Dernière maladresse à corriger : l'absence de titre. Trouvez un titre approprié à l'ensemble du texte. Pour être parlant, votre titre devrait résumer la thèse.

■ Lisez la lettre ouverte ci-après. Vous constaterez qu'elle est incomplète sur le plan de la structure.

Le 18 octobre 2009

Madame la Ministre,

D'abord, n'importe qui le moindrement observateur vous le dira : les cyclistes ne respectent pas la signalisation routière. Pour eux, il n'y a ni arrêts, ni feux rouges, ni passages pour piétons. Pas étonnant qu'ils soient si délinquants : leur anonymat les protège ! Pour intervenir auprès de ces délinquants, il faut d'abord se donner le moyen de les identifier. Le permis et la plaque d'immatriculation me semblent d'excellents moyens d'y parvenir.

Ensuite, je pense que pour que les cyclistes deviennent enfin responsables, ils doivent sentir qu'ils devront payer pour leurs mauvais comportements. Un cycliste qui accumule les infractions pourrait se voir imposer, à ses frais, des cours de conduite cycliste. On pourrait aussi lui donner des contraventions et inscrire des points d'inaptitude à son dossier. Et pourquoi pas, si nécessaire, lui retirer son permis et son droit de conduire son vélo ?

Enfin, considérons les cyclistes comme des usagers de la route à part entière. Ce serait logique : les cyclistes roulent dans la rue au lieu de rouler sur les voies cyclables (qu'on devrait supprimer parce qu'elles encombrent nos rues et nuisent à la fluidité de la circulation, mais c'est une tout autre question). Il devient dès lors tout naturel de leur imposer un permis de conduire et une plaque d'immatriculation.

Je vous prie de recevoir, Madame la Ministre, mes salutations distinguées.

Yvan Léger

14. a) Sur le document qu'on vous remettra, rédigez l'introduction et la conclusion de cette lettre ouverte. Même si vous ne partagez pas les idées de l'auteur du texte, vous devez écrire une introduction et une conclusion cohérentes avec l'argumentation qu'il propose.

– Étant donné que le texte est très court, ne divisez pas le sujet à la fin de l'introduction.

– Prévoyez un organisateur textuel ou une formule de transition qui annoncera la conclusion.

b) Cette lettre respecte le <u>protocole de la lettre ouverte</u>. Montrez-le.

Le texte et vous

15. Lequel des textes lus dans cet atelier vous a paru le plus convaincant ? Pourquoi ?

16. Dans le texte *Moins de rouge, plus de vert !* (p. 42), quel argument vous a semblé le plus solide ? Expliquez votre réponse.

17. Que pensez-vous de la thèse défendue dans *Une juste condamnation* (p. 54) ? Que pensez-vous de la solidité des arguments appuyant cette thèse ? Expliquez vos réponses.

Grammaire en contexte

Les marqueurs de relation
La reprise de l'information
L'emploi du pronom *on*

18.  Faites le travail de compréhension grammaticale qui vous est demandé sur le document qu'on vous remettra.

Vers les textes du recueil

19. Lisez *Yes, la France est en crise!* de Jean-Louis Grosmaire (p. 314), une lettre ouverte très atypique.

a) D'entrée de jeu, que remarquez-vous quant au choix de mots?

b) Quelle thèse est défendue dans ce texte?

c) À quoi les deux premiers paragraphes du texte servent-ils?

d) **TEXTES EN RÉSEAU** Partagez-vous l'opinion de M. Grosmaire? Pour alimenter votre réflexion, lisez deux textes de Claude Duneton: *Le désir d'anglais* (p. 314) et *Le Québec, un modèle pour les Français* (p. 315).

20. **TEXTES EN RÉSEAU** Plusieurs autres textes présentés dans le recueil abordent des questions liées à la langue française. Organisez dans votre classe des débats portant sur chacune des questions controversées. Avant de vous lancer, lisez *Participer ou assister à un débat* (p. 73). Faites ensuite le plein d'idées à partir des suggestions de lecture suivantes.

Questions controversées	Lectures suggérées pour alimenter votre réflexion
Doit-on avoir peur du texto?	• *Texto, fais-moi peur!* de François de Closets (p. 310)
Faut-il employer le «tu» ou le «vous»?	• *La crise pronominale* de François Parenteau (p. 316) • *Deuxième mot menteur: «tu»* de Gil Courtemanche (p. 317)
Quelle importance faut-il accorder au choix du terme juste?	• *Un comme ça, un comme ça, pis un comme ça…* de Pierre Bourgault (p. 312) • *Le minimum pour communiquer* de Claude Duneton (p. 311)

21. **TEXTES EN RÉSEAU** Commentez le recours au tutoiement dans *Lettre ouverte à Réjean Ducharme* d'Andrée Poulin (p. 320) et *Salut, Falardeau!* de Luc Picard (p. 319).

22. Lisez la *Lettre ouverte de Victor Hugo aux journaux* présentée à la page 332.

a) Quelle question controversée cette lettre soulève-t-elle?

b) Quelle est l'opinion de Victor Hugo à ce sujet? Quelle solution propose-t-il?

c) De quel argument Victor Hugo se sert-il principalement pour soutenir sa thèse? Résumez-le en vos mots.

d) Cette lettre a été écrite en 1872. Selon vous, aurait-elle pu être écrite aujourd'hui? Expliquez votre réponse.

Synthèse de l'atelier

23.  Sur le document qu'on vous remettra, faites la synthèse de vos connaissances sur la rédaction d'un texte d'opinion et d'une lettre ouverte.

De vive voix

Répliquez aux propos pour le moins provocateurs de monsieur Léger, l'auteur de la lettre ouverte que vous avez complétée au numéro 14. Avec quelques camarades, dressez la liste des meilleurs arguments à lui opposer pour le convaincre de renoncer à l'idée d'imposer le permis de conduire et la plaque d'immatriculation à tous les cyclistes.

Écrire un article critique

Lecture préparatoire

■ Lisez le texte argumentatif ci-après. Vous remarquerez que l'énonciateur donne son opinion en empruntant la forme particulière de l'article critique.

J'ai tué ma mère

Xavier Dolan, dans le rôle d'Hubert,
J'ai tué ma mère, 2009.

Classement : Général (déconseillé aux jeunes enfants)
Genre : Comédie dramatique
Pays : Canada
Année : 2009
5 **Durée :** 110 min
Générique : Réalisation : Xavier Dolan. Scénario : Xavier Dolan. Photographie : Stéphanie Weber-Biron. Montage : Hélène Girard. Musique : Nicolas S. L'Herbier.
Interprètes : Xavier Dolan, Anne Dorval, Suzanne Clément, François Arnaud, Patricia Tulasne, Niels Schneider, Monique Spaziani.

10 **Résumé**

Hubert, seize ans, ne supporte plus Chantale, sa mère. Tout en elle l'irrite, depuis son comportement un rien vulgaire jusqu'à sa garde-robe de mauvais goût. Mais le garçon a beau l'accabler de reproches, celle-ci feint l'indifférence ou s'abandonne au jeu de l'engueulade, le temps d'un éclat vite oublié. Lorsqu'il lui annonce son projet de quitter la maison
15 pour aller vivre avec son meilleur ami Antonin, elle cède sans réfléchir, mais quelques jours plus tard, elle se dédit. Ne vient-elle pas d'apprendre, par la maman d'Antonin rencontrée par hasard, que leurs fils sont amants ? Lorsque Hubert, furieux, fugue et trouve abri chez une enseignante sensible à sa cause, Chantale, de guerre lasse, se tourne vers le père du garçon afin qu'il l'aide à faire entendre raison à leur fils.

Appréciation

J'ai tué ma mère est en soi un petit miracle. Produit à compte d'auteur, avec la fougue et l'opiniâtreté **[1]** de la jeunesse, ce premier long métrage de Xavier Dolan, vingt ans, affiche certains défauts caractéristiques des premières œuvres. À commencer par une grammaire un peu empruntée (à la Nouvelle Vague et à Wong Kar-wai, entre autres) et une intensité
25 dramaturgique inégale. Mais la fraîcheur et la vivacité du traitement rendent ces défauts aussi indispensables au charme du film que ses qualités, fort nombreuses au demeurant **[2]** : un filmage direct et frontal, qui laisse réellement percer la voix d'un auteur **[3]** et tire le meilleur parti de moyens techniques limités ; des dialogues intelligents et criants de vérité ; enfin, une direction d'acteurs impeccable, qui met en valeur la formidable Anne Dorval, inou-
30 bliable en cible indestructible du fils précieux et intransigeant défendu par le cinéaste avec aplomb et une bienheureuse abnégation.

Martin Bilodeau

Martin Bilodeau, « J'ai tué ma mère », *Mediafilm*, [en ligne].
(page consultée le 5 octobre 2009)

AU FIL DU TEXTE

[1] Donnez un synonyme du nom *opiniâtreté* convenant dans le contexte.

[2] Que signifie l'expression *au demeurant* ?

[3] À quoi le critique fait-il référence quand il parle de la voix de l'auteur ?

REPÈRES CULTURELS

J'AI TUÉ MA MÈRE (2009)

J'ai tué ma mère, le premier film de Xavier Dolan, a connu un parcours digne… d'un scénario de film. À dix-sept ans, Xavier Dolan abandonne ses études et décide, sans jamais avoir tourné de film, de réaliser un long métrage autobiographique. Il soumet d'abord son scénario aux institutions gouvernementales, qui lui refusent leur aide. Xavier Dolan persiste et investit 150 000 $ de sa poche – la somme de ses cachets d'enfant-acteur. Soutenu par ses amis et sa famille, il devient producteur-réalisateur, recrute ses comédiens et commence le tournage de *J'ai tué ma mère* en 2008. La subvention qu'il obtient finalement lui permet de mener son projet à terme. En avril 2009, le film est sélectionné par le prestigieux Festival de Cannes : la critique et le public français tombent sous le charme et le jeune réalisateur remporte trois des quatre prix de la section Quinzaine des Réalisateurs. Depuis, le public de nombreux pays a applaudi *J'ai tué ma mère*.

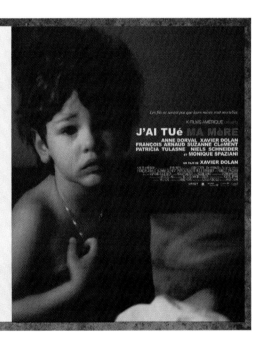

Après la lecture préparatoire

1. Examinez quelques composantes de cet article critique.

   a) Que pensez-vous du titre ? Le trouvez-vous assez parlant ?

   b) Délimitez la partie informative et la partie argumentative de cet article critique.

2. À la lecture de cet article critique, qu'est-ce qui pourrait vous inciter à regarder ce film ? Autrement dit, avez-vous été plus sensible aux informations de la partie informative ou aux arguments de la partie argumentative ?

L'article critique

L'article critique, aussi appelé *note critique* ou simplement *critique*, est un texte argumentatif dont le but est d'inciter les lecteurs à lire ou ne pas lire, à voir ou ne pas voir, à écouter ou ne pas écouter la production dont il est question.

Les composantes essentielles d'un article critique

L'article critique comporte quatre composantes essentielles :

– le **titre**, parfois accompagné d'un surtitre ou d'un sous-titre ;

– la **partie informative**, dans laquelle se trouvent les informations objectives sur l'œuvre à apprécier ;

– la **partie argumentative**, dans laquelle prend place l'appréciation, c'est-à-dire un jugement personnel sur l'œuvre, soutenu par des arguments ;

– la **signature**, qui montre que l'article critique est placé sous la responsabilité de son auteur et que celui-ci assume ses opinions. La signature peut être située sous le titre, après le paragraphe de référence ou à la fin de l'article.

> **REMARQUES**
> - Un texte qui porte un jugement sur une œuvre sans donner d'informations objectives sur cette œuvre n'est pas un article critique.
> - Un résumé, un compte rendu de lecture, une entrevue, une quatrième de couverture sans appréciation de l'œuvre ne sont pas des articles critiques.

La partie informative

Pour aider leurs destinataires à faire des choix judicieux, les auteurs de critiques doivent situer l'œuvre le plus justement possible et la résumer (s'il s'agit d'un roman, d'une nouvelle, d'un film, d'une pièce de théâtre, bref de toute œuvre dans laquelle on raconte une histoire).

Les informations indispensables

Les informations indispensables permettent de situer l'œuvre. Ces informations peuvent prendre place dans le paragraphe de référence ou être disséminées dans l'article. Le paragraphe de référence est constitué de la référence bibliographique de l'œuvre ou du générique du film.

Production culturelle	Informations indispensables (placées dans le paragraphe de référence ou disséminées dans le texte)
Œuvre littéraire	• Référence bibliographique complète • Genre de l'œuvre
Film	• Générique (titre, réalisateur, scénariste, principaux acteurs) • Année de réalisation • Sous-genre

→

Production culturelle	Informations indispensables (placées dans le paragraphe de référence ou disséminées dans le texte)
Œuvre musicale	• Titre, auteur, compositeur, interprètes • Année de réalisation • Style musical
Représentation théâtrale	• Auteur, metteur en scène, principaux acteurs • Année de création (première représentation) • Sous-genre

REMARQUE
Quand la critique paraît la même année que la publication du livre, la sortie du film, la parution de l'album musical ou la création de la pièce de théâtre, il arrive qu'on ne mentionne pas l'année d'édition, de réalisation ou de création.

D'autres informations peuvent se retrouver dans une critique, par exemple : l'origine de l'auteur, la place de l'œuvre dans son parcours, les prix remportés, etc. Parmi toutes les informations disponibles sur une œuvre, on retiendra les plus pertinentes, c'est-à-dire celles qui appuient le jugement porté sur l'œuvre et celles qui peuvent aider les destinataires à faire leur choix.

Le résumé suspensif

Le résumé suspensif permet d'informer les lecteurs en leur présentant l'histoire (les personnages, l'action, les lieux, etc.), mais ne révèle pas tout pour ne pas ruiner leur plaisir.

Le résumé suspensif, qu'il soit donné à l'écrit ou à l'oral, comprend les faits suivants :

– s'il s'agit d'un **résumé suspensif minimal** : les faits de la situation initiale et de l'élément déclencheur ;

– s'il s'agit d'un **résumé suspensif étendu** : les faits de la situation initiale, de l'élément déclencheur et du déroulement (en tout ou en partie).

REMARQUE
Le dénouement et la situation finale ne figurent jamais dans un résumé suspensif.

Le résumé suspensif se caractérise par :

– l'emploi du système verbal du présent ;

– l'emploi de pronoms et de déterminants de la 3e personne seulement.

Souvent, la dernière phrase du résumé attise la curiosité d'une manière ou d'une autre.

La partie argumentative

La **partie argumentative** de la critique est, en fait, une séquence argumentative. On doit donc y trouver :

– une **prise de position**, c'est-à-dire l'opinion du critique sur l'œuvre, son jugement, sa thèse ;

– une **argumentation**, c'est-à-dire les raisons, les arguments avancés par le critique pour prouver la justesse de son opinion ;

– parfois, une **reformulation du jugement**, qui vient clore la séquence.

REMARQUES
- Il n'est pas nécessaire que la prise de position de l'auteur soit explicite ; il est cependant essentiel que les lecteurs ou les auditeurs de la critique puissent la déduire.
- La partie argumentative peut être organisée de différentes manières :
  – prise de position suivie de l'argumentation ;
  – prise de position suivie de l'argumentation, puis de la reformulation de l'opinion ;
  – argumentation suivie de la prise de position.

Quelques manières de susciter l'intérêt

Les critiques suscitent l'intérêt et favorisent l'adhésion de leurs destinataires de diverses manières.

Manières de susciter l'intérêt	Précisions et exemples
Piquer la curiosité d'une façon particulière dès le début du texte.	• Résumer l'œuvre au début de l'article. **Chloé, un portrait** La vie de Chloé bat de l'aile : sa mère et son beau-père, dans l'attente d'un nouvel enfant, ne lui apportent plus toute l'attention nécessaire et sa meilleure amie la délaisse, n'ayant d'yeux que pour son petit copain. […] Marie-Claude Rioux, « Chloé, un portrait », *Lurelu*, vol. 30, n° 1, printemps-été 2007, p. 72. • Dès le départ, émettre un court jugement sur l'œuvre, jugement à développer plus loin. **Hush ! Hush !** Avec ce roman d'aventures, Michel Noël poursuit son œuvre dense et exceptionnelle. L'action se passe à la fin des années 50 dans la région du réservoir Cabonga. […] Daniel Legault, « Hush ! Hush ! », *Lurelu*, vol. 30, n° 1, printemps-été 2007, p. 70. • Mettre en scène l'auteur de la production, le critique ou les destinataires pour donner accès à l'œuvre par des informations périphériques. **Ma vie ne sait pas nager** **Le suicide et les jeunes** Les jeunes lecteurs connaissent Élaine Turgeon pour ses romans humoristiques (*Une histoire tirée par la queue*, *Une histoire à dormir debout*, etc.). Les adolescents, eux, vont découvrir une romancière sensible et grave qui, dans *Ma vie ne sait pas nager* (titre inspiré d'une chanson d'Ariane Moffatt), aborde avec tact un sujet auquel ils sont sensibles : le suicide. On y suit une famille comme les autres. […] Sonia Sarfati, « *Ma vie ne sait pas nager* : le suicide et les jeunes », *La Presse*, 16 avril 2006, cahier Arts et spectacles, p. 15.
Entrer en relation avec les destinataires.	• Interpeller les destinataires. Ex. : Amis lecteurs, croyez-moi : *Maus* est un chef-d'œuvre. • Poser des questions aux destinataires. Ex. : Peut-être hésitez-vous à lire de la science-fiction ? • Donner des conseils aux destinataires. Ex. : Ne passez pas à côté de cette jeune romancière prometteuse.
Faire de la dernière phrase ou du dernier paragraphe de la critique un passage clé.	• Formuler ou reformuler son opinion. • Donner une information qui confirme la valeur de l'œuvre. • Inviter les destinataires à prendre connaissance de l'œuvre, ou à ne pas le faire. • Réagir par un dernier commentaire qui corrobore l'opinion déjà émise. **Remarque** Quelle que soit la manière dont on procède, il est important que le passage final ne contredise pas la prise de position.

De la théorie à la pratique

Examen des composantes de l'article critique *J'ai tué ma mère*

Texte à l'étude	Composantes à observer

Texte à l'étude

J'ai tué ma mère

Classement : Général (déconseillé aux jeunes enfants)
Genre : Comédie dramatique
Pays : Canada
Année : 2009
Durée : 110 min
Générique : Réalisation : Xavier Dolan. Scénario : Xavier Dolan. Photographie : Stéphanie Weber-Biron. Montage : Hélène Girard. Musique : Nicolas S. L'Herbier.
Interprètes : Xavier Dolan, Anne Dorval, Suzanne Clément, François Arnaud, Patricia Tulasne, Niels Schneider, Monique Spaziani.

Résumé

Hubert, seize ans, ne supporte plus Chantale, sa mère. Tout en elle l'irrite, depuis son comportement un rien vulgaire jusqu'à sa garde-robe de mauvais goût. Mais le garçon a beau l'accabler de reproches, celle-ci feint l'indifférence ou s'abandonne au jeu de l'engueulade, le temps d'un éclat vite oublié. Lorsqu'il lui annonce son projet de quitter la maison pour aller vivre avec son meilleur ami Antonin, elle cède sans réfléchir, mais quelques jours plus tard, elle se dédit. Ne vient-elle pas d'apprendre, par la maman d'Antonin rencontrée par hasard, que leurs fils sont amants ? Lorsque Hubert, furieux, fugue et trouve abri chez une enseignante sensible à sa cause, Chantale, de guerre lasse, se tourne vers le père du garçon afin qu'il l'aide à faire entendre raison à leur fils.

Appréciation

J'ai tué ma mère est en soi un petit miracle. Produit à compte d'auteur, avec la fougue et l'opiniâtreté de la jeunesse, ce premier long métrage de Xavier Dolan, vingt ans, affiche certains défauts caractéristiques des premières œuvres. À commencer par une grammaire un peu empruntée (à la Nouvelle Vague et à Wong Kar-wai, entre autres) et une intensité dramaturgique inégale. ^{Argument 1} [Mais la fraîcheur et la vivacité du traitement rendent ces défauts aussi indispensables au charme du film que ses qualités, fort nombreuses au demeurant :] ^{Argument 2} [un filmage direct et frontal, qui laisse réellement percer la voix d'un auteur et tire le meilleur parti de moyens techniques limités ;] ^{Argument 3} [des dialogues intelligents et criants de vérité ;] enfin, ^{Argument 4} [une direction d'acteurs impeccable, qui met en valeur la formidable Anne Dorval, inoubliable en cible indestructible du fils précieux et intransigeant défendu par le cinéaste avec aplomb et une bienheureuse abnégation.]

Martin Bilodeau

Martin Bilodeau, « J'ai tué ma mère ».

Composantes à observer

1. Titre

2. Partie informative
Paragraphe de référence

Résumé suspensif

Autres informations pertinentes données dans la partie argumentative

3. Partie argumentative

Thèse : *J'ai tué ma mère* est un film admirable (malgré certains défauts typiques d'une première œuvre).

[Argument 1] : *Parce que…* le film est plein de charme et de fraîcheur.

[Argument 2] : *Parce que…* le cinéaste filme son sujet de manière originale.

[Argument 3] : *Parce que…* les dialogues sonnent juste.

[Argument 4] : *Parce que…* le cinéaste sait diriger ses acteurs et les met en valeur.

4. Signature

Constat On trouve dans ce texte les quatre composantes essentielles d'un article critique : un titre, une partie informative, une partie argumentative et une signature. Des intertitres (facultatifs) signalent le résumé (dans la partie informative) et l'appréciation (dans la partie argumentative).

À propos de la partie informative et de la partie argumentative

Les informations sur *J'ai tué ma mère* sont surtout réparties dans le paragraphe de référence et dans le résumé. Ce résumé est bel et bien un résumé suspensif : il informe et attise la curiosité. En effet, les lecteurs peuvent se faire une bonne idée de l'histoire (un conflit entre un jeune homme et sa mère), mais ignorent comment les choses tourneront.

La partie argumentative s'ouvre sur une prise de position limpide. Une argumentation solide la soutient. Bien qu'elles soient facultatives, les informations données dans cette partie appuient la thèse.

À propos du titre

Le titre de l'article reprend le titre du film, sans plus. Idéalement, il faudrait le compléter pour le rendre plus parlant. Par exemple, un sous-titre ou un surtitre pourrait mettre l'accent sur l'émergence d'un jeune cinéaste québécois ou sur le thème du film. On pourrait aussi formuler la thèse d'une façon saisissante dès le titre pour susciter l'intérêt des lecteurs.

ACTIVITÉS

■ Lisez les deux articles critiques ci-après, qui portent tous deux sur la même œuvre narrative. Vous aurez à en examiner les composantes essentielles.

Un hommage à Agaguk… en bande dessinée

Fabien Deglise

Le récit est connu. Il est aussi patrimonial et désormais mis en images. *Agaguk*, célèbre création littéraire d'Yves Thériault, se prépare à trouver un nouveau souffle. Comment ? En devenant bande dessinée sous le pinceau d'Yvon Roy et la plume de Jean-Blaise Djian. L'objet est lancé officiellement aujourd'hui dans l'univers
5 du neuvième art **1**.

Agaguk (Les éditions Adonis) – c'est son titre – entre dans le cadre des « Romans de toujours », un projet de l'Association française pour la sauvegarde et la diffusion du patrimoine littéraire mondial **2** qui a décidé de mettre en boîte **3** et en phylactères **4** une cinquantaine d'œuvres magis-
10 trales puisées dans la sphère culturelle francophone. Pour la postérité et pour le bien de l'humanité. Le choix du roman de Thériault se veut aussi un hommage au Québec, dit-on, à l'occasion du 400ᵉ anniversaire de fondation de la ville de Québec.

AU FIL DU TEXTE

1 Quel est ce neuvième art ?

2 Qu'entend-on par *patrimoine* ? Et par *patrimoine littéraire mondial* ?

3 Pour rester dans l'univers de la bande dessinée, par quel nom pourrait-on remplacer le nom *boîte* ?

4 Dans le contexte, qu'est-ce qu'un *phylactère* ?

Sous la couverture, on trouve donc le célèbre Inuit
15 et sa femme, Iriook, dans le Grand Nord vaste et hos-
tile des années 40, où le froid et la rudesse du climat
n'empêchent pas les humains d'être fourbes. Bien sûr,
le blizzard y est terrible pour l'Esquimau, qui décide de
s'éloigner de sa tribu avec sa famille pour mener sa vie
20 ailleurs. Mais il n'échappera pas aux bêtes, à la bêtise
des Blancs et à la perfidie d'un commerçant véreux **5**.
Sombre.

Avec une adaptation efficace et respectueuse de
Djian, l'homme derrière les mots de *Tard dans la nuit*
25 (Les éditions Vent d'Ouest) dessiné par VoRo, *Agaguk*
prend ici, cinquante ans après sa publication, une
étonnante résonance dans un format qui n'était pas
le sien. Et bien sûr, les grands espaces, l'esthétisme de
la nordicité et la mythologie de l'Autochtone – une
30 passion délirante des Français – sont efficacement
illustrés.

Premier titre d'une série de cinquante bédés à
paraître dans les prochaines années, le roman phare
du catalogue de Thériault **6** va se retrouver, mis en
35 images, au milieu, entre autres, d'un *Germinal* d'Émile
Zola, de *La guerre des mondes* de H. G. Wells, des
Misérables de Victor Hugo ou encore de *Voyage au
centre de la Terre* de Jules Verne, que plusieurs bé-
déistes se préparent à prendre d'assaut. Au nom de la
40 mémoire collective.

Fabien Deglise, «Un hommage à Agaguk… en bande dessinée»,
Le Devoir, [en ligne]. (10 octobre 2008 ; page consultée le 2 octobre 2009)

AU FIL DU TEXTE

5 a) De quel nom l'adjectif *véreux* est-il dérivé ?

b) Qu'est-ce qui caractérise un commerçant
véreux ?

6 Qu'est-ce que le catalogue d'un auteur ?

Agaguk – Par Djian & Roy – Adonis

Depuis 2007, les éditions Adonis, avec leur collection «Romans de toujours», cherchent à adapter pour la bande dessinée les grands classiques de la littérature internationale. L'objectif ? Publier cinquante adaptations de romans d'ici 2009. Le catalogue
«Romans de toujours» comprend plusieurs auteurs du XIXe siècle tels que Victor
5 Hugo, Gustave Flaubert, Charles Dickens, Alexandre Dumas, Léon Tolstoï, Jules Verne,
H. G. Wells ou Fenimore Cooper, mais aussi des titres comme *L'Odyssée* et *Les contes
des mille et une nuits*. À cette sélection vient s'ajouter *Agaguk* d'Yves Thériault, «un des
fleurons **7** incontestés de la littérature québécoise», aux dires de l'éditeur.

Le choix de ce roman n'est pas un hasard : cette adaptation signée Jean-Blaise Djian
10 et Yvon Roy vient commémorer le cinquantième anniversaire de la première édition
d'*Agaguk*, ainsi que le vingt-cinquième anniversaire du décès de son auteur. Il s'agit
également du seul ouvrage littéraire canadien qui ait été retenu, jusqu'ici, par les éditions
Adonis.

Agaguk se déroule en 1940 dans le Grand Nord du Québec, le Nunavik, au sein d'une
15 communauté inuite. Agaguk, un jeune Inuit de dix-huit ans, chasseur redoutable mais
orgueilleux, quitte son village avec sa compagne Iriook pour aller s'installer dans la

AU FIL DU TEXTE

7 Dans le contexte,
qu'est-ce qu'un
fleuron ?

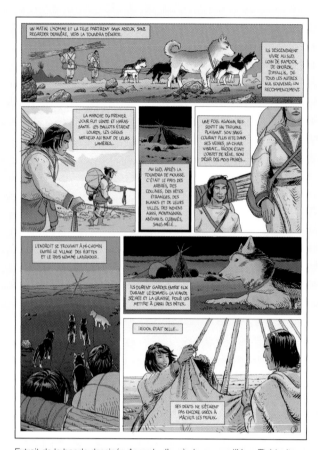

Extrait de la bande dessinée *Agaguk*, d'après le roman d'Yves Thériault, adaptation et scénario de Jean-Blaise Djian, dessins d'Yvon Roy, Éditions Adonis, coll. «Romans de toujours», 2008, p. 5.

toundra. L'intrigue se partage alors entre les deux milieux. Le village, lieu de rivalité, de vengeance et de décadence, contrôlé par le chef Ramook, père d'Agaguk, et le sor-
20 cier Ghorock, s'oppose à la toundra, lieu de solitude où Agaguk et Iriook vivent paisiblement selon les traditions. Un meurtre ainsi qu'un accident tragique qui défigure le chasseur finissent par rompre cet équilibre. L'arrivée de la Gendarmerie royale du Canada, venue enquêter au
25 village, ne fait que compliquer le tout. Les personnages sont poussés au mensonge, à la traîtrise et à la violence.

Avec cet album, le scénariste français Jean-Blaise Djian réussit à transposer dans l'univers de la BD les qualités narratives du romanesque : les tensions entre les
30 personnages, la polarisation du récit autour du meurtre et l'évolution de la relation entre Iriook et Agaguk sont très bien rendues malgré les contraintes imposées par la forme de la BD. Le dessinateur québécois Yvon Roy, quant à lui, réalise un album au graphisme moderne et
35 dynamique. De plus, le choix des couleurs (des teintes brunes, grises et blanches) transmet bien le climat de la toundra et du Grand Nord.

Bref, que dire d'autre sinon qu'*Agaguk* est une adaptation touchante et réussie, capable de tenir un lecteur en
40 haleine tout en explorant avec profondeur les vices et les vertus du caractère humain.

Marianne St-Jacques

Adapté de : Marianne St-Jacques, «Agaguk – Par Djian & Roy – Adonis», *ActuaBD*, [en ligne]. (30 décembre 2008 ; page consultée le 1er octobre 2009)

REPÈRES CULTURELS

À PROPOS DES MOTS *INUIT* ET *ESQUIMAU*

En inuktitut, les Inuits se nomment *Inuk* (l'homme) et *Inuit* (les hommes). En français, l'adjectif et le nom *inuit* s'accordent en genre et en nombre : la langue inuite, les Inuits. L'Office québécois de la langue française rappelle que «l'appellation *Inuit* est officielle au Canada depuis 1970 pour dénommer les autochtones d'origine asiatique et de langue inuktitute. Elle remplace le mot d'origine algonquienne *Esquimau*. [...] Dans les contextes archéologiques et historiques, les noms *Esquimau* et *Esquimaude*, et les adjectifs qui y correspondent, sont encore utilisés en français.»

1. **TEXTES EN RÉSEAU** Délimitez la partie informative et la partie argumentative des deux articles critiques que vous venez de lire. Pour cela, dites pour chaque paragraphe s'il s'agit d'un paragraphe informatif ou d'un paragraphe argumentatif.

2. **TEXTES EN RÉSEAU** Intéressez-vous à la partie informative de ces deux articles critiques.

   a) Dans un tableau semblable à celui ci-dessous, notez les informations apparaissant dans chacun des paragraphes informatifs des deux critiques.

La partie informative		
Paragraphe	*Un hommage à Agaguk…* F. Deglise	*Agaguk – Par Djian & Roy…* M. St-Jacques
1	▮	▮
…	▮	▮

   b) Vous l'avez constaté, bien qu'elles apparaissent dans un ordre différent, les informations sont essentiellement les mêmes dans les deux critiques. Comment expliquez-vous cela?

3. **TEXTES EN RÉSEAU** Le résumé suspensif constitue le cœur de la partie informative. Observez comment chacun des critiques mène le sien.

   a) Quels faits de la situation initiale (personnages, action, lieu, époque) sont donnés dans chaque texte? Faites-en le relevé dans un tableau comme le suivant.

Le résumé suspensif		
Faits de la situation initiale	*Un hommage à Agaguk…* F. Deglise	*Agaguk – Par Djian & Roy…* M. St-Jacques
Personnages	▮	▮
▮	▮	▮

   b) Comparez les deux résumés. Lequel vous semble le plus étoffé? Expliquez votre réponse.

   c) Montrez que les deux résumés sont bel et bien suspensifs.

4. **TEXTES EN RÉSEAU** Penchez-vous maintenant sur la partie argumentative de ces deux articles critiques.

   a) Les deux critiques sont d'accord: la bande dessinée *Agaguk* est une réussite. Quels arguments chacun avance-t-il pour étayer sa thèse? Pour chaque article, notez vos réponses dans un tableau comme le suivant. Vous reconstituerez ainsi la séquence argumentative des deux articles.

   Notez les premiers mots et les derniers mots de chaque argument dans la colonne de droite.

Séquence argumentative de l'article critique …		
Thèse défendue	Arguments reformulés en vos mots	De ▮ À ▮
La bande dessinée *Agaguk* est une réussite.	Argument 1 : *Parce que* ▮	De ▮ À ▮
	…	…

   b) Quels organisateurs textuels signalent les arguments dans chaque critique?

   c) Le dernier paragraphe d'*Agaguk – Par Djian & Roy – Adonis* est la conclusion de l'article. Relevez le terme annonçant cette conclusion et la thèse qui y est formulée.

5. **TEXTES EN RÉSEAU** Observez les titres et les signatures de ces deux articles.

   a) Ces titres sont-ils informatifs ou argumentatifs? Expliquez votre réponse.

   b) Lequel des deux titres vous semble le plus parlant? Expliquez votre réponse.

   c) Que remarquez-vous quant à l'emplacement des signatures?

6. Relevez dans la partie argumentative de chacune des critiques le vocabulaire connoté mettant en valeur l'œuvre critiquée.

7. **TEXTES EN RÉSEAU** Dans les deux critiques de la bande dessinée *Agaguk*, la partie informative est plus longue que la partie argumentative. Il n'en est pas toujours ainsi. Relisez pour vous en convaincre la critique *La route vers le sacrifice*, à la page 22.

   a) Délimitez les parties informative et argumentative de la critique d'Odile Tremblay.

   b) À votre avis, pourquoi la critique a-t-elle accordé autant d'importance à la partie argumentative?

8. **TEXTES EN RÉSEAU** Poursuivez vos observations en comparant quelques autres articles critiques. Pour cela, procurez-vous au moins trois critiques d'un roman paru récemment ou d'un film à l'affiche, puis, en équipe, suivez les étapes ci-dessous.

a) Repérez les composantes essentielles dans chacune de vos trois critiques.

b) Examinez la partie informative de chaque critique.
- Notez la présence ou non d'un paragraphe de référence et, s'il y a lieu, son emplacement.
- Repérez les informations indispensables et notez à quel endroit du texte elles apparaissent : dans le paragraphe de référence, au début, à la fin, dans la partie informative, dans la partie argumentative ?
- Notez l'emplacement du résumé suspensif. Est-il situé plutôt au début ou plutôt à la fin du texte ?
- Repérez les autres informations et notez leur emplacement. Montrez que ces informations sont pertinentes.
- Cette partie est-elle plus longue ou plus courte que la partie argumentative ?

c) Examinez la partie argumentative de chaque critique.
- Notez l'emplacement de cette partie.
- Notez le nombre d'arguments énoncés et vérifiez si les arguments sont développés ou non.
- Cette partie est-elle plus longue ou plus courte que la partie informative ?

d) Examinez le titre de chaque critique.
- Est-il informatif ou argumentatif, ou à la fois informatif et argumentatif ?
- Est-il accompagné d'un surtitre ou d'un sous-titre ? Si oui, montrez la pertinence de cet ajout.
- À quoi ressemblent les titres les plus parlants ?

e) Examinez la signature de chaque critique.
- Notez son emplacement.
- Vérifiez si elle est accompagnée ou non d'un titre de fonction.

f) Cet examen fait, joignez-vous à une autre équipe et comparez vos observations. À la lumière de celles-ci, tirez des conclusions qui pourraient vous être utiles pour la rédaction d'un article critique.

■ À la parution de *Renard Bleu* d'Yves Beauchemin, la plupart des critiques ont été extrêmement favorables, mais pas la suivante. Lisez cette critique pour voir comment son auteure s'y est prise pour faire valoir son opinion.

Renard Bleu

Renard Bleu
Auteur : Yves Beauchemin
Éditeur : Fides, 2009, 376 pages, 12 ans et plus

Le 26 mai 2000 se produisit un phénomène étrange à Entrelacs :
5 une renarde parlante mit au monde un seul renardeau et il était bleu !
Dès la première page, le lecteur sait qu'il pataugera dans les eaux vives de l'imaginaire de l'auteur du *Matou*. S'y ajoutent en cours de route d'autres animaux parlants comme Gustave l'Ours et le Canard Athlète, une vilaine sorcière, Bruno le squelette, une famille de fan-
10 tômes et quelques personnages secondaires originaux. La mission de Renard Bleu sera de recueillir « cinq gouttes de sang d'un enfant qui aurait dormi pendant quatre-vingt-dix ans » afin de délivrer ses parents et sa jeune sœur, victimes des maléfices de la sorcière.

Le talent de conteur de Beauchemin ne réussit pas cette fois-ci à
15 faire oublier les coins qu'il tourne rond, les gros fils blancs ⑧, les personnages mal campés comme celui du vieux médecin parisien très occupé avec ses nombreux patients, mais qui prend l'avion à tout bout de champ pour venir en aide à Renard Bleu. Quant à la bonne Madame Desjardins, on apprend dans le dernier quart du livre qu'elle
20 a élevé un neveu puisque l'auteur doit faire appel à ce personnage

YVES BEAUCHEMIN

RENARD BLEU

roman

Un renard, c'est aussi beau qu'un matou... et bien plus drôle !
FIDES

AU FIL DU TEXTE

⑧ Expliquez pourquoi l'expression *les gros fils blancs* est à connotation négative.

pour régler certains détails de l'histoire. Pour ce qui est de l'enfant de quatre-vingt-dix ans, il se trouve enfermé dans le coffre-fort du *Titanic*, en état de catalepsie[9] depuis le naufrage. Les difficultés pour recueillir son précieux sang ne sont pas assez nombreuses pour que le récit merveilleux se double des caractéristiques du roman d'aventures.

25 Beauchemin fait aussi une faute professionnelle impardonnable dans une note, en bas de la page 327: il précise qu'il passera désormais à un autre type de langage pour le personnage du professeur qui, jusque-là, s'exprimait autrement. Là, on décroche tout simplement.

Même si Beauchemin fait preuve d'audace dans ce faux bestiaire[10], et
30 même si son regard sur la société québécoise est souvent drôle et incisif[11], ce roman naïf aux quelques belles inventions plaira avant tout à des lecteurs peu exigeants. Quant aux libraires, ils auront la tâche ingrate de ne pas savoir où placer (secteur jeunesse ou adulte?) ce titre[12] saugrenu[13] vendu dans un beau sac en toile.

Ginette Guindon, bibliothécaire,
consultante en littérature pour la jeunesse

Ginette Guindon, « Renard Bleu », *Lurelu*, automne 2009, vol. 32, n° 2, p. 30 et 31.

AU FIL DU TEXTE

9 Donnez un synonyme du nom *catalepsie*.

10 Qu'est-ce qu'un bestiaire?

11 Donnez deux synonymes de l'adjectif *incisif*.

12 À la place de quel nom le mot *titre* est-il employé ici?

13 Que signifie l'adjectif *saugrenu*?

---

9. Le premier paragraphe de cet article critique est consacré à la partie informative, les deux autres à la partie argumentative. Concentrez-vous sur cette dernière partie et reconstituez la séquence argumentative.

   a) La thèse est formulée dans le dernier paragraphe. Relevez-la.

   b) Dans le deuxième paragraphe, la critique fournit deux arguments à l'appui de sa thèse. Donnez les premiers et les derniers mots de chacun des arguments, puis reformulez-les en vos mots.

   c) Quel organisateur textuel introduit le deuxième argument?

10. a) Relevez tous les exemples qui soutiennent le premier argument.

   b) Selon vous, pourquoi y a-t-il autant d'exemples?

11. Yves Beauchemin est un auteur québécois connu et respecté tant du public que de la critique; s'attaquer à son roman exigeait donc du doigté. Observez les moyens auxquels la critique a recours pour convaincre ses destinataires.

   a) Examinez la longueur de la partie argumentative par rapport à celle de la partie informative. Que remarquez-vous? Pourquoi en est-il ainsi selon vous?

   b) La partie argumentative s'ouvre par le rappel du talent d'Yves Beauchemin. À votre avis, pourquoi cette partie commence-t-elle ainsi?

   c) Dans le dernier paragraphe, la critique reconnaît des qualités au roman. Comment s'y prend-elle pour neutraliser, en quelque sorte, ces qualités?

   d) Aux lignes 21 et 22, la critique révèle la clé de l'énigme posée dans le résumé suspensif, gâchant ainsi le plaisir des éventuels lecteurs du roman. Pourquoi l'auteure fait-elle cette entorse à la règle qui consiste à maintenir le suspense?

Le texte et vous

12. Comment réagissez-vous lorsque vous lisez ou entendez une critique négative? Vous dites-vous que le critique est un spécialiste dont vous suivrez les conseils ou préférez-vous vous faire une idée par vous-même? Expliquez votre réponse.

13. Vous avez lu deux critiques de la bande dessinée *Agaguk*. Si vous avez lu le roman d'Yves Thériault, aimeriez-vous lire cette bande dessinée? Pourquoi? Si vous ne connaissez pas l'œuvre du romancier, par quoi préféreriez-vous commencer: le roman ou la bande dessinée? Expliquez votre choix.

14. Le film *J'ai tué ma mère*, dont vous avez lu la critique au début de cet atelier, porte sur les relations entre parents et adolescents. Ce sujet vous intéresse-t-il? Expliquez votre réponse.

Vers les textes du recueil

15. **TEXTES EN RÉSEAU** La pièce de théâtre *Cyrano de Bergerac* d'Edmond Rostand a suscité la controverse à sa création. Certains l'ont encensée ; d'autres, éreintée. Lisez, à la page 303, deux extraits d'articles critiques. Vous pourrez ainsi juger de l'accueil qui a été réservé à cette pièce par les critiques du temps.

16. **TEXTES EN RÉSEAU** Lisez les deux critiques présentées aux pages 322 et 323. Non seulement elles portent sur le même roman, mais elles sont signées par la même journaliste.

   a) Montrez que ces critiques, malgré leur longueur différente, respectent toutes deux les lois du genre.

   b) Ces critiques vous ont-elles donné le goût de lire le roman *Les filles* ? Pourquoi ?

Synthèse de l'atelier

17. Sur le document qu'on vous remettra, faites la synthèse de vos connaissances sur l'article critique.

En quelques lignes

Rédigez la partie argumentative d'un article critique. Choisissez un film ou un roman que vous n'avez pas aimé et, en 150 mots environ, expliquez ce qui vous a déplu dans cette œuvre.

De vive voix

Les critiques prennent la parole non seulement dans les journaux et les magazines, mais également à la radio et à la télévision. Écoutez une critique présentée à la radio ou à la télévision en prêtant attention à la façon dont cette critique est menée. Voyez comment le passage à l'oral transforme la critique.

Vous noterez vos observations sur le document qu'on vous remettra en vue d'une discussion avec vos camarades.

De vive voix

Devenez critique d'un jour. Faites comme les jeunes présentateurs de certaines chaînes de télévision : présentez oralement une œuvre et son auteur, puis critiquez cette œuvre, le tout sous l'œil d'une caméra. Profitez de l'écoute de votre présentation pour voir ce que vous devriez améliorer dans votre façon de parler, de vous tenir et d'interagir avec votre auditoire.

Participer ou assister à un débat

Les informations données ici vous fourniront des pistes qui vous permettront de jeter un regard critique sur les débats auxquels vous assisterez. Elles vous renseigneront aussi sur la manière de vous préparer à un débat et d'y participer efficacement.

Qu'est-ce qu'un débat ?

Le débat est un face-à-face au cours duquel des personnes ayant des opinions divergentes débattent d'une ou de plusieurs questions controversées.

On appelle *débatteurs* les participants à un débat ; *auditeurs*, les gens qui assistent au débat ; *modérateur*, la personne qui orchestre le débat.

Quels objectifs un débatteur poursuit-il ?

Le débatteur cherche à agir sur l'auditoire ; il veut faire accepter ses idées, son opinion, sa façon de voir aux personnes qui assistent au débat. Il cherche aussi à convaincre les autres débatteurs d'adopter sa position.

Comment un débatteur se prépare-t-il ?

1. **Il se renseigne abondamment** sur la question controversée qui fonde le débat.

2. **Il élabore minutieusement sa** stratégie argumentative. Il lui faut notamment clarifier sa position et choisir les arguments qui, dans le contexte, la soutiendront le mieux possible.

3. **Il prévoit les arguments et les contre-arguments des adversaires.** Puisque le débat repose, en grande partie, sur l'habileté des débatteurs à réfuter sur-le-champ les propos de leurs opposants, il est crucial de faire cet exercice d'anticipation.

Quelles sont les principales forces d'un bon débatteur ?

FORCE 1 La pertinence et la solidité de son argumentation.

FORCE 2 La rigueur de sa préparation.

FORCE 3 Son écoute attentive.

L'écoute est le principal atout d'un bon débatteur. Tout bon débatteur se situe constamment par rapport aux interventions des autres. Une écoute attentive lui est donc essentielle :

– pour saisir rapidement qui s'oppose à sa thèse et qui défend une position compatible avec la sienne ;

REMARQUES
- Si certains débats permettent aux participants d'en venir à un consensus, d'autres ne font que confirmer le désaccord de débatteurs qui maintiennent fermement leurs positions.
- Il arrive souvent qu'un débat précède une prise de décision. C'est le cas, par exemple, du « débat des chefs » télédiffusé à quelques jours d'une élection.

– pour prendre du recul par rapport à ce qui se dit ;

– pour préparer ses propres interventions en réponse à celles des autres ;

– pour éviter d'intervenir à tort et à travers, ce qui nuirait à sa crédibilité.

FORCE 4   Sa capacité à tenir compte des propos des autres participants.

Quand le débatteur est en désaccord avec les propos d'un autre participant, il manifeste son désaccord et réfute lesdits propos. (Voir ci-après La réfutation ou l'art de marquer son désaccord.)

Quand le débatteur est d'accord avec les propos d'un autre participant, il peut les reprendre à son compte et les étoffer. (Voir ci-après La reformulation ou l'art de reprendre différemment les propos des autres.)

FORCE 5   Son habileté à nuancer ses propos. (Voir ci-après La modalisation ou l'art de nuancer ses propos.)

FORCE 6   Son aptitude à s'exprimer clairement.

Quels outils langagiers un bon débatteur maîtrise-t-il ?

La réfutation ou l'art de marquer son désaccord

Pour qu'un débat ait lieu, il faut qu'il y ait désaccord, que des arguments soient contestés, réfutés. Le débatteur efficace sait donc marquer son désaccord en utilisant, entre autres, les différentes techniques de réfutation que sont l'attaque des prémisses, la mise en évidence d'une contradiction, la rétorsion, la concession, etc.

Parmi ces techniques de réfutation, la concession est particulièrement efficace. Elle consiste à accorder un point à son adversaire pour mieux riposter et marquer son désaccord.

Le point concédé peut être annoncé par...	La riposte peut être annoncée par...
Certes…	Mais…
Bien que…	Admettez que…
Il est vrai que…	Vous devez toutefois reconnaître que…
J'admets que…	Cependant…
Vous avez raison de dire que…	Vous oubliez, par contre, que…
Je reconnais que…	Je vous signale toutefois que…
J'avoue que…	Par contre…

La modalisation ou l'art de nuancer ses propos

Pour éviter que ses réfutations ne soient perçues comme des attaques, un bon débatteur sait envelopper ses paroles de manière à les adoucir, sans toutefois renoncer à ce qu'il doit dire. Il peut employer, pour ce faire, des marques de modalité qui nuancent sa pensée, atténuent ses propos, suggèrent une certaine prudence. Par exemple, il emploiera le conditionnel ou le futur, des adverbes modalisateurs comme *probablement*, et des phrases incidentes comme *semble-t-il*.

La reformulation ou l'art de reprendre différemment les propos des autres

Quand cela sert son intention, le bon débatteur n'hésite pas à reprendre les arguments des autres en les reformulant et en les développant de façon plus étoffée. Il recourra, pour ce faire, aux différents outils pour construire des arguments que sont la référence à une autorité, l'utilisation de faits, le rapprochement de deux réalités, la présentation d'avantages, etc.

Formules pour reprendre les propos d'un autre débatteur et les étoffer

- Vous avez dit que… Je suis totalement d'accord avec vous. J'ajouterais d'ailleurs que…

- Vous avez parfaitement raison de dire que… Justement, pas plus tard qu'hier, je…

- Je vous approuve quand vous affirmez que… Ça me fait penser à…

- Je suis d'accord avec vous pour dire que… Des études récentes montrent, en effet, que…

- Je reviendrais sur les propos de X. Il a dit que… Cela est tellement vrai que…

Quelle attitude un auditeur avisé adopte-t-il?

Un bon auditeur écoute activement les propos des débatteurs. Cela lui permet, entre autres, de reconnaître la thèse et les arguments de chacun des participants.

Un bon auditeur sait qu'il doit résister à la manipulation et ne pas se laisser séduire par les débatteurs les plus flamboyants. Il prête davantage attention à la profondeur et à la cohérence des idées. En somme, il se concentre sur la pertinence et la solidité des arguments plutôt que sur la personnalité des débatteurs.

Le rôle du modérateur

Quand il se déroule dans un cadre officiel, le débat est habituellement régulé par un modérateur. Les responsabilités du modérateur sont les suivantes.

Ouvrir le débat

Le plus souvent, le modérateur salue l'auditoire et les participants, amène le sujet, expose la question controversée. Il peut ensuite présenter lui-même chaque débatteur et sa position, ou laisser aux débatteurs le soin de le faire eux-mêmes, à tour de rôle.

Assurer le bon déroulement du débat

En principe, le modérateur donne la parole aux débatteurs. Au besoin, il synthétise, il résume les propos des intervenants. Il peut aussi enchaîner avec une question pour relancer le débat. Quand les débatteurs s'éloignent du sujet, le modérateur les réoriente vers la question controversée.

Clore le débat

Le modérateur donne la parole aux débatteurs une dernière fois pour qu'ils reformulent leur thèse et rappellent très brièvement leurs principaux arguments. Ensuite, il les remercie pour leur participation au débat.

Littérature +

Des débats qui ont soulevé les passions

Galilée contre l'Église

En 1632, un physicien et astronome italien, Galileo Galilei, dit « Galilée », publie, dans la foulée des découvertes de Nicolas Copernic (XVIᵉ siècle), *Dialogue sur les deux grands systèmes du monde*. Dans cet ouvrage, Galilée oppose son modèle héliocentrique (les planètes orbitent autour du Soleil) à la traditionnelle conception géocentrique du monde, selon laquelle la Terre, immuable, est le centre de l'Univers. L'Église catholique, jugeant cette théorie contraire à ce que disent les Écritures saintes, intente un procès à Galilée. Devant le tribunal de l'Inquisition, chargé de réprimer ceux qui rejettent les croyances catholiques, Galilée doit renier sa thèse ou il sera condamné au bûcher. Le philosophe italien Giordano Bruno, qui avançait des idées similaires à celles de Galilée, avait été ainsi condamné à être brûlé vif en 1600.

Galilée cédera aux pressions de l'Église, mais ne sera pas pour autant un homme libre : jusqu'à sa mort, en 1642, il sera assigné à résidence. Les quelques personnes qui seront autorisées à le visiter contribueront à la diffusion de ses idées en faisant en sorte que ses manuscrits puissent être sortis du pays.

Malgré les débats qu'il a suscités, le modèle héliocentrique de Galilée marquera un tournant dans l'histoire de la science et s'imposera à la face du monde.

Eppur si muove !

Et pourtant, elle [la Terre] tourne !

Phrase attribuée à Galilée, à la fin de son procès.

Le procès de Galilée a lieu les 20 et 21 juin 1633 à l'église Santa Maria, à Rome, devant le pape Urbain XVII.

École italienne, *Le procès de Galilée* (détail), sans date.

Une scène de la pièce *Les belles-sœurs*, jouée au Théâtre du Rideau Vert, en 1968.

Les belles-sœurs et la polémique du joual

En 1968, la présentation de la pièce de théâtre de Michel Tremblay, *Les belles-sœurs*, crée la controverse: pour la première fois sur la scène québécoise, les personnages s'expriment en joual. Certains critiques condamnent cet usage de la langue populaire, une langue qui, à leurs yeux, est honteuse et dégradante, alors que d'autres font l'éloge de la production à laquelle le joual donne une rare authenticité d'émotion. Pour ces derniers, l'écriture du dramaturge rend avec justesse le quotidien et les frustrations des quinze femmes de milieu modeste qui prennent d'assaut la scène.

La polémique sur la langue n'empêchera pas *Les belles-sœurs* de connaître un succès retentissant au Québec et en France avant de conquérir d'autres scènes, grâce notamment à des traductions en anglais, en polonais, en italien, en allemand et en yiddish.

Sur le plan de l'écriture, la pièce est la démonstration éclatante que le joual employé dans son sens peut prendre des dimensions dans le temps et dans l'espace qui font de lui l'arme la plus efficace qui soit contre l'atroce abâtardissement qu'il exprime.

Jean Basile, *Le Devoir*, 1968.

Devant la grossièreté et la vulgarité de son texte, je ne puis m'empêcher de penser que la direction du Rideau Vert a peut-être rendu un mauvais service à l'auteur en acceptant de produire sa pièce. Je ne suis pas bigot de nature, mais je dois bien avouer que c'est la première fois de ma vie que j'entends en une seule soirée autant de sacres, de jurons, de mots orduriers de toilette.

Martial Dassylva, *La Presse*, 1968.

Le débat sur les origines des espèces

Le débat sur les origines des espèces dure depuis plus de cent cinquante ans. En 1859, le naturaliste anglais Charles Darwin publie *L'origine des espèces* ; la théorie de l'évolution fondée sur la sélection naturelle, exposée dans cet ouvrage, bouleverse la vision qu'on s'était faite jusqu'alors de l'humanité.

Selon Charles Darwin, toutes les espèces, y compris l'Homme, sont le résultat d'une évolution. En quelques générations, une espèce peut donc se transformer et produire une nouvelle espèce. Ainsi, l'être humain et le singe auraient des ancêtres communs qui auraient évolué différemment. Cette idée révolutionnaire choque profondément les contemporains de Darwin. Le darwinisme s'oppose, en effet, au créationnisme, doctrine qui prévaut alors. Pour les créationnistes, l'être humain serait l'œuvre de Dieu. Dans les milieux scientifiques, les débats font rage ; ils s'enveniment lorsque l'Église anglicane, puis l'Église catholique entrent dans la mêlée.

Aujourd'hui, la théorie de l'évolution fait consensus parmi la communauté scientifique, mais le débat sur les origines des espèces reste actuel. Aux États-Unis, un mouvement conservateur chrétien remet au goût du jour le créationnisme, en proposant le « dessein intelligent » comme une théorie scientifique au même titre que la sélection naturelle.

Les espèces qui survivent ne sont pas les espèces les plus fortes, ni les plus intelligentes, mais celles qui s'adaptent le mieux aux changements.

Charles Darwin

Johann Brandstetter, *Darwin*, 1984.

Robert Marshall Root,
Abraham Lincoln et Stephen Douglas,
1918.

Abraham Lincoln (debout)
et Stephen Douglas
(assis à sa droite), lors
du débat de Charleston,
dans l'État de l'Illinois,
le 18 septembre 1858.

Les débats entre Lincoln et Douglas

Au cours de l'été et de l'automne 1858, sept débats opposent Stephen Douglas et Abraham Lincoln, candidats au poste de sénateur de l'Illinois, un État des États-Unis. Le principal sujet des débats : l'esclavage. Abraham Lincoln va perdre la course au Sénat, mais l'éloquence dont il fait montre dans sa prise de position antiesclavagiste le fait connaître du public américain.

En 1860, il est le candidat républicain à la présidence des États-Unis. Il bat Stephen Douglas et devient, en novembre, le seizième président des États-Unis d'Amérique.

En 1862, Abraham Lincoln signe la Proclamation d'émancipation des esclaves, premier pas décisif vers l'abolition de l'esclavage. Il est assassiné en 1865, à Washington.

De même que je refuse d'être un esclave, je refuse d'être un maître. Ceci représente mon idée de la démocratie.

Abraham Lincoln

Activités... au choix

À la recherche d'autres débats célèbres

Recherchez d'autres débats qui ont marqué les esprits et retenez-en un. Rédigez une courte présentation pour faire connaître cette page de l'histoire des idées à vos camarades.

Un débat à écouter

Écoutez un débat présenté à la télévision ou à la radio. Départagez la thèse de chacun des débatteurs ainsi que leurs arguments. Au fil de votre écoute, évaluez les forces des participants.

Mise en pratique

 Choisissez l'un des projets ci-dessous et menez-le à bien en suivant les pistes proposées. Avant de vous lancer, remémorez-vous l'essentiel du dossier en le survolant et en relisant la synthèse que vous avez faite à la fin de chacun des ateliers.

Option 1

Une lettre ouverte à écrire

Exprimez votre opinion dans une lettre ouverte que vous écrirez à une personne qui pourrait faire changer les choses. Choisissez d'abord une question d'actualité qui vous touche et renseignez-vous sur celle-ci. Au fil des informations et des opinions dont vous prendrez connaissance dans les divers médias, faites-vous une idée sur cette question, puis construisez une argumentation pour soutenir votre thèse. Mettez ensuite votre argumentation en forme dans une lettre ouverte adressée à une personne concernée par cette question de société.

Option 2

Un débat auquel participer

Mettez à l'épreuve vos capacités argumentatives et montrez que vous savez défendre vos opinions oralement, tout en étant à l'écoute des autres et de leurs idées. Avec votre équipe, organisez un débat régulé par un modérateur. Choisissez une question de société susceptible d'intéresser les jeunes de votre âge, recueillez de l'information sur le sujet, faites-vous une opinion, puis préparez-vous à débattre de cette question avec vos camarades.

Pour vous préparer adéquatement, consultez *Participer ou assister à un débat*, à la page 73.

Option 3

Un article critique à rédiger

Développez votre jugement critique en vous exerçant à la critique. Pour cela, choisissez un roman que vous avez lu récemment et rendez compte de votre appréciation dans un article critique de 400 à 500 mots qui respectera les règles du genre. Vérifiez que votre article suscite l'intérêt de vos destinataires en le faisant d'abord lire à deux lecteurs aguerris.

Pour vous assurer que votre texte est concis et exempt d'erreurs, consultez les stratégies *Comment resserrer un texte* (p. 286) et *Comment réviser un texte* (p. 290).

Vous trouverez des critères d'appréciation utiles dans le document *Pour apprécier une œuvre narrative* qu'on vous remettra.

 Pour boucler la boucle

Au fil des ateliers, vous vous êtes donné des outils pour mieux vous exprimer, à l'écrit comme à l'oral, sur des questions de société. Comment le bagage que vous avez acquis vous permet-il de participer, de façon constructive, à la vie en démocratie ? Comment ce bagage vous permet-il de façonner votre personnalité, de vous affirmer tout en respectant les autres ?

Répertoire

Voici des ressources variées qui, chacune à sa manière, aiguisent le regard. Elles sauront toutes enrichir votre répertoire personnalisé. Vous pourriez y ajouter le nom d'un journal sérieux qui vous permettrait de vous faire une opinion sur les questions de l'heure.

Entre l'arbre et l'écorce | Un court métrage de Kevin Papatie

J'habite deux mondes
mais aucun d'eux ne m'habite.
J'erre entre la noirceur et la lumière.

Extrait du scénario.

Douze hommes en colère | Une pièce de théâtre de Reginald Rose

JURÉ 8 : Vous avez voté « coupable », tous les onze. Pour moi, ce n'est pas facile de lever la main et d'envoyer un gosse à la chaise électrique, comme ça, sans en parler avant. [...]

Je n'essaye pas de vous faire changer d'avis. Mais la vie d'un homme est en jeu. On ne peut pas expédier ça en cinq minutes ! Et si on se trompait ?

Extrait des pages 18 et 19.

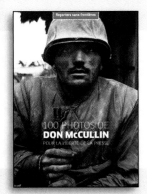

100 photos de Don McCullin pour la liberté de la presse | Un album de photos de Don McCullin

À l'occasion de la 19e Journée internationale de la liberté de la presse, célébrée le 3 mai 2009, le célèbre photoreporter britannique Don McCullin, avec le soutien de Contact Press Images, offre à Reporters sans frontières 100 photographies pour soutenir la liberté de la presse.

Reporters sans frontières, extrait, [en ligne].

Histoire de la caricature au Québec | Un ouvrage de Robert Aird et Mira Falardeau

La caricature est primordiale en démocratie. Qui sait où le Québec serait rendu aujourd'hui sans ces fous du roi, gardiens de la liberté d'expression ? [...]

Les Québécois ont toujours été friands de caricature. Que dirait le lecteur de journal sans sa caricature quotidienne ? On ne peut comprendre l'histoire de la caricature au Québec sans regarder, en filigrane, son histoire politique et sociale, mais aussi l'évolution du monde des arts et de l'humour.

Extrait de l'introduction, page 7.

August Macke, *Femmes orientales*, 1912.

Pourquoi lire ou écouter
de la poésie ?
Pourquoi en écrire ?
Pourquoi s'intéresser à ce
langage presque étranger ?
Pour voir, sentir, écouter le
monde. Pour mieux vivre.
Pour se connaître
soi-même.
Par ses mots, ses rythmes,
ses images, le poème
se fait invitation au voyage,
exploration, dépaysement,
recherche…

SOMMAIRE

86

Ernest Pignon-Ernest, *Rimbaud-Paris*, 1978.

Mise en situation

 Dans l'échange épistolaire que vous lirez ci-dessous, le malentendu entre M. Lepic et son fils Poil de Carotte, personnages que vous connaissez déjà, se poursuit. Cette fois-ci, il est question de la dernière lettre de Poil de Carotte. Après avoir lu cet échange, vous vous interrogerez sur ce qui a rendu M. Lepic si perplexe.

Lettres choisies

De M. Lepic à Poil de Carotte

Mon cher Poil de Carotte,

Ta lettre de ce matin m'étonne fort. Je la relis vainement. Ce n'est plus ton style ordinaire et tu y parles de choses bizarres qui ne me semblent ni de ta compétence ni de la mienne.

D'habitude, tu nous racontes tes petites affaires, tu nous écris les places que tu obtiens, les qualités et les défauts que tu trouves à chaque professeur, les noms de tes nouveaux camarades, l'état de ton linge, si tu dors et si tu manges bien.

Voilà ce qui m'intéresse. Aujourd'hui, je ne comprends plus. À propos de quoi, s'il te plaît, cette sortie sur le printemps quand nous sommes en hiver ? Que veux-tu dire ? As-tu besoin d'un cache-nez ? Ta lettre n'est pas datée et on ne sait si tu l'adresses à moi ou au chien. La forme même de ton écriture me paraît modifiée, et la disposition des lignes, la quantité de majuscules me déconcertent. Bref, tu as l'air de te moquer de quelqu'un. Je suppose que c'est de toi, et je tiens à t'en faire non un crime, mais l'observation.

Réponse de Poil de Carotte

Mon cher papa,

Un mot à la hâte pour t'expliquer ma dernière lettre. Tu ne t'es pas aperçu qu'elle était *en vers*.

Jules Renard, *Poil de Carotte*, 1894.

Vous avez compris que Poil de Carotte avait envoyé un poème à son père, ce que ce dernier n'a pas saisi, ou n'a pas voulu saisir. En équipe, examinez les reproches que M. Lepic adresse à son fils. À l'aide de vos connaissances sur le texte poétique, discutez de ce qui est à l'origine des difficultés de lecture de M. Lepic.

Au cours de votre discussion, réfléchissez à ce qui caractérise le texte poétique, demandez-vous à quoi se reconnaît un poème.

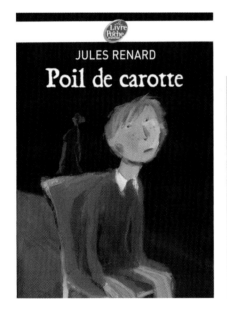

À la fin de ce dossier, vous réaliserez un des projets proposés dans la *Mise en pratique*. Prenez-en connaissance maintenant à la page 110.

Option **1**	**Un poème à écrire**
Option **2**	**Des poèmes à présenter**
Option **3**	**Une performance poétique à monter**

Survolez ensuite le dossier 5 (p. 82 à 111) et voyez comment le travail proposé dans l'atelier pourra vous être utile pour réaliser votre projet.

Entrer en poésie

Lecture préparatoire

■ Lisez les trois textes suivants et demandez-vous ce qui les unit et ce qui les différencie.

Sensation

Par les soirs bleus d'été, j'irai dans les sentiers,
Picoté par les blés, fouler l'herbe menue :
Rêveur, j'en sentirai la fraîcheur à mes pieds.
Je laisserai le vent baigner ma tête nue !

Je ne parlerai pas, je ne penserai rien ;
Mais l'amour infini me montera dans l'âme,
Et j'irai loin, bien loin, comme un bohémien,
Par la Nature, — heureux comme avec une femme.

Arthur Rimbaud, *Poésies*, 1870.

Arthur Rimbaud à dix-sept ans,
photographié par Étienne Carjat.

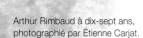

REPÈRES CULTURELS

ARTHUR RIMBAUD (1854-1891)

Arthur Rimbaud, l'enfant terrible de la poésie française, a connu une vocation météorique ; son œuvre poétique, révolutionnaire, il la compose entre seize et dix-neuf ans, pour ensuite abandonner la plume à jamais. Élève surdoué, fantasque et rebelle, Arthur Rimbaud est révolté par l'hypocrisie de son entourage et cherche, à plusieurs reprises, à fuir ce milieu qui l'étouffe. Avec l'aide de Paul Verlaine, à qui il a envoyé ses poèmes, il réussit à gagner Paris en 1871. Les deux poètes amorcent alors une tumultueuse relation, s'enivrent, écrivent, vagabondent. Par un « dérèglement de tous les sens », Rimbaud dira qu'il cherche à se faire *voyant* pour créer une poésie « résumant tout, parfums, sons, couleurs ». C'est en Éthiopie, où il est tour à tour commerçant de café et trafiquant d'armes, que l'auteur du *Bateau ivre* achève seul son voyage. À Paris sont publiés les recueils *Une saison en enfer* et *Illuminations* : Rimbaud l'exilé est déjà un mythe. L'éclat de son passage illuminera toute la poésie moderne.

d e lointains regards
en accalmie
déambulent sur la neige

la griffe
des angagoks* de l'espace
disparaît sous les coupoles festonnées
de la poudrerie qui s'éteint

Jean Morisset, *Chants polaires*,
Montréal, Leméac / Actes Sud, 2002, p. 63.

---

* Angagoks : chamans.

Sur fond de mer verte

Sur fond de mer verte, offerte, entre des palmes flottantes. Absurdes oiseaux noirs, ailes dentelées, s'affairant, affolés, à voler quelques miettes. Sur le sable, amoncelés, les débris de l'orage de la nuit passée. La vague charrie encore les restes de sa rage. Rieurs, les enfants jouent entre ses passages.

Monique Bosco, *Jéricho*, Montréal,
Éditions Hurtubise HMH, coll. «Sur parole», 1971, p. 59.

REMARQUE
Par convention, on désigne les poèmes non titrés par leur premier vers (ou par les premiers mots de ce vers, s'il est long) suivi de points de suspension.

Après la lecture préparatoire

1. **TEXTES EN RÉSEAU** Que suscite en vous chacun de ces textes poétiques ?

2. **TEXTES EN RÉSEAU** Expliquez ce qui fait de chacun de ces textes un poème.

L'univers poétique

Tout texte poétique suppose la création d'un univers particulier. L'univers d'un poème, ce sont les êtres, les choses et les événements évoqués, les idées et les sentiments exprimés, les atmosphères qui y sont dépeintes.

La création d'un univers poétique se fait notamment par une exploitation des ressources sonores, des ressources langagières, des ressources visuelles et graphiques.

Les ressources sonores

Dans un poème, les mots sont choisis, entre autres, pour leurs effets sonores.

Ressources sonores	Effets
Allitération **et** assonance	• Créer des échos entre les mots. • Appuyer le sens du texte.
Harmonie imitative Répétition de sons qui imitent un bruit ou suggèrent un sentiment, une atmosphère, etc. Voir ci-après **Le son et le sens**.	• Appuyer le sens du texte.
Paronomase Figure de style qui consiste à rapprocher des paronymes, c'est-à-dire des mots semblables par le son. Ex. : *briller* et *brouiller*, *dollar* et *douleur*.	• Créer des correspondances entre les mots.
Rime Voir le bloc théorique 2, p. 92.	• Créer des échos entre les vers ou les strophes.

Le son et le sens

Les sons ne possèdent pas de sens en eux-mêmes. Cependant, dans un poème donné, les sons peuvent se voir attribuer un ou des sens. Pour établir un lien entre un son et un sens dans un poème, il faut tenir compte des propriétés acoustiques et articulatoires des sons.

Le tableau des sons, présenté à la page suivante, associe les sons à des sens possibles. Avant de prêter un sens à un son, il convient de vérifier que ce sens s'accorde bien avec le sens du poème.

TABLEAU DES SONS

Sons	Propriétés acoustiques et articulatoires des sons	Sens possibles
«p», «t», «k» «b», «d», «g» (occlusives)	Son produit par la fermeture du canal vocal, suivie d'une ouverture brusque.	Brutalité, dureté, explosion, force, violence
«s», «ch», «f» «z», «j», «v» (constrictives ou fricatives)	Son produit par le resserrement du canal vocal.	Douceur, durée, glissement, sifflement, souffle
«m», «n», «gn» «an», «in», «on», «un» (nasales)	Son qui résonne dans la cavité nasale.	Douceur, lenteur, mollesse
«l» (latérale)	Son qui laisse l'air s'échapper des deux côtés de la langue.	Douceur, fluidité
«r» (vibrante)	Son produit par la vibration de la luette ou de la pointe de la langue.	Explosion, vibration, violence
«i», «u», «ou» (fermées) «é», «eu», «o» (mi-fermées)	Son prononcé avec la bouche plus ou moins fermée.	Acuité, intensité, légèreté, petitesse
«a», «â» (ouvertes) «è», «œ» (mi-ouvertes)	Son prononcé avec la bouche plus ou moins ouverte.	Ampleur, gravité, lourdeur, rondeur

Les ressources langagières

Dans un poème, les mots sont aussi choisis pour leur capacité à entrer en relation les uns avec les autres et à créer du sens.

Les champs lexicaux et les thèmes

Les mots se rattachant à une même idée forment un champ lexical. Dans un poème, l'étude des champs lexicaux permet de déterminer les thèmes dominants et de saisir l'univers poétique.

Le lexique

La façon dont les mots sont en relation dans un vers, une strophe ou un poème produit divers effets et donne à voir la réalité autrement.

Ressources lexicales	Effets
Mot polysémique	• Maintenir une ambiguïté. • Créer des jeux de mots.
Jeu de mots	• Attirer l'attention sur le langage. • Appuyer la visée du poème.
Vocabulaire à connotation positive ou négative	• Évoquer une réalité agréable ou désagréable. • Valoriser ou dévaloriser une réalité.
Mot étranger	• Ancrer la réalité dans un lieu. • Donner une impression d'exotisme.

→

Ressources lexicales	Effets
Régionalisme Mot ou expression propre à une région.	• Donner une couleur locale. • Créer un décalage.
Archaïsme Mot ancien ou expression ancienne qui n'appartient plus à l'usage courant.	• Ancrer la réalité dans le passé. • Créer un décalage.
Néologisme Mot de création récente ou mot existant auquel on donne un nouveau sens.	• Créer des jeux de mots. • Appuyer la visée du poème.
Vocabulaire à valeur particulière (terme technique ou scientifique, <u>mot savant</u>, mot rare, enfantin, poétique, etc.)	• Appuyer la visée du poème.
<u>Variété de langue</u>	• Appuyer la visée du poème.
Cliché Image souvent utilisée.	• Attirer l'attention sur le langage.
Longueur des mots	• Créer un rythme. • Renforcer le sens du texte.

Les figures de style

La poésie utilise le langage de façon imagée : un être, un objet, une idée, une émotion peuvent être représentés par un symbole.

Pour renouveler le langage et créer des images, les poètes ont recours à diverses <u>figures de style</u>.

Catégories de figures	Figures de style
Figures de construction Figures jouant avec la construction de la phrase.	• Ellipse (figure qui consiste à supprimer un ou plusieurs mots nécessaires à la construction de la phrase) • Inversion (figure qui consiste à modifier l'ordre habituel des mots dans la phrase)
Figures d'opposition	• <u>Antithèse</u>
Figures d'insistance	• <u>Accumulation</u> • <u>Hyperbole</u> • <u>Anaphore</u> • <u>Répétition</u> • <u>Gradation</u>
Figures d'atténuation	• <u>Euphémisme</u> • <u>Litote</u>
Figures de ressemblance Figures créant des images en rapprochant des réalités différentes.	• <u>Comparaison</u> • <u>Métonymie</u> • <u>Métaphore</u> • <u>Personnification</u>

Les ressources visuelles et graphiques

Dans un texte poétique, les mots et les vers sont disposés de façon particulière sur la page. Les poètes jouent, en effet, avec diverses ressources pour mettre en forme les univers qu'ils créent.

Pour renforcer le sens du texte, les poètes utilisent, entre autres :

- les blancs, les alignements, les alinéas ;
- la disposition des mots sur la page, qui peuvent, comme dans le calligramme, dessiner l'objet évoqué dans le poème ;
- la ponctuation (accumulation ou suppression de signes), la majuscule, l'espacement des lignes, la taille des caractères, etc.

REMARQUES

- Dans la poésie d'avant le XXe siècle, les vers commencent le plus souvent par une majuscule. De nos jours, beaucoup de poètes ne respectent pas cette règle.
- Les poètes contemporains ont tendance à ne plus ponctuer leurs textes.

Bloc théorique 2

Éléments de versification

La versification est l'ensemble des règles régissant le texte poétique. Elle concerne la mesure du vers, la rime et la strophe. Ces règles, qui ont évolué au fil du temps, se sont considérablement assouplies depuis le XIXe siècle. Si certains poètes contemporains s'en réclament encore, d'autres s'en sont totalement libérés.

La mesure du vers

En français, la longueur d'un vers est déterminée par le nombre de syllabes.
On compte et on prononce toutes les syllabes, sauf :

- l'*e* muet en fin de vers ;
- l'*e* muet suivi d'une voyelle.

Ex. : Mi / gnon / ne, al / lons / voir / si / la / rose
Qui / ce / ma / tin / a / vait / dé / close
Sa / ro / be / de / pour / pre au / so / leil

Pierre de Ronsard, «Ode à Cassandre», *Les amours de Cassandre*, 1552.

On compte l'*e* muet s'il est placé entre deux consonnes qu'on entend.

Ex. : Ô / vrai / ment / ma / râ / tre / Na / ture
Puis / qu'u / ne / tel / le / fleur / ne / dure
Que / du / ma / tin / jus / ques / au / soir.

Pierre de Ronsard, «Ode à Cassandre», *Les amours de Cassandre*, 1552.

Les vers sont nommés selon leur longueur.

- Un vers de quatre syllabes est un **quadrisyllabe**.
- Un vers de six syllabes est un **hexasyllabe**.
- Un vers de huit syllabes est un **octosyllabe**.
- Un vers de dix syllabes est un **décasyllabe**.
- Un vers de douze syllabes est un **alexandrin**.

Un poème est en **vers mêlés** quand il contient des vers de longueurs variables.

REMARQUE

En versification française, on parle de *syllabe* et non de *pied*. Le pied, qui est un groupement de syllabes, est l'unité de mesure des vers grecs et latins.

REMARQUE

Pour respecter le décompte des syllabes, les poètes modifient parfois l'orthographe de certains mots. Par exemple, les mots *encore*, *avec*, *jusque* peuvent s'écrire *encor*, *avecque*, *jusques* de façon à compter plus ou moins de syllabes.

REMARQUE

On parle de *faux alexandrin* quand, dans un poème en alexandrins, se glisse un vers comportant une ou deux syllabes en trop ou en moins. Le faux alexandrin est interdit dans la poésie classique.

La rime

La rime est la répétition de sons à la fin des vers. Elle marque la fin des vers, un peu comme une ponctuation, et rythme ainsi le poème.

Les **vers rimés** sont des vers dont la finale comporte une rime.

Les **vers blancs** sont des vers non rimés.

La richesse des rimes dépend du nombre de sons que les mots à la rime ont en commun.

- La **rime pauvre** comporte un son identique : br**ui**t / n**ui**t.
- La **rime suffisante** comporte deux sons identiques : enf**ant** / triom**phant**.
- La **rime riche** comporte trois sons identiques et plus : s**œur** / dou**ceur**.

On distingue trois dispositions de rimes.

- Les **rimes suivies** ou **plates**

Achète des abric**ots**,	A
Des pompons, des artich**auts**,	A
Des fraises et de la cr**ème** :	B
C'est en été ce que j'**aime**.	B

Pierre de Ronsard, «J'ai l'esprit tout ennuyé…», *Odes*, 1550.

- Les **rimes embrassées**

Ni vu ni con**nu**	A
Je suis le par**fum**	B
Vivant et dé**funt**	B
Dans le vent ve**nu** !	A

Paul Valéry, «Le sylphe», *Charmes*, 1922.

- Les **rimes croisées** ou **alternées**

Une aube affaib**lie**	A
Verse par les **champs**	B
La mélanco**lie**	A
Des soleils cou**chants**.	B

Paul Verlaine, «Soleils couchants», *Poèmes saturniens*, 1866.

La strophe

La strophe est un groupement de vers liés entre eux, notamment par le sens et, en poésie classique, par la rime. Dans un poème, les strophes sont séparées par des blancs.

Les strophes sont nommées en fonction du nombre de vers qu'elles contiennent.

- Une strophe de deux vers est un **distique**.
- Une strophe de trois vers est un **tercet**.
- Une strophe de quatre vers est un **quatrain**.
- Une strophe de cinq vers est un **quintil**.
- Une strophe de six vers est un **sizain**.
- Une strophe de sept vers est un **septain**.
- Une strophe de huit vers est un **huitain**.
- Une strophe de dix vers est un **dizain**.
- Une strophe de douze vers est un **douzain**.

Une **strophe isométrique** est une strophe composée de vers de la même longueur.

Une **strophe hétérométrique** est une strophe composée de vers mêlés.

Les poèmes à forme fixe et les poèmes à forme libre

Les **poèmes à forme fixe** sont ceux dont la forme est fixée par la tradition. Dans ces poèmes, l'agencement et le nombre des strophes et des vers, la longueur des vers, la disposition des rimes sont préétablis.

Ex. : l'ode, la ballade, le rondeau, le sonnet, le pantoum, le virelai, la villanelle, le haïku.

> Littérature⊕, p. 106 et 107.

Les **poèmes à forme libre** sont ceux qui n'obéissent pas à un schéma établi.

Ex. : le poème en vers libre, le poème en prose, le calligramme.

> Littérature⊕, p. 108 et 109.

Bloc théorique 3

La structure du texte poétique

Bien qu'il ne soit pas organisé comme une page de roman, un poème est un texte structuré. Les mots et les vers ne sont pas distribués sur la page au gré du hasard. Ils sont agencés pour former un tout cohérent.

Le schéma des rimes, la longueur des vers et des strophes ainsi que le découpage en strophes contribuent à rendre apparente la structure du poème.

Les parties du poème

Un poème se divise habituellement en trois parties : l'**ouverture**, la **partie intermédiaire** et la **finale**. Parfois, une autre partie, un **pivot**, s'insère entre la partie intermédiaire et la finale. Le pivot est cette partie où tout peut basculer.

Les indices d'un changement de partie et les indices d'unité

Dans un poème, le passage d'une partie à une autre est signalé par divers changements. Les indices répertoriés dans le tableau suivant ne signalent pas toujours un changement de partie. Toutefois, lorsqu'ils s'accumulent et appuient le sens du poème, il convient d'en tenir compte.

Aspects concernés	Exemples d'indices d'un changement de partie
Thème	• Un changement de thème
Forme du poème Voir le bloc théorique 2, p. 92 et 93.	• Un changement de strophe • Un changement de type de strophe
Versification Voir le bloc théorique 2, p. 91 et 92.	• Un changement de longueur de vers • Un changement de type de rimes
Ressources langagières Voir le bloc théorique 1, p. 89 et 90.	• Un changement dans le lexique • Un emploi particulier du langage • Une figure de style

→

Aspects concernés	Exemples d'indices d'un changement de partie
Grammaire	• Un changement de temps verbal • Un changement de pronom personnel • Un changement de type de phrase
Point de vue	• Un changement de ton • Une ponctuation expressive
Organisation du texte	• Un changement de type de séquence textuelle • Une ponctuation • Un organisateur textuel
Ressources visuelles et graphiques Voir le bloc théorique 1, p. 91.	• Une majuscule • Un mot en gras

De la même façon, les liens entre les vers ou les strophes d'une partie sont repérables à divers indices, qu'on appelle « indices d'unité ». Ces indices sont, par exemple, le même thème, la même strophe, le même type de strophe, la même longueur de vers, le même type de rimes, le même temps verbal, le même type de séquence textuelle, etc.

Dans les poèmes non versifiés, le repérage des parties exige une plus grande attention : la versification n'est plus là pour guider le repérage.

REMARQUE
Le texte poétique ne peut être associé à une séquence textuelle particulière. Certains poèmes sont structurés à l'aide d'une séquence narrative, d'autres à l'aide d'une séquence descriptive, ou argumentative, ou dialogale, ou explicative. D'autres encore sont structurés à l'aide de plus d'une séquence textuelle.

Bloc théorique 4

Les visées du poème

Les intentions qui conduisent à l'écriture d'un texte poétique sont diverses. Le poète peut vouloir exprimer ses émotions, jouer avec les mots, critiquer, provoquer le rire ou l'indignation, expliquer, etc.

Tous les poèmes ont une visée esthétique plus ou moins apparente.

Il n'est pas rare que plusieurs intentions s'entrecroisent dans un poème. Quand cela se produit, souvent l'une d'elles s'impose.

Chaque visée se définit par un ensemble de caractéristiques, qui peut varier. Par exemple, les poèmes à visée éthique contiennent souvent, mais pas toujours, des marques de la présence de l'énonciateur.

Visée du poème	Caractéristiques principales
Didactique ou **instructive** Enseigner, communiquer un savoir.	• Marques de la présence de l'énonciateur ou du destinataire (pronoms de la 1re ou de la 2e personne, apostrophe, dialogue, interrogation, etc.) • Lexique de la pédagogie • Phrases de type impératif • Phrases infinitives et phrases impersonnelles • Organisateurs logiques ou découpage du texte pour marquer les étapes d'un raisonnement ou d'un processus
Émotive ou **expressive** Exprimer des émotions et des sentiments personnels ou universels.	• Marques de la présence de l'énonciateur • Lexique de l'affectivité • Interjections révélant l'attitude de l'énonciateur • Ponctuation expressive révélant l'attitude de l'énonciateur • Phrases exclamatives, phrases interrogatives révélant l'attitude de l'énonciateur • Figures de style, surtout figures d'insistance (anaphore, hyperbole, etc.) et figures de ressemblance (comparaison, métaphore, etc.)
Esthétique Attirer l'attention sur le texte lui-même, sur le langage.	• Travail sur le rythme (versification, découpage en strophes, etc.) • Exploitation des ressources sonores (allitération, rime, etc.) • Exploitation des ressources langagières (ressources lexicales, figures de style, création d'images) • Exploitation des ressources visuelles et graphiques
Éthique Défendre, promouvoir une idée, une cause, dénoncer une injustice, une inégalité.	• Propos engagé (sous forme d'éloge, de dénonciation, de blâme, etc.) • Marques de la présence de l'énonciateur • Marques de modalité révélant une attitude engagée (vocabulaire connoté, ponctuation expressive, etc.) • Images fortes exprimant l'intensité des émotions (comparaison, métaphore, etc.) • Figures d'insistance (répétition, accumulation, etc.) et d'opposition (antithèse)
Ludique Amuser, divertir, procurer du plaisir.	• Propos amusant, comique, humoristique, loufoque • Jeux sur les mots (jeu de mots, néologisme, jeu sur la polysémie, etc.) • Jeux sur les sons (allitération, assonance, paronomase, etc.) • Jeux sur les variétés de langue • Jeux sur la versification • Changement de ton • Figures d'insistance (anaphore, hyperbole, etc.) • Figures d'atténuation (euphémisme, litote)
Persuasive Convaincre, exhorter à l'action, au changement.	• Marques de la présence du destinataire (pronom de la 2e personne, apostrophe, etc.) • Phrases interrogatives pour provoquer la réflexion • Demandes, ordres et conseils sous la forme de phrases de type impératif ou sous d'autres formes • Figures d'insistance (anaphore, répétition, accumulation, etc.) **Remarque** La visée persuasive prend le plus souvent appui sur la visée éthique. Le poème appelle au changement (visée persuasive) dans le but de promouvoir une idée (visée éthique).

■ Lisez le poème ci-dessous, puis observez les ressources utilisées par le poète pour créer un univers poétique particulier.

Dormante

Toi ma dormeuse mon ombreuse ma rêveuse
ma gisante ■ aux pieds nus sur le sable mouillé
toi ma songeuse mon heureuse ma nageuse
ma lointaine aux yeux clos mon sommeillant œillet

5 distraite comme nuage et fraîche comme pluie
trompeuse comme l'eau légère comme vent
toi ma berceuse mon souci mon jour ma nuit
toi que j'attends toi qui te perds et me surprends

la vague en chuchotant glisse dans ton sommeil
10 te flaire et vient lécher tes jambes étonnées
ton corps abandonné ■ respire le soleil
couleur de tes cheveux ruisselants et dénoués

Mon oublieuse ma paresseuse ma dormeuse
toi qui me trompes avec le vent avec la mer
15 avec le sable et le matin ma capricieuse
ma brûlante aux bras frais mon étoile légère

je t'attends je t'attends je guette ton retour
et le premier regard où je vois émerger
Eurydice ■ aux pieds nus à la clarté du jour
20 dans cette enfant qui dort sur la plage allongée

Claude Roy, *Clair comme le jour*, dans *Poésies*, Paris,
Éditions Gallimard, 1970, p. 128 et 129.

Lincoln Seligman, *Lueur verte*, 1990.

AU FIL DU TEXTE

■ a) À quelle <u>classe de mots</u> le mot *gisante* appartient-il dans ce vers ?
b) Quel est son sens dans cet emploi ?

■ Quel est le sens de l'adjectif *abandonné* dans le contexte ?

■ Qui est Eurydice ? Montrez les liens qui l'unissent à la poésie.

CLAUDE ROY (1915-1997)

L'écrivain français Claude Roy a été, authentiquement et passionnément, un homme de son temps. Grand humaniste, il a fait de sa carrière littéraire le miroir de son engagement : «Avec l'amour, l'amitié et la fraternité d'action, l'art est le plus court chemin d'un homme à un autre.» Soldat lors de la Seconde Guerre mondiale, il est fait prisonnier, mais s'évade et rejoint la Résistance aux côtés des écrivains Paul Éluard et Louis Aragon. Il publie alors un premier recueil de poésie, *Clair comme le jour* (1943). À la même époque, il devient journaliste et poursuit son activité littéraire avec le roman (*La nuit est le manteau des pauvres*, 1948), le récit de voyage (*Clefs pour la Chine*, 1953), l'autobiographie et l'essai. Il dénoncera plus tard les dérives idéologiques dans *Les chercheurs de Dieu* (1981). En 1982, Claude Roy est atteint d'un cancer du poumon ; sa poésie se fait sensible et intime (*À la lisière du temps*, 1984). En 1985, il est lauréat du premier prix Goncourt de poésie.

1. Ce poème est une célébration de la femme aimée.

   a) Décrivez, en une courte phrase, la scène que le poète nous donne à voir.

   b) Quelle image ce poème a-t-il fait naître en vous ? Autrement dit, quelle impression vous laisse-t-il ?

2. L'univers dessiné dans ce poème en est un de calme et d'harmonie. Vérifiez-le par l'observation des champs lexicaux.

   a) Relevez huit mots ou expressions appartenant au champ lexical du sommeil et du rêve.

   b) Relevez les mots appartenant au champ lexical de la nature.

3. Le thème de l'harmonie se prolonge dans la description de l'union entre la femme et la nature. Observez les figures de style qui, en jouant sur la ressemblance, soulignent cette harmonie.

   a) Relevez, dans la deuxième strophe, les comparaisons et analysez-les.

   b) Relevez, dans la troisième strophe, les vers qui contiennent la personnification et expliquez pourquoi il s'agit d'une personnification.

   c) Relevez la métaphore du vers 4. Donnez le point de ressemblance entre les réalités comparées. Pour cela, tenez compte de l'étymologie du nom présent dans cette figure.

   d) À quoi la femme aimée est-elle comparée dans la quatrième strophe ? Analysez cette figure et dites s'il s'agit d'une comparaison ou d'une métaphore.

4. a) Relevez l'antithèse par laquelle la jeune femme est désignée dans la deuxième strophe.

   b) Que révèle cette figure sur le lien qu'entretient le *je* avec la femme endormie ?

5. Une importante série de répétitions structurent le poème *Dormante*. Intéressez-vous à quelques-unes de celles-ci.

   a) Montrez que ce poème s'ouvre par une anaphore.

   b) Relevez les deux accumulations de la première strophe. Que remarquez-vous quant à la façon dont elles sont construites ? Par conséquent, quel mot est mis en évidence ?

   c) Établissez un lien entre les figures que vous avez relevées en *a* et en *b* et le thème de l'amour qui se déploie dans *Dormante*.

   d) Quelle figure d'insistance s'impose au vers 17 ? Expliquez l'effet produit par cette figure.

6. Les répétitions touchent aussi les sons, comme vous le constaterez ci-après.

   a) Transcrivez les deux premières strophes et marquez les nasales et les constrictives d'une quelconque façon. Servez-vous du tableau des sons (p. 89) pour les repérer. Comparez vos réponses avec celles de quelques camarades.

   b) Vous avez sans doute remarqué que les nasales et les constrictives sont très présentes dans les autres strophes aussi. À l'aide du tableau des sons, expliquez de quelle façon ces sonorités appuient le sens du texte.

7. **INTERTEXTUALITÉ** Le poème se clôt sur l'image d'Eurydice. Examinez cette image.

   a) En quoi la jeune femme de la plage est-elle semblable à la nymphe de la mythologie grecque ?

   b) Quel thème cette image met-elle en valeur ? Expliquez votre réponse.

Voici le vingt-quatrième poème, simplement intitulé *24*, d'un recueil de quatre-vingt-quinze poèmes du poète américain E. E. Cummings. Intéressez-vous à son aspect visuel. Contentez-vous d'abord de l'observer, de le regarder. Vous le lirez ensuite.

Valerie Conway, *Forte pluie*, 2000.

24

min
u
sc
ul

e ce square e
st vide(t
out le mond
e ailleurs e

xcepté moi 6 p
iafs)l'
automne & la p
lui

e
l
a
pluielapluie

E. E. Cummings, *95 poèmes*, traduit de l'anglais
par Jacques Demarcq, Paris, Éditions du Seuil,
coll. «Points Poésie», 2006, p. 52.

REPÈRES CULTURELS

E. E. CUMMINGS (1894-1962)

Le poète américain Edward Estlin Cummings, mieux connu sous le nom de E. E. Cummings, incarne un heureux paradoxe : auteur radicalement novateur, dont la poésie est souvent difficile à décoder, il reste encore aujourd'hui l'un des poètes américains les plus lus. Après des études à l'université Harvard aux États-Unis, E. E. Cummings s'engage dans le corps des ambulanciers de la Première Guerre mondiale. Injustement soupçonné d'espionnage alors qu'il est posté en France, il se fait arrêter et passe trois mois dans un camp de prisonniers. Son premier livre, *The Enormous Room* (1922), relate cette expérience. E. E. Cummings publie un premier recueil de poésie en 1923, *Tulips & Chimneys*, et y impose son style excentrique : emploi inusité des majuscules et de la ponctuation, mots inventés, syntaxe déconstruite. Peintre autant que poète, E. E. Cummings se permet aussi une typographie éclatée pour faire du poème une œuvre visuelle. Il a fait paraître, au cours de sa carrière, plus de neuf cents poèmes dans des recueils aux titres atypiques : *&* (1925), *is 5* (1926), *VV* (1931), *XAIPE* (1950) et *95 poèmes* (1958).

Autoportrait de E. E. Cummings, sans date.

8. À première vue, et avant même de relire le poème, que vous inspire ce texte ? Qu'est-ce qui vous frappe, vous étonne, vous amuse et peut-être même vous dérange ?

9. Relisez ce poème et tentez d'en saisir le contenu. Pour vérifier votre compréhension du texte, comparez votre lecture avec celle de vos camarades. Si certains mots et certains signes vous sont moins familiers, prenez le temps d'en chercher le sens.

10. Entrez dans l'univers poétique de ce poème.

   a) Quels mots sont immédiatement perceptibles et ne requièrent aucun effort de lecture ? Ne tenez pas compte des déterminants.

   b) À l'aide de ces mots ou des idées suggérées par ces mots, rédigez une ou deux courtes phrases décrivant la scène présentée. Écrivez au *je*, comme si vous étiez la voix qui s'exprime dans ce poème.

   c) En vous servant des réponses que vous avez données en *a* et en *b*, dites quel thème est développé dans ce poème.

11. Voyez comment les ressources graphiques soutiennent le sens du texte et participent à la création d'un univers poétique original.

   a) Examinez le premier quatrain. De quoi y est-il question ?

   b) Faites un lien entre la réponse que vous avez donnée en *a* et l'aspect de ce quatrain.

   c) Qu'est-ce que le poème fait voir dans le deuxième quatrain ? Expliquez votre réponse.

   d) Expliquez ce qui se passe entre les vers 11 et 16.

12. Le poème *24* de E. E. Cummings est un poème sur l'isolement. Comment ce thème est-il rendu graphiquement ?

13. **TEXTES EN RÉSEAU** Bien qu'ils présentent deux univers poétiques différents, *Dormante* et *24* sont deux poèmes à visée esthétique. En vous servant des caractéristiques associées à cette visée (p. 95), dites lesquelles sont mises en évidence dans chaque poème. Rédigez votre réponse sous la forme d'un constat, comme vous savez le faire.

14. **TEXTES EN RÉSEAU** À quel univers poétique avez-vous été davantage sensible ? À l'univers plus lumineux de *Dormante* ou à l'univers plus sombre de *24* ? Expliquez votre réponse.

■ Lisez la méditation sur la mort à laquelle se livre Ronsard dans le poème ci-dessous. Après avoir étudié la versification de ce texte poétique, vous examinerez sa structure.

J e n'ai plus que les os, un squelette je semble,
Décharné, dénervé, démusclé, dépoulpé*,
Que le trait ◼ de la mort sans pardon a frappé ;
Je n'ose voir mes bras que de peur je ne tremble.

5 Apollon et son fils ◼, deux grands maîtres ensemble,
Ne me sauraient guérir, leur métier m'a trompé ◼ ;
Adieu, plaisant Soleil ! mon œil est étoupé** ,
Mon corps s'en va descendre où tout se désassemble.

Quel ami, me voyant en ce point dépouillé,
10 Ne remporte au logis un œil triste et mouillé,
Me consolant au lit et me baisant la face,

En essuyant mes yeux par la mort endormis ?
Adieu, chers compagnons ! Adieu, mes chers amis !
Je m'en vais le premier vous préparer la place.

Pierre de Ronsard, *Derniers vers*, 1586.

* Dépoulpé : dépulpé, sans pulpe, sans chair.

** Étoupé : clos, bouché comme avec de l'étoupe (résidu grossier de matière textile).

AU FIL DU TEXTE

◼ Qu'est-ce qu'un trait dans le contexte ?

◼ Qui sont Apollon et son fils ?

◼ Pourquoi le poète parle-t-il de tromperie au vers 6 ?

PIERRE DE RONSARD (1524-1585)

Ronsard, le «prince des poètes», est une figure majeure de la Renaissance. Personnage central de la Pléiade, groupe de lettrés qui renouvela la littérature française, Ronsard a connu en son temps une gloire immense et la faveur de toutes les cours d'Europe. Il a signé des œuvres engagées (*Hymnes*, 1555; *Remontrance au peuple de France*, 1563) et épiques (*La Franciade*, 1572), mais il reste connu d'abord et avant tout pour sa poésie lyrique. *Les odes* (1550-1552), *Les amours de Cassandre* (1552), *Les amours de Marie* (1555) et ses illustres *Sonnets pour Hélène* (1578) célèbrent la beauté, l'amour et la nature, et pleurent le temps qui fuit. Ses *Derniers vers* ont été publiés en 1586, un an après sa mort.

Portrait de Ronsard, datant vraisemblablement du XIXᵉ siècle.

---

15. Étudiez la versification dans ce poème de Ronsard : la mesure du vers, la rime, la strophe et la forme du poème. Travaillez sur le document qu'on vous remettra.

16. Examinez la structure de ce poème dans lequel l'énonciateur et le poète ne font qu'un. Intéressez-vous à l'ouverture, c'est-à-dire aux vers 1 à 8.

  a) Le poème s'ouvre par une description du corps. Relevez, dans les quatrains, huit mots appartenant au champ lexical du corps.

  b) Quelle image se dégage de ce relevé ?

  c) La description du corps se double du constat d'une perte inéluctable. Citez les premiers mots qui évoquent cette perte.

  d) Dans ce passage, qu'est-ce qui, sur le plan grammatical, signale la perte ?

  e) Dans les quatrains, quels sont les huit mots appartenant au champ lexical de la perte ?

  f) Parmi ces mots, examinez ceux qui évoquent la décomposition. Montrez que la formation de ces mots met l'accent sur l'idée de perte.

  g) Qu'est-ce qui indique que les vers 1 à 8 forment une seule partie ? Relevez deux <u>indices d'unité</u> qui concernent la forme du poème et la versification.

17. Dans la partie intermédiaire, aux vers 9 à 12, le poète cesse de se décrire et rapporte l'attitude de ses amis à son chevet.

  a) Quels sont les sentiments éprouvés par les amis du mourant ? Comment se manifestent ces sentiments ?

  b) Sur le plan grammatical, qu'est-ce qui indique que les vers 9 à 12 forment une seule partie ?

  c) Montrez que cet indice constitue également un <u>indice de changement</u> entre l'ouverture et la partie intermédiaire.

  d) Sur le plan de la forme du poème et de la versification, comment le changement de partie entre l'ouverture et la partie intermédiaire est-il signalé ?

18. Le vers 13 constitue le <u>pivot</u> et, à ce titre, il prépare la finale.

  a) Que fait le poète dans ce vers ?

  b) Relevez, entre la partie intermédiaire et le pivot, les indices d'un changement de partie. Servez-vous pour cela du tableau des pages 93 et 94.

19. Les adieux du poète se prolongent dans la finale, au vers 14, mais le message est modifié.

  a) Comment le vers de la finale contredit-il celui du pivot ?

  b) Relisez attentivement la finale. Comment l'interprétez-vous ? Quel ton y est employé, selon vous ?

  c) Donnez un titre à chaque partie du poème (ouverture, partie intermédiaire, pivot et finale). Rédigez ces titres sous la forme de groupes nominaux.

20. La <u>visée</u> émotive (ou expressive) s'impose dans ce poème de Ronsard. Sur le document qu'on vous remettra, repérez les caractéristiques de cette visée.

■ Lisez *Sous un feu de rocher*, un texte de la poète québécoise Rita Mestokosho.
Vous vous intéresserez principalement à la structure de ce poème.

Sous un feu de rocher

J'ai appris à lire entre les arbres
À compter les cailloux dans le ruisseau
À donner un nom à tous les minéraux
Tels que le quartz ou le marbre.

5 J'ai appris à nager avec le saumon
À le suivre dans les grandes rivières
À monter le courant de peine et de misère
Sans me plaindre et sans sermon.

J'ai appris à prendre le visage de chaque saison
10 À goûter la douceur d'un printemps sur mes joues
À savourer la chaleur d'un été sur mon cou
À grandir dans l'attente d'un automne coloré et long.

Mais c'est uniquement sous un feu de rocher
À l'abri d'un hiver froid et solitaire
15 Que j'ai entendu les battements de la terre
Et c'est là que j'ai appris à écouter.

Rita Mestokosho, *Innu Aitun*, [en ligne].
(page consultée le 28 août 2009)

21. Le thème de l'apprentissage est un des deux grands thèmes développés dans ce poème.

   a) Dites, en vos mots, de quels apprentissages il est question dans chacune des trois premières strophes.

   b) Comment l'énonciatrice a-t-elle acquis les connaissances qui l'ont forgée ?

   c) Quel thème se greffe sur celui de l'apprentissage et est le second grand thème de ce poème ?

22. Les trois premières strophes forment l'ouverture. Quels indices d'unité les lient ?

23. Examinez la dernière strophe ; l'énonciatrice y fait part d'un ultime apprentissage.

   a) Quelles conditions ont été nécessaires à l'acquisition de ce savoir ?

   b) Quelle image traduit l'idée d'un savoir lié à la vie même ? Expliquez votre réponse.

24. La dernière strophe contient la partie intermédiaire et la finale.

   a) Quels indices signalent le passage de l'ouverture à la partie intermédiaire ?

   b) Où se termine la partie intermédiaire ? Par conséquent, où se trouve la finale ? Expliquez votre découpage en vous servant du tableau des indices d'un changement de partie (p. 93 et 94).

■ Dans les activités suivantes, vous lirez deux poèmes et examinerez plus précisément la visée qui domine dans chacun.

Robert Mann, *Homme dans l'ombre*, sans date.

Plus jamais je ne détournerai les yeux
vers un vol de pigeons
quand quelque part on battra
un enfant devant sa mère

5 quand on lèvera les armes
contre la rumeur adolescente
répandue à travers les rues
pour crier ce que d'autres pensent

quand on fusillera un peuple
10 dans un tonnerre de bouches
et de poitrines innocentes
quand on mentira dans les journaux

Plus jamais je n'aimerai la poésie poétique **7**
tant qu'il y aura une lumière incarcérée
15 tant qu'il y aura un nouveau-né affamé
déjà rattrapé par les canines du néant

Malgré les pleurs de la mère
malgré les hurlements du père
malgré les oiseaux et le ciel
20 et la graine chantant sous l'argile amoureuse

Plus jamais je ne pourrai regarder en face
ceux qui vont les yeux bandés
à travers l'époque cruelle
rachetée par le sang de ceux qui luttent

25 et parfois loin de tous et de tout calmement meurent.

André Laude, *Œuvre poétique*, Paris,
Éditions de la Différence, 2008, p. 264 et 265.

REPÈRES CULTURELS

ANDRÉ LAUDE (1936-1995)

Écrivain férocement engagé, André Laude s'est fait le porte-voix des opprimés du monde. «Toute mon expérience poétique, écrit-il, s'articule autour de cette perspective : la poésie doit changer la vie. » Il grandit en France sous l'Occupation, fraternise avec les surréalistes, devient militant anarchiste, poète révolutionnaire et journaliste indépendant. Ses combats politiques et sa poésie ne font qu'un : ses vers prônent l'indignation et la révolte contre l'aliénation et l'exploitation. L'intégrale de l'*Œuvre poétique* de celui qu'on a appelé l'«homme-cri» est parue en 2008.

AU FIL DU TEXTE

7 À quoi l'expression *poésie poétique* fait-elle référence ?

25. Dans ce poème, où la voix du poète et celle de l'énonciateur ne font qu'une, André Laude témoigne haut et fort de son engagement.

a) Quelles valeurs le poète défend-il ? Pour chaque quatrain, nommez une ou deux valeurs importantes à ses yeux.

b) Le poète se sert d'images prenantes pour exprimer ses émotions. Expliquez le sens de quelques-unes d'entre elles.

– Image des vers 1 et 2 : «Plus jamais je ne détournerai les yeux / vers un vol de pigeons».

– Image des vers 10 et 11 : «tonnerre de bouches / et de poitrines».

– Image du vers 14 : «lumière incarcérée».

– Image des vers 15 à 18 : «un nouveau-né affamé / déjà rattrapé par les canines du néant / Malgré les pleurs de la mère / malgré les hurlements du père».

c) Quelle <u>figure d'insistance</u> s'impose dans ce poème ? Expliquez l'effet produit par cette figure.

d) Au terme de vos observations, dites quelle <u>visée</u> s'impose dans le poème *Plus jamais je ne détournerai les yeux…*

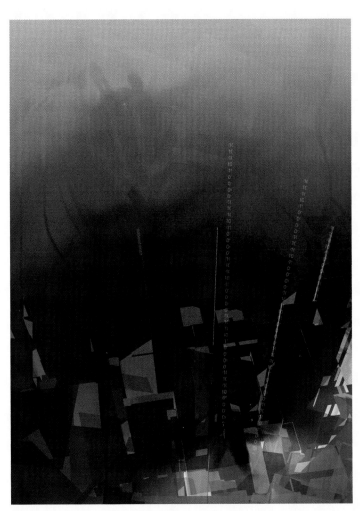

Paul Cooklin, *Ville dans un brouillard fumeux*, sans date.

Quand cesserez-vous
d'enfanter
de ces poissons
raides dont le ventre blanc étoile
5 l'étuve **8** des eaux
de ces oiseaux fossiles
aux ailes laquées de goudron
dans la litière du sable
Quand déploierez-vous votre poing
10 pour révéler sa paume douce
quand détendrez-vous la corde
des arcs et la pression des percuteurs **9**
Quand entendrez-vous le cœur
déréglé des océans
15 Écoutez-le ralentir
dans les artères du monde où voyage
votre sang
Vous souvenez-vous
du flanc musculeux des rivières
20 où mûrissait le frai **10** des truites
entre les prés
du fruité de l'air
des oiseaux fuseaux
qui tissaient à tire d'aile
25 le ciel
des forêts toitures d'ailes et de feuilles

Vous souvenez-vous de la succulence
du monde ce fruit de longue patience

Anne Certain, dans *Cent poèmes pour l'écologie*,
choisis par René Maltête, Paris, Le cherche midi éditeur,
coll. «Espaces», 1991, p. 171.

REPÈRES CULTURELS

ANNE CERTAIN (poète française, née en 1951)

L'imaginaire poétique d'Anne Certain se nourrit, en partie, des longues promenades dans la campagne française qu'elle faisait pendant son enfance. Elle garde de ces souvenirs l'amour de la nature et de l'horizon ouvert. Elle est aujourd'hui professeure de lettres en Normandie et l'auteure de nombreux recueils de poèmes, dont *Travaux de saison* (1993), *Petits palabres noir ivoire* (1998) et *Une aire de vent* (2004).

AU FIL DU TEXTE

8 Au sens figuré, qu'est-ce qu'une étuve ?

9 Expliquez ce qu'est un percuteur.

10 Dans le contexte, quel est le sens du nom *frai* ?

26. *Quand cesserez-vous...* est un poème qui poursuit une double visée : la poète-énonciatrice prend position sur une question et cherche à conscientiser ses lecteurs-destinataires.

a) Quelle cause la poète défend-elle ?

b) Que cherche-t-elle à obtenir de ses destinataires ?

27. Ce poème est construit sur une <u>antithèse</u> qui s'appuie sur une série d'images fortes. D'un côté se trouve la mort ; de l'autre, la vie.

a) Relevez dans l'ouverture, entre les vers 1 et 14, les images de mort, de destruction et de violence.

b) Relevez dans la finale, entre les vers 18 et 28, les images de vie, de beauté et de mouvement.

c) Expliquez l'effet produit par cette construction en antithèse.

28. Chaque partie de ce poème se distingue par le <u>type de phrase</u> qui s'y trouve.

a) Quel type de phrase est utilisé dans chacune des parties de ce poème ?

b) Quel lien faites-vous entre chaque type de phrase et la <u>visée persuasive</u> ?

Le texte et vous

29. **TEXTES EN RÉSEAU** Relisez les poèmes que vous avez analysés dans cet atelier (p. 96 à 103) et prenez en note les vers ou les strophes qui vous ont particulièrement plu. Pensez à noter le titre et l'auteur de chaque passage retenu.

Vers les textes du recueil

30. **TEXTES EN RÉSEAU** Entrez dans toutes sortes d'univers poétiques en parcourant les poèmes présentés aux pages 334 à 361.

a) Repérez d'abord les textes des poètes québécois. Dites ce que vous connaissez de leur œuvre.

b) Découvrez les textes des poètes originaires d'ailleurs dans la francophonie ou qui s'expriment en français sans être originaires d'un pays de la francophonie. Lisez les biographies qui accompagnent ces textes. Vous y ferez la connaissance de poètes de cultures différentes.

c) Repérez les poèmes écrits dans d'autres langues que le français et présentés en traduction.

31. **TEXTES EN RÉSEAU** Montrez que les poèmes *Dormante* de Claude Roy (p. 96), *Rivière de mes yeux* de Saint-Denys-Garneau (p. 348) et *La rivière* de Sylvain Garneau (p. 348) entretiennent, sur le plan thématique, des liens étroits les uns avec les autres. Rédigez votre réponse en une dizaine de lignes.

32. Étudiez la <u>versification</u> dans *L'invitation au voyage* de Charles Baudelaire (p. 338).

a) Mesurez la longueur des vers de la première strophe et du refrain, et déduisez leur nom.

b) Dans les strophes longues, quel effet produit l'alternance de vers de longueurs différentes ?

c) Dites si les strophes sont isométriques ou hétérométriques et donnez le nom des strophes.

d) Examinez la disposition des rimes. Comment sont-elles réparties ?

33. Lisez *Recette* de Guillevic (p. 352) et dites quelle visée domine dans ce texte. Expliquez votre réponse et donnez les caractéristiques de cette visée qui sont repérables dans le poème.

Synthèse de l'atelier

34. Sur le document qu'on vous remettra, faites la synthèse de vos connaissances sur le texte poétique.

En quelques lignes 📁

Faites preuve de créativité. Exercez-vous à l'écriture versifiée en rédigeant deux débuts de poèmes.

Faites d'abord un quatrain d'alexandrins à rimes embrassées ou à rimes alternées.

Rédigez ensuite le début d'un autre poème. Cette fois-ci, faites un sizain isométrique à rimes suivies, dont vous détermi-nerez vous-même le nombre de syllabes selon le rythme que vous voulez créer.

Edward Seago,
Sur mon bureau, 1954.

De vive voix

Chacun des poèmes de cet atelier pourrait être associé à un lieu. Certains le sont explicitement, comme le poème *24* de E. E. Cummings, d'autres laissent davantage place à l'imagination. Amusez-vous à imaginer, pour chaque poème, dans quel lieu la lecture publique du poème prendrait tout son sens. Faites cette activité avec quelques cama-rades. Elle vous sera utile pour mener à bien votre projet.

De vive voix

Choisissez un poème en vers rimés qui vous plaît. Sur une copie que vous vous ferez, scandez les vers, soulignez les *e* à prononcer et biffez les *e* muets, indiquez aussi les liaisons à faire. Une fois votre copie révisée, exercez-vous à lire votre poème en adoptant une diction soignée et en faisant une légère pause à la fin de chaque vers. Le moment venu, lisez votre poème à vos camarades.

Formes **fixes**

Ballade du temps qui va

Comme ruisseaux mes amis vont
Le temps s'en va comme rivière
Nous passons tous à reculons
Mais nous allons à notre manière
Ainsi nuage ainsi l'eau claire
Ainsi la source ainsi l'oiseau
Mais nous voyons mourir nos pères
Et l'homme passe comme l'eau

Et comme l'eau vont les saisons
Et tournent l'âge et la misère
Nous n'avons plus notre raison
Quand il faut regarder derrière
A coulé le temps de naguère
Comme le vent comme radeau
L'amour est toujours à refaire
Et l'homme passe comme l'eau

La neige est lente et nous savons
Qu'ainsi la neige va l'horaire
Temps de tes yeux temps de mon nom
Et tant de feu pour fuir l'hiver
Le fleuve a retrouvé la mer
Mais les quais meurent sans bateaux
On nous oublie à l'estuaire
Et l'homme passe comme l'eau

Père ou ma femme ou mes confrères
Nous sommes tous du même lot
Et que ferons-nous de la terre
Si l'homme passe comme l'eau

Pierre Morency, *Poèmes 1966-1986*,
Montréal, Éditions du Boréal, 2004, p. 246.

La ballade

La ballade, comme son nom l'indique, est étroitement liée à la musique : *ballare*, en latin, signifie « danser ». Née au XIIe siècle, la ballade est détrônée par le sonnet à la Renaissance, mais elle est redécouverte à la fin du XIXe siècle.

Ses principales caractéristiques

- Trois strophes (huitains d'octosyllabes ou dizains de décasyllabes) construites sur trois rimes.

- Un envoi équivalant à une demi-strophe, placé à la fin du poème, et débutant par l'interpellation du destinataire.

- Un refrain formé par le dernier vers des strophes et de l'envoi.

Kittie Bruneau,
Reflet du temps, 2005.

Le sonnet

Importé d'Italie à la Renaissance, le sonnet s'impose rapidement comme la forme fixe par excellence de la poésie française. Bien qu'il ait subi des transformations au fil du temps, il est encore pratiqué par les poètes contemporains.

Ses principales caractéristiques

- Quatorze vers répartis en deux quatrains et deux tercets.
- Les quatrains sont fondés sur deux rimes embrassées, les tercets sur trois rimes. Le schéma des rimes est ABBA ABBA CCD EDE (sonnet français) ou ABBA ABBA CCD EED (sonnet italien), mais il existe de nombreuses variantes.
- Les quatrains développent une idée qui est remise en question ou prolongée dans les tercets.
- Le dernier vers, appelé « vers de chute », éclaire l'ensemble du poème.

La passante

Hier, j'ai vu passer, comme une ombre qu'on plaint,
En un grand parc obscur, une femme voilée :
Funèbre et singulière, elle s'en est allée,
Recélant sa fierté sous son masque opalin.

Et rien que d'un regard, par ce soir cristallin,
J'eus deviné bientôt sa douleur refoulée ;
Puis elle disparut en quelque noire allée
Propice au deuil profond dont son cœur était plein.

Ma jeunesse est pareille à la pauvre passante :
Beaucoup la croiseront ici-bas dans la sente
Où la vie à la tombe âprement nous conduit ;

Tous la verront passer, feuille sèche à la brise
Qui tourbillonne, tombe et se fane en la nuit ;
Mais nul ne l'aimera, nul ne l'aura comprise.

Émile Nelligan, *Poésies complètes*, 1896-1899.

Le haïku

Le haïku apparaît au Japon au XVIᵉ siècle. Il se présente comme la saisie d'un instant, une invitation à la réflexion, l'évocation de la beauté des choses simples. Les poètes occidentaux, séduits par cette forme brève, s'y adonnent depuis le XIXᵉ siècle. Le haïku japonais s'écrit en une seule colonne et compte 17 mores (la more n'est pas l'équivalent de la syllabe).

Ses principales caractéristiques

- Un tercet de dix-sept syllabes pour les haïkus en français : cinq syllabes pour le premier vers, sept pour le deuxième et cinq pour le troisième.
- Pas de rimes obligatoires.
- Pas de métaphores.
- Présence d'un mot qui évoque une saison.

grise Assiniboine
les tourbillons des pagaies
picotés de pluie

Bertrand Nayet, *La lune en mille gouttes*, Ottawa, Éditions David, coll. « Haïku », 2009, p. 14.

Formes **libres**

Le poème en vers libre

En quête d'une plus grande liberté, de nombreux poètes du XIXe siècle multiplient les expériences poétiques et s'affranchissent des contraintes de la versification. Ainsi naît le poème en vers libre, qui est, de nos jours, une forme dominante en poésie.

Ses principales caractéristiques

- Vers de longueurs variables.
- Vers rimés ou non rimés.
- Retour à la ligne après chaque vers, comme dans la poésie traditionnelle.

Marine

Les chars d'argent et de cuivre —
Les proues d'acier et d'argent —
Battent l'écume, —
Soulèvent les souches des ronces.
Les courants de la lande,
Et les ornières immenses du reflux,
Filent circulairement vers l'est,
Vers les piliers de la forêt, —
Vers les fûts de la jetée,
Dont l'angle est heurté par des tourbillons de lumière.

Arthur Rimbaud, *Illuminations*, 1886.

Le poème en prose

Le poème en prose, qui est né au XIXe siècle, constitue une autre façon pour les poètes de se libérer des contraintes de la versification. Popularisé par Charles Baudelaire, le poème en prose fait se rencontrer la prose et la poésie dans un même texte.

Ses principales caractéristiques

- Absence de vers et de rimes.
- Texte pouvant être divisé en paragraphes.
- Texte formant un ou plusieurs blocs sur la page.
- Effets de rythme créés par les diverses répétitions (de sons, de mots, de structures de phrases, de figures, etc.).
- Nombreuses figures de style, omniprésence des images.

La pluie

Par les deux fenêtres qui sont en face de moi, les deux fenêtres qui sont à ma gauche et les deux fenêtres qui sont à ma droite, je vois, j'entends d'une oreille et de l'autre tomber immensément la pluie. Je pense qu'il est un quart d'heure après midi : autour de moi, tout est lumière et eau. Je porte ma plume à l'encrier, et, jouissant de la sécurité de mon emprisonnement, intérieur, aquatique, tel qu'un insecte dans le milieu d'une bulle d'air, j'écris ce poëme.

Paul Claudel, *Connaissance de l'Est*, 1897.

Une anthologie des formes fixes et des formes libres

Cherchez un poème correspondant à chacune des formes présentées dans ces pages. Joignez vos découvertes à celles de quelques camarades et proposez-les dans une anthologie des formes fixes et des formes libres.

Marleen Provençal, *Partir*, 2008.

Poème du 9 février 1915
(extrait)

Reconnais-toi
Cette adorable personne c'est toi
sous le grand chapeau canotier
Voici
Nez Œil
z
l'ovale de la figure
la bouche
ton Cou exquis
voi un peu
ci enfin plus bas
l'impar c'est ton
faite image cœur
de ton buste à qui
doré vu comme bat
à travers un nuage

Guillaume Apollinaire, *Poèmes à Lou*, 1955 (publication posthume).

Le calligramme

Au début du XXe siècle, Guillaume Apollinaire invente le nom *calligramme* (du grec *kallos*, qui signifie «beau», et *gramma*, qui signifie «la lettre») pour désigner ses poèmes qui jouent avec la graphie. Si le mot est récent, la forme a des origines très anciennes. Théocrite, au IIIe siècle avant notre ère, et François Rabelais, au XVIe siècle, composent déjà des poèmes qui, par la disposition des mots sur la page, dessinent ou rappellent l'objet ou l'être évoqué.

Ses principales caractéristiques

- Jeu sur la disposition, la forme, la taille des lettres et des mots.
- Présence d'un titre qui aide à comprendre le dessin (dans la plupart des cas).

Mise en pratique

 Choisissez l'un des projets ci-dessous et menez-le à bien en suivant les pistes proposées. Avant de vous lancer, remémorez-vous l'essentiel du dossier en le survolant.

Option 1

Un poème à écrire

Faites comme beaucoup de poètes et laissez-vous imprégner par une atmosphère. Choisissez, dans votre environnement immédiat, un lieu qui vous inspire : une rue, l'épicerie du coin, un plan d'eau, un banc dans un parc, la cafétéria de l'école, etc. Transposez en mots ce que ce lieu vous suggère. Vous pouvez parler du lieu lui-même, ou évoquer les sentiments qui vous habitent lorsque vous êtes dans ce lieu, ou encore les idées que ce lieu fait naître en vous. Votre poème peut prendre la forme que vous désirez : être plus ou moins long, rimé ou non, écrit dans une forme fixe ou libre. À vous de faire preuve de créativité et de choisir une forme qui appuie le sens de votre texte.

Option 2

Des poèmes à présenter

TEXTES EN RÉSEAU Poursuivez l'activité présentée dans l'option 1. Une fois votre poème écrit, pensez, avec votre classe, à une façon de faire connaître vos poèmes à un large public. Voulez-vous faire un recueil et le rendre accessible par Internet ou à la bibliothèque ? Voulez-vous monter une exposition dans un lieu public ? Voulez-vous faire un sentier de la poésie provisoire en vous inspirant du « Sentier poétique », un projet collectif imaginé par Richard Séguin à Saint-Venant-de-Paquette en Estrie ? Les possibilités sont nombreuses, à vous de voir… Dans tous les cas, il vous faudra planifier votre projet, l'organiser, résoudre des difficultés, travailler en équipe.

Option 3

Une performance poétique à monter

TEXTES EN RÉSEAU Donnez une autre dimension au poème que vous avez écrit dans l'activité de l'option 1. Avec vos camarades, faites une lecture publique de vos poèmes sur les lieux mêmes qui les ont inspirés. Pour donner à cette activité toute l'ampleur qu'elle mérite, pensez à l'ordre dans lequel les poèmes seront lus, à la possibilité d'un accompagnement sonore (tambours, porte-voix ou autres), à la façon dont vous ferez circuler votre public dans les divers lieux, etc.

Cette activité nécessitera de l'organisation et de la débrouillardise. Il vous faudra tenir compte du potentiel de chacun et de chacune pour que tous, vous vous sentiez à l'aise.

Pour boucler la boucle

Au fil de cet atelier, vous vous êtes donné des outils pour mieux lire, apprécier et écrire des textes poétiques. Comment le bagage que vous avez acquis transforme-t-il votre rapport à la culture ? Comment les textes que vous avez lus vous aident-ils à mieux comprendre le monde et à mieux vous connaître vous-même ?

Partez à la découverte de la poésie d'ici et d'ailleurs. Explorez des formes diverses, rencontrez des imaginaires curieux, écoutez des paroles originales. Laissez-vous tenter par ces invitations au voyage.

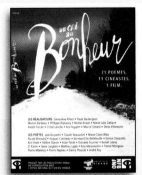

Un cri au bonheur | Collectif

Dans cet objet cinématographique à la fois unique et multiple, orchestré par Philippe Baylaucq, onze cinéastes mettent en scène vingt et un textes sur le bonheur, signés par des poètes québécois de toutes les générations […].

Extrait du résumé, Office national du film du Canada.

Douze hommes rapaillés | Artistes variés
chantent Gaston Miron

Le projet est majeur et le résultat, tout à la hauteur des intentions : douze auteurs-compositeurs-interprètes et deux générations rassemblés pour rendre un hommage musical au géant Miron. Un «rapaillage» de première qualité.

Il y a les «vieux» : Corcoran, Rivard, Séguin, Lavoie, Plume, Flynn, Faubert. Il y a les «jeunes» : Martin Léon, Yann Perreau, Vincent Vallières, Louis-Jean Cormier. Puis le concepteur : Gilles Bélanger. Et tout au cœur de leur rencontre, un poète, moitié-rapaillé moitié-immortel, planté bien droit dans l'histoire québécoise.

Guillaume Bourgault-Côté, «Le grand rapaillage», extrait, *Le Devoir*, [en ligne]. (8 et 9 novembre 2008)

Paroles des poètes | Paroles recueillies par Michel Piquemal
d'aujourd'hui   et Claude Barrère

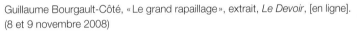

Ceci n'est pas une anthologie…, plutôt la collecte buissonnière de deux passionnés de poésie, fréquentant assidûment livres et revues, plaquettes et recueils, et autres micro-espaces pour mots en liberté.

Extrait de la préface.

L'anniversaire de la salade | Poèmes de Machi Tawara

«Tu n'as pas froid ?» Toi qui restes en souffrance
seul en ce monde où l'on ne subsiste
qu'à l'ombre des puissants

Match de base-ball, p. 21.

Les cent poèmes | Textes réunis et présentés par
du bonheur   Albine Novarino et Béatrice Mandopoulos

Un invisible oiseau dans l'air pur a chanté.
Le ciel d'aube est d'un bleu suave et velouté.
[…]

Cécile Périn, *Aube*, p. 18.

Vera Ermolaeva, *Lucrèce pointant le soleil*, 1934.

Pourquoi lire du théâtre ?
Pour accéder à une œuvre
destinée à se poursuivre
au-delà de l'écrit ? Pour
créer d'abord en soi un
univers que d'autres
matérialiseront sur scène ?
Le théâtre, aventure du
langage, séduit, amuse,
émeut, choque, bouscule.
Mais n'en est-il pas
ainsi de la vie, cette grande
scène sur laquelle
chaque être humain tient
plusieurs rôles ?

SOMMAIRE

115

Vous avez peut-être déjà assisté à des représentations théâtrales et même lu du théâtre. Pour vous, qu'est-ce qu'une pièce de théâtre ? Quelle différence faites-vous entre un texte de théâtre et la représentation qui en est donnée sur scène ? Qu'aimez-vous vous faire raconter au théâtre ?

René Goscinny, *Le cavalier blanc*, dessins de Morris, Givrins,
© Dargaud éditeur, 1975, © Lucky Comics, coll. «Lucky Luke», 2001, p. 6.

À la fin de ce dossier, vous réaliserez un des projets proposés dans la *Mise en pratique*. Prenez-en connaissance maintenant à la page 140.

Option 1	**Une pièce de théâtre à lire et à relire**
Option 2	**Une pièce de théâtre à critiquer**
Option 3	**Une adaptation théâtrale à concevoir**

Survolez ensuite le dossier 6 (p. 112 à 141) et voyez comment le travail proposé dans l'atelier pourra vous être utile pour réaliser votre projet.

Se familiariser avec le texte de théâtre

Lecture préparatoire

■ Écrit-on une pièce de théâtre comme on écrit un récit ? Les extraits ci-après vous permettront de réfléchir à la question. Le premier extrait est tiré d'un récit de Michel Tremblay. Lisez-le en vous imprégnant de l'histoire qui y est racontée. Un peu plus loin, vous lirez la même histoire, adaptée pour le théâtre.

Le cadeau de noces

(Récit – extrait)

Malgré sa pauvreté, la famille Tremblay se doit d'offrir un cadeau de noces à Lise Allard. La mère Tremblay sacrifiera donc ce qu'elle a de plus beau : son plat de verre taillé, celui dans lequel elle sert toujours des arachides quand il y a de la visite. Son fils Michel, encore enfant, est chargé de la livraison du cadeau.

« Mon Dieu ! On dirait qu'un beau jeune homme tout propre vient me porter un cadeau de noces ! »

Silence. J'avais la gorge serrée, la langue épaisse et lourde comme un bloc de bois. Je me contentai de monter le paquet à la hauteur de mon nez et de tendre les bras, comme s'il 5 m'avait brûlé. Lise Allard le prit, toujours souriante.

« Merci beaucoup. Entre, je vais te préparer un verre de cacao. »

Pas du cocoa. Du cacao. Les Allard parlaient mieux que nous, étaient mieux habillés et semblaient plus riches, mais ma mère prétendait qu'ils ne mangeaient pas mieux que nous parce qu'elle avait décidé que chez les Tremblay, malgré notre évidente pauvreté, nous 10 tenions la meilleure table du quartier. Je suppose que ça la rassurait. Mais elle n'avait jamais goûté leur *Boston cream pie* ! Ni leur bagatelle aux fraises !

Elle m'avait défendu d'entrer chez les Allard, même s'ils se mettaient à genoux pour me supplier :

«Fais comme chez le grand monde, pour une fois. T'es juste le livreur qui vient livrer
une livraison, t'es pus le petit voisin d'en face qui vient les déranger à tout bout de champ
pour des niaiseries ou licher les batteurs de leur malaxeur ! Tu tends les bras, pis tu dis :
"Un cadeau de noces pour mademoiselle Lise Allard !". Tu prononces bien chaque syllabe :
ma-de-moi-sel-le Li-se Al-lard. Ensuite, tu fermes ta boîte pis tu viens me décrire l'air
qu'elle avait !»

Mais rien ne sortait.

Pas une seule syllabe, même mal prononcée.

Lise se pencha un peu vers moi.

«Michel, qu'est-ce que tu as, donc ? D'habitude, tu es moins timide que ça !»

Elle me prit gentiment par la main et me tira avec elle dans la maison. Je tournai la tête
avec désespoir en direction de ma mère qui, d'étonnement, s'était redressée en posant ses
poings sur ses hanches. Malgré la distance, je lus ce qu'elle pensait sur son visage et je sus
tout de suite que mon retour à la maison ne serait pas des plus agréables.

J'étais prisonnier et je n'y pouvais rien.

Lise me tira le long du corridor, jusque dans la salle à manger, puis dans la cuisine où,
en effet, sa mère et ses deux sœurs, Olivette et Yolande, s'en donnaient à cœur joie avec le
malaxeur électrique.

Olivette s'essuya les mains avec un linge à vaisselle déjà blanc de farine.

«As-tu été obligé de sonner plusieurs fois, Michel ? Cette machine-là fait tellement de
bruit !»

Lise montra le paquet aux trois autres femmes.

«C'est un petit livreur muet qui est venu me porter un cadeau de noces. Je me demande
bien de la part de qui.»

Je tombai évidemment dans le piège et m'empressai de dire, peut-être un peu trop fort :
«C'est de la part de ma mère ! Je veux dire, de toutes nous autres, mais c'est ma mère qui
l'a préparé.»

Madame Allard s'essuya les mains à son tour et se dirigea vers la salle à manger. Elle
boitillait un peu comme ma grand-mère Tremblay et, de dos, parfois, quand j'étais plus petit,
il m'était arrivé de les confondre.

«Tu devrais l'ouvrir tout de suite, Lise, comme ça, le livreur pourra aller faire son
rapport… »

Elle savait que j'avais un rapport à faire !

Mon cœur battait. Qu'est-ce qu'elles allaient dire ? Est-ce que notre pauvre petit cadeau
était digne du mariage de la fille d'un banquier (le père de Lise était gérant de banque mais
ma tante Robertine l'appelait «le banquier» avec respect et vénération) avec un professionnel ? Nous ne savions rien du garçon que Lise allait épouser, mais la maisonnée Tremblay
avait décidé que ce devait être un professionnel. Ma grand-mère avait même dit : «*Au moins
un professionnel, y a l'air assez smatte !*»

Elles s'installèrent toutes les quatre autour de la table de la salle à manger (comme chez
nous) et je regardai Lise déballer son cadeau avec des précautions infinies. On aurait dit
que c'était le chou, le ruban, le papier les plus précieux au monde et j'en fus flatté. En fin de
compte, elle ne semblait pas trouver que c'était trop rouge pour un mariage… Ou elle faisait
tout pour le cacher. Les Allard étaient aussi reconnus pour leur délicatesse.

Mon cœur battait encore plus fort quand elle ouvrit la boîte, quand elle enleva le papier de soie…

Elle sortit le plat en verre taillé de la boîte du Petit Versailles – il était très joli, tout à coup, à la lumière du lustre qui descendait bas au-dessus de la table –, l'éleva à la hauteur de ses yeux et s'exclama aussitôt :

« Oh, le beau moutardier avec sa petite cuiller ! »

Et sans réfléchir je répondis du tac au tac :

« C'est pas un moutardier, chez nous on s'en servait pour mettre des pinottes ! »

Je m'entendis le dire, en compris le sens, les ramifications, les conséquences presque avant d'avoir terminé ma phrase, et je voulus mourir sur-le-champ. Une chaleur monta de mon plexus solaire, mon cœur sembla se gonfler au

Paul Lacroix,
Autoportrait et autres ruines,
1996.

point d'éclater puis coula en direction de mes pieds. J'eus un éblouissement et dus me tenir à la table pour ne pas tomber. Je perçus vaguement des voix, madame Allard qui disait : « Le pauvre enfant, y va perdre connaissance ! », Yolande, la fille aînée, qui en rajoutait à ma honte : « J'comprends, après une gaffe pareille ! », Olivette qui courait déjà en direction de la cuisine : « J'vais aller chercher une débarbouillette d'eau froide… » Mes oreilles devaient être rouges parce qu'elles chauffaient, des larmes, brûlantes, elles, glissaient sur mon visage. Des mains me prirent aux épaules, quelqu'un m'installa dans le fauteuil de madame Allard – un honneur sans précédent –, on détacha ma cravate trop serrée.

Quand je revins à moi, j'avais un linge mouillé sur le front et Lise me tendait un verre d'eau.

« Tiens, ça va te faire du bien… »

Me faire du bien ? Un coup de carabine dans la poitrine m'aurait fait du bien, rien d'autre !

J'étais incapable de présenter des excuses, j'avais l'impression que si on abordait la question ou que si j'essayais de m'expliquer, je me mettrais à vomir sans jamais pouvoir m'arrêter. Je voulais dormir. Pour oublier. Faire l'autruche ou bien qu'on me déclare officiellement malade mental et qu'on m'enterre à Longue-Pointe, là où ma mère prédisait que j'allais aboutir quand je l'énervais trop. Je méritais les reproches les plus véhéments, les punitions les plus sévères. Je n'étais pas un mauvais petit garçon, j'étais un monstre qui venait de faire son premier vrai geste de monstre, honteux et irréparable.

Elles comprirent toutes les quatre dans quel état j'étais et me laissèrent partir sans rien ajouter au sujet de ma gaffe. Juste avant de quitter la salle à manger, j'aperçus le plat de verre taillé et le maudis en lui souhaitant de finir ses jours rempli de moutarde forte, la française, la pire, celle que je détestais le plus.

Après m'avoir ouvert la porte, Lise posa sa main dans mon cou.

« Tu diras à ta mère que ça s'est bien passé. Que votre cadeau est magnifique et que je vais le garder précieusement toute ma vie. »

* * *

«T'as pas été leur dire ça! T'as pas été leur dire ça! Mais t'as pas de tête su'es épaules, mon pauvre enfant! Comprends-tu au moins ce que t'as faite? J'pourrai pus jamais regarder c'te monde-là en face! Pis eux autres non plus! On pourra même pus se saluer sur le 105 parvis de l'église! Chaque fois qu'on va se voir, y va y avoir un plat de pinottes qui va flotter entre nous autres!»

Michel Tremblay, «Le cadeau de noces», *Bonbons assortis*,
Montréal/Arles, Leméac/Actes Sud, 2002, p. 38 à 45.

Après la lecture préparatoire

1. Quelle sorte de narrateur raconte cette histoire?

2. La terrible bévue du petit Michel est au cœur de cette histoire. Expliquez, en vos mots, en quoi elle consiste.

3. a) Dans quels lieux cette histoire se déroule-t-elle?

   b) Quels personnages sont témoins de la bourde de Michel?

4. Faites quelques observations sur le rythme de ce récit.

   a) Entre les lignes 1 et 28, Lise Allard accueille le petit Michel. Or cet accueil occupe plusieurs lignes. Comment l'auteur s'y est-il pris pour étirer ainsi le temps du récit?

   b) Quel est l'intérêt de ralentir ainsi le rythme du récit?

   c) Entre les lignes 29 et 57, trouvez au moins deux autres passages qui ont pour effet de ralentir le rythme du récit.

5. Entre les lignes 101 et 102, il y a une ellipse.

   a) Qu'est-ce qui est passé sous silence?

   b) Pourquoi cela a-t-il été passé sous silence?

REPÈRES CULTURELS

BONBONS ASSORTIS DE MICHEL TREMBLAY

Lancé le jour même du soixantième anniversaire de son célèbre auteur, *Bonbons assortis* est le quatrième volet des souvenirs d'enfance de Michel Tremblay. Après le thème du cinéma, abordé dans *Les vues animées* (1990), celui du théâtre, dans *Douze coups de théâtre* (1992), et celui de la passion de la lecture, dans *Un ange cornu avec des ailes de tôle* (1994), *Bonbons assortis* rassemble des épisodes de la vie de famille qui ont marqué l'imaginaire de l'auteur. On retrouve dans ces évocations la galerie de personnages qui peuplent l'univers de Tremblay – le narrateur (*alter ego* de l'écrivain), Nana (la mère), la tante Albertine, les voisins – et tout le talent de l'écrivain pour faire revivre des émotions et des personnages.

■ Ce second extrait est tiré de la pièce de théâtre que Michel Tremblay a écrite d'après le recueil de récits *Bonbons assortis*. Il commence par un monologue et se poursuit par la fameuse histoire du cadeau de noces. Au fil de votre lecture, demandez-vous ce qui différencie la version *récit* de la version *théâtre* de cette histoire.

Bonbons assortis au théâtre
(Pièce de théâtre – extrait)

Premier acte

Le narrateur se mêlera à l'action en disant les répliques du petit Michel avec sa voix d'adulte, comme s'il était sur place.

Pendant le monologue du début, le narrateur est confortablement installé dans son fauteuil
5 *favori, celui dans lequel il aime rêvasser.*

LE NARRATEUR. La mémoire est un miroir qui choisit les images qu'il veut réfléchir. La mémoire est un miroir trompeur. La mémoire est une tricheuse. Elle embellit ou enlaidit, elle interprète à son gré et conclut comme elle
10 l'entend, elle ment sans vergogne et nous conduit la plupart du temps dans des avenues que notre conscience nous conseillerait de ne pas emprunter mais qui semblent tellement irrésistibles et prometteuses ; elle ressuscite des faits qui n'ont pas eu lieu et gomme des événements majeurs,
15 elle souligne à grands traits des insignifiances sans nom et choisit d'oublier des détails essentiels, enfin bref elle brode autour de nous un écho déformé des choses révolues et nous l'impose comme vrai alors qu'il n'en est qu'une interprétation approximative. Mais toujours plus intéressante,
20 plus animée, plus vivante que la réalité. La mémoire est la mère de l'invention. Et la sœur aînée de l'imagination. Ce que vous allez voir dans les scènes qui suivent, par exemple, s'est vraiment produit quand j'étais enfant, c'est-à-dire que les faits sont vrais, la base, l'anecdote, le fond de l'histoire,
25 tout ça pourrait être vérifiable et raconté par quelqu'un qui aurait été présent en même temps que moi, mais le souvenir que j'en garde, moi, l'interprétation que j'en fais et surtout ma façon de l'exprimer sont dictés par mon miroir trompeur personnel qui, vous allez le voir, s'en est donné à
30 cœur joie. […]

La lumière se fait sur la salle à manger d'un appartement montréalais des années quarante. Quand l'action se passera ailleurs, la pièce sera plongée dans la pénombre.

[…]

Une scène de la pièce *Bonbons assortis au théâtre*, présentée au Théâtre du Rideau Vert, en 2006.

Victoire*. Nana, donnes-y la maudite boîte qu'y
aille la porter ! Sinon on va encore être là demain soir,
à discuter !

Nana. Vous avez raison… Va, mon cœur… Pis
oublie pas…

Le narrateur. Ben non, ben non… «Un cadeau de
mariage pour mademoiselle Lise Allard…»

Nana. Surtout que c'est une des dernières fois
qu'a' se fait appeler mademoiselle…

Le narrateur sort. Nana porte sa main à sa poitrine.

Nana. Mon Dieu ! J'espère que ça va ben aller…

Albertine. On gage-tu ?

Nana. T'avais pas d'argent pour fournir pour le
cadeau, mais t'en as pour gager ?

Albertine. J'en ai pas ! Mais je risquerais rien, je
serais sûre de gagner !

Nana regarde en direction de la porte.

Nana. J'aurais pas dû y demander ça, je le sens.

*Elle se dirige vers la porte de l'appartement. L'éclairage
baisse sur la salle à manger et se lève sur le balcon de
la maison des Allard. Le narrateur sonne. Lise Allard
elle-même vient ouvrir.*

Lise. Ah, c'est toi, Michel… Entre…

Il reste figé sur place.

Lise. Entre… T'as pas l'habitude d'être gêné comme
ça quand tu viens nous voir…

Le narrateur, *trop fort et faux.* Un ca-deau pour
ma-de-moi-selle Lise Al-lard !

Il tend les bras.

Lise. Ah, c'est pour moi ! C'est mon cadeau de
mariage ! Rentre, on va l'ouvrir !

Le narrateur, *même ton.* La femme qui m'envoie fait
dire qu'a' veut pas que je reste !

Lise rit.

Lise. Ah, je comprends… Ben, dis-y merci de ma
part…

Le narrateur. Les autres non plus…

Lise. Quoi, les autres non plus…

Le narrateur. Les autres femmes qui m'envoient…

Lise. Ah, ta tante pis ta grand-mère…

Le narrateur. Les autres femmes qui m'envoient…

Nana, *qui guette de l'autre côté de la rue.* Qu'est-ce
qu'y fait, planté là ?

Lise. T'aurais envie de rentrer, mais y veulent pas,
c'est ça ?

Nana, *entre ses dents.* Viens-t'en ! Viens-t'en !

Le narrateur, *toujours aussi faux.* La femme qui
donne le cadeau fait dire qu'a' veut pas que je reste !

Nana. Vas-tu la retraverser, la maudite rue !

Lise. Ben, regarde ce qu'on va faire… Pour que
t'assistes au déballage de la boîte, j'vas faire ça ici,
sur le balcon, devant toi…

Elle commence à déballer le cadeau…

Nana. Qu'est-ce qu'a' fait là, elle ? Y fait trop noir,
a' verra pas que ça vient du Petit Versailles ! A' verra
même pas le cadeau ! Bon, j'ai tout fait ça pour rien !
J'me sus dépouillée pour rien ! J'ai sacrifié ce que
j'avais de plus beau dans' maison pour rien !

*Lise Allard sort le plat et dépose la boîte par terre pour
mieux le regarder.*

Nana. Bon ! A' met la boîte à terre ! A' va piler dessus !
Dans deux secondes, ma belle boîte existera pus !

Lise Allard lève le plat devant ses yeux.

Lise. Ah, le beau moutardier !

Nana. Réponds pas à ça ! Réponds pas !

Le narrateur. C'est pas un moutardier ! Chez nous,
on s'en servait pour mettre les pinottes !

Nana. M'as mourir ! M'as mourir de honte ! Là,
tu-suite, sur le balcon de ma propre maison, m'as
rendre l'âme !

---

* Victoire est la grand-mère de Michel ; Nana, sa mère ; Albertine, sa tante.

105 *Le narrateur réalise ce qu'il vient de dire et se met à tituber...*

Le narrateur. Ben... euh... c'est-à-dire...

Lise. Non, non, c'est correct... Perds pas sans connaissance... c'est pas grave... C'est un beau plat de
110 pinottes, Michel... C'est un ben beau plat de pinottes... *(Elle lève la tête en direction de Nana, qu'elle devine sur le balcon, de l'autre côté de la rue.)* Merci, madame Tremblay, c'est un magnifique cadeau.

Le narrateur, piteux, se retourne.

115 **Lise.** Va retrouver ta mère... Pis dis-y à quel point j'ai trouvé son cadeau beau.

Elle referme la porte en laissant la boîte sur le balcon.

Nana. En plus, a' saura jamais que la boîte, au
120 moins, venait du Petit Versailles pour vrai !

Le narrateur revient vers sa mère à petits pas traînants.

Le narrateur. J'ai pas faite exiprès, moman, c'est sorti tu-seul...

Michel Tremblay, *Bonbons assortis au théâtre*, Montréal, Leméac, 2006, p. 11, 12, 32 à 35.

Après la lecture préparatoire

1. À quels indices avez-vous immédiatement compris que vous lisiez un texte de théâtre ? Donnez-en trois.

2. Habituellement, il n'y a pas de narrateur dans une pièce de théâtre.

a) Selon vous, pourquoi y en a-t-il un ici ?

b) Dans cette pièce, le personnage du narrateur est double. Au nom de qui semble-t-il parler dans le monologue du début ? Et dans le reste de l'extrait ?

3. Michel Tremblay est un auteur habile pour écrire tant des récits que des pièces de théâtre. Aussi est-il intéressant d'observer trois différences entre ses deux versions de l'histoire du cadeau de noces. Penchez-vous d'abord sur la première différence.

a) Dans le récit, plusieurs précisions et commentaires du narrateur avaient notamment pour effet de ralentir le rythme du récit. Quel sort a été réservé à la plupart de ces passages dans l'adaptation théâtrale ?

b) Selon vous, pourquoi l'auteur a-t-il fait ce choix ?

4. Observez maintenant la deuxième différence : dans les deux versions, le déballage du cadeau ne se déroule pas au même endroit.

a) Où se déroule-t-il précisément dans le récit ? Et dans la pièce de théâtre ?

b) Qu'est-ce qui différencie ces deux lieux en ce qui a trait au degré d'intimité qu'ils offrent ? Expliquez votre réponse.

c) Pour le personnage de la mère, en quoi le changement de lieu opéré dans la pièce est-il si important ?

d) Comment cette modification simplifie-t-elle la mise en scène ?

5. Observez finalement la troisième différence entre les deux versions de l'histoire. Dans le récit, plusieurs lignes sont consacrées à ce que vit le narrateur après avoir commis son irréparable bêtise.

a) Qu'en est-il dans la pièce ?

b) Sur le coup, dans la pièce, quel personnage réagit le plus vivement à la bêtise ?

c) Pourquoi cette réaction n'était-elle pas possible dans le récit ?

6. **DVD** Écoutez maintenant un extrait d'*Entre les mains de Michel Tremblay*, un documentaire sur cet important dramaturge et romancier. Au fil de votre écoute, notez les informations qui vous semblent les plus intéressantes. Pour vous préparer, consultez la stratégie *Comment prendre des notes au cours d'une écoute* (p. 277).

Des particularités de la pièce de théâtre

Contrairement au récit, la pièce de théâtre :

- est écrite pour être **jouée sur scène** par des comédiens et des comédiennes ;
- comporte des **répliques** et des **didascalies** ;
- est, le plus souvent, principalement constituée d'un assemblage de <u>séquences dialogales</u> ;
- a recours à la **double énonciation** : les personnages s'adressent aux autres personnages (premier plan énonciatif) et, simultanément, au public (second plan énonciatif).

On distingue le texte de théâtre de la représentation théâtrale qui en est donnée sur scène. La représentation théâtrale est un acte de création traduisant, entre autres, la vision qu'a un metteur en scène d'une pièce de théâtre.

> **REMARQUE**
> L'appellation générique *texte dramatique* désigne tout texte dialogal écrit pour être joué. Destiné à être joué sur une scène, le texte dramatique s'appelle « pièce de théâtre » ; destiné à être joué sur un plateau de tournage, il s'appelle « scénario de film ».

Les répliques

Les répliques sont les paroles des personnages. Un échange de répliques constitue un dialogue. En parlant, les personnages se dévoilent, révèlent des éléments de l'univers dramatique et font progresser l'action.

Sortes de répliques	Exemples
Tirade Dans un dialogue, longue réplique dite sans interruption. Elle forme un tout ; le sujet de la tirade peut être un récit, un discours politique, une déclaration, un aveu, un mouvement d'humeur, un morceau de bravoure, etc.	CHARLOTTE. Voyons ! Qu'est-ce qui te prend ? CLAUDE. Tu sais pas c'est quoi être pogné avec ce gars-là ! Si tu savais combien de fois mes parents m'ont dit : « Regarde ton p'tit frère, regarde son courage magnifique, prends exemple sur lui ! » Si tu savais comment c'est pas facile d'impressionner tes parents quand ton frère a juste à faire deux pas, à dire deux mots pour qu'on le considère comme un héros national ! « Mon Dieu ! Y a parlé ! C'est un miracle ! Y respire ! C'est une bénédiction du Ciel ! » Toi tu reviens de l'école, tout fier de ton quatre-vingt-cinq pour cent à ton examen de mathématiques… Qu'est-ce que tu veux qu'y disent, hein ? C'est quoi tu penses qu'y faut que je fasse, moi, pour être considéré comme un héros ? Faut que je réussisse ma maîtrise ? Non, c'est pas assez ! On est à quatre pattes devant lui parce qu'y réussit à se tenir debout, moi, qu'est-ce qu'y faut que je fasse ? Faut que j'arrive à battre Bruny Surin au cent mètres pour qu'on me trouve extraordinaire ? « Wow ! Mathieu a fait une phrase complète ! » Moi, c'est quoi ? Faudrait que j'écrive un roman pis que je gagne le Goncourt ? « Hein ! Ça se peut pas

Sortes de répliques	Exemples
	qu'y soit capable de conduire sa voiture ! » Pis moi, pour que tu penses que je suis quelqu'un d'extraordinaire, moi aussi, qu'est-ce qu'y faut que je conduise ? Une formule un ? Un hélicoptère ? Un avion ? Une fusée ? Qu'est-ce qu'y faut que je fasse, hein ? CHARLOTTE. Voyons, Claude… <div align="right">François Archambault, *15 secondes*, Montréal, Leméac, 1998, p. 60 et 61.</div>
Aparté Ce qu'un personnage dit pour lui-même et que seul le public est censé entendre (par convention, les apartés ne sont pas entendus des autres personnages). Dans le texte, il arrive que l'aparté soit précédé de la mention « À part ».	JULIETTE. Ô Roméo ! Roméo ! Pourquoi es-tu Roméo ? Renie ton père et abdique ton nom ; ou, si tu ne le veux pas, jure de m'aimer, et je ne serai plus une Capulet. ROMÉO, *à part.* Dois-je l'écouter encore ou lui répondre ? JULIETTE. Ton nom seul est mon ennemi. […] <div align="right">William Shakespeare, *Roméo et Juliette*, 1594. Traduit de l'anglais par François-Victor Hugo, 1868.</div>
Soliloque Propos d'un personnage qui se parle à lui-même, un peu comme s'il était « dans sa bulle ».	LUI, *il pense tout en marchant.* Je déteste l'école et ma mère m'oblige. Je suis sûr qu'elle sait que c'est dangereux, l'école, sauf qu'elle ne veut pas me le dire pour ne pas m'effrayer. Elle *a l'air* de me reconduire normalement à l'école, mais en vérité elle me tient beaucoup trop fort, elle me rentre les ongles dans la peau, et sa main est moite, elle transpire. Elle a peur que je meure, à l'école, c'est évident. Elle sait que c'est un établissement rempli de périls. […] <div align="right">Évelyne de la Chenelière et Daniel Brière, *Le plan américain*, Montréal, Centre des auteurs dramatiques (CEAD), 2009, p. 13.</div>
Monologue Paroles ou pensées livrées à voix haute par un personnage qui est, ou se croit, seul en scène.	<div align="center">THÉSÉE, *seul.*</div> Misérable, tu cours à ta perte infaillible. Neptune, par le fleuve aux dieux même terrible, M'a donné sa parole et va l'exécuter : Un dieu vengeur te suit, tu ne peux l'éviter. Je t'aimais : et je sens que, malgré ton offense, Mes entrailles pour toi se troublent par avance : Mais à te condamner tu m'as trop engagé. Jamais père, en effet, fut-il plus outragé ? Justes dieux, qui voyez la douleur qui m'accable, Ai-je pu mettre au jour un enfant si coupable ! <div align="right">Jean Racine, *Phèdre*, Acte IV, scène III, 1677.</div>

Les didascalies

Les didascalies sont les indications variées que l'auteur destine au metteur en scène, aux comédiens et aux divers artisans impliqués dans une représentation théâtrale. Selon les auteurs et les époques, elles sont plus ou moins explicites et abondantes.

Principales utilités des didascalies	Exemples
Au début du texte, fournir la liste des personnages, décrire les décors, indiquer l'époque et le lieu, etc.	PERSONNAGES Marie-Louise (dans la quarantaine) Léopold (dans la quarantaine) Carmen (vingt-six ans) Manon (vingt-cinq ans) *Le décor se divise en trois parties : au centre-fond, une cuisine très propre mais très sombre […].* Michel Tremblay, «À toi, pour toujours, ta Marie-Lou», *Théâtre I*, Montréal/Arles, Leméac/Actes Sud, 1991, p. 98.
Marquer les divisions du texte, s'il y a lieu.	Acte deuxième
Au début des différentes parties de la pièce, apporter des précisions variées.	*Lendemain. Même heure. Même endroit.* *Chaussures d'Estragon près de la rampe, talons joints, bouts écartés. Chapeau de Lucky à la même place.* […] Samuel Beckett, *En attendant Godot*, Paris, Les éditions de Minuit, 1952, p. 76 et 78.
Préciser quel personnage parle et, au besoin, à qui il s'adresse.	**GERMAINE LAUZON** (*bas à Linda*). On fait la paix pour à soir, mais attends que la visite soit partie… Michel Tremblay, «Les belles-sœurs», *Théâtre I*, Montréal/Arles, Leméac/Actes Sud, 1991, p. 44.
Donner des indications relatives à l'expression pour guider le jeu des comédiens.	**VLADIMIR.** Du calme. **ESTRAGON** (*avec volupté*). Calme… Calme… (*Rêveusement*). Les Anglais disent câââm. Ce sont des gens câââms. Samuel Beckett, *En attendant Godot*, Paris, Les éditions de Minuit, 1952, p. 20.
Indiquer les déplacements, les mouvements, la position, les gestes des comédiens.	**POZZO** (*s'agrippant à Lucky qui, sous ce nouveau poids, chancelle*). Qu'y a-t-il ? Qui a crié ? Samuel Beckett, *En attendant Godot*, Paris, Les éditions de Minuit, 1952, p. 108.
Donner des indications aux divers artisans (costumier, bruiteur, éclairagiste, machiniste, etc.) impliqués dans la représentation.	**UNE VOIX.** OK ! Vous pouvez passer. *Les voix s'estompent. Bruit d'automobile qui repart.* *Lumière sur Marie-Rose.* Bernard Assiniwi, *Il n'y a plus d'Indiens*, Montréal, Leméac, 1983, p. 48.

Les didascalies ne sont pas seulement utiles aux personnes impliquées dans la représentation ; elles servent aussi aux lecteurs, qui construisent leur propre représentation de la pièce au fil de leur lecture.

Les divisions d'un texte de théâtre

Plusieurs pièces de théâtre se divisent en actes qui, à leur tour, se divisent en scènes.

Actes	• Les actes divisent la pièce en grandes parties qui, chacune, marquent une étape dans la progression de l'action. D'un acte à l'autre, l'action progresse généralement de manière chronologique. • Une pièce compte habituellement de un à cinq actes. • À la fin d'un acte, le rideau peut tomber. Les entractes peuvent marquer des ellipses temporelles.
Scènes	• Les scènes sont des subdivisions d'un acte. • Dans le théâtre classique, un changement de scène correspond à l'arrivée ou au départ d'un personnage. (De nos jours, on donne un sens plus large à ce mot.)

Quelques pièces de théâtre se divisent en tableaux.

Tableaux	• En principe, chaque tableau forme une unité indépendante des autres tableaux. • La succession des tableaux permet de présenter une réalité selon différentes perspectives. Ce type de division s'emploie surtout dans des pièces mettant l'accent notamment sur la multiplication des lieux ou sur les jeux avec le temps (anticipations, retours en arrière, etc.). • La division en tableaux peut donner l'impression d'une écriture éclatée, d'un propos qui se construit par fragments. **Remarque** Quelques pièces divisées en actes se subdivisent non pas en scènes mais en tableaux. Dans ce cas, un changement de tableau correspond habituellement à un changement de décor, d'époque, d'ambiance, etc.

Enfin, certaines pièces modernes se subdivisent seulement en actes, seulement en scènes ou seulement en tableaux. D'autres se divisent plutôt en parties, en mouvements, en séquences, en journées, etc. D'autres encore ne comportent que des divisions numérotées ou ne comportent aucune division.

À propos des séquences textuelles

La pièce de théâtre est, le plus souvent, principalement constituée d'un assemblage de séquences dialogales. Des séquences textuelles variées (descriptives, explicatives, etc.) s'insèrent dans ces séquences dialogales.

À propos de l'intrigue

Bien que ce soit sous une forme différente de celle du récit, plusieurs pièces de théâtre racontent, elles aussi, une histoire. On peut en reconstituer l'essentiel à l'aide notamment du schéma narratif (situation initiale, élément déclencheur, déroulement, dénouement et situation finale) qu'on utilise pour le récit.

Certains procédés peuvent alimenter l'intrigue. Ce sont principalement le coup de théâtre et le quiproquo.

Procédés	Exemples
Coup de théâtre Surprise, coup du sort, événement inattendu qui provoque un retournement de situation.	**Passe-Partout.** C'est moi le chef… c'est moi qui commande et vous allez m'obéir, vous m'entendez ?… C'est moi qui commande, c'est moi votre chef… *Mais déjà les autres ne l'écoutent plus. Ils sont attentifs aux cris de Tit-Noir qui vient vers eux en courant et en disant :* **Voix de Tit-Noir.** Tarzan s'est évadé !… Tarzan s'est évadé !… Tarzan s'est évadé !… (*Il apparaît dans l'ouverture de la palissade, pâle, noble et courageux comme un messager des tragédies antiques.*) **Tit-Noir.** Les gars, Tarzan s'est évadé ! […] *Cette nouvelle est mauvaise pour Passe-Partout. Il se ressaisit, se faufile doucement entre les maisons de gauche et disparaît.* Marcel Dubé, *Zone*, Montréal, Leméac, coll. « Théâtre canadien », 1968, p. 158.
Quiproquo Méprise, malentendu, problème de communication faisant en sorte qu'on prend une personne pour une autre, une chose pour une autre.	PROLOGUE. […] Cette créature hideuse, un lion, c'est son nom affole notre fidèle Thisbée, première arrivée ou mieux, la terrifie. Elle s'enfuit échappant son manteau, que l'infâme lion de ses crocs sanglants salit. À ce moment, Pyramus, jeune, fort et joli, surgit il trouve assassiné le manteau de sa fière Thisbée. Sur-le-champ, sans simagrées, il enfonce son sabre […] dans la chaleur de son sein sanglant. Ensuite Thisbée, cachée à l'ombre des mûriers retire le glaive et se tue. William Shakespeare, *Le songe d'une nuit d'été*, traduit par Michelle Allen, Montréal, Leméac, coll. « Traduction et adaptation », 1990, p. 92. Cet extrait résume un quiproquo : Pyramus a considéré le manteau ensanglanté de sa belle comme un indice de sa mort. Cet atroce malentendu a entraîné la mort des amoureux.

Le temps et le lieu au théâtre

L'époque et le lieu

Les didascalies relatives au temps, au lieu, au décor, aux costumes et aux accessoires de même que le contenu de certaines répliques permettent habituellement de situer et d'évoquer sur scène l'époque et le lieu dans lesquels se déroulent les événements.

L'ordre de présentation des événements

Certaines pièces respectent la chronologie et exposent les faits dans l'ordre où ils se sont produits. Dans d'autres pièces, la chronologie des faits n'est pas respectée ; cela se produit quand un événement est raconté soit après qu'il s'est produit (retour en arrière), soit avant (anticipation).

Le rythme

On appelle **temps de l'histoire** (TH) la durée des événements vécus par les personnages. Ce temps peut se calculer en minutes, en heures, en jours, en mois, en années.

On appelle **temps de la représentation** (TR) le temps que prennent les comédiens pour jouer une pièce sur scène. De nos jours, ce temps se compte habituellement en minutes ou en heures.

Le rapport entre le temps de la représentation et le temps de l'histoire correspond à une vitesse. Le plus souvent, différentes vitesses se combinent dans une même pièce. Pour repérer les variations de vitesse, on s'intéresse tant aux répliques qu'aux didascalies.

Rapport TR / TH	Description de la vitesse obtenue
TR = TH	**Temps réel.** Observable quand les événements vécus par les personnages durent le même temps que leur représentation sur scène.
TR < TH	**Vitesse accélérée** (par rapport au temps réel). Observable quand on resserre ou concentre sur scène des moments de l'histoire par ailleurs plutôt longs. Cela se produit notamment quand un personnage résume un événement.
TR = 0	**Vitesse extrêmement accélérée.** Observable aux ellipses temporelles, ces moments qu'on passe sous silence, qu'on ne joue pas. Cela se produit notamment quand une didascalie signale un saut dans le temps, au début d'un acte, par exemple.
TR > TH	**Vitesse lente** (par rapport au temps réel). Observable quand on étire sur scène des moments de l'histoire plutôt courts. Cela se produirait, par exemple, si un personnage jouait durant une heure la dernière minute de sa vie.

Les personnages

Les personnages de théâtre se construisent principalement au fil des répliques. Pour saisir un personnage dans toutes ses dimensions, on prête attention aux passages permettant de reconstituer son identité et ses motivations.

Informations révélées	Exemples
Les renseignements généraux sur le personnage (nom, âge, occupation, niveau d'instruction, situation financière, passé, etc.)	**FLORENCE.** Tu sauras, mon petit garçon, que si ce n'était pas de moi, que si je n'apportais pas une pension chaque mois, tu ne pourrais pas le continuer ton cours secondaire ! Pourtant, j'aurais aimé étudier moi aussi, j'aurais aimé être instruite, mais la chance n'était pas pour moi. […] Marcel Dubé, *Florence*, Montréal, Leméac, 1970, p. 79 et 80. On comprend par cette réplique que Florence vient d'un milieu modeste et qu'elle est peu instruite.
Les regrets, les déceptions du personnage	**FLORENCE.** […] Pourtant, j'aurais aimé étudier moi aussi, j'aurais aimé être instruite, mais la chance n'était pas pour moi. J'ai vécu toute ma vie avec cinq frères. Parce que j'étais toute seule de fille, je n'ai jamais eu de considération de personne. Pas plus que de la poussière sur un meuble. Marcel Dubé, *Florence*, Montréal, Leméac, 1970, p. 80. On comprend par cette réplique que Florence regrette de ne pas avoir pu poursuivre ses études et qu'elle est amère de ne pas avoir été considérée comme l'égale de ses frères.
Les préjugés (c'est-à-dire les idées toutes faites, les partis pris), les convictions du personnage	**GASTON.** Depuis je ne sais combien de temps, t'as quelque chose sur le cœur… Faudrait bien que tu le libères un jour. Pourquoi ce ne serait pas maintenant ? **FLORENCE.** Papa, j'aurais envie de m'en aller vivre en chambre. **ANTOINETTE.** Jamais, ma p'tite fille, jamais ! Je sais ce qui se passe chez les filles qui vivent en chambre ! Marcel Dubé, *Florence*, Montréal, Leméac, 1970, p. 79. On comprend par la réplique d'Antoinette qu'elle se fait une idée très négative des jeunes femmes qui vivent en chambre.
Ce à quoi le personnage s'oppose, ce qu'il combat et rejette	**FLORENCE.** […] La vie que t'as donnée à maman ne me dit rien, je n'en veux pas ! […] Je ne veux pas d'un homme qui se laissera bafouer toute sa vie, qui ne fera jamais de progrès, sous prétexte qu'il est honnête ; ça ne vaut pas la peine d'être honnête ; ça ne vaut pas la peine d'être honnête si c'est tout ce qu'on en tire… Marcel Dubé, *Florence*, Montréal, Leméac, 1970, p. 84 et 85. On comprend par cette réplique que Florence rejette le modèle familial dont elle est issue.
Les souhaits, les espoirs, les revendications du personnage	**FLORENCE.** Aujourd'hui, je veux avoir ma vie à moi, je veux être libre, indépendante. Marcel Dubé, *Florence*, Montréal, Leméac, 1970, p. 80. On comprend par cette réplique que Florence revendique son indépendance.

→

Informations révélées	Exemples
Les relations que le personnage entretient avec les autres personnages **Remarque** Au théâtre, on présente souvent les personnages par couple : – maître / valet ; – parent / enfant ; – roi / sujet ; – patient / médecin ; – patron / employé ; – professeur / élève ; – mari / femme ; – amant / maîtresse ; – marchand / client. Dans ces couples, certains personnages se complètent, d'autres s'opposent.	**FLORENCE.** Je souhaite me marier, maman, mais pas avec le genre de garçons qui sont intéressés à moi. Pas avec Maurice. **ANTOINETTE.** Pourquoi ? **FLORENCE.** Parce que je ne serais pas heureuse. Je ne veux pas devenir une machine à faire des enfants, je ne veux pas devenir une machine à faire du ménage, une machine à engraisser et à vieillir. **ANTOINETTE.** Autrement dit, tu ne veux pas me ressembler. **FLORENCE.** Je n'ai pas dit ça. **ANTOINETTE.** Mais tu le penses ! **FLORENCE.** Oui. C'est peut-être beau de faire son devoir de mère, mais je ne me sens pas d'aptitudes à ça. Marcel Dubé, *Florence*, Montréal, Leméac, 1970, p. 82. Cet échange de répliques montre à quel point Florence s'oppose à sa mère en ce qui a trait au rôle de la femme dans le mariage.

Comme le personnage de récit, le personnage de théâtre peut prendre diverses formes : être humain, animal, objet ou autre créature. Mais peu importe sa forme, il a toujours des attributs humains comme l'intelligence, la pensée ou la parole.

Les forces en présence

Comme le personnage de récit, le personnage de théâtre se définit également par son rôle dans l'action, sa fonction. Pour observer et analyser les forces en présence dans une pièce, on peut utiliser le schéma actantiel.

SCHÉMA ACTANTIEL

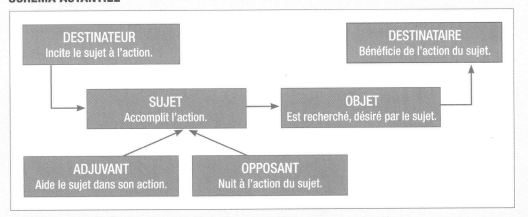

* Les forces agissantes ne sont pas nécessairement des personnages. Ce peut être, entre autres : des valeurs (le bien, le mal, etc.) ; des sentiments (la jalousie, l'amour, etc.) ; des institutions (l'Église, le gouvernement, etc.) ; des actions (sauver un personnage, aller au bal, etc.) ; des objets (une clé, un cheval, etc.).

* Dans une pièce, un personnage peut remplir plus d'une fonction ; une fonction peut être occupée par plus d'un personnage ; un personnage peut changer de fonction.

* Il est possible de faire un schéma actantiel pour chaque temps fort de la pièce.

■ Faites d'abord quelques observations sur les dialogues et différentes sortes de répliques.

1. **TEXTES EN RÉSEAU** Au théâtre, certains dialogues ressemblent à des conversations courantes. Toutefois, d'autres s'en éloignent. Montrez-le en répondant aux questions suivantes.

   a) Lisez l'extrait d'*Où c'est qu'elle est ma gang ?* de Louis-Dominique Lavigne, à la page 395. Richard et Ginette se répondent-ils ? Expliquez votre réponse.

   b) Lisez le début de l'extrait du *Bruit des os qui craquent* de Suzanne Lebeau, à la page 369. Quelle particularité les répliques d'Elikia et de Joseph présentent-elles ?

   c) Lisez l'extrait de *Cyrano de Bergerac* d'Edmond Rostand, à la page 391. Quelle est la particularité de ce dialogue ?

   d) Lisez, ci-après, l'extrait de *La cantatrice chauve* d'Eugène Ionesco. Certes, les personnages se répondent, mais que pouvez-vous dire de cette conversation ?

Laurence Folie, *L'alphabet*, 2009.

La cantatrice chauve
(Pièce de théâtre – extrait)

M. Smith, *toujours dans son journal.* Tiens, c'est écrit que Bobby Watson est mort.

Mᴹᴱ Smith. Mon Dieu, le pauvre, quand est-ce qu'il est mort ?

M. Smith. Pourquoi prends-tu cet air étonné ? Tu le savais bien. Il est mort il y a deux ans. Tu te rappelles, on a été à son enterrement, il y a un an et demi.

5 **Mᴹᴱ Smith.** Bien sûr que je me rappelle. Je me suis rappelé tout de suite, mais je ne comprends pas pourquoi toi-même tu as été si étonné de voir ça sur le journal.

M. Smith. Ça n'y était pas sur le journal. Il y a déjà trois ans qu'on a parlé de son décès. Je m'en suis souvenu par associations d'idées !

Mᴹᴱ Smith. Dommage ! Il était si bien conservé.

10 **M. Smith.** C'était le plus joli cadavre de Grande-Bretagne ! Il ne paraissait pas son âge. Pauvre Bobby, il y avait quatre ans qu'il était mort et il était encore chaud. Un véritable cadavre vivant. Et comme il était gai !

Mᴹᴱ Smith. La pauvre Bobby.

M. Smith. Tu veux dire « le » pauvre Bobby.

15 **Mᴹᴱ Smith.** Non, c'est à sa femme que je pense. Elle s'appelait comme lui, Bobby, Bobby Watson. Comme ils avaient le même nom, on ne pouvait pas les distinguer l'un de l'autre quand on les voyait ensemble. […]

Eugène Ionesco, *La cantatrice chauve*, Paris, Éditions Gallimard, 1954, p. 16 et 17.

2. **TEXTES EN RÉSEAU** Bien qu'il soit l'affaire d'un personnage seul en scène, le monologue peut contenir des marques l'apparentant au dialogue : tutoiement, vouvoiement, phrases interrogatives, phrases impératives, apostrophe, etc. Dans de tels cas, il importe de savoir à qui est virtuellement destiné le monologue.

a) Relisez l'exemple de monologue présenté dans le tableau de la page 123.
– À qui le puissant Thésée s'adresse-t-il dans les deux dernières lignes ?
– À qui s'adresse-t-il dans les huit premières lignes ? Un mot de la huitième ligne vous mettra sur la piste.

b) Lisez la page 372 du *Bruit des os qui craquent*. À qui Angelina, l'infirmière, s'adresse-t-elle au cours de sa comparution ?

3. 🖹 Sur le document qu'on vous remettra figurent deux tirades célèbres. L'une est extraite de *Cyrano de Bergerac* d'Edmond Rostand ; l'autre provient de *Phèdre* de Jean Racine. Lisez-les, puis répondez aux questions qui les accompagnent.

Lise Roy joue le rôle d'Angelina, l'infirmière dans la pièce *Le bruit des os qui craquent*, une création de la compagnie de théâtre Le Carrousel et du Théâtre d'Aujourd'hui, présentée en 2009.

■ Faites maintenant quelques observations sur les didascalies.

4. Habituellement, il y a des didascalies au début de la pièce et au début de chacune de ses parties. À quels autres endroits en place-t-on ? Donnez-en trois. Pour cela, observez l'emplacement des didascalies dans l'extrait de *Bonbons assortis au théâtre* (p. 119).

5. Dans certaines répliques se glissent parfois des indications scéniques. On appelle **didascalies internes** ces didascalies prononcées sur scène par les personnages.

a) Dans les deux extraits ci-dessous, quelles répliques peuvent être considérées comme des didascalies internes ?

b) Récrivez l'extrait de *Zone* de manière à remplacer la réplique contenant une didascalie interne par une didascalie standard.

c) Selon vous, pourquoi Marcel Dubé a-t-il opté pour la didascalie interne ?

L'histoire d'un cœur
(Pièce de théâtre – extrait)

ZOÉ. Ma vie se termine ici. C'est très bien comme ça. Oui. Et c'est même superbement bien comme ça. Parce que. Parce que je n'aurai pas à faire mon examen demain matin sur l'anatomie des crustacés.

ALEJANDRO. À qui tu parles ?

LE CŒUR. Zoé se retourne et aperçoit un monstre marin. Ou un soldat. Difficile à savoir. Il s'approche. Oui, c'est sûrement un soldat. Il porte un masque à gaz.

Larry Tremblay, *L'histoire d'un cœur*, Carnières/Morlanwelz, Lansman Éditeur, coll. «Nocturnes théâtre», 2006, p. 21.

Zone
(Pièce de théâtre – extrait)

PASSE-PARTOUT. J'ai pas peur.

CIBOULETTE. Regarde-moi dans les yeux d'abord.

PASSE-PARTOUT. Je te regarde dans les yeux.

CIBOULETTE. Si t'as jamais vu de la haine, c'est ça que tu vois dans mes yeux.

Marcel Dubé, *Zone*, Montréal, Leméac, coll. «Théâtre canadien», 1968, p. 156 et 157.

■ Dans les trois prochaines activités, vous examinerez diverses séquences textuelles insérées dans un texte de théâtre. Lisez d'abord un autre extrait de *Zone*, ci-après.

Zone
(Pièce de théâtre – extrait)

Ciboulette. Y a longtemps que je pense à toi, moi, Tarzan. Depuis le premier jour, j'ai ton image dans mon cœur.

Tarzan. Et tu me l'as jamais dit ?

Ciboulette. J'ai essayé, je pouvais pas.

5 **Tarzan.** Pourquoi ?

Ciboulette. C'était trop difficile. J'avais peur des mots que j'avais envie de dire.

Tarzan. Et maintenant que je suis condamné à mort, que la police me cherche partout, t'es 10 capable de le faire ?

Ciboulette. Oui. Parce que t'as commencé le premier. Parce que je suis tranquille ce soir. Je suis tranquille parce que t'es là, parce que t'as dit que tu pensais à moi. […]

15 **Tarzan.** Moi aussi, je suis tranquille ; parce qu'on est tout seul pour la première fois, pour la première fois de ma vie, je vais dire à une fille que je l'aime.

Ciboulette. Tarzan ! Dis pas ça tout de suite, 20 regarde-moi avant, regarde-moi comme il faut. Je suis laide, j'ai les cheveux comme des cordes et mes dents sont pointues. Regarde-moi Tarzan.

Marcel Dubé, Zone, Montréal, Leméac,
coll. «Théâtre canadien», 1968, p. 165 et 166.

Une scène de la pièce *Zone*,
présentée au Théâtre du Rideau Vert, en 2005.

6. a) Dans cet extrait se trouvent plusieurs courtes séquences explicatives. Reconstituez-en au moins trois. Commencez chaque reconstitution par une question en *pourquoi* et enchaînez avec un ou des éléments de réponse en *parce que*.

b) Cet extrait de *Zone* comporte aussi une courte séquence descriptive. Relevez-la.

7. Lisez l'extrait ci-après du *Songe d'une nuit d'été*. Vous analyserez la séquence argumentative que comporte la dernière réplique de Lysandre.

a) Dans la dernière réplique, qui Lysandre tente-t-il de convaincre ?

b) De quoi Lysandre tente-t-il de le convaincre ? En d'autres mots, quelle est sa thèse ?

c) Quels sont les arguments de Lysandre à l'appui de sa thèse ? Donnez-les dans l'ordre.

8. Parmi les extraits fournis à titre d'exemples dans le bloc théorique (p. 122 à 129), trouvez celui qui comporte une séquence narrative.

Le songe d'une nuit d'été
(Pièce de théâtre – extrait)

Lysandre et Démétrius convoitent Hermia, la fille d'Égée.

DÉMÉTRIUS

Laisse-toi attendrir, douce Hermia ; et toi Lysandre, cesse de convoiter stupidement ce qui me revient de droit.

LYSANDRE

Tu as l'amour du père, Démétrius ;
laisse-moi celui d'Hermia et épouse-le.

ÉGÉE

Quelle arrogance, Lysandre ! Oui, il a mon amour et ce qui est à moi, mon amour le lui donne. Hermia est à moi et tous mes droits sur elle je les cède à Démétrius.

LYSANDRE

Mon seigneur, je suis aussi bien né que lui
aussi riche et mon amour est plus grand.
À tout point de vue, je suis un parti aussi avantageux
sinon plus que Démétrius ;
mais cela ne compte pas
puisque je suis aimé de ma magnifique Hermia.
Pourquoi renoncerais-je à ce qui m'appartient déjà ?
[…]

William Shakespeare, *Le songe d'une nuit d'été*,
traduit par Michelle Allen, Montréal, Leméac,
coll. « Traduction et adaptation », 1990, p. 20 et 21.

MICHELLE ALLEN
(scénariste et dramaturge québécoise, née en 1954)

Michelle Allen a tenu plusieurs rôles sous les projecteurs avant de se consacrer à l'écriture. Pour la scène, elle a signé *La passion de Juliette* (1983) et *Morgane* (1985), avant de traduire avec brio Shakespeare (*Le songe d'une nuit d'été*, *Le marchand de Venise*). Elle est aussi très active au petit écran : elle a signé ou cosigné les scénarios des téléséries *L'or et le papier*, *Diva*, *Tribu.com*, *Au nom de la loi*, *Le 7e round* et *Destinées*. Le cinéma lui doit les scénarios de *Moïse* et de *La ligne brisée*.

9. 📋 Relisez l'extrait de *Phèdre* que vous avez déjà en main. Sur le plan de la chronologie, en quoi la tirade de Théramène consiste-t-elle ?

10. **TEXTES EN RÉSEAU** Sur le plan du rythme, qu'ont en commun *Morceaux choisis* (p. 375), *Combien vaut Lison ?* (p. 373) et *Cyrano de Bergerac* (p. 391) ?

11. Lisez le début de la pièce *Les silences d'Eulalie* de Denise Bonal, aux pages 384 à 386. Cette mise en contexte terminée, lisez les deux autres extraits de cette pièce, présentés ci-dessous. Dites ensuite à quoi servent, sur le plan du rythme, les deux passages en gras.

Les silences d'Eulalie
(Pièce de théâtre – extraits)

Extrait A

Mère. – Maintenant, quand je parle dans le silence d'Eulalie, j'entends mes paroles qui résonnent comme des boules de pétanque descendant un escalier.

Père. – Et moi, il me semble que plus je parle fort plus j'entends sous mes paroles grandir et s'amplifier le silence d'Eulalie.

La lumière baisse, puis se rallume doucement. C'est un autre soir. *Tous trois sont à table et mangent une soupe.*

Extrait B

Mère. – Comme tu parles bien, Edmond, depuis que ta fille est muette. Mais repose-toi, tu vas trop loin.

Le père s'assied, croise ses bras sur la table, pose sa tête sur ses bras et s'endort. La mère le regarde avec tendresse, fait de même et s'endort. La lumière baisse.

Père. – *(rêvant)* Ce n'est pas difficile : il suffirait d'enrouler le silence comme on enroule un tapis. *(un léger temps)* Où est Eulalie ?

Mère. – *(à demi réveillée)* Elle est allée enterrer son silence dans le jardin.

Père. – *(se réveille)* **J'ai beaucoup réfléchi pendant mon sommeil.** Il faudrait, pour aider Eulalie, renouveler à fond le langage… Habiller les mots autrement… *(il cherche)*.

Denise Bonal, « Les silences d'Eulalie », dans *25 petites pièces d'auteurs*, Montreuil-sous-Bois, Éditions théâtrales, coll. « Répertoire contemporain », 2007, p. 33 et 35.

■ Vous travaillerez maintenant divers éléments de *L'école du diable*, une pièce d'Éric-Emmanuel Schmitt.

12. 📋 Lisez au moins deux fois le texte qu'on vous remettra. Vous montrerez ensuite que la pièce *L'école du diable* se déroule en un seul lieu, en un seul temps et qu'elle ne développe qu'une seule histoire.

13. 📋 Pour saisir les enjeux et vous représenter les relations entre les personnages, établissez le schéma actantiel central de cette pièce.

14. 📋 Imaginez un découpage en scènes convenant à cette courte pièce.

15. 📋 Dans *L'école du diable*, le thème du mal est central. Montrez comment l'histoire, les personnages et le lieu forment un tout cohérent autour de ce thème.

Franz von Stuck, *Lucifer*, vers 1890.

Vers les textes du recueil

16. **TEXTES EN RÉSEAU** Montrez que, dans une pièce de théâtre, l'histoire ne se déroule pas toujours dans un seul lieu et en un seul temps.

a) Relevez les didascalies de *Bonbons assortis au théâtre* (p. 119) et d'*Où c'est qu'elle est ma gang?* (p. 395) montrant que les événements se déroulent dans plus d'un lieu.

b) Montrez que, dans *Le bruit des os qui craquent* (p. 369), il y a plus d'un lieu, plus d'un temps et plus d'une histoire.

17. Examinez les forces en présence dans les extraits ci-dessous en faisant pour chacun d'eux un schéma actantiel semblable au suivant.

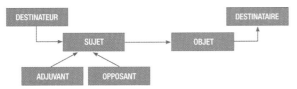

a) *Le bruit des os qui craquent*, p. 369, lignes 1 à 167.
Sujet : Élikia.

b) *15 secondes*, p. 388, lignes 74 à 105.
Sujet : Mathieu.

c) *Les noces de tôle*, p. 392.
Sujet : Pierre.

18. **a)** Résumez le coup de théâtre présenté dans l'extrait *Les noces de tôle* de Claude Meunier à la page 392.

b) Résumez le quiproquo présenté dans l'extrait de *Cyrano de Bergerac* à la page 391.

19. À la page 365, lisez les extraits de *King Dave* d'Alexandre Goyette, une pièce de théâtre à un personnage, une œuvre qui ne laisse personne indifférent.

a) La langue de quel milieu David emploie-t-il? Pour vous, est-ce du français?

b) Comment réagissez-vous à cette langue crue, violente, qui va jusqu'au blasphème?

c) **TEXTES EN RÉSEAU** À votre avis, une telle langue a-t-elle une utilité sur scène? Avant de répondre à la question, effectuez les tâches suivantes :

– Récrivez l'extrait 1 de *King Dave* dans une langue standard qui pourrait être comprise dans toute la francophonie.

– Comparez votre version avec le texte original.

– Lisez *King Dave triomphe*, à la page 364.

d) D'après vous, une telle pièce représente-t-elle une menace pour le français au Québec?

e) **TEXTES EN RÉSEAU** Que pensez-vous de l'opinion de Lisette de Courval, un personnage des *Belles-sœurs* de Michel Tremblay, pour qui « À Paris, tout le monde perle bien, c'est du vrai français partout… C'est pas comme icitte… ». Expliquez votre réponse.

f) De manière plus générale, trouvez-vous que le français est menacé au Québec? Développez votre pensée.

Marc Séguin, *Le dénié*, 2002.

20. a) Dans *Le bruit des os qui craquent* (p. 369), quelle <u>variété de langue</u> Suzanne Lebeau emploie-t-elle?

b) Selon vous, pour quelles raisons a-t-elle fait ce choix? Donnez-en trois.

Jerome Kleine, *Silhouette d'un danseur au crépuscule*, 1994.

21. **TEXTES EN RÉSEAU** Associez chacune des 36 situations dramatiques présentées à la page 401 à un titre de pièce de théâtre, de film, de roman, de bande dessinée, de série télévisée, de poème ou de chanson que vous connaissez. Faites ce travail avec quelques camarades.

Le texte et vous

22. **TEXTES EN RÉSEAU** D'après ce que vous déduisez des extraits que vous avez lus, quelle cause ou quelle idée les pièces *Le bruit des os qui craquent* (p. 369), *15 secondes* (p. 388) et *Le porteur des peines du monde* (p. 396) défendent-elles?

23. **TEXTES EN RÉSEAU** Parmi tous les textes que vous avez lus dans ce dossier, lequel avez-vous trouvé le plus touchant? Le plus intéressant? Le moins intéressant? Justifiez vos réponses.

Synthèse de l'atelier

24. 📄 📁 Sur le document qu'on vous remettra, faites la synthèse de quelques-unes de vos connaissances sur le texte de théâtre.

De vive voix 📄

La longueur des répliques a-t-elle un effet sur le rythme auquel les comédiens disent ces répliques? Pour répondre à cette question, mettez-vous en bouche les extraits ci-dessous. Pour un même extrait, amusez-vous à faire varier le rythme d'échange des répliques.

– *Le bruit des os qui craquent*, p. 369, lignes 13 à 77.

– *Morceaux choisis*, p. 375, lignes 122 à 175, 405 à 421, 469 à 521.

– *15 secondes*, p. 388.

– *Où c'est qu'elle est ma gang?*, p. 395.

Une scène de la pièce *15 secondes*, présentée au Théâtre du Trillium, en 2004.

En quelques lignes 🗁

Transformez le court conte ci-après en texte de théâtre. Ajoutez toutes les didascalies nécessaires à une éventuelle représentation. Pour la fin, gardez en tête qu'au théâtre, il n'y a pas d'effets spéciaux comme au cinéma.

Consultation

– Ah docteur! gémit l'ogre, ça ne va vraiment pas fort. Je sens comme un poids sur l'estomac et j'ai toujours envie de vomir. Si ça continue, il faudra que je me mette au régime.

– Voyons, voyons, dit le médecin, ne vous affolez pas. Ce n'est peut-être pas si grave que ça. Dites-moi ce que vous avez mangé ces jours derniers.

– Eh bien, dit l'ogre en rassemblant ses souvenirs, avant-hier, j'ai croqué un garde champêtre, un coureur cycliste et une marchande de fruits et légumes. Tous bien frais, et pas trop gras.

– Ce n'est vraiment pas ça qui vous a rendu malade, dit le médecin en se grattant le menton. Et hier, qu'avez-vous mangé?

– Hier, répond l'ogre, j'ai avalé une institutrice et quelques-uns de ses élèves. Je ne sais plus combien : ils sont tellement petits à cet âge-là.

– Vous n'avez quand même pas mangé la classe entière d'un seul coup? interroge gravement le médecin.

– Non, non, répond l'ogre. J'en ai gardé quelques-uns pour le goûter. Et pour le dîner, je me suis fait un sandwich avec un gendarme et deux directeurs d'usine. Au dessert, j'ai pris une danseuse étoile. Avec son tutu.

Patrizia La Porta, *Un ogre terrorisant des enfants*, 1998.

– C'est tout? demande le médecin.

– Oui, oui, fait l'ogre.

– Vous êtes sûr? demande le médecin. Réfléchissez bien.

– Ah oui, maintenant je me souviens! s'écrie l'ogre. En traversant la forêt, j'ai mangé une fraise des bois.

– Ne cherchez plus, dit le médecin. C'est ça qui vous a rendu malade!

– Et vous pensez que c'est grave? demande l'ogre, inquiet.

– Mais pas du tout! répond le médecin. Tenez, avalez ce cachet, et dans trente secondes vous ne sentirez plus rien.

– Et je ne serai pas obligé de me mettre au régime?

– Pas le moins du monde. Reprenez tranquillement votre alimentation habituelle. Mais évitez les fraises des bois et les framboises.

– Oh merci, docteur, merci beaucoup!

Et l'ogre, tout joyeux, retrouve d'un seul coup son bel appétit. Il se rhabille en vitesse, remet ses souliers, saute sur le médecin et n'en fait qu'une bouchée.

Bernard Friot, «Consultation», *Histoires pressées*, Toulouse, Éditions Milan, coll. «Jeunesse», 2005, p. 60 et 61.

Tragédie, comédie, drame

L'univers de la **tragédie**

La tragédie raconte presque toujours l'histoire d'un personnage illustre, noble, aux prises avec un destin cruel et impitoyable. Souvent, ce personnage transgresse un interdit. Ni la volonté ni la raison de ce personnage ne parviennent à repousser la fatalité qui causera sa perte.

Dans la tragédie, on s'attend donc à un dénouement malheureux qui se solde habituellement par la mort du héros ou de l'héroïne, entre autres.

Antigone
de Jean Anouilh (1944)

Après l'exil du roi Œdipe, son père, et du suicide de Jocaste, sa mère, Antigone voit ses deux frères, Étéocle et Polynice, s'entretuer pour le trône de Thèbes. Créon, nouveau roi et oncle d'Antigone, décide de n'offrir de sépulture qu'à Étéocle parce qu'il considère Polynice comme un traître et qu'il veut donner un exemple au peuple. Créon interdit donc à quiconque, sous peine de mort, d'enterrer Polynice, qui est abandonné aux charognards.

Ne pouvant accepter que Polynice demeure sans sépulture, Antigone brave l'interdit et est capturée par les gardes du roi. Créon voudrait bien épargner sa nièce, mais elle s'obstine et il n'a d'autre choix que de la condamner à être enterrée vivante. Le Chœur l'avait prédit : « Elle aurait bien aimé vivre. Mais il n'y a rien à faire. Elle s'appelle Antigone et il va falloir qu'elle joue son rôle jusqu'au bout. » À cette nouvelle, Hémon, fiancé d'Antigone et fils de Créon, se donne la mort. Quand elle apprend la mort d'Hémon, son fils, Eurydice se pend.

Charles François Jalabert, *Œdipe et Antigone*, XIXᵉ siècle.

L'univers de la **comédie**

Le plus souvent, la comédie raconte l'histoire d'un individu (ou d'un groupe) qui se caractérise par le ridicule de certains comportements qu'on grossit et caricature.

Dans une comédie, on s'attend à un dénouement heureux qui fait triompher le gros bon sens au détriment des figures d'autorité tyranniques. La comédie cherche à faire rire.

Le malade imaginaire
de Molière (1673)

Le vieil Argan se croit sans cesse malade, alors qu'il est en pleine santé. Il se prête à toutes sortes de traitements et prend cent remèdes, prescrits par des médecins sans scrupules qui exploitent sa naïveté pour s'enrichir. Béline, sa femme, est hypocrite, elle aussi : jouant les bienveillantes au chevet d'Argan, elle souhaite sa mort pour hériter de sa fortune. Seules Toinette, sa servante, et Angélique, sa fille, semblent vraiment se soucier de lui. Pour triompher des apparences, Toinette met en scène la mort d'Argan : devant la fausse dépouille, Béline se réjouit tandis qu'Angélique exprime un sincère chagrin. Argan dévoile la supercherie, accepte que sa fille se marie à Cléante — il s'y opposait parce qu'il n'était ni riche ni docteur — et décide de devenir lui-même médecin : la cérémonie loufoque de son intronisation clôt la pièce.

Une scène du *Malade imaginaire*,
présenté au Théâtre du Nouveau Monde, en 2008.

Tit-Coq
de Gratien Gélinas (1948)

Tit-Coq, jeune soldat orphelin, s'éprend de Marie-Ange et trouve au sein de sa belle-famille la sécurité et l'affection qu'il n'a jamais connues et qui lui ont si cruellement manqué. Appelé au front, il part à regret mais avec la ferme intention de revenir fonder une famille avec Marie-Ange, qui a promis de l'attendre. Cependant, cédant aux pressions de sa famille, elle épouse un autre homme. À son retour, malgré sa colère et son désespoir, Tit-Coq se résout à renoncer au bonheur promis.

Gratien Gélinas
dans *Tit-Coq*, en 1953.

L'univers du **drame**

Le drame raconte des histoires réalistes, sérieuses, à la fois tristes et drôles, comme dans la vraie vie.

Dans ces histoires, le personnage principal vit souvent une situation accablante, mais qui n'est pas sans issue comme dans la tragédie.

Même si le drame peut présenter quelques effets comiques, son dénouement est, le plus souvent, malheureux.

À PROPOS DU MOT *DRAME*

Pris dans un sens plus large, le nom *drame* désigne tout ouvrage écrit pour le théâtre. L'adjectif *dramatique* signifie « relatif au théâtre », tandis que le nom *dramaturge* désigne l'auteur de pièces de théâtre.

Mise en pratique

 Choisissez l'un des projets ci-dessous et menez-le à bien en suivant les pistes proposées. Avant de vous lancer, remémorez-vous l'essentiel du dossier en le survolant.

Option **1**

Une pièce de théâtre à lire et à relire

Lisez une pièce de théâtre. Pendant votre lecture, réfléchissez à la représentation qui pourrait en être faite.

Rédigez ensuite des recommandations que vous adresserez à trois des artisans chargés de monter la pièce (par exemple, le metteur en scène, la comédienne principale et l'éclairagiste).

Option **2**

Une pièce de théâtre à critiquer

Assistez à la représentation d'une pièce de théâtre et rédigez la critique du spectacle auquel vous avez assisté.

Vous trouverez, sur le document qu'on vous remettra, des pistes pour faire votre travail de critique.

Option **3**

Une adaptation théâtrale à concevoir

Regardez un film ou une émission de télévision. Rédigez ensuite une adaptation pour le théâtre d'un extrait de cinq minutes de ce film ou de cette émission.

Prévoyez toutes les répliques et toutes les didascalies.

Interprétez ensuite votre adaptation devant vos camarades de classe.

Pour boucler la boucle

Au fil de ce dossier, vous vous êtes donné des outils pour mieux lire, apprécier et créer des textes de théâtre. Comment le bagage que vous avez acquis enrichit-il votre culture générale ? Quel effet les textes que vous avez lus ont-ils sur votre vision du monde ? Et que vous a apporté votre réflexion sur le français au Québec ?

Les ressources ci-dessous vous fourniront différents moyens de vous plonger dans l'univers du théâtre. Laissez-vous entraîner…

CEAD : Centre des auteurs dramatiques | Une précieuse ressource

Le CEAD a pour mission principale de soutenir, de promouvoir et de diffuser l'écriture dramatique francophone du Québec et du Canada en langue originale et en traduction. [...] Le CEAD possède un centre de documentation unique, qui regroupe plus de 3000 textes de théâtre de ses auteurs membres.

Extrait de l'énoncé de mission apparaissant sur le site Web du CEAD.

100 pièces du théâtre québécois qu'il faut lire et voir | Un ouvrage de référence de Lucie-Marie Magnan et Christian Morin

Cent pièces, c'est à la fois beaucoup et très peu. En comparaison avec le roman, où la production fleurète avec les 200 titres par année, le nombre de pièces éditées annuellement au Québec [...] est beaucoup plus modeste. Cependant, le boum que connaît la production théâtrale depuis 40 ans témoigne de la fertilité de ce terrain. L'innovation, la recherche et la diversité présentes au cœur des œuvres font de la dramaturgie l'un des pivots de la littérature québécoise.

Extrait de l'introduction.

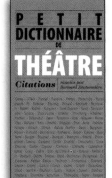

Petit dictionnaire de théâtre | Des citations réunies par Bernard Bretonnière

De Molière à Vitez en passant par Artaud, Jules Renard, Giraudoux, Pinter, Stanislavski, Sacha Guitry, Koltès, Vilar et tant d'autres, ce petit dictionnaire, parfaitement jubilatoire et classé par idées, comprend plus de 900 citations, autant pour instruire que pour divertir. Elles ont été recueillies avec la passion de l'amateur depuis plus de trente ans par Bernard Bretonnière qui déclare : « … certaines citations me font hurler (de rire ou d'indignation), d'autres me plongent dans des océans de perplexité. Il en est encore qui me donnent envie d'applaudir, de siffler ou de quitter la salle avant la fin de la représentation. Mais vous ? »

Résumé apparaissant sur le site Web de l'éditeur.

Molière | Un film de Laurent Tirard

Le *Molière* de Laurent Tirard n'a strictement rien de la biographie classique. [...] S'insérant dans un espace vacant de la biographie de Molière, les scénaristes [...] ont en effet imaginé un épisode au cours duquel Molière rencontre les gens qui lui inspireront quelques-uns des plus célèbres personnages de ses pièces.

Marc-André Lussier, « Molière : fantaisie astucieuse », extrait, *La Presse*, [en ligne]. (15 avril 2007)

Angel Zarraga,
La poétesse, 1917.

Vous trouverez dans cette section les quatre dernières séries d'activités et d'exercices de grammaire, qui sont organisés autour des erreurs les plus fréquentes.

Pourquoi avoir élaboré des activités et des exercices autour des erreurs les plus fréquentes ? Parce que les résultats de diverses recherches nous apprennent que 75 % des fautes commises dans les productions écrites des élèves relèvent d'erreurs de grammaire. La plupart de ces erreurs se classent parmi les cas réguliers, qui sont les plus fréquents.

Les activités et les exercices proposés dans ces séries devraient vous amener à comprendre certaines de vos erreurs et vous aider à développer vos réflexes d'autocorrection et de relecture lors de l'écriture de vos textes, tant en français que dans les autres disciplines.

Activités et exercices
de grammaire

CONNAISSANCES
à consulter, au besoin

• L'accord du verbe
(p. 184)

📄 **Pour vérifier vos acquis sur l'accord du verbe, faites les activités qu'on vous remettra.**

Doit-on écrire «Tout le monde sont à l'écoute» ou «Tout le monde est à l'écoute»? Dans «Ils nous téléphoneront dès leur arrivée», le verbe est-il correctement accordé? Voilà, à titre d'exemples, de bonnes questions à se poser pour résoudre une fois pour toutes les erreurs les plus fréquentes liées à **l'accord du verbe**. Les pages qui suivent vous aideront à résoudre ces difficultés.

Évaluer son habileté à vérifier l'accord du verbe

1. a) Dans le texte suivant, justifiez l'accord des verbes précédés d'un numéro en repérant leur donneur d'accord et en précisant la personne et le nombre de ce dernier. Notez vos réponses dans un tableau semblable à celui qui suit le texte.

b) Évaluez vos connaissances sur l'accord du verbe à l'aide de l'encadré de la page suivante.

Séance de cinéma

Juin 1970.

Un enfant est emmené par ses parents au cinéma.

Comme d'habitude, il s'attend à voir des animaux qui **(1)** parlent, des fleurs qui **(2)** chantent […] Mais on ne lui **(3)** offre pas son dessin animé annuel depuis dix ans; au lieu de cela, l'écran lui envoie des images en noir et blanc, de sales images tremblées avec un mauvais son […] Il ne comprend pas. Un homme à moustache et au regard fixe **(4)** crie dans la même langue que sa grand-mère alsacienne, oui, la même, à cette différence que c'est beaucoup moins doux et plus autoritaire, ça donne envie de se lever pour obéir. Il ne comprend toujours pas. Puis des images de rafles, d'incendies, de trains où l'on entasse des hommes comme des bestiaux. L'enfant comprend encore moins. Enfin, après les bombes que **(5)** crottent les avions en l'air, des explosions toujours plus fortes, un feu d'artifice, jusqu'au plus beau, le somptueux champignon de fumée nucléaire. L'enfant a peur […] Mais les images **(6)** déferlent encore, les camps de barbelés, les vivants squelettiques aux yeux noirs, les chambres à gaz, puis les corps nus, entassés, à la fois raides et mous, que des pelleteuses mettent dans la terre ou l'inverse, l'enfant ne sait plus, il suffoque, il veut partir […]

Les yeux rougis, ses parents lui **(7)** expliquent avec douceur qu'ils savaient que ce film serait dur à supporter mais qu'ils tenaient à ce que l'enfant le voie.

— Ça s'est réellement passé. C'est notre histoire politique.

«Alors, c'est donc ça, la politique, pensa l'enfant, le pouvoir qu'**(8)** ont les hommes de se faire autant de mal?»

— Mais cet Hitler, il était fou, n'est-ce pas?

— Non. Pas plus que toi ou moi…

— Et les Allemands, derrière, ils n'étaient pas fous non plus?

— Des hommes comme toi et moi.

Bonne nouvelle ! C'est donc une rude saloperie d'être un homme.

— Qu'est-ce qu'un homme ? reprit le père. Un homme est fait de choix et de circonstances. Personne n' **(9)** a de pouvoir sur les circonstances, mais chacun en **(10)** a sur ses choix.

Depuis ce jour, les nuits de l'enfant **(11)** sont difficiles, et ses journées encore plus. Il veut comprendre. Comprendre que le monstre n'est pas un être différent de lui, hors de l'humanité, mais un être comme lui qui **(12)** prend des décisions différentes. Depuis ce jour, l'enfant a peur de lui-même, il sait qu'il cohabite avec une bête violente et sanguinaire, il souhaite la tenir toute sa vie dans sa cage.

Eric-Emmanuel Schmitt, *La part de l'autre*, Paris, Éditions Albin Michel, coll. « Le livre de poche », 2001, p. 472 et 473.

Verbe	Donneur d'accord	Personne et nombre du donneur d'accord
▬	▬	▬

Nombre de bonnes justifications : ▬ / 12

En fonction du résultat que vous avez obtenu et en faisant un survol de cette série d'activités et d'exercices, évaluez comment ces activités et exercices pourraient vous être utiles.

▬ Ils me serviront à faire de nouveaux apprentissages pour éviter certaines erreurs.

▬ Ils me serviront à consolider des apprentissages déjà assez maîtrisés.

Résoudre quelques difficultés liées à l'accord du verbe

PRINCIPALES SOURCES D'ERREURS DANS L'ACCORD DU VERBE

Description des erreurs et exemples d'erreurs	Correction des erreurs
A. Le verbe est accordé avec un mot qui fait écran entre le sujet et le verbe. ⊘ Je vous appellerez dès mon arrivée sur le site. ⊘ Ces actes d'intolérance me révolte.	Je vous appellerai dès mon arrivée sur le site. Ces actes d'intolérance me révoltent.
B. Le verbe est mal accordé parce qu'on a mal déterminé la personne grammaticale du ou de l'ensemble des GN sujets. ⊘ C'est bien moi qui est la porte-parole de cette campagne de sensibilisation. ⊘ Ève, toi et moi participeront à cette manifestation. ⊘ Dans la communauté scientifique, on commencent à s'inquiéter. ⊘ La déforestation et l'avancée de la civilisation détruit l'équilibre de ces peuples.	C'est bien moi qui suis la porte-parole de cette campagne de sensibilisation. Ève, toi et moi participerons à cette manifestation. Dans la communauté scientifique, on commence à s'inquiéter. La déforestation et l'avancée de la civilisation détruisent l'équilibre de ces peuples.

Description des erreurs et exemples d'erreurs	Correction des erreurs
C. Le verbe est mal accordé à cause de la présence d'un mot de sens collectif dans le sujet. ⊘ Le groupe approuvent les nouvelles mesures environnementales.	Le groupe approuve les nouvelles mesures environnementales.
D. Le verbe est mal accordé parce que le sujet est placé après le verbe. ⊘ Dans cette forêt vit des centaines de tribus jusqu'alors inconnues.	Dans cette forêt vivent des centaines de tribus jusqu'alors inconnues.

2. Repérez les erreurs d'accord du verbe dans les phrases suivantes.

    a) Dans chaque cas, indiquez la nature de l'erreur en choisissant la ou les lettres appropriées parmi celles du tableau PRINCIPALES SOURCES D'ERREURS DANS L'ACCORD DU VERBE.

    b) Récrivez chaque phrase correctement.

1) ⊘ Le grand public attendent toujours les résultats du rapport de l'Organisation mondiale de la santé.

2) ⊘ L'aide aux pays les moins développés restent, en principe, une grande priorité pour les nations riches.

3) ⊘ La pauvreté, la promiscuité et la perte des repères culturels influe très fortement sur le comportement des individus ou des groupes.

4) ⊘ Sur les versants orientaux des Andes péruviennes s'étendent une région si reculée et si peu explorée que les archéologues rêvent encore d'y dénicher des trésors incas.

5) ⊘ Censés réduire les inégalités entre pays, le commerce et la circulation des capitaux n'en provoque pas moins de véritables inégalités.

6) ⊘ Ils nous suggérerons sans doute de lire les ouvrages de cet éminent professeur de sciences économiques.

7) ⊘ C'est toi et moi qui exigent une étude sur les problèmes que causent la libération actuelle des marchés agricoles.

8) ⊘ Beaucoup de monde ont des opinions contradictoires sur le phénomène de la mondialisation.

9) ⊘ Ma coéquipière et moi vous parleront des catastrophes environnementales du début de la décennie.

10) ⊘ Le commerce, l'agriculture et une urbanisation croissante le long du fleuve Amazone bouleverse la forêt tropicale autrefois vierge.

11) ⊘ Toutes les strates de la forêt abonde en faune et en flore, mais c'est la canopée qui arbore la plus grande concentration ; là s'épanouit feuilles, fruits, noix, fleurs, myriades d'insectes et magnifiques oiseaux.

3. Dans les phrases suivantes, les GN sujets comportent des noms collectifs. Faites l'accord des verbes entre parenthèses selon le sens que vous souhaitez donner ou selon ce qui vous semble logique.

1) La somme des données (appuyer) ▆▆ la théorie selon laquelle les activités humaines influent sur l'évolution climatique.

2) Ce regroupement d'oiseaux de mer au-dessus de l'eau (être) ▆▆ un indice de la présence d'un banc de poissons.

3) Au cœur de la formidable barrière montagneuse qui traverse le centre de la Nouvelle-Guinée, (se blottir) ▆▆ une série de larges vallées d'altitude, bien arrosées.

4) Cette espèce d'arbres aux feuilles démesurées, aux lianes et aux fleurs enroulées (prédominer) ▆▆ dans cette région sauvage.

5) Un petit groupe de phoques crabiers (apparaître) ▆▆ de temps à autre sur cette île inhospitalière.

6) L'assemblée de citoyens (souhaiter) ▆▆ la tenue d'une enquête indépendante pour faire la lumière sur ce malheureux événement.

7) Une colonie d'otaries (se reposer) ▆▆ sur les affleurements rocheux recouverts d'algues.

8) La centaine de tigres du Bengale (se concentrer) ▆▆ dans les plaines inondables et (parcourir) ▆▆ la forêt, la prairie et les marécages en quête de nourriture.

4. Complétez les phrases suivantes en y ajoutant un verbe conjugué à un temps simple et une expansion du verbe.

Ex.: C'est toi qui *es toujours prêt à donner des conseils.*

1) C'est toi qui ▆▆

2) Est-ce vous qui ▆▆

3) Je suppose que Milène, toi et moi ▆▆

4) C'est eux qui nous ▆▆

5) C'est Alexandre et toi qui ▆▆

6) C'est toi qui lui ▆▆

7) Ma sœur, mon frère et moi ▆▆

8) C'est toi et moi qui ▆▆

9) C'est Éloi et toi qui ▆▆

10) C'est vous qui ▆▆ et c'est moi qui ▆▆

11) C'est lui qui ▆▆ et c'est Ève, toi et moi qui ▆▆

5. Le sens de certains déterminants de quantité est souvent une source d'erreurs dans l'accord du verbe. Déterminez le nombre du donneur d'accord et accordez les verbes entre parenthèses. Au besoin, consultez un ouvrage de référence.

1) Dans l'environnement luxuriant de cette réserve, bon nombre d'animaux et de végétaux (évoluer) ▓▓▓ ensemble, dans un processus appelé *coévolution.*

2) Pas moins de six cents espèces d'arbres (s'épanouir) ▓▓▓ dans ce parc national.

3) Nombre de campagnes de vaccination (se dérouler) ▓▓▓ depuis plusieurs années en Afrique noire.

4) Même si les modes de vie varient d'une tribu à l'autre, la plupart des Amazoniens (combiner) ▓▓▓ agriculture, chasse et cueillette.

5) Assez peu d'espèces d'eau douce (descendre) ▓▓▓ les cours d'eau pour se reproduire dans les estuaires.

6) La rougeole continue à faire des ravages partout dans le monde : quantité de victimes (être) ▓▓▓ des enfants originaires des pays en voie de développement.

7) Moins de deux kilomètres nous (séparer) ▓▓▓ du magnifique paysage de ce parc national.

8) Plus d'une personne (ignorer) ▓▓▓ les vrais enjeux de la mondialisation.

9) Beaucoup de monde (visiter) ▓▓▓ , chaque année, le célèbre Grand Canyon, aux États-Unis, ou les gorges du Nil Bleu, en Afrique.

10) Encore trop de gouvernements ne (prendre) ▓▓▓ pas au sérieux les menaces annoncées par le changement climatique.

11) Plus d'un expert (affirmer) ▓▓▓ que, dans certaines régions du monde, la question de l'eau est à ce point critique qu'elle pourrait se trouver à l'origine de nouveaux conflits.

12) Plus de 1 200 espèces d'orchidées (fleurir) ▓▓▓ dans ce parc national.

Réviser et corriger des textes

6. Les textes suivants comportent en tout 18 erreurs d'accord du verbe. Repérez et corrigez ces erreurs en appliquant la stratégie *Pour vérifier l'accord du verbe* dans le **COUP DE POUCE**, à la page 186. Appliquez uniquement la stratégie pour les erreurs d'accord.

L'Organisation des Nations unies

⊘ L'Organisation des Nations unies (ONU) sont la plus importante et la plus influente des organisations intergouvernementales. Elle succède à la Société des Nations (SDN), fondée à la fin de la Première Guerre mondiale afin d'empêcher le déclenchement d'un nouveau conflit international. Fixée à Genève, la SDN ac-
5 cueillit un nombre croissant d'associations non gouvernementales. Cependant, le refus des États-Unis d'en signer la convention et l'incapacité de la SDN à freiner les visées expansionnistes de l'Allemagne, de l'Italie et du Japon dans les années 1930 a provoqué sa disparition au cours de la Seconde Guerre mondiale.

→

L'ONU est née à San Francisco le 24 octobre 1945 et siège à New York. Comme
10 pour la SDN, la préservation de la paix est la raison première de sa création. En
2009, l'ONU comprend 192 États membres et seul un petit nombre d'États n'en
fait pas officiellement partie.

Souvent, les interventions des Nations unies sur la scène mondiale n'a eu qu'une
efficacité relative, suscitant fréquemment des controverses. L'ONU apparaît par-
15 fois comme une institution impuissante, plus proche d'un salon de discussions où
débatte les superpuissances et les principaux blocs politiques, et non comme le
« gouvernement mondial » que d'aucuns souhaiteraient la voir devenir.

Les droits de l'homme

⊘ Avant la Seconde Guerre mondiale, le domaine d'action des droits de l'homme
se limitaient à la dénonciation de l'esclavage et de la guerre, et les débats qui
concernait la reconnaissance de ces droits n'avait lieu que dans un petit nombre
de pays. Le 10 décembre 1948 marque un tournant avec l'adoption à l'unanimité
5 de la Déclaration universelle des droits de l'homme par l'Assemblée générale
des Nations unies.

Des avancées majeures sont réalisées au cours des années suivantes, avec
l'élaboration et la ratification d'une série de conventions internationales par les
Nations unies, puis par chacun des États membres.

10 Une fois adoptée par un État, la législation des droits de l'homme est ensuite
généralement intégrée au code juridique propre à cet État. Malgré le rôle éminent
que joue les Nations unies dans l'élaboration de ces droits, il arrive fréquemment
que des organisations non gouvernementales, telle Amnistie internationale,
exerce des pressions politiques sur les institutions nationales ou internationales
15 pour les contraindre à agir. Ces actions, lesdites institutions ne les entreprennent
d'ailleurs, le plus souvent, qu'à contrecœur et trop tard. Que des millions de gens
aient pu souffrir et continuent à souffrir de violations de leurs droits bien après que
la Déclaration universelle des droits de l'homme a été signée ne font, aux dires de
plusieurs, que souligner les limites de cette Déclaration. C'est pourquoi plus d'un
20 organisme considèrent cette Déclaration comme inadéquate et mettent en doute
la capacité et la volonté des Nations unies de la faire respecter. Néanmoins, l'un
des résultats positifs de l'influence croissante qu'exerce les organisations internationales sur la scène mondiale auront été d'attirer l'attention sur des problèmes qui
risquait de passer inaperçus. Toutefois, si le monde en sont sorti grandi, quantité de
25 problèmes soulevés n'a pas encore trouvé de réponses.

Poursuivez votre travail sur l'accord du verbe en faisant les activités qu'on vous remettra.

7

Activités sur des difficultés liées
à l'accord du participé passé
et à l'accord de l'adjectif attribut
du complément direct du verbe

CONNAISSANCES
à consulter, au besoin

- L'accord de l'adjectif attribut du complément direct du verbe (p. 183)
- L'accord du participe passé employé avec *avoir* (p. 182)
- Accord du participe passé d'un verbe pronominal (p. 179)

📄 **Pour vérifier vos acquis sur l'accord du participe passé et sur l'accord de l'adjectif attribut du complément direct du verbe, faites les activités qu'on vous remettra.**

Doit-on écrire «Elles se sont parlées avant l'entrevue» ou «Elles se sont parlé avant l'entrevue»? Dans «Elle l'a faite, cette comparaison», le participe passé est-il bien accordé? Y a-t-il une erreur d'accord dans «Je trouve les nouvelles de ce recueil émouvantes»? Voilà, à titre d'exemples, de bonnes questions à se poser pour résoudre une fois pour toutes les erreurs les plus fréquentes liées à **l'accord du participe passé** et à **l'accord de l'adjectif attribut du complément direct du verbe**. Les pages qui suivent vous aideront à résoudre ces difficultés.

Évaluer son habileté à vérifier l'accord du participe passé et l'accord de l'adjectif attribut du complément direct du verbe

1. a) Dans le texte suivant, justifiez, s'il y a lieu, l'accord des participes passés et des adjectifs attributs du complément direct du verbe précédés d'un numéro en indiquant leur donneur d'accord et en précisant le genre et le nombre de ce dernier. Notez vos réponses dans un tableau semblable à celui qui suit le texte.

b) Évaluez vos connaissances sur l'accord du participe passé et celui de l'adjectif attribut du complément direct du verbe à l'aide de l'encadré de la page suivante.

Bebette

C'était un vivifiant rayon de soleil que tout le monde adorait.

Jusqu'à l'arrivée de Régina-Cœli, en tout cas, alors qu'elle s'était du jour au lendemain **(1)** retrouvée chef de famille avec des obligations d'adulte et des problèmes qu'elle ne comprenait pas toujours. Elle essaya pendant des années de tout régler avec son sens de la repartie […] mais, à son grand dam, elle se rendit compte un jour qu'elle n'était pas sûre qu'on la respectait.

C'est alors qu'elle était devenue un dragon. Pour se faire respecter.

Son sens de l'humour avait **(2)** disparu d'un seul coup comme si elle s'était **(3)** réveillée un matin **(4)** transformée par miracle et avait **(5)** oublié qui elle était la veille. Finies les plaisanteries, disparus les jeux de mots et les faces de clown, Élisabeth Desrosiers était désormais un chef de famille sérieux, et ceux à qui ça pouvait ne pas plaire n'avaient qu'à bien se tenir.

Sitôt son nouveau personnage trouvé – ses frère et sœurs avaient d'abord **(6)** cru à une plaisanterie pour vite se rendre compte que c'était sérieux, définitif, et qu'il fallait faire avec –, elle était partie à la recherche d'une chose qui lui appartiendrait en propre, un détail personnalisé, une expression qu'on n'associerait qu'à elle, dont on pourrait dire, lorsqu'on le voyait ou l'entendait, qu'on ne pouvait s'empêcher de penser à Bebette Desrosiers. Comme les bonnets de dentelle de la reine Victoria. Ou la robe bleue de la Sainte Vierge. Elle avait **(7)** essayé toutes sortes de choses, des chapeaux extravagants qu'on repérait à deux coins de rues ou, au contraire, des tenues à ce point sévères qu'on l'aurait **(8)** crue **(9)** entrée dans une communauté religieuse ; la voix de stentor, aussi, qu'elle avait été obligée de développer en tant que chef de famille et qu'elle rendait plus **(10)** menaçante encore ou, ce qui ne lui ressemblait pas du tout, une voix douce à travers laquelle on pouvait cependant sentir une froideur qui donnait des frissons dans le dos et jusqu'à des jurons qui n'étaient pas des sacres mais qui en imposaient. […] Lorsqu'elle eut **(11)** trouvé ce qui allait faire d'elle une célébrité et même une légende à travers Saint-Boniface – son fameux saperlipopette –, elle garda toutefois les chapeaux voyants et la voix de stentor, celle-ci renforçant l'effet dévastateur de l'interjection bien placée, ceux-là lui conférant un port de tête qui en imposait.

Elle avait donc **(12)** déniché son saperlipopette dans un vieux roman français […]. C'était une expression qu'utilisait un gendarme ridicule, l'élément comique de l'histoire, qui le servait à toutes les sauces et dans toutes les occasions. Elle avait tout de suite **(13)** trouvé ce mot **(14)** intéressant parce qu'il comprenait *cinq* syllabes sur lesquelles on pouvait appuyer en alternance selon les besoins : *sa*perlipopette !, sa*per*lipopette !, saper*li*popette !, etc., et l'avait **(15)** testé, de façon plutôt timide, sur les membres de son entourage. Sans grand résultat. Ils l'avaient **(16)** regardée en fronçant les sourcils, certains avaient **(17)** pouffé de rire – Régina-Cœli, par exemple, insulte suprême à son autorité –, Méo lui avait même **(18)** demandé d'où ça sortait, ce mot-là qu'on n'avait jamais **(19)** entendu et qui partait dans tous les sens. Elle ne s'était pas **(20)** laissé décourager pour autant et l'avait **(21)** peaufiné devant son miroir, le soir – depuis quelque temps elle avait droit, en tant qu'aînée des filles, à sa chambre à elle toute seule –, en mimant des mines querelleuses et en essayant de le faire claquer comme un coup de fouet, l'index pointé, les sourcils tricotés serrés. Elle s'était **(22)** rendu compte qu'en détachant les deux premières syllabes et en précipitant les trois autres – sa-per-lipopette ! – tout en prenant une voix caverneuse et inquiétante, elle arrivait à un résultat assez satisfaisant qui l'impressionnait elle-même.

Michel Tremblay, *La traversée du continent*, Montréal,
Leméac éditeur, 2007, p. 187, 188 et 189.

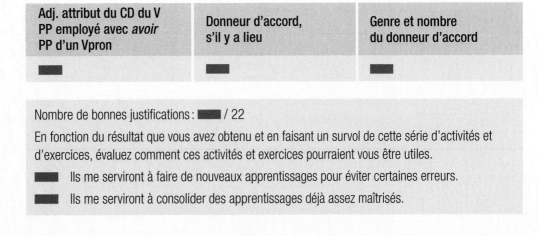

Adj. attribut du CD du V PP employé avec *avoir* PP d'un Vpron	Donneur d'accord, s'il y a lieu	Genre et nombre du donneur d'accord
▬	▬	▬

Nombre de bonnes justifications : ▬▬ / 22

En fonction du résultat que vous avez obtenu et en faisant un survol de cette série d'activités et d'exercices, évaluez comment ces activités et exercices pourraient vous être utiles.

▬▬ Ils me serviront à faire de nouveaux apprentissages pour éviter certaines erreurs.

▬▬ Ils me serviront à consolider des apprentissages déjà assez maîtrisés.

Résoudre quelques difficultés liées à l'accord du participe passé employé avec *avoir*

PRINCIPALES SOURCES D'ERREURS DANS L'ACCORD DU PARTICIPE PASSÉ EMPLOYÉ AVEC *AVOIR*

Description des erreurs et exemples d'erreurs	Correction des erreurs
A. Le participe passé est accordé avec le sujet, comme lorsque l'auxiliaire est *être*. ⊘ Les erreurs que nous avons signalés sont inacceptables.	Les erreurs que nous avons signalées sont inacceptables.
B. Le participe passé est accordé avec le CD placé après le verbe. ⊘ J'ai trouvées ces remarques d'une cruauté sans nom.	J'ai trouvé ces remarques d'une cruauté sans nom.
C. Le participe passé est accordé avec le CI. ⊘ La recommandation que Jean nous a faits est sage.	La recommandation que Jean nous a faite est sage.
D. L'accord vient du mauvais donneur dans le GN ou le GPron qui précède le participe passé. ⊘ La jeune fille n'avait pu répondre à la quantité de questions que le policier lui avait posée.	La jeune fille n'avait pu répondre à la quantité de questions que le policier lui avait posées.
E. L'accord vient du CD d'un autre verbe. ⊘ Cette mélodie, je l'ai souvent entendue fredonner.	Cette mélodie, je l'ai souvent entendu fredonner.

2. Repérez les erreurs d'accord des participes passés employés avec *avoir* dans les phrases suivantes.

   a) Dans chaque cas, indiquez la nature de l'erreur en choisissant la ou les lettres appropriées parmi celles du tableau PRINCIPALES SOURCES D'ERREURS DANS L'ACCORD DU PARTICIPE PASSÉ EMPLOYÉ AVEC *AVOIR*.

   b) Récrivez chaque phrase correctement.

   1) ⊘ De tous les aventuriers européens que la curiosité et l'ambition ont poussées vers de nouveaux horizons, le plus illustre est Marco Polo.

   2) ⊘ Après qu'il eut enlevées ses chaussures, il s'endormit misérablement dans la bergère.

   3) ⊘ Les lettres qu'elle nous avait confisqués recelaient des informations de la plus haute importance.

   4) ⊘ Les diverses histoires que Charles avait entendues raconter sur cette vieille cérémonie étaient aussi vagues qu'effrayantes.

   5) ⊘ Le vallon que les naufragés avaient découverts était tapissé de plantes grasses et d'arbres nains.

6) ⊘ Les contrées inouïes que l'explorateur nous avait décrits feraient rêver tout l'Occident.

7) ⊘ L'expédition qu'elles avaient enfin pue faire les avait ravie.

8) ⊘ Les hommes avaient fouillés toutes les pièces pour repartir au bout d'une demi-heure avec une pochette de lettres jaunies que nous avions fermés par un ruban bleu.

9) ⊘ Les deux jeunes chercheurs avaient trouvé un des registres que le célèbre naturaliste avait rempli de sa main.

10) ⊘ Des pages d'un premier jet de son voyage autour du monde que j'ai lu, j'ai vus des passages entiers qu'on avait retranché.

11) ⊘ S'enfuir avant l'aube était sûrement l'une des meilleures solutions que nous avions trouvée.

3. Expliquez la raison pour laquelle le participe passé en caractères gras est invariable dans chacune des phrases suivantes.

1) Des exercices comme ceux-là, j'en ai bien **fait** !

2) Sa santé déclinait beaucoup plus rapidement que nous l'avions **pensé**.

3) Je leur ai rendu leurs missives et les ai **laissé** partir.

4) J'ai accompli tous les travaux que j'ai **pu**.

5) Les efforts qu'il a **fallu** pour ce travail ont été vains.

Réviser et corriger un texte

4. Le texte suivant comporte six erreurs d'accord du participe passé employé avec *avoir*. Repérez et corrigez ces erreurs en appliquant la stratégie *Pour vérifier l'accord du participe passé employé avec* avoir dans le COUP DE POUCE, à la page 183. Appliquez uniquement la stratégie pour les erreurs d'accord.

Les métamorphoses d'Ovide

⊘ C'est probablement vers l'an 1 avant Jésus-Christ que le poète latin Ovide s'est lancé dans un projet plus ambitieux que son grand succès *L'art d'aimer*, poèmes d'amour qu'il avait écrit jusque-là. Dans ce projet, il a voulu rassembler et raconter en vers des récits et des légendes de héros et d'héroïnes de la mythologie qui ont
5 bercée son enfance, qu'il a lu et qu'il retrouve autour de lui, représentés sur les fresques et les mosaïques décorant les splendides villas romaines. Ovide a réunies ainsi des centaines de légendes dans une œuvre colossale de plus de douze mille vers, qu'il a divisé en quinze livres, *Les métamorphoses*. En effet, le texte présente un monde encore inachevé où les personnages sont changés en animaux, en
10 plantes, en fleuves, en montagnes, etc. Ce sont ces deux cent trente et un récits de métamorphoses qui ont donné son titre à cette œuvre, qui présente toutes sortes

d'histoires très différentes – amusantes, horribles ou poétiques. On y trouve les combats des héros célèbres tels Ulysse ou Énée, mais ceux-ci ne sont que des personnages parmi tant d'autres.

15 Les innombrables légendes des *Métamorphoses* ont connues à travers les siècles une grande célébrité. Ainsi, en France, au XVIIe siècle, elles ont inspiré certaines fables de La Fontaine et même de nombreuses sculptures du château de Versailles.

 Poursuivez votre travail sur l'accord du participe passé employé avec *avoir* en faisant les activités qu'on vous remettra.

LE PARTICIPE PASSÉ D'UN VERBE PRONOMINAL

Résoudre quelques difficultés liées à l'accord du participe passé d'un verbe pronominal

PRINCIPALES SOURCES D'ERREURS DANS L'ACCORD DU PARTICIPE PASSÉ D'UN VERBE PRONOMINAL

Description des erreurs et exemples d'erreurs	Correction des erreurs
A. Le pronom du verbe pronominal (*me*, *te*, *se*, etc.) est bien le CD du verbe, mais l'accord du participe passé n'est pas fait. Ø La lune s'était levé derrière la futaie.	La lune s'était levée derrière la futaie.
B. Le verbe est suivi d'un CD, mais le participe passé est quand même accordé avec le pronom du verbe pronominal (*me*, *te*, *se*, etc.). Ø Ils s'étaient dits qu'ils s'en souviendraient.	Ils s'étaient dit qu'ils s'en souviendraient.
C. Le verbe est précédé d'un CD, mais le participe passé est quand même accordé avec le pronom du verbe pronominal (*me*, *te*, *se*, etc.). Ø Elle m'a prêté les revues qu'elle s'était achetée.	Elle m'a prêté les revues qu'elle s'était achetées.
D. Le verbe n'a jamais de CD, mais le participe passé est quand même accordé avec le pronom du verbe pronominal (*me*, *te*, *se*, etc.). Ø Elles se sont parlées longuement de leurs découvertes.	Elles se sont parlé longuement de leurs découvertes.
E. Le pronom du verbe pronominal (*me*, *te*, *se*, etc.) est impossible à analyser ; pourtant, le participe passé n'est pas accordé avec le sujet, comme il le devrait. Ø Nous nous sommes souvenu de nos vacances.	Nous nous sommes souvenus de nos vacances.

5. Repérez les erreurs d'accord des participes passés des verbes pronominaux dans les phrases suivantes.

    a) Dans chaque cas, indiquez la nature de l'erreur en choisissant la lettre appropriée parmi celles du tableau PRINCIPALES SOURCES D'ERREURS DANS L'ACCORD DU PARTICIPE PASSÉ D'UN VERBE PRONOMINAL.

    b) Récrivez chaque phrase correctement.

    1) ⃠ Les hommes s'étaient rassemblé sous les tilleuls pour former une chorale.

    2) ⃠ La lune s'était couché, il faisait nuit.

    3) ⃠ Les générations qui s'étaient succédées depuis le début du siècle dernier avaient été témoins d'énormes progrès scientifiques.

    4) ⃠ La dernière journée s'était écoulé comme les précédentes, à reculer de quart d'heure en quart d'heure.

    5) ⃠ Son père changea de visage et lui reprocha avec aigreur le temps qu'il avait perdu et les idées inutiles qu'il s'était mis dans la tête.

    6) ⃠ En parlant de sa nièce qui s'était cassée un bras en tombant d'un arbre, il avait dit que cette petite était un garçon manqué.

    7) ⃠ Elles s'étaient décidé à quitter l'île pour venir habiter le continent.

    8) ⃠ Une femme qui s'était imposée de si grands sacrifices pouvait bien se passer de fantaisies.

    9) ⃠ Quelles questions la jeune femme s'était-elle posée à ce tournant de sa carrière ?

    10) ⃠ Longuement leurs relations s'étaient borné à quelques saluts dans l'escalier.

    11) ⃠ La disposition de la pièce n'avait pas changé, mais la poussière s'était déposé sur les meubles et des araignées s'étaient installé dans les lustres.

    12) ⃠ Depuis que sa famille s'était aperçu qu'il avait appris tout seul à lire et à écrire, tout le monde se mêlait de son éducation.

    13) ⃠ Après la projection du documentaire, nous étions trop émus pour nous parler, mais nous nous sommes quand même souris.

    14) ⃠ Ce soir-là, il faut avouer que nous ne nous sommes aucunement soucié des conséquences de nos actes.

6. Complétez les phrases suivantes en conjuguant au passé composé les verbes pronominaux entre parenthèses.

    1) Voici toutes les lettres qu'elles (s'écrire) ▦ .

    2) La concierge (s'absenter) ▦ quelques instants.

    3) Nous (s'entraider) ▦ toute l'année.

    4) Vous (se rencontrer) ▦ à la bibliothèque.

→

5) Ils (s'écrire) ▬ toutes ces lettres.

6) Éloïse (se brûler) ▬ au doigt.

7) Les enfants (s'endormir) ▬ sous les bancs.

8) Elle (s'acheter) ▬ quelques bricoles.

9) C'est une dure épreuve que ma copine (s'imposer) ▬ !

10) Elles (se comprendre) ▬ sans paroles.

Réviser et corriger un texte

7. Dans le texte suivant, relevez tous les participes passés des verbes pronominaux et corrigez-les, s'il y a lieu. Justifiez vos accords en appliquant la stratégie *Pour vérifier l'accord du participe passé d'un verbe pronominal* dans le COUP DE POUCE, à la page 181. Appliquez uniquement la stratégie pour les erreurs d'accord.

L'Etna, tout un passé destructeur

◌ L'une des éruptions les plus spectaculaires de l'Etna en Sicile a débuté le 11 mars 1669 lorsqu'une fissure s'est ouvert dans le flanc sud du volcan. Des sections entières de la ville de Nicolosi ont été rapidement calcinées. Heureusement, la plupart des habitants avaient abandonné leur maison à cause des séismes de
5 plus en plus forts qui avaient eu lieu au cours des deux mois précédant l'éruption et s'étaient réfugié dans la ville de Catane.

Or, au début du mois d'avril de ladite année, la lave a atteint les remparts ouest de Catane et a commencé à s'y accumuler. Les coulées ont tout d'abord été déviées vers le sud par des fortifications et ont commencé à remplir le port de la ville. Puis
10 la lave a continué de monter, mais la pression exercée par cette dernière étant trop forte, toute une section du mur d'enceinte s'est écroulé, permettant ainsi à la lave de pénétrer dans la cité. Les citadins se sont rassemblé et ont reconstruit rapidement des murs en travers des routes menant à la partie basse de la ville pour tenter de contenir les coulées. Bien que la majeure partie de la ville haute ait été
15 détruite, cette stratégie a été salutaire ; on a pu ainsi prévenir des dommages plus importants. L'éruption a pris fin vers la mi-juillet.

Pour ce qui est de l'éruption la plus destructrice du xxᵉ siècle, elle a débuté le 2 novembre 1928. Des explosions et des panaches ont commencé près du sommet et se sont propagé le long des fissures ouvertes dans le flanc est du volcan.
20 Le 4 novembre, la fissure la plus basse s'est ouvert et la lave a commencé à se déverser dans un ravin au-dessus de la ville de Mascali. Le lendemain, les quelque 2 000 habitants ont été calmement évacués avant que la coulée de lave ne s'épanche dans tout le village, embrasant ses maisons et ses terres cultivées. L'éruption, qui s'est arrêté le 20 novembre, n'a fait aucune victime, mais la ville
25 de Mascali a disparu de la carte.

 Poursuivez votre travail sur l'accord du participe passé d'un verbe pronominal en faisant les activités qu'on vous remettra.

Résoudre quelques difficultés liées à l'accord de l'adjectif attribut du complément direct du verbe

PRINCIPALES SOURCES D'ERREURS DANS L'ACCORD DE L'ADJECTIF ATTRIBUT DU COMPLÉMENT DIRECT DU VERBE

Description des erreurs et exemples d'erreurs	Correction des erreurs
A. L'attribut du CD n'est pas accordé avec le CD, mais avec un autre mot. ⊘ On juge les arguments de ce scientifique contestable.	On juge les arguments de ce scientifique contestables.
B. Le CD est un pronom dont on a omis de vérifier l'antécédent pour accorder l'attribut. ⊘ Ils ont réalisé plusieurs projets qu'ils croyaient au départ irréalisable.	Ils ont réalisé plusieurs projets qu'ils croyaient au départ irréalisables.
C. Le CD étant placé après l'attribut, on a oublié de faire l'accord. ⊘ On croyait que le juge allait laisser impuni ces crimes.	On croyait que le juge allait laisser impunis ces crimes.

8. Repérez les erreurs d'accord des adjectifs attributs du complément direct du verbe dans les phrases suivantes.

a) Dans chaque cas, indiquez la nature de l'erreur en choisissant la lettre appropriée parmi celles du tableau PRINCIPALES SOURCES D'ERREURS DANS L'ACCORD DE L'ADJECTIF ATTRIBUT DU COMPLÉMENT DIRECT DU VERBE.

b) Récrivez chaque phrase correctement.

1) ⊘ Nombre de cultures superstitieuses attribuaient des pouvoirs magiques à certains individus qu'on jugeait capable de faire le mal par simple regard.

2) ⊘ Les tribus de chasseurs-cueilleurs voyaient souvent des relations étroites entre l'humain et l'animal, qu'ils croyaient doué de pouvoirs de transformation.

3) ⊘ Les violents orages avaient laissé boueux les routes pendant quelques jours.

4) ⊘ Nous avons trouvé les récits de ce peuple vraiment surprenant.

5) ⊘ On croit millénaire les cultes pratiqués par les Maoris de la Nouvelle-Guinée.

6) ⊘ Les pistes que nous devions emprunter pour nous rendre à cette réserve, la tempête de sable les a rendues impraticable.

7) ⊘ Dans ces communautés plus rigides que les nôtres, on aurait pu trouver inconvenant nos embrassades, nos promenades main dans la main et nos regards émerveillés de nous-mêmes.

8) ⊘ Nombre de petits objets, qui devaient, sans doute, protéger des maladies, et des oiseaux qu'on aurait dits vivant étaient suspendus au plafond de la yourte de cette tribu nomade.

9) ⊘ La jeune fille tenait levé devant elle une coupe de cristal qui était remplie de talismans, auxquels on attribuait des vertus magiques.

10) ⊘ Cette terre, les explorateurs la trouvèrent étonnamment dépourvu de glace.

Réviser et corriger un texte

9. Dans le texte suivant, relevez tous les adjectifs attributs du complément direct du verbe et corrigez-les, s'il y a lieu. Justifiez vos accords en appliquant la stratégie *Pour vérifier l'accord de l'adjectif attribut du complément direct du verbe* dans le COUP DE POUCE, à la page 184. Appliquez uniquement la stratégie pour les erreurs d'accord.

Passagers clandestins

⊘ Après cinq heures pratiquement ininterrompues à ramer, Ludovic se dirigea vers une petite crique qui le cachait de la vue de ceux qui passaient sur le lac et coinça son embarcation dans la berge, entre les plantes qui croissaient en touffes. Il tituba quelque peu en prenant pied sur l'épais tapis de mousse, puis il se fraya
5 un passage entre le feuillage, descendit sur la berge du chenal et décida de faire quelques brasses dans la crique afin d'aiguiser son appétit. Le soleil du matin avait l'habitude de rendre l'eau de la crique chaud. Mais aujourd'hui, à cause de la voûte de nuages qui obscurcissait le ciel, Ludovic la trouvait délicieusement frais et elle eut tôt fait de le détendre et de le délasser. Il nagea deux fois le long de la petite
10 crique, heureux de sentir tous les membres de son corps libre et décontracté après l'interminable voyage depuis la baie des Sables, puis il se laissa couler sans bruit et revint, à la manière des tortues, le long de la barque. Alors qu'il nageait encore au fond de l'eau, quelque chose dans la position de la barque lui avait fait écarquiller les yeux. Quand il était remonté à la surface, il s'en était fallu de peu pour que sa
15 tête aille se fracasser contre l'avant du petit bateau. Il s'y accrocha et s'aperçut que la barque s'était délogée de la berge où il l'avait enfoncée en débarquant. Petit à petit, elle était partie à reculons vers l'intérieur de la crique, ce qui la rendait de moins en moins apparent de la rive. Accroché à la barque, il observait prudemment par-dessus bord la masse qui occupait tout l'avant de l'embarcation – et qu'il jugea
20 assez lourd. Quelque chose bougeait sous cette bâche en peau de daim. Il entendit de faibles bruits, comme si des mains ou des pieds tâtonnaient, essayaient de dénouer les lanières de la toile. Il crut alors qu'un ennemi se tenait blotti dans son embarcation. Il se hissa à bord de la barque, saisit son couteau, trancha le nœud qui serrait les lanières de la toile et la souleva. Deux jeunes garçons, les épaules
25 encore prises à l'intérieur de la toile, s'assirent tranquillement sur le plancher de la barque et lui dédièrent le plus implorant de leurs sourires.

 Poursuivez votre travail sur l'accord de l'adjectif attribut du complément direct du verbe en faisant les activités qu'on vous remettra.

8

Activités sur des difficultés liées
à la ponctuation

CONNAISSANCES
à consulter, au besoin

• Ponctuation (p. 236)

📄 **Pour vérifier vos acquis sur la ponctuation, faites les activités qu'on vous remettra.**

Laquelle de ces deux phrases est bien ponctuée ? « Dès la première scène le héros suscite des sentiments ambivalents, autour de lui » ou « Dès la première scène, le héros suscite des sentiments ambivalents autour de lui » ? Qu'est-ce qui ne va pas dans « Parmi les genres cinématographiques qu'elle préfère, on trouve : le film policier, le film fantastique et le film d'aventures » ? Voilà, à titre d'exemples, de bonnes questions à se poser pour résoudre une fois pour toutes les erreurs les plus fréquentes liées à **la ponctuation**. Les pages qui suivent vous aideront à résoudre ces difficultés.

Évaluer son habileté à ponctuer un texte

1. a) Dans le texte suivant, ajoutez, pour chaque numéro, le signe de ponctuation qui convient à l'intérieur de la phrase graphique, s'il y a lieu.

b) Évaluez vos connaissances sur la ponctuation à l'aide de l'encadré qui suit le texte.

Ba-be-bi-bo-bu

Tous les bébés sont plus ou moins prématurés à la naissance, puisqu'ils ne peuvent se nourrir seuls et sont incapables de se déplacer ou de parler. Les chiots se débrouillent en quelques heures **(1)** ▬ les poulains sont sur pattes le jour même **(2)** ▬ mais les petits de l'homme restent désemparés. Or **(3)** ▬ cette situation quasi larvaire nous procure un avantage sur les autres êtres vivants **(4)** ▬ grâce aux parents **(5)** ▬ l'enfant deviendra de plus en plus autonome et apprendra une ou plusieurs langues.

Dans une collection intelligente de livres consacrés à l'histoire de la Terre, de Dieu ou du bonheur **(6)** ▬ voici celle du langage* **(7)** ▬ pleine de surprises. Concédons que les animaux, y compris les insectes, possèdent une forme de langage **(8)** ▬ ils communiquent par phéromones ou par des chants. Mais c'est la langue **(9)** ▬ qui nous distingue des grands singes.

[…]

Sommes-nous seuls à parler, à discuter, à penser ? On ne le sait pas. Kanzi **(10)** ▬ un singe bonobo **(11)** ▬ chimpanzé de la forêt congolaise **(12)** ▬ utilise 250 lexigrammes et comprend 500 mots, même au téléphone ! Par contre **(13)** ▬ il semble que nous soyons les seuls à conjuguer le passé et le futur de nos verbes d'action. Ce qui est sûr **(14)** ▬ c'est que nous possédons un mécanisme qui nous permet d'émettre une immense variété de sons. Notre larynx se serait positionné quand nos ancêtres **(15)** ▬ en courant dans les steppes **(16)** ▬ ont modifié leur cage thoracique. Peut-être. On sait que la fonction ne crée pas l'organe **(17)** ▬ mais la sélection naturelle est un des principes de la théorie de l'évolution de Darwin.

→

---

* Pascal Picq, Laurent Sagart, Ghislaine Dehaene et Cécile Lestienne, *La plus belle histoire du langage*, Paris, Seuil, 2008, 184 p.

Apprendre une langue (**18**) ▭ c'est vivre dans un *utérus culturel*. Les parents n'enseignent pas à parler (**19**) ▭ à leurs enfants (**20**) ▭ ils leur fournissent des modèles de langue et de culture. [...]

Bébé reconnaît les comptines que sa mère chantait pendant la grossesse (**21**) ▭ il suffit de mesurer l'accélération de sa tétée pour le savoir. Quatre jours après sa naissance (**22**) ▭ le bébé identifie la voix de sa mère (**23**) ▭ et il peut même différencier sa langue maternelle d'une langue étrangère. À cinq mois (**24**) ▭ un bébé américain peut percevoir l'accent britannique tellement il a l'ouïe fine. Des tests l'ont démontré.

[...] Le langage est génétique, la *langue* (**25**) ▭ un produit culturel avec sa prosodie et son babillage propres. L'enfant crie, chuchote, grogne, bave en expulsant de l'air... Il lui faut contrôler environ 70 muscles pour parler (**26**) ▭ ceux du palais, de la mâchoire, des lèvres, de la langue. On comprend qu'il faille du temps pour s'exprimer correctement.

Contrairement aux idées reçues (**27**) ▭ la structure d'une langue ne modifie ni la pensée (**28**) ▭ ni la façon de voir la réalité. On a tout avantage à parler plusieurs langues [...]

Jacques Godbout, « Ba-be-bi-bo-bu », *L'actualité*, vol. 33, n° 11, 1er juillet 2008, p. 64.
Texte légèrement modifié à des fins pédagogiques.

Nombre de bonnes réponses : ▭ / 28

En fonction du résultat que vous avez obtenu et en faisant un survol de cette série d'activités et d'exercices, évaluez comment ces activités et exercices pourraient vous être utiles.

▭ Ils me serviront à faire de nouveaux apprentissages pour éviter certaines erreurs.

▭ Ils me serviront à consolider des apprentissages déjà assez maîtrisés.

LA VIRGULE

Résoudre quelques difficultés liées à l'emploi de la virgule

PRINCIPALES SOURCES D'ERREURS DANS L'EMPLOI DE LA VIRGULE

Description des erreurs et exemples d'erreurs	Correction des erreurs
A. Une virgule sépare le sujet du prédicat alors que ces deux éléments se suivent. ⊘ Pour ce dramaturge, le théâtre des années trente, n'a rien apporté au spectateur.	Pour ce dramaturge, le théâtre des années trente n'a rien apporté au spectateur.
B. Une virgule sépare le verbe de son CD ou de son CI. ⊘ Il précisa, que le scénario du film était quelque peu différent du roman. ⊘ Dans un des films de Méliès, un magicien recouvre une actrice, d'un pan d'étoffe pour donner l'illusion de la faire disparaître.	Il précisa que le scénario du film était quelque peu différent du roman. Dans un des films de Méliès, un magicien recouvre une actrice d'un pan d'étoffe pour donner l'illusion de la faire disparaître.

Description des erreurs et exemples d'erreurs	Correction des erreurs
C. Il y a une virgule devant l'incise alors que le discours rapporté se termine par un point d'interrogation, un point d'exclamation ou des points de suspension. ⊘ «Où est le régisseur?», hurla-t-elle.	«Où est le régisseur?» hurla-t-elle.
D. Il manque une virgule devant un coordonnant autre que *et*, *ou*, *ni*. ⊘ Au Festival de Cannes, ce film fut incompris du public mais il enthousiasma les critiques.	Au Festival de Cannes, ce film fut incompris du public, mais il enthousiasma les critiques.
E. Il manque une ou deux virgules pour isoler certains éléments facultatifs ou déplaçables: **1.** un complément de phrase en tête de phrase ou au milieu de la phrase; ⊘ Pour comprendre les passions que déchaîna la pièce il faut la replacer dans son contexte social. ⊘ Molière joue *Tartuffe* en 1664 au palais de Versailles.	Pour comprendre les passions que déchaîna la pièce, il faut la replacer dans son contexte social. Molière joue *Tartuffe*, en 1664, au palais de Versailles.
2. un groupe nominal ou un groupe pronominal; ⊘ La guerre sommet de l'absurdité est très présente dans l'œuvre de Stanley Kubrick.	La guerre, sommet de l'absurdité, est très présente dans l'œuvre de Stanley Kubrick.
3. un groupe adjectival; ⊘ Issu de la bourgeoisie new-yorkaise Humphrey Bogart commence sa carrière au théâtre. ⊘ Le cascadeur s'arrêta pour regarder muet d'étonnement.	Issu de la bourgeoisie new-yorkaise, Humphrey Bogart commence sa carrière au théâtre. Le cascadeur s'arrêta pour regarder, muet d'étonnement.
4. un groupe participial; ⊘ S'inspirant d'un fait divers le cinéaste raconte l'histoire des amours impossibles d'une aristocrate et d'un ouvrier.	S'inspirant d'un fait divers, le cinéaste raconte l'histoire des amours impossibles d'une aristocrate et d'un ouvrier.
5. un modificateur du verbe. ⊘ Habilement le cinéaste fait alterner l'image de sa victime traquée et celle de ses sauveteurs.	Habilement, le cinéaste fait alterner l'image de sa victime traquée et celle de ses sauveteurs.
F. Il manque une virgule pour isoler un groupe de mots mis en évidence. ⊘ Le cinéma d'aventures c'est la certitude de partir à la découverte de nouveaux horizons.	Le cinéma d'aventures, c'est la certitude de partir à la découverte de nouveaux horizons.
G. Il manque une ou deux virgules pour isoler: **1.** une apostrophe; ⊘ «Est-ce bien le dernier film de Robert Lepage Monsieur?» demanda l'étudiant.	«Est-ce bien le dernier film de Robert Lepage, Monsieur?» demanda l'étudiant.
2. une incise. ⊘ «L'individu seul contre les lois ou les conventions, voilà ce qui m'intéresse» a déclaré la cinéaste.	«L'individu seul contre les lois ou les conventions, voilà ce qui m'intéresse», a déclaré la cinéaste.

2. Repérez les erreurs dans les phrases suivantes.

    a) Dans chaque cas, indiquez la nature de l'erreur en choisissant la ou les lettres appropriées parmi celles du tableau PRINCIPALES SOURCES D'ERREURS DANS L'EMPLOI DE LA VIRGULE.

    b) Récrivez chaque phrase correctement.

1) ⊘ Désormais passée dans le langage courant l'expression *Bollywood* (contraction de Bombay et d'Hollywood) désigne l'industrie cinématographique indienne.

2) ⊘ C'est dès 1912 que le personnage de Robin des Bois apparaît au cinéma mais c'est Douglas Fairbanks qui lui donne ses lettres de noblesse dans le film muet réalisé en 1922 par Allan Dwan.

3) ⊘ L'une des séquences les plus mémorables des *Producteurs* (1968), reste l'ascension au pouvoir d'Adolf Hitler que le réalisateur Mel Brooks a montée en numéro musical.

4) ⊘ Marquant le cinéma d'une empreinte indélébile Orson Welles a toujours figuré parmi les acteurs et les réalisateurs les plus adulés.

5) ⊘ Épopée de près de trois heures et demie *Ben-Hur* reçoit en 1960 onze Oscars, dont ceux du meilleur film et du meilleur acteur pour Charlton Heston dans le rôle-titre.

6) ⊘ « Il m'impressionne ce cinéaste » confia-t-elle au journaliste.

7) ⊘ Au lendemain de la Seconde Guerre mondiale l'humour anglais atteint des sommets dans un genre nouveau celui de la comédie d'humour noir, où s'illustre particulièrement Alec Guinness.

8) ⊘ D'un élan unanime les surréalistes ont aimé le cinéma un art qu'ils trouvaient moins bourgeois que le théâtre.

9) ⊘ En 1913 Méliès tire des leçons, de ses difficultés grandissantes et abandonne définitivement le cinéma. Ruiné il va même jusqu'à détruire par dépit une partie de ses films.

10) ⊘ « Savais-tu Léa que le tout premier film parlant est *Le chanteur de jazz* (1927), réalisé par Alan Crosland ? », lui ai-je demandé.

Réviser et corriger un texte

3. Dans le texte suivant, la plupart des virgules ont été omises. Corrigez ces erreurs en ajoutant les virgules manquantes.

La fureur de danser

⊘ Muse d'Édouard Lock pendant 18 ans au sein de La La La Human Steps, elle s'est engagée dans des chorégraphies qui relevaient du saut à l'élastique… sans élastique. On s'attendait à rencontrer une forte tête ; c'est un ange envolé d'un vitrail, une mutante avec des épaules comme ça et une
5 énergie à tout casser. Louise Lecavalier comptera dans l'histoire de la danse.

— « Égérie de la danse contemporaine », « tornade blonde », « ballerine électrique » : vous êtes une légende.

— Je ne me réveille pas le matin en me disant que je suis la « tornade blonde ». Je suis une danseuse je ne vis pas avec les mots. C'est en répétition quand je ne me
10 trouve pas bonne que je me rappelle parfois ce que l'on a écrit sur moi.

— La danse peut-elle changer le monde ?

— J'entends parfois des artistes dire qu'ils ont des idées des causes sociales à défendre. Moi je fais un travail très égoïste car c'est moi que j'observe. Je ne veux pas changer la société je veux me changer moi et cela prend du temps. C'est pour-
15 quoi je danse encore après 30 ans.

— Et vous êtes restée adepte de la danse extrême.

— Oui, je recherche toujours la décharge d'adrénaline. En studio je vais spontanément vers la défonce physique. Après en cours de travail je me réfrène j'apporte les nuances.

20 [...]

— On parle souvent de la souffrance qu'endurent les danseurs dans leur volonté de façonner leur corps.

— Je ne peux pas nier qu'il y a une dépense physique énorme qui demande un certain courage. Mais comment imaginer vivre autrement ? On a un corps qui nous
25 est donné pour tant d'années. Certains se font croire qu'ils n'ont pas besoin de se dépasser physiquement par contre ils se font tatouer ou percer pour éprouver des sensations.

— Quelle est votre première préoccupation sur scène : transmettre l'émotion ?

— C'est d'être là, dans le moment présent. Je suis plus heureuse sur scène
30 aujourd'hui que du temps de La La La. À l'époque quand j'atteignais en répétition des dépassements physiques que je n'arrivais pas à reproduire sur scène je vivais une grande déception. Maintenant j'accepte les imperfections, qui contribuent souvent à la beauté du spectacle.

— Le public pense souvent ne pas avoir les compétences pour apprécier un
35 spectacle de danse.

— On regarde la danse comme on regarde une peinture abstraite. La danse parle de l'essentiel, des émotions humaines. Elle se ressent.

[...]

— Imaginez-vous le jour où vous ne danserez plus ?

40 — [...] Je me tournerai peut-être vers l'enseignement.

André Ducharme, « La fureur de danser», *L'actualité*, vol. 34, n° 15, 1er octobre 2009, p. 78.
Texte légèrement modifié à des fins pédagogiques.

Poursuivez votre travail sur la virgule en faisant les activités qu'on vous remettra.

Résoudre quelques difficultés liées à l'emploi du deux-points, du point-virgule et des guillemets

PRINCIPALES SOURCES D'ERREURS DANS L'EMPLOI DU DEUX-POINTS, DU POINT-VIRGULE ET DES GUILLEMETS

Description des erreurs et exemples d'erreurs	Correction des erreurs
A. Un deux-points sépare un verbe d'une énumération, dont les éléments ne sont pas disposés l'un en dessous de l'autre. ⊘ Dans cette œuvre, on exploite : la parodie, la caricature, le burlesque mais également l'émotion pure.	Dans cette œuvre, on exploite la parodie, la caricature, le burlesque mais également l'émotion pure.
B. Un deux-points sépare le subordonnant *que* du reste de la subordonnée, qui est une citation. ⊘ Le critique écrit que : « le comportement loufoque des héros n'est justifié par aucune logique dans ce film ».	Le critique écrit que « le comportement loufoque des héros n'est justifié par aucune logique dans ce film ».
C. On utilise un point-virgule à la place du deux-points pour introduire une cause, une conséquence, une explication, un résultat ou une conclusion. ⊘ Outre une mise en scène soignée et d'excellents dialogues, le film a un grand mérite ; il est sans prétention.	Outre une mise en scène soignée et d'excellents dialogues, le film a un grand mérite : il est sans prétention.
D. Il manque un deux-points pour introduire un discours direct. ⊘ Ce metteur en scène pour le moins étrange déclara « Je cherche à peindre les choses derrière les choses. »	Ce metteur en scène pour le moins étrange déclara : « Je cherche à peindre les choses derrière les choses. »
E. Il manque des guillemets pour encadrer un discours direct. ⊘ Je voudrais leur apprendre à voir la vie quotidienne avec la même passion qu'ils éprouvent à lire un livre, a déclaré le scénariste.	« Je voudrais leur apprendre à voir la vie quotidienne avec la même passion qu'ils éprouvent à lire un livre », a déclaré le scénariste.

4. Repérez les erreurs dans les phrases suivantes.

  a) Dans chaque cas, indiquez la nature de l'erreur en choisissant la lettre appropriée parmi celles du tableau **PRINCIPALES SOURCES D'ERREURS DANS L'EMPLOI DU DEUX-POINTS, DU POINT-VIRGULE ET DES GUILLEMETS**.

  b) Récrivez chaque phrase correctement.

  1) ⊘ Un soir de 1833, alors qu'il commençait la rédaction du *Père Goriot*, Balzac se serait écrié « Je serai un homme de génie. »

  2) ⊘ Dès sa sortie dans les salles, *Naissance d'une nation* (David W. Griffith, 1915) déchaîna les passions ; le réalisateur fut notamment accusé de raviver les haines entre communautés et surtout de légitimer le retour du sinistre Ku Klux Klan.

→

3) ⊘ Alors qu'il décorait Georges Méliès de la Légion d'honneur en 1931, Louis Lumière lança ainsi au cinéaste : Je salue en vous le créateur du spectacle cinématographique.

4) ⊘ Dans *Histoire de ma vie* (1964), Charlie Chaplin écrit que : « ce n'est pas la réalité qui compte dans un film, mais ce que l'imagination peut en faire ».

5) ⊘ Les personnages du *Jour se lève* (Marcel Carné, 1939), peut-être l'un des plus beaux films du cinéma français, sont : un ouvrier (Jean Gabin), un dresseur de chiens (Jules Berry), sa partenaire (Arletty) et une jeune fleuriste (Jacqueline Laurent).

6) ⊘ Le premier film de Luis Buñuel, *Un chien andalou* (1929), contient un des plans les plus violents de toute l'histoire du cinéma ; une lame de rasoir tranche en deux l'œil d'une femme impassible.

5. Rédigez une phrase qui exprimera au moyen d'un deux-points le rapport de sens donné entre parenthèses.

1) (Explication) : ▬

2) (Cause) : ▬

3) (Conséquence) : ▬

Réviser et corriger des textes

6. Les textes suivants comportent des erreurs dues à l'emploi fautif ou à l'omission des signes de ponctuation suivants : deux-points, point-virgule et guillemets. Corrigez ces erreurs.

James Dean, acteur mythique

⊘ Acteur rebelle, personnage fragile, héros tragique, James Dean incarne à lui seul les caractéristiques d'un mythe éternel. Sa carrière cinématographique fut courte ; il ne joue que dans sept films dont les plus célèbres sont : *À l'est d'Éden* (1955), *La fureur de vivre* (1955), *Géant* (1956). Ces trois films ont suffi à faire de lui l'icône
5 d'une nouvelle génération inquiète et révoltée. Adepte de la méthode de l'Actors Studio, James Dean joue des petits rôles à la télévision et au théâtre. En 1954, le réalisateur Élia Kazan le remarque à Broadway dans une pièce d'André Gide, *L'immoraliste* : il lui offre le rôle de Cal Trask, un adolescent incompris, dans *À l'est d'Éden*, où il interprète un séduisant jeune homme, enjôleur à souhait, terrible-
10 ment émouvant avec sa figure d'ange mélancolique.

Passionné de vitesse, il incarne avec d'autant plus de vérité le rôle de Jim Stark dans *La fureur de vivre*. Il est étonnant de voir combien les rôles qu'il interprète lui ressemblent. Les spectateurs ne s'y trompent pas, les adolescents s'identifient profondément à lui. J'ai mis tout ce que j'avais dans celui-là, aurait-il dit à

15 propos de ce film. Le rôle de Jett Rinck (*Géant*), personnage sombre et angoissé, est également l'exacte réplique de l'acteur.

Devenu une figure du cinéma américain, James Dean, dit Jimmy, va brutalement disparaître après le tournage de *Géant*; le 30 septembre 1955, à l'âge de vingt-quatre ans, il se tue dans un terrible accident de voiture. Sa mort a horrifié la jeu-
20 nesse et le cinéma américain s'est trouvé orphelin de celui qui allait devenir une des légendes du siècle dernier.

En 1977, on a construit un mémorial à sa mémoire à l'endroit où il s'est tué. Sur cette sculpture est gravée une des phrases préférées de l'acteur, tirée du *Petit prince* de Saint-Exupéry « L'essentiel est invisible pour les yeux. »

Alfred Hitchcock, le maître du suspense

⊘ Ils ne sont pas nombreux ceux qui ont réussi à effrayer l'Amérique. Alfred Hitchcock fait partie de ce cercle restreint. Maître du suspense au cinéma, virtuose des histoires haletantes grâce à un art raffiné de la mise en scène, il a fait trembler des générations entières de spectateurs.

5 Alfred Hitchcock naît à Londres, en 1899. Se destinant à une carrière d'ingénieur, il étudie le dessin avant d'écrire des intertitres pour les films muets dans une firme américaine installée à Londres. Il s'initie alors à tous les métiers du cinéma : assistant, producteur, scénariste et même décorateur. À la fin des années 30, déjà célèbre dans son pays natal, il part aux États-Unis, où il réalise, avec le producteur David
10 O. Selznick, *Rebecca* (1940), triomphe public couronné de l'Oscar du meilleur film.

La fin des années 50 et le début des années 60 sont pour lui une période faste. Il signe : *Sueurs froides* (1958), *La mort aux trousses* (1959), *Psychose* (1960), *Les oiseaux* (1963), *Pas de printemps pour Marnie* (1964), films parmi ceux qui suscitent le plus d'effroi.

15 Dans la plupart de ses films, Hitchcock se mêle à la foule des figurants. On le voit : monter dans un autobus, passer devant un magasin, paraître dans un journal pour la publicité d'un régime amaigrissant, croiser un personnage dans la rue, etc. Trouver Hitchcock dans chacun de ses films devient d'ailleurs un jeu très populaire parmi ses spectateurs. Plus qu'un clin d'œil et une signature, la présence de sa
20 silhouette atteste son implication et non sa supériorité; il fait partie de cette humanité qu'il filme. De là la perfection de sa mise en scène, très composée et stylisée, mais toujours au service de l'homme ou de la femme dont on suit le parcours.

Considéré par le public comme le « maître du suspense », Alfred Hitchcock signe en 1976 son dernier film, *Complot de famille*. Gagné par la paralysie, il meurt à
25 Los Angeles, en 1980.

 Poursuivez votre travail sur le deux-points, le point-virgule et les guillemets en faisant les activités qu'on vous remettra.

Activités sur des difficultés liées
à **la cohérence textuelle**

CONNAISSANCES
à consulter, au besoin

- Système verbal (p. 258)
- Reprise de l'information (p. 239)
- Cohérence textuelle (p. 195)

📄 **Pour vérifier vos acquis sur l'harmonisation des temps verbaux et la reprise de l'information, faites les activités qu'on vous remettra.**

Doit-on écrire «Alors que le jeune homme se préparait à quitter la ville, la policière découvrait ses plans» ou «Alors que le jeune homme se préparait à quitter la ville, la policière découvrit ses plans»? Qu'est-ce qui ne va pas dans «L'armée partit à l'assaut des hautes terres. Ils soumirent la population indigène»? Voilà, à titre d'exemples, de bonnes questions à se poser pour résoudre une fois pour toutes les erreurs les plus fréquentes liées à **la cohérence textuelle**. Les pages qui suivent vous aideront à résoudre ces difficultés.

Évaluer son habileté à vérifier la cohérence d'un texte

1. a) Dans le texte suivant, choisissez, pour chaque numéro, l'élément qui convient pour assurer l'harmonisation des temps verbaux et la reprise de l'information.

b) Évaluez vos connaissances sur l'harmonisation des temps verbaux et la reprise de l'information à l'aide de l'encadré qui suit le texte.

La Chaussée des géants

La Chaussée des géants est une péninsule de quelque 40 000 colonnes basaltiques juxtaposées qui avancent dans la mer dans le comté d'Antrim en Irlande du Nord. Cette merveille de la nature inspira l'histoire que voici: **(1)** (**celui** ou **celle**) de deux géants ennemis.

Il était une fois, il y a bien longtemps, un géant irlandais dénommé Finn MacCumhaill, qui était épris de la fille d'un géant qui vivait à Staffa, dans les îles Hébrides, face à l'Irlande du Nord. Pour éviter à sa bien-aimée de se mouiller les pieds lorsqu'il l' **(2)** (**amènera** ou **amènerait**) en Irlande, il construisit une chaussée avec d'énormes blocs de basalte qu'il **(3)** (**enfonce** ou **enfonça**) côte à côte dans le lit de la mer. Un jour, il demanda à la jeune fille éperdument amoureuse de le choisir et de partir ensemble par la chaussée en direction d'Antrim. Mais son ennemi, le géant écossais Benandonner, qui **(4)** (**est** ou **était**) beaucoup plus grand que lui et qui **(5)** (**convoite** ou **convoitait**) aussi la main de la jeune fille, **(6)** (**se lance** ou **se lança**) sur les traces du couple, afin de se venger de Finn. Pour protéger ce dernier de son rival, sa bien-aimée eut recours à un stratagème. Elle le déguisa en nourrisson et l'allongea dans le berceau de son nouveau-né. **(7)** (**Lorsqu'il** ou **Lorsque le vindicatif géant Benandonner**) pénétra dans la demeure du couple, la ravissante épouse expliqua **(8)** (**qu'il** ou **que son mari**) **(9)** (**est** ou **était**) parti chasser et, ne manquant pas de sang-froid, elle lui proposa de l'attendre. Elle lui montra ensuite le «nourrisson», qu'elle lui **(10)** (**présente** ou **présenta**) comme étant le fils de Finn. **(11)** (**Il** ou **Benandonner**) fut alors saisi d'effroi: «À qui peut bien ressembler le géant qui a conçu un bébé aux proportions aussi démesurées?» **(12)** (**songe** ou **songea**)-t-il. Terrifié à l'idée de la taille que pouvait avoir le père, Benandonner **(13)** (**a pris** ou **prit**) ses jambes à son cou et **(14)** (**s'est enfui** ou **s'enfuit**) vers l'Écosse en empruntant à son

→

tour la Chaussée des géants, qu'il (**15**) (**casse** ou **cassa**) en mille morceaux pour (**16**) (**qu'il** ou **que Finn MacCumhaill**) ne puisse pas le suivre. Les incroyables vestiges de ladite chaussée (**17**) (**seront** ou **seraient**) les témoins silencieux du conflit qui (**18**) (**opposait** ou **opposa**) jadis les deux géants.

Nombre de bonnes réponses : ■■■ / 18

En fonction du résultat que vous avez obtenu et en faisant un survol de cette série d'activités et d'exercices, évaluez comment ces activités et exercices pourraient vous être utiles.

■■■ Ils me serviront à faire de nouveaux apprentissages pour éviter certaines erreurs.

■■■ Ils me serviront à consolider des apprentissages déjà assez maîtrisés.

L'HARMONISATION DES TEMPS VERBAUX

Résoudre quelques difficultés liées au choix des temps verbaux

PRINCIPALES SOURCES D'ERREURS DANS LE CHOIX DES TEMPS VERBAUX

Description des erreurs et exemples d'erreurs	Correction des erreurs
A. On emploie le futur (simple ou antérieur) plutôt que le conditionnel (présent ou passé) dans un texte écrit au passé simple. ⊘ Il était clair qu'elle demeurera toujours songeuse à propos de cette maison si bizarre qu'elle avait habitée.	Il était clair qu'elle demeurerait toujours songeuse à propos de cette maison si bizarre qu'elle avait habitée.
B. On emploie le passé composé là où il faudrait employer le passé simple. ⊘ À partir de ce jour, elle utilisa avec succès ses aptitudes de médium et a mis ses dons au service des gens dans le besoin.	À partir de ce jour, elle utilisa avec succès ses aptitudes de médium et mit ses dons au service des gens dans le besoin.
C. On emploie le présent là où il faudrait employer le passé simple. ⊘ En sortant de la voiture, j'eus la drôle impression qu'une main me retenait le mollet et j'en fais part à mon conjoint.	En sortant de la voiture, j'eus la drôle impression qu'une main me retenait le mollet et j'en fis part à mon conjoint.
D. On emploie le présent là où il faudrait employer l'imparfait (ou on emploie le passé composé là où il faudrait employer le plus-que-parfait). ⊘ Elle s'aperçut rapidement qu'ils ont retrouvé sa trace et qu'ils ne sont plus très loin.	Elle s'aperçut rapidement qu'ils avaient retrouvé sa trace et qu'ils n'étaient plus très loin.
E. On emploie l'imparfait là où il faudrait employer le passé simple. ⊘ Plusieurs semaines s'écoulèrent dans la quiétude de sa nouvelle demeure, puis, un soir, alors qu'elle se trouvait seule, une musique envahissait toutes les pièces.	Plusieurs semaines s'écoulèrent dans la quiétude de sa nouvelle demeure, puis, un soir, alors qu'elle se trouvait seule, une musique envahit toutes les pièces.

→

Description des erreurs et exemples d'erreurs	Correction des erreurs
F. On emploie le passé simple là où il faudrait employer l'imparfait. ⊘ Effrayée par ces manifestations de plus en plus fréquentes, Marylène décida de déménager parce qu'elle ressentit que le monde invisible la contraignit à le faire.	Effrayée par ces manifestations de plus en plus fréquentes, Marylène décida de déménager parce qu'elle ressentait que le monde invisible la contraignait à le faire.

2. Repérez les erreurs dans les textes suivants, dont le temps de base est le passé simple.

    a) Dans chaque cas, indiquez la nature de l'erreur en choisissant la ou les lettres appropriées parmi celles du tableau PRINCIPALES SOURCES D'ERREURS DANS LE CHOIX DES TEMPS VERBAUX.

    b) Récrivez chaque texte correctement.

1) ⊘ Les découvertes que Charles Darwin fit au cours de son voyage aux îles Galápagos furent fructueuses et déterminantes. Elles ont été à l'origine de son célèbre ouvrage *De l'origine des espèces au moyen de la sélection naturelle* (1859) et ont changé radicalement et définitivement la vision du monde vivant qui dominait à l'époque.

2) ⊘ Le jour de Pâques 1722, le capitaine néerlandais Jacob Roggeveen découvrit, dans l'océan Pacifique, une île sur laquelle aucun Européen n'a encore accosté, et qui ne figure sur aucune carte marine. Il la baptise l'île de Pâques.

3) ⊘ En 1862, des soldats péruviens conquirent l'île de Pâques et déportèrent quelque 900 Pascuans comme esclaves. Seuls quelques-uns d'entre eux ont survécu et sont revenus sur l'île en rapportant la variole. En 1877, l'île ne compte plus qu'une centaine d'habitants.

4) ⊘ C'est en 1979 que le scientifique américain Dale Russell émit l'hypothèse que l'explosion d'une étoile, une supernova, pourra être la cause directe de l'extinction des dinosaures il y a 65 millions d'années.

5) ⊘ Dans l'Antiquité, Athènes abritait une société distinguée, composée d'écrivains, de poètes, d'historiens, de philosophes, etc. L'un des plus illustres représentants de cette société fut sans conteste Périclès. Celui-ci mena depuis longtemps une carrière politique lorsqu'il entreprit la construction de l'Acropole, qu'il envisagea comme un symbole de démocratie et de liberté.

6) ⊘ En dehors de l'urbanisme et de l'architecture, les Mayas s'illustrèrent notamment dans le domaine des sciences. Toutefois, l'accès aux connaissances comme l'écriture ou les mathématiques est réservé à quelques élus seulement. En effet, la classe des dirigeants s'oppose avec virulence, sinon avec cruauté, à tous ceux qui tentent de porter atteinte à leur monopole du savoir. Des milliers de sujets trouvent la mort dans le cadre de sacrifices qui prennent parfois la forme de jeux.

→

7) ⊘ En 1943, la baronne allemande Hilla von Rebay confia à l'architecte Frank Lloyd Wright, très en vue à l'époque, la construction d'un musée destiné à recevoir la collection de Solomon R. Guggenheim, industriel passionné d'art. Son musée consacré à la peinture non figurative, qui a ouvert en 1939, s'avère en effet trop exigu. Wright entreprend immédiatement les plans du bâtiment qui doit accueillir, au cœur de Manhattan, le musée Guggenheim. Mais les travaux ne commencent qu'en 1956. Solomon R. Guggenheim, fondateur et mécène de la collection et du nouveau musée, ne peut assister à la pose de la première pierre. Il meurt en 1949.

3. Le texte suivant est écrit dans le système verbal du présent. Récrivez-le dans le système verbal du passé, dont le temps de base est le passé simple. N'hésitez pas à utiliser un ouvrage de référence.

Ailisa et Nolan

Avant même la naissance d'Ailisa, un druide prédit qu'elle sera d'une extrême beauté, mais que beaucoup de sang sera versé à cause d'elle dans le royaume. À sa naissance, le druide réitère ses prédictions. Aussi, tous les gens de la cour veulent tuer l'enfant, mais le roi s'y oppose. Il assurera son éducation et l'épousera.

5 Élevée dans la forêt par sa nourrice, Ailisa devient une belle jeune fille et se trouve bientôt en âge d'épouser le vieux roi. Mais, un jour, elle aperçoit sur la neige un corbeau buvant le sang d'un jeune veau que sa nourrice vient d'égorger. Elle lui demande si tous les maris ont une peau grise et fripée comme celle du roi ou s'il en existe un avec des lèvres rouges comme le sang, une peau blanche comme la 10 neige et une chevelure noire comme les plumes d'un corbeau. Oublieuse de la prophétie, sa nourrice lui indique que Nolan, un jeune gardien d'un troupeau de vaches, possède toutes ces qualités. Aussi, Ailisa décide d'en faire la connaissance et en tombe aussitôt amoureuse.

Bien que sachant Ailisa promise au roi, Nolan, aidé de ses deux frères, s'enfuit avec 15 sa belle sur une île. Les deux jeunes gens y vivent heureux pendant quelques années jusqu'à ce qu'un jour le roi leur propose de revenir vivre en paix à la cour, ce qu'ils acceptent. Mais quand ils sont de retour, le roi, contrairement à sa promesse, fait saisir Nolan et le fait décapiter avec ses frères.

Ailisa est inconsolable, mais elle se résout à épouser le roi. Après un an de ma- 20 riage, celui-ci lui demande de citer les deux personnes qu'elle déteste le plus au monde. Ailisa lui répond qu'il est l'objet premier de sa haine et que le bourreau qui a exécuté Nolan vient en second. Furieux, le roi décide de la donner au bourreau. C'en est trop pour Ailisa. Alors qu'on l'emmène auprès de son nouveau mari, elle se jette dans la mer et meurt noyée.

Réviser et corriger des textes

4. Les textes suivants contiennent 16 erreurs liées au choix des temps verbaux dans le système verbal dont le temps de base est le passé simple. Repérez ces erreurs et corrigez-les.

La plus américaine de toutes les œuvres d'art américaines

⊘ C'est en 1923 que Gutzon Borglum commença à concevoir le plan d'une sculpture monumentale dans les Black Hills, dans le Dakota du Sud, où seraient sculptés les portraits de quatre présidents qui ont particulièrement marqué l'histoire américaine : George Washington, premier président des États-Unis,
5 considéré comme un des pères de la nation ; Thomas Jefferson, troisième président, promoteur de l'expansion vers l'Ouest ; Abraham Lincoln, seizième président, à l'origine de l'abolition de l'esclavage ; Theodore Roosevelt, vingt-sixième président, instigateur de la construction du canal de Panamá.

Pour l'emplacement du monument, Gutzon Borglum choisit le mont Rushmore,
10 qui lui permettra de sculpter librement les portraits des quatre présidents, dont chacun doit atteindre environ 18 mètres de hauteur. La réalisation du mémorial national du mont Rushmore commence le 19 août 1927.

Le sculpteur s'entoura d'une équipe de près de quatre cents ouvriers pour mener à bien le gigantesque projet. Étant donné les conditions climatiques régnant dans la
15 région, le printemps et l'été s'avèrent les périodes les plus favorables à l'exécution du travail. Pendant quatorze années consécutives, Borglum sculptait le granit, le martelait, le perçait et le faisait sauter à la dynamite. Mais l'artiste n'eut pas le loisir de voir son ouvrage achevé. Il meurt le 6 mars 1941, sept mois avant la fin du travail. C'est son fils, Lincoln, qui reprit le flambeau et mena à terme l'imposante
20 œuvre d'art de son père. Le mémorial national du mont Rushmore a été inauguré officiellement le 31 octobre 1941.

La place Tian'anmen

⊘ La place Tian'anmen, au cœur de Beijing, fut le théâtre de nombreux événements, dont certains ont jeté la consternation dans le monde entier. Mais l'événement le plus tragique, à ce jour, fut le massacre qui a eu lieu dans la nuit du 3 au 4 juin 1989. Juchés sur des chars et équipés d'armes lourdes, les militaires avancèrent vers les
5 manifestants qui, depuis le milieu d'avril, occupaient pacifiquement la place, réclamant la démocratie et dénonçant la corruption du régime. Selon les organisations internationales, plus de 3 000 manifestants ont été tués par les troupes de l'Armée populaire de Chine. L'intervention militaire contre les manifestants a été l'objet de commentaires très contradictoires de la part des autorités chinoises et des
10 instances internationales. À la suite de ces événements, toutes les manifestations ont été interdites sur la place Tian'anmen, sauf les rassemblements officiels.

 Poursuivez votre travail sur l'harmonisation des temps verbaux en faisant les activités qu'on vous remettra.

Résoudre quelques difficultés liées à la reprise pronominale

PRINCIPALES SOURCES D'ERREURS DANS L'EMPLOI DES PRONOMS DE REPRISE

Description des erreurs et exemples d'erreurs	Correction des erreurs
A. Le pronom de reprise n'est pas :	
1. du même genre que son antécédent ;	
⊘ Pour l'architecture de toutes les constructions ayant trait au culte, les Zapotèques s'inspirèrent de celui de Teotihuacán.	Pour l'architecture de toutes les constructions ayant trait au culte, les Zapotèques s'inspirèrent de celle de Teotihuacán.
2. du même nombre que son antécédent.	
⊘ Au XIVᵉ siècle, la population aztèque prit possession de la ville. Ils lui attribuèrent le nom sous lequel nous la connaissons aujourd'hui, c'est-à-dire Teotihuacán.	Au XIVᵉ siècle, la population aztèque prit possession de la ville. Elle lui attribua le nom sous lequel nous la connaissons aujourd'hui, c'est-à-dire Teotihuacán.
B. Le pronom de reprise est ambigu : on ne sait pas de qui ou de quoi il parle.	
⊘ Quand Éloi et Justin apprirent l'assassinat de leur père, il décida de le venger.	Quand Éloi et Justin apprirent l'assassinat de leur père, Éloi / Justin / le premier / ce dernier / celui-ci décida de le venger.
C. Le pronom de reprise n'a pas d'antécédent : il faut le déduire du contexte.	
⊘ La tradition des murailles est très ancienne en Chine. Avant l'ère chrétienne, déjà, ils construisaient des murs avec des pierres simplement pour abriter du vent leurs cultures et leurs pâturages.	La tradition des murailles est très ancienne en Chine. Avant l'ère chrétienne, déjà, les Chinois / les paysans / les agriculteurs, etc., construisaient des murs avec des pierres simplement pour abriter du vent leurs cultures et leurs pâturages.

5. Repérez les erreurs dans les textes suivants.

    a) Dans chaque cas, indiquez la nature de l'erreur en choisissant la ou les lettres appropriées parmi celles du tableau PRINCIPALES SOURCES D'ERREURS DANS L'EMPLOI DES PRONOMS DE REPRISE.

    b) Récrivez chaque texte correctement.

    1) ⊘ Si l'on en croit une ancienne légende, Teotihuacán, capitale de l'empire qui surpassa même celle des Aztèques, fut le lieu élu par les dieux pour s'entretenir sur la création du genre humain. Ils attribuent la fondation de la ville, au IVᵉ siècle avant Jésus-Christ, à des agriculteurs amérindiens venus du nord.

    2) ⊘ Au cours de son exploration du désert de Sonora, au Nouveau-Mexique, en 1699, le capitaine Juan Mateo Manje rencontra la tribu des Pima. Ils lui racontèrent une terrible légende, celle d'un oiseau géant mangeur d'hommes qui sévissait dans la région. Un jour, un groupe suivit l'oiseau jusque dans la grotte qui lui servait d'abri. Alors que l'oiseau s'était endormi, ils obturèrent l'entrée de branchages et y mirent le feu. L'oiseau vociféra de colère et finit par mourir, asphyxié par la fumée.

→

3) ⊘ En 1532, les conquérants espagnols, dirigés par Francisco Pizarro, partirent à l'assaut des hautes terres péruviennes. Ils soumirent la population autochtone, puis placèrent sur le trône les anciens dirigeants incas dont ils firent des souverains fantoches. Toutefois, Manco Cápac II ne s'accommoda pas de son nouveau statut au service de la Couronne espagnole. Avec ses fidèles compagnons, il fomenta une révolte contre les occupants. Mais ils réprimèrent l'insurrection dans un véritable bain de sang.

Réviser et corriger un texte

6. Le texte suivant contient neuf erreurs liées à l'emploi des pronoms de reprise. Repérez ces erreurs et faites les corrections qui s'imposent.

Œdipe

⊘ La version la plus connue du mythe d'Œdipe est celui mise en scène par Sophocle dans sa tragédie *Œdipe roi*. Il dresse le portrait d'un homme à la découverte de lui-même.

Fils de Laïos, roi de Thèbes, et de Jocaste, Œdipe est abandonné sur le Cithéron,
5 puisque l'oracle de Delphes a prédit à ses parents qu'il tuera son père et épousera sa mère. Le nouveau-né est trouvé par un berger qui le conduit à Corinthe, où le roi Polybos et la reine Mérope l'adoptent et lui donnent le nom d'Œdipe.

Jeune homme, Œdipe décide de consulter l'oracle de Delphes, qui lui prédit qu'il sera le meurtrier de son père et l'époux de sa mère. Pensant que la prédiction
10 désigne Polybos et Mérope, Œdipe quitte Corinthe dans l'heure. Sur la route de Thèbes, il rencontre Laïos monté sur son char qui lui ordonne de laisser le passage. La querelle s'envenime et il le tue, accomplissant ainsi la première partie de la prédiction.

À cette époque, la cité de Thèbes est terrorisée par le Sphinx, monstre à corps de
15 lion et à tête de femme, qui étrangle et dévore ceux se montrant incapables de répondre à cette énigme : « Quel est l'être doué de la voix qui a quatre pieds le matin, deux à midi et trois le soir ? » Œdipe se présente au monstre et répond que cette créature est l'homme, qui se traîne à quatre pattes au début de sa vie, marche ensuite sur ses deux jambes, puis s'aide d'une canne lorsqu'il atteint un grand âge.
20 Furieux, le Sphinx se précipite du haut d'un grand rocher et meurt. La population de Thèbes se réjouit : ils font d'Œdipe leur roi. Il épouse Jocaste, veuve depuis peu, accomplissant ainsi la seconde partie de la prédiction.

Quelque temps plus tard, la ville est frappée par la peste. Interrogé, l'oracle annonce que Thèbes ne peut être sauvée que s'il en est chassé. Il fait mener une
25 enquête approfondie et découvre bientôt l'horrible vérité de la bouche du devin aveugle Tirésias. Jocaste se pend tandis qu'Œdipe, frappé de désespoir, se crève les yeux et quitte Thèbes sous la conduite de sa fille Antigone.

📄 **Poursuivez votre travail sur la reprise pronominale en faisant les activités qu'on vous remettra.**

Alice Kent Stoddard,
Sur la chaise, 1930.

* Les entrées suivies d'un astérisque sont des
connaissances à construire et à mobiliser en
troisième année du 2ᵉ cycle du secondaire.

Références

SOMMAIRE

Accord dans le groupe nominal

Groupe nominal
Déterminant
Adjectif

RÈGLE

Dans le groupe nominal (GN), le **nom** donne son genre et son nombre au **déterminant** et aux **adjectifs** qui l'accompagnent.

Ex.: **Ces érables droits** et **sains** projettent **une ombre bienfaisante**.
m. pl.   f. s.

Ex.: Maria est **une musicienne espagnole** particulièrement **douée**.
f. s.

Ex.: Luce a **une excellente mémoire**. Elle a présenté **un mémoire** très **convaincant**.
f. s.   m. s.

Ex.: J'ai rencontré **tous ces vainqueurs**. **Toutes les participantes** ont bien joué.
m. pl.   f. pl.

Cas particuliers d'accord de l'adjectif dans le GN

1er cas L'adjectif complète des noms singuliers juxtaposés ou coordonnés par *et, ou, ni, ainsi que, de même que* ou *comme*.

1. L'**adjectif** qui complète des **noms singuliers** de même genre reçoit le genre de ces noms et se met au pluriel.

Ex.: Son **genou** et son **pied droits** la font énormément souffrir.
m. s.   m. s.
m. pl.

Ex.: **Affamées**, **Fatima** et **Camille** ont dévoré leur repas.
f. s.   f. s.
f. pl.

REMARQUE

Lorsque les noms juxtaposés ou coordonnés sont synonymes ou expriment une gradation, l'adjectif s'accorde avec le dernier nom.

Ex.: Le sentiment, la **sensation étrange** d'être suivis nous rendait prudents.

Ex.: Je ressentais une fatigue, un **épuisement général**.

2. L'**adjectif** qui complète des **noms singuliers** de genres différents se met au masculin pluriel.

Ex.: Sa **cuisse**, sa **jambe** ainsi que son **pied droits** enflent à vue d'œil.
f. s.   f. s.   m. s.
m. pl.

Il est préférable, dans de tels cas, de placer le nom masculin juste avant l'adjectif.

Ex. : **À éviter :** Tu partiras une fois tes **devoirs** et tes **leçons terminés**.

À privilégier : Tu partiras une fois tes **leçons** et tes **devoirs terminés**.

---

3. L'**adjectif** qui ne complète que le dernier **nom** reçoit le genre et le nombre de ce nom.

Ex. : Il n'apprécie ni la photographie ni la **danse contemporaine**.
f. s.

Dans de tels cas, il suffit souvent de changer l'ordre des noms pour éviter toute confusion.

Ex. : Il n'apprécie ni la **danse contemporaine** ni la photographie.

2ᵉ cas **Plus d'un adjectif classifiant complète un nom pluriel désignant des réalités distinctes.**

Les **adjectifs classifiants** qui complètent un **nom pluriel** désignant des réalités distinctes reçoivent seulement le genre de ce nom.

Ex. : Les **parties patronale** et **syndicale** n'arrivent pas à s'entendre.

Ex. : Elle connaît les **langues espagnole** et **italienne**.

3ᵉ cas **L'adjectif fait partie d'un groupe nominal dont le noyau est un nom collectif.**

Lorsque l'**adjectif** fait partie d'un groupe nominal dont le noyau est un nom collectif (nom qui désigne un ensemble de réalités), l'accord se fait :

- soit avec le **nom collectif** si on veut insister sur l'idée d'ensemble de ce collectif ;

  Ex. : Il y avait une **foule** d'adolescents **prête** à participer au marathon.
  f. s.

- soit avec le **complément du nom collectif** si on veut insister sur les éléments constituant l'ensemble du collectif.

  Ex. : Il y avait une foule d'**adolescents prêts** à participer au marathon.
  m. pl.

Le sens de la phrase exige parfois de faire l'accord de l'**adjectif** avec le **nom collectif** ou avec le complément du nom collectif.

Ex. : Une **pile** d'assiettes **vacillante** traînait sur la table. (C'est la pile d'assiettes qui est vacillante.)

Ex. : Une foule d'**objets métalliques** décoraient la pièce. (Ce sont les objets qui sont métalliques.)

4ᵉ cas   Les adjectifs *demi* et *nu*

1. L'adjectif *demi* :

- placé AVANT le **nom**, auquel il est joint par un **trait d'union**, est invariable ;

   Ex. : Dans une **demi-heure** commenceront les **demi-finales** de hockey.

- placé APRÈS le **nom**, auquel il est joint par *et*, ne reçoit que le genre de ce nom.

   Ex. : J'ai loué un trois **pièces** et **demie** à deux **kilomètres** et **demi** du stade.

2. L'adjectif *nu* :

- placé AVANT le **nom**, auquel il est joint par un **trait d'union**, est invariable ;

   Ex. : L'enfant était **nu-pieds** et **nu-tête** malgré le froid.

- placé APRÈS le **nom** reçoit le genre et le nombre de ce nom.

   Ex. : L'enfant était **pieds nus** et **tête nue** malgré le froid.

   m. pl.   f. s.

5ᵉ cas   L'adjectif *possible* suit un nom précédé des expressions *le plus* ou *le moins*.

L'adjectif *possible* qui suit un **nom** précédé des expressions ***le plus*** ou ***le moins*** est invariable. Dans ce cas, il a le sens de « qu'il est possible ».

   Ex. : Faites **le plus** d'**exercices possible**. (Le plus d'exercices qu'il est possible de faire.)

   Ex. : Tu apportes **le moins** de **bagages possible**. (Le moins de bagages qu'il est possible d'apporter.)

6ᵉ cas   L'adjectif *tel* introduit une comparaison ou un exemple.

Lorsque l'**adjectif *tel*** introduit une comparaison ou un exemple :

- *tel* reçoit le genre et le nombre du ou des **noms** qui le suivent ;

   Ex. : On trouve en Afrique différentes espèces de grands singes,

   tels le chimpanzé et le gorille.

   m. s.   m. s.
   m. pl.

- *tel* suivi de *que* reçoit le genre et le nombre du **nom** qui le précède.

   Ex. : Ce sont les **primates tels** que le gorille qui la fascinent.

   m. pl.

   Ex. : Je préfère les **fleurs** odorantes **telles** que le lilas et le muguet.
   f. pl.

7ᵉ cas   L'adjectif de couleur est de forme composée ou provient d'un nom.

1. Lorsque l'**adjectif de couleur** est de forme composée, tous les éléments qui le composent sont invariables.

> Ex.: Juliane a de beaux yeux **gris-vert** et des cheveux **châtain clair**.

2. Lorsque l'**adjectif de couleur** provient d'un nom, il est invariable.

> Ex.: Il s'est acheté un beau chandail **prune** et des souliers **marron**.

REMARQUE

Quelques adjectifs de couleur provenant de noms reçoivent le genre et le nombre de leur donneur. Il s'agit des adjectifs suivants : *écarlate*, *fauve*, *incarnat*, *mauve*, *pourpre*, *rose* et *vermeil*.

COUP DE POUCE

Pour vérifier l'accord dans le GN

Chaque fois que vous repérez un nom :

a) Indiquez au-dessous son genre et son nombre.

b) Repérez les receveurs d'accord (déterminants et adjectifs) rattachés à ce nom. Tracez une flèche allant du nom vers chacun des receveurs.

c) Assurez-vous que chaque receveur a le genre et le nombre de son donneur.

> Ex.: Vos chansons les plus récentes touchent davantage les vrais amateurs de poésie.
>  f. pl.   m. pl.

Accord du participe passé d'un verbe pronominal

COUP DE POUCE

Pour reconnaître un verbe pronominal

Pour reconnaître un verbe pronominal, posez-vous la question suivante.

Question: Le **pronom** est-il de la même personne et du même nombre que le sujet ?

Oui. Il s'agit bel et bien d'un verbe pronominal.

> Ex.: je **m'**absente, tu **te** promènes, vous **vous** parlez, ils **se** plaisent, les enfants **s'**amusent

Non. Il ne s'agit pas d'un verbe pronominal.

> Ex.: tu **le** promènes, vous **lui** parlez, ils **nous** plaisent, le professeur **les** regarde

Le verbe pronominal conjugué à un temps composé se construit toujours avec l'auxiliaire *être*.

Ex. : je me *suis* blessé, tu t'*es* perdu, elle s'*est* enfuie, nous nous *sommes* vus

L'ACCORD DU PARTICIPE PASSÉ D'UN VERBE PRONOMINAL AYANT UN COMPLÉMENT DIRECT

Si le verbe pronominal a un complément direct, l'accord est régi par ce complément direct.

**Complément
direct du verbe**

RÈGLE

Le **noyau** du groupe complément direct du verbe donne son genre et son nombre au **participe passé** si le complément direct est placé **AVANT** le verbe.

RAPPEL

Le complément direct est remplaçable par *qqch.* ou *qqn.*

Ex. : Ma mère **s'**est **blessée**. [Blesser *qqn* (s' mis pour *Ma mère*)]
f. s.

Ex. : Ma mère s'est **blessé la cheville**. [Blesser *qqch.* (*la cheville*)]
(Le **CD** est **après** le verbe. Il n'y a donc pas de donneur d'accord ni d'accord du participe passé.)

Ex. : Les conseils **qu'**elles se sont **donnés** sont sages. [Donner *qqch.* (*qu'* mis pour *Les conseils*)]
m. pl.

Ex. : Ils se sont **donné des conseils judicieux**. [Donner *qqch.* (*des conseils judicieux*)]
(Le **CD** est **après** le verbe. Il n'y a donc pas de donneur d'accord ni d'accord du participe passé.)

Ex. : Ces livres, je me **les** suis **procurés** hier. [Procurer *qqch.* (*les* mis pour *Ces livres*)]
m. pl.

Ex. : Je me suis **procuré ces livres** hier. [Procurer *qqch.* (*ces livres*)]
(Le **CD** est **après** le verbe. Il n'y a donc pas de donneur d'accord ni d'accord du participe passé.)

Ex. : Quelles **questions** se sont-ils **posées**? [Poser *qqch.* (*Quelles questions*)]
f. pl.

Ex. : Ils se sont **posé des questions**. [Poser *qqch.* (*des questions*)]
(Le **CD** est **après** le verbe. Il n'y a donc pas de donneur d'accord ni d'accord du participe passé.)

L'ACCORD DU PARTICIPE PASSÉ D'UN VERBE PRONOMINAL N'AYANT PAS DE COMPLÉMENT DIRECT

Si le verbe pronominal n'a pas de complément direct, on observe deux cas.

**Complément
indirect du verbe**

1er cas Le pronom faisant partie du verbe pronominal équivaut à un complément indirect du verbe remplaçable par *à qqn* ou *à qqch*. Dans ce cas, le **participe passé** est invariable.

Ex. : Les adversaires se sont **souri**. [Sourire *à qqn* (*à se*, c'est-à-dire *à eux*)]

Ex. : Nous nous sommes **téléphoné** hier. [Téléphoner *à qqn* (*à nous*)]

2e cas Le pronom faisant partie du verbe pronominal n'équivaut pas à un complément indirect du verbe remplaçable par *à qqn* ou *à qqch*. Dans ce cas, l'accord est régi par le sujet.

RÈGLE

Le **noyau** du sujet donne son genre et son nombre au **participe passé**.

Ex.: **Ils** se sont **emparés** du sac rempli d'or.
m. pl.

Ex.: **Les policières** qui ont interrogé la victime se sont **abstenues** de tout commentaire.
f. pl.

Ex.: Luc, toi et moi, **nous** nous sommes **aperçus** de notre erreur.
m. pl.

COUP DE POUCE

Pour vérifier l'accord du participe passé d'un verbe pronominal

Pour vérifier l'accord du participe passé d'un verbe pronominal, posez-vous dans l'ordre les questions suivantes.

1re question: Le verbe a-t-il un complément direct?

Oui. Le cas est réglé: l'accord du participe passé est alors régi par ce CD.

- S'il est placé **avant** le verbe, ce CD est donneur d'accord; on accorde le participe passé avec le noyau de ce CD.

  Ex.: Mes sœurs se sont retrouvées à la sortie. [Retrouver *qqn* (*se* mis pour *mes sœurs*)]
  f. pl.

- S'il est placé **après** le verbe, ce CD n'est pas donneur d'accord; le participe passé ne s'accorde pas.

  Ex.: Nous nous sommes envoyé des lettres. [Envoyer *qqch.* (*des lettres*)]

Non. Passez à la question suivante.

2e question: Le pronom faisant partie du verbe pronominal est-il remplaçable par *à qqn* ou *à qqch.*?

Oui. Le cas est alors réglé: le participe passé ne s'accorde pas.

  Ex.: Ils se sont parlé. [Parler *à qqn* (à *se*)] Ils se sont succédé dans la file. [Succéder *à qqn* (à *se*)]

Non. L'accord du participe passé est alors régi par le sujet: on accorde le participe passé avec le noyau de ce sujet.

  Ex.: Elles se sont absentées alors que Tom et Rita s'étaient attendus à les rencontrer.
  f. pl.   m. pl.

REMARQUE

Le participe passé des verbes *se rire de*, *se plaire (à)*, *se complaire (à)*, *se rendre compte* est invariable.

Ex.: Elles se sont plu à les contredire. Ils se sont rendu compte de leur retard.

Accord régi par le complément direct du verbe

L'ACCORD DU PARTICIPE PASSÉ EMPLOYÉ AVEC *AVOIR*

Complément
direct du verbe

RÈGLE

Le **noyau du groupe complément direct du verbe** donne son genre et son nombre au **participe passé employé avec** *avoir* si le complément direct est placé **AVANT** le verbe. Si le **complément direct** est placé **APRÈS** le verbe ou s'il n'y a pas de complément direct, le **participe passé** est invariable.

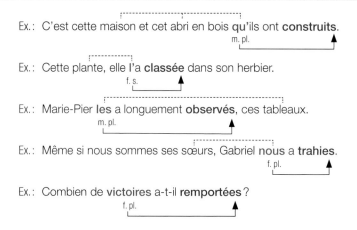

Ex.: C'est cette maison et cet abri en bois qu'ils ont **construits**.
m. pl.

Ex.: Cette plante, elle l'a **classée** dans son herbier.
f. s.

Ex.: Marie-Pier les a longuement **observés**, ces tableaux.
m. pl.

Ex.: Même si nous sommes ses sœurs, Gabriel nous a **trahies**.
f. pl.

Ex.: Combien de victoires a-t-il **remportées**?
f. pl.

Cas particuliers d'accord du participe passé employé avec *avoir*

1er cas   Le participe passé employé avec *avoir* précédé du pronom complément direct *en*

Le **participe passé** qui a pour **complément direct le pronom** *en* est invariable.

Ex.: De bonnes résolutions, j'en ai pourtant **pris**.

2e cas   Le participe passé employé avec *avoir* précédé du pronom complément direct *le* ou *l'* qui reprend une phrase ou une partie de phrase

Le **participe passé** qui a pour **complément direct le pronom** *le* ou *l'* reprenant une phrase ou une partie de phrase est invariable.

Ex.: Les chatons sont nés. Nous le lui avons **annoncé**.

Ex.: La blessure est plus grave que je ne l'avais **pensé**.

3e cas   Le participe passé employé avec *avoir* suivi d'un verbe à l'infinitif

Le **participe passé** suivi d'un **verbe à l'infinitif** reçoit le genre et le nombre du **pronom complément direct** si celui-ci:

- est placé AVANT le verbe;

- fait l'action exprimée par le verbe à l'infinitif.

Ex.: Les musiciens que j'ai **entendus jouer** étaient excellents.

m. pl.

Le pronom complément direct *que*, placé avant le verbe, fait-il l'action de *jouer*?
Oui. Le participe passé *entendus* s'accorde.

Ex.: Les airs que j'ai **entendu jouer** étaient très beaux.

Le pronom complément direct *que* fait-il l'action de *jouer*?
Non. Le participe passé *entendu* est donc invariable.

REMARQUES

- Le **participe passé** suivi d'un **verbe à l'infinitif sous-entendu** est invariable.

  Ex.: Tu as fait tous les efforts que tu as **pu**. (Sous-entendu: **faire**)

  Ex.: Je n'ai pas posé toutes les questions que j'aurais **dû**. (Sous-entendu: **poser**)

- Le **participe passé** du verbe *faire* ou *laisser* suivi d'un **verbe à l'infinitif** est toujours invariable.

  Ex.: Je les ai **fait courir**.   Ex.: Je les ai **laissé partir**.

4e cas   Le participe passé d'un verbe impersonnel

Le **participe passé** d'un verbe impersonnel est toujours invariable.

Ex.: Imaginez l'audace qu'il a **fallu** pour présenter un tel spectacle!

COUP DE POUCE

Pour vérifier l'accord du participe passé employé avec *avoir*

Chaque fois que vous repérez un participe passé employé avec *avoir*:

a) Trouvez, s'il y en a un, le pronom ou le groupe nominal complément direct du verbe.

b) Vérifiez si le complément direct est placé AVANT le verbe. Si oui, c'est le donneur d'accord.

c) Inscrivez le genre et le nombre au-dessous du donneur, puis tracez une flèche allant du donneur au receveur.

d) Assurez-vous que le receveur a le même genre et le même nombre que le donneur.

Ex.: La semence d'érable que le soleil avait **chauffée** s'est séparée de sa membrane.

f. s.

L'ACCORD DE L'ADJECTIF ATTRIBUT DU COMPLÉMENT DIRECT DU VERBE

Complément
  direct du verbe
Adjectif
Attribut du
  complément
  direct du verbe

RÈGLE

Le **noyau du groupe complément direct du verbe** donne son genre et son nombre à l'**adjectif attribut du complément direct du verbe**.

Ex. : Les inondations ont laissé les **citoyens ruinés**.
m. pl. ▲

Ex. : Je trouve les **paroles** de cette chanson **admirables**.
f. pl. ▲

Ex. : Ces petites, je **les** pensais un peu plus **âgées**.
f. pl. ▲

Ex. : Cette blessure, il **la** jugea **mortelle**.
f. s. ▲

COUP DE POUCE

Pour vérifier l'accord de l'adjectif attribut du complément direct du verbe

Chaque fois que vous repérez un adjectif attribut du complément direct du verbe :

a) Trouvez le pronom ou le groupe nominal complément direct du verbe. C'est le donneur.

b) Inscrivez le genre et le nombre au-dessous du donneur, puis tracez une flèche allant du donneur au receveur.

c) Assurez-vous que le receveur a le même genre et le même nombre que le donneur.

Ex. : Tes remarques sont blessantes, je les trouve déplacées.
f. pl. ▲

Accord régi par le sujet

L'ACCORD DU VERBE

Sujet de phrase
Verbe

RÈGLE

Le **noyau** du sujet donne sa personne et son nombre au **verbe** ou à l'**auxiliaire** (si le verbe est à un temps composé).

Ex. : Ces **ouvrages** nous **aideront** à améliorer notre style.
3e pers. pl. ▲

Ex. : **Elle a** remporté le premier prix du concours de chant.
3e pers. s. ▲

Ex. : Les personnes **qui désirent** s'inscrire à cette activité doivent le faire aujourd'hui.
3e pers. pl. ▲

Ex. : **Interpréter tes chansons relève** de la haute voltige.
3e pers. s. ▲

Ex. : Sous la pierre **grouillent** des dizaines de **bestioles**.
▲ 3e pers. pl.

Ex. : **Qu'il ait remporté un prix littéraire** me **réjouit**.
3e pers. s. ▲

Cas particuliers d'accord du verbe

1er cas   Le pronom personnel *on* sujet

Lorsque le sujet est le pronom personnel *on*, le **verbe** ou l'**auxiliaire du verbe** se met toujours au singulier.

Ex.: **On a** fait une erreur en lui faisant confiance.
3ᵉ pers. s.

Ex.: **On entend** une étrange musique dans la salle de concert.
3ᵉ pers. s.

2e cas   Le sujet formé de noms ou de pronoms personnels de personnes différentes

Lorsque le sujet est formé de **noms** ou de **pronoms personnels de personnes différentes**, le **verbe** se met au pluriel et prend la marque de la personne grammaticale qui a la préséance :

- la 1re personne a la préséance sur la 2e et la 3e personne ;

- la 2e personne a la préséance sur la 3e personne.

Ex.: **Ton frère, toi** et **moi partirons** demain.
3ᵉ pers. s. 2ᵉ pers. s. 1ʳᵉ pers. s.
1ʳᵉ pers. pl.

Ex.: **Anne-Laure** et **toi êtes** mes meilleures amies.
3ᵉ pers. s.   2ᵉ pers. s.
2ᵉ pers. pl.

3e cas   Le sujet formé d'un nom introduit par un déterminant de quantité (*plus de*, *moins de*, etc.)

Lorsque le sujet est formé d'un **nom** introduit par un déterminant de quantité, le **verbe** reçoit la personne et le nombre de ce nom.

Ex.: **Plus d'un ami** y **assistera**.
3ᵉ pers. s.

Ex.: **Moins de deux mètres** nous **séparent** de la scène.
3ᵉ pers. pl.

Ex.: **Beaucoup de monde** en **parle**.
3ᵉ pers. s.

4ᵉ cas   Le sujet formé d'un nom collectif suivi d'un groupe prépositionnel

1. Lorsque le sujet est formé d'un **nom collectif** précédé de *un* ou *une* et suivi d'un groupe prépositionnel, l'accord du **verbe** ou de l'**auxiliaire** se fait :

- soit avec le **nom collectif** si on veut insister sur l'ensemble exprimé par le collectif ;

  Ex. : Un **groupe** d'élèves **étudie** à la bibliothèque.
  3ᵉ pers. s.

- soit avec le **nom du groupe prépositionnel** si on veut insister sur les éléments constituant l'ensemble du collectif.

  Ex. : Un groupe d'**élèves** **étudient** à la bibliothèque.
  3ᵉ pers. pl.

2. Lorsque le sujet est formé d'un **nom collectif** précédé de certains déterminants comme *le*, *la*, *mon*, *ma*, *ce* ou *cette* et suivi d'un groupe prépositionnel, l'accord du **verbe** ou de l'**auxiliaire** se fait généralement avec le nom collectif.

  Ex. : Sa **collection** de papillons **se détériore** rapidement.
  3ᵉ pers. s.

  Ex. : La **troupe** de spectateurs **a** bloqué la circulation.
  3ᵉ pers. s.

REMARQUE

Le sens de la phrase exige d'accorder le **verbe** ou l'**auxiliaire**

- parfois avec le **nom collectif** ;

  Ex. : Une **nuée** d'insectes **grossissait** à vue d'œil. (C'est la nuée qui grossissait.)

- parfois avec le **nom du groupe prépositionnel**.

  Ex. : Une nuée d'**oiseaux voltigeaient** sans but. (Ce sont les oiseaux qui voltigeaient.)

Pour vérifier l'accord du verbe

Chaque fois que vous repérez un verbe conjugué ou un auxiliaire :

a) Trouvez le donneur d'accord (le noyau du sujet). Indiquez au-dessous la personne et le nombre du donneur.

b) Tracez une flèche allant du donneur au receveur.

c) Assurez-vous que le receveur a la même personne et le même nombre que le donneur.

  Ex. : Dans les années 1960, les **boîtes** à chansons **étaient** très populaires.
  3ᵉ pers. pl.

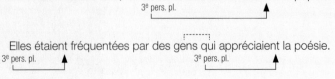

  Elles étaient fréquentées par des gens qui **appréciaient** la poésie.
  3ᵉ pers. pl.   3ᵉ pers. pl.

COUP DE POUCE

L'ACCORD DE L'ADJECTIF ATTRIBUT DU SUJET ET DU PARTICIPE PASSÉ EMPLOYÉ AVEC *ÊTRE*

Sujet de phrase
Adjectif
Attribut du sujet

RÈGLE

Le **noyau** du sujet donne son genre et son nombre à l'**adjectif attribut du sujet** et au **participe passé employé avec** *être*.

Ex.: **Ces choses** si magnifiques et si originales ne lui paraissent pas **réelles**.
f. pl.

Ex.: **Les fleurs** ont été **abîmées** par la pluie.
f. pl.

Ex.: Dans cette bibliothèque sont **réunis** les plus anciens **manuscrits**.
m. pl.

REMARQUE

Lorsque le pronom *on* signifie « nous », l'**attribut du sujet** ou le **participe passé employé avec** *être* reçoit le genre et le nombre des personnes désignées.

Ex.: L'auteur s'entretenait avec Luce et moi ; **on** était **intimidées** toutes les deux.
f. pl.

COUP DE POUCE

Pour vérifier l'accord de l'adjectif attribut du sujet et du participe passé employé avec *être*

Chaque fois que vous repérez un adjectif attribut du sujet ou un participe passé employé avec *être* :

a) Trouvez le donneur d'accord (le noyau du sujet). Indiquez au-dessous son genre et son nombre.

b) Tracez une flèche allant du donneur vers chacun des receveurs.

c) Assurez-vous que chaque receveur a le même genre et le même nombre que le donneur.

Ex.: Cette petite auberge était située en face de chez moi.
f. s.

Sa façade défraîchie et son éclairage pâlot ne paraissaient guère engageants.
f. s.   m. s.
m. pl.

Classes de mots

Il y a huit **classes de mots** : cinq classes de mots variables (le nom, le déterminant, l'adjectif, le pronom, le verbe) et trois classes de mots invariables (la préposition, la conjonction, l'adverbe).

LE NOM*

Principales caractéristiques du nom	Exemples
1. Le **nom** a la particularité de pouvoir être introduit par un **déterminant**.	**une** jolie **araignée** **tous les** escaliers **plus d'un** concert **beaucoup d'**expérience
2. Le **nom** est un **donneur** d'accord. – Il donne son genre et son nombre au **déterminant** et aux **adjectifs** dans le groupe nominal (GN).	Ses longs cheveux noirs tombaient sur ses épaules nues. m. pl. f. pl.
– S'il est le noyau d'un GN sujet, il donne la troisième personne (par défaut) et son nombre au **verbe**.	Ses longs cheveux noirs tombaient sur ses épaules nues. 3ᵉ pers. pl.
3. Le nom peut avoir une forme simple ou une forme complexe : – à la **forme simple**, il est indécomposable en plus petits éléments ;	noix, arc, ciel, lecture, danse, etc.
– à la **forme complexe**, il est décomposable en plus petits éléments.	casse-noix, arc-en-ciel, relecture, danseurs, etc.
4. Le nom a son genre propre. Certains noms sont du genre **masculin**, d'autres sont du genre **féminin**.	Un **nuage** de **fumée** noire recouvre la **ville**. (Certains noms désignant des êtres animés peuvent s'employer aux deux genres : un *artiste*, une *artiste* ; un *avocat*, une *avocate* ; un *navigateur*, une *navigatrice* ; etc.)
5. Le nom varie en **nombre**.	un tableau, des tableaux ; une sculpture, quelques sculptures **Exceptions :** certains noms qui s'écrivent toujours au pluriel (les décombres, des fiançailles, des sévices, etc.)
6. Le **nom** est le noyau du groupe nominal.	GN GN Léa écrira le **récit** de ses **voyages** captivants.

* Pour connaître les règles sur la majuscule à l'initiale des noms propres, consultez le document reproductible intitulé *Majuscule* qu'on vous remettra.

LE DÉTERMINANT*

Principales caractéristiques du déterminant	Exemples
1. Le **déterminant** se place avant le **nom** et forme avec lui un groupe nominal (GN).	GN quelques tables

REMARQUE

Il peut y avoir un ou des mots entre le **déterminant** et le **nom** : quelques jolies petites **tables** rondes.

2. Le **déterminant** est un mot **variable**. C'est un **receveur** d'accord : il reçoit le genre et le nombre du **nom** qu'il introduit.	un avion ▲ m. s. certains livres ▲ m. pl. aucune automobile ▲ f. s. certaines revues ▲ f. pl.
3. Certains mots (*le, la, l', les, aucun, certains, plusieurs, leur*, etc.) appartiennent tantôt à la classe des pronoms, tantôt à la classe des déterminants. Ce sont des **déterminants** lorsqu'ils introduisent un **nom** ; sinon, ce sont des **pronoms**. ➡ **Coup de pouce** Pour vérifier la classe du mot *tout* (voir capsule ci-dessous).	Elle aime **les livres**, mais **les** laisse traîner partout. **Tous** vos **essais** sont concluants ! Vous réussirez **tout**. Si **leurs résultats** s'améliorent, vous **leur** donnerez congé.

REMARQUE

Quand *leur* est un **déterminant**, il prend un **s** au pluriel. Quand *leur* est un **pronom personnel**, il ne prend jamais de **s** parce qu'alors il ne s'oppose pas au singulier *leur* mais plutôt au singulier *lui*.

4. Le déterminant peut avoir une forme simple ou une forme complexe :	
– à la **forme simple**, il est indécomposable en plus petits éléments ;	le, mon, quel, aucun, etc.
– à la **forme complexe**, il est décomposable en plus petits éléments.	beaucoup de, trop de, bon nombre de, n'importe quel, tous les, vingt et un, etc.

* Pour connaître les différentes sortes de déterminants, consultez le document reproductible intitulé *Sortes de déterminants* qu'on vous remettra.

COUP DE POUCE

Pour vérifier la classe du mot *tout*

- Pour savoir si le mot *tout* est un déterminant, un pronom ou un adverbe, vérifiez si vous pouvez le remplacer par un déterminant, un pronom ou un adverbe.

  Ex. :   **Tout** spectateur en retard perdra sa place.

  ↓   **Un** spectateur en retard perdra sa place.

  Ici, *tout* est un déterminant, puisqu'on peut le remplacer par un autre déterminant.

Ex. :   **Tout** est parfait.

↓   **Cela** est parfait.

Ici, *tout* est un pronom, puisqu'on peut le remplacer par un autre pronom.

Ex. :   Il était **tout** énervé.

↓   Il était **extrêmement** énervé.

Ici, *tout* est un adverbe, puisqu'on peut le remplacer par un autre adverbe.

• Si le mot *tout* est introduit par un déterminant, c'est un nom.

Ex. : Payez **le tout** à la caisse.

L'ADJECTIF

Principales caractéristiques de l'adjectif	Exemples
1. L'adjectif est un mot **variable**. C'est un **receveur** d'accord : il reçoit son genre et son nombre du **nom** ou du **pronom** qu'il décrit.	J'aime les **histoires courtes**. f. pl. Ces **contes** sont **étonnants**. m. pl.
2. L'adjectif est un mot qui caractérise un **nom** ou un **pronom**.	J'aime les **contes populaires**. **Ils** sont **étonnants**.
3. Il y a deux sortes d'adjectifs : l'adjectif qualifiant et l'adjectif classifiant. – L'**adjectif qualifiant** exprime une qualité, positive ou négative, qu'on prête à la réalité désignée par le **nom** ou le **pronom**. Cet adjectif peut généralement être précédé d'un <u>adverbe</u> de degré comme *très*.	C'est une (très) **étrange aventure**. **Elle** est (très) **inquiétante**.
– L'**adjectif classifiant** sert à classer, à catégoriser la réalité désignée par le **nom**. Cet adjectif ne peut pas être précédé d'un adverbe de degré.	⊘ un **chemin** (très) **forestier** ⊘ un **système** (très) **immunitaire** ⊘ une **plage** (assez) **municipale** ⊘ un **film** (un peu) **québécois**

REMARQUE

Un **adjectif qualifiant** ne peut pas être coordonné à un **adjectif classifiant**, mais il peut être placé à sa suite.

Ex. : ⊘   des vacances **scolaires** et **réjouissantes**

Mais : des vacances **scolaires réjouissantes**

| 4. L'**adjectif** est le noyau du <u>groupe adjectival</u>. | GAdj
Voici une histoire │ très **courte** │. |

LE PRONOM*

Principales caractéristiques du pronom	Exemples
1. Le **pronom** est un **donneur** d'accord. – Il donne sa personne et son nombre au **verbe**.	**Elle est** toujours attentionnée. 3ᵉ pers. s. ▲
– Il donne son genre et son nombre à l'**adjectif** attribut.	On **la** trouve **changée** ; **elle** n'est plus **enjouée**. f. s. ▲ f. s. ▲
2. On distingue le pronom de reprise et le pronom nominal. – Le **pronom de reprise** sert à reprendre l'idée exprimée par un **antécédent**. ➜ Reprise de l'information	GN (antécédent) Pronom de reprise Regarde **ces photos**. Je **les** ai prises l'année passée. (Le pronom *les* reprend l'information donnée par le GN *ces photos*. Ce GN, appelé **antécédent**, donne son sens au pronom *les*.)
– Le **pronom nominal** ne reprend pas d'information ; il n'a pas d'antécédent. Les principaux pronoms nominaux sont : • les pronoms qui désignent la personne qui parle ou à qui on parle ; • les pronoms qui ont une signification en eux-mêmes.	 je, me, moi, nous ; tu, te, toi, vous personne, rien, on, tout, etc.
3. Certains mots (*aucun*, *certains*, *plusieurs*, *le*, *la*, *l'*, *les*, *leur*, etc.) appartiennent tantôt à la classe des pronoms, tantôt à la classe des déterminants. Ce sont des **déterminants** lorsqu'ils introduisent un **nom** ; sinon, ce sont des **pronoms**. ➜ **Coup de pouce** Pour vérifier la classe de *tout* (p. 189).	Nous ne voyons pas **la mer**, mais nous **la** sentons. **Tous** nos **espoirs** se réalisent, **tout** va de mieux en mieux. Ils ont reçu **leurs neveux** et **leur** ont offert de petits cadeaux.

REMARQUE

Quand *leur* est un **déterminant**, il prend un **s** au pluriel. Quand *leur* est un **pronom personnel**, il ne prend jamais de **s** parce qu'alors il ne s'oppose pas au singulier *leur* mais plutôt au singulier *lui*.

4. Le pronom peut avoir une forme simple ou une forme complexe : – à la **forme simple**, il est indécomposable en plus petits éléments ;	il, elle, celui, chacun, etc.
– à la **forme complexe**, il est décomposable en plus petits éléments.	celui-ci, la plupart, le tien, les uns, n'importe qui, quelqu'un, etc.
5. Le pronom est un mot **variable**. Il peut varier en genre, en nombre, parfois aussi en personne.	le mien, la mienne, les miens, les miennes

* Pour connaître les différentes sortes de pronoms, consultez le document reproductible intitulé *Sortes de pronoms* qu'on vous remettra.

Principales caractéristiques du verbe	Exemples
1. Le **verbe** est un **receveur** d'accord : il reçoit le nombre et la personne du **noyau** du sujet.	**Marie** croit que **tu** t'ennuies là-bas. 3e pers. s. 2e pers. s.
2. Le **verbe** est un mot **variable** qui peut se conjuguer. Autrement dit, il peut être employé à différents modes et temps, et à différentes personnes du singulier ou du pluriel.	**Soyez** à l'heure cette fois-ci. (Le verbe est au mode impératif, au temps présent et à la 2e personne du pluriel.) Nous ne les **voyions** jamais l'un sans l'autre. (Le verbe est au mode indicatif, au temps imparfait et à la 1re personne du pluriel.)
3. Les verbes précédés d'un **pronom personnel** (*me, m', te, t', nous, vous, se, s'*) de la même personne et du même nombre que le **sujet** sont des **verbes pronominaux.** ➡ **Coup de pouce** Pour reconnaître un verbe pronominal (p. 179).	**je** m'évanouis, **tu te** promènes, **elle se** méfie, **nous nous** réfugions, **vous vous** parlez, **ils se** plaisent
4. Les verbes construits avec le sujet *il* impersonnel sont des verbes impersonnels. Ces verbes servent à la construction des phrases impersonnelles. – Certains verbes sont **toujours impersonnels.** ➡ **Coup de pouce** Pour repérer le verbe toujours impersonnel (p. 193). – Certains verbes sont **occasionnellement impersonnels.**	il faut, il s'agit, il est question, il vente, il neige, etc. il arrive, il manque, il se passe, il se produit, etc.

REMARQUE

Le verbe *être* peut être combiné avec des adjectifs pour former des constructions impersonnelles.

Ex. : il est possible de / que, il est nécessaire de / que, il est bon de / que, il est utile de / que, etc.

5. Certaines expressions sont formées d'un verbe et d'un nom (avec ou sans déterminant). On considère ces expressions figées comme des verbes.	avoir l'air, faire peur, prendre part, tenir tête, etc.
6. Le **verbe conjugué** à un mode personnel est le noyau du groupe verbal.	GV Nous avons assisté à un merveilleux spectacle .

REMARQUE

Lorsqu'un verbe est à l'infinitif, il est le noyau d'un groupe infinitif (GInf) ; lorsqu'un verbe est au participe, il est le noyau d'un groupe participial (GPart).

* Pour mieux comprendre les modes, les temps et les personnes des verbes, consultez le document reproductible intitulé *Verbe et conjugaison* qu'on vous remettra.

Pour repérer le verbe toujours impersonnel

- Si le **sujet** d'un **verbe impersonnel** **ne peut pas être remplacé par un autre mot**, le verbe est **toujours impersonnel**.

  Ex.: **Il s'agit** bien d'elle.   Ex.:   **Il neige**.

  ⊘ Elle **s'agit** bien d'elle.   ⊘ Elle **neige**.

- Si le **sujet** d'un **verbe impersonnel** **peut être remplacé par un groupe de mots**, le verbe est **occasionnellement impersonnel**.

  Ex.: **Il est arrivé** une drôle d'aventure à Zoé.

  Une drôle d'aventure est arrivée à Zoé.

LA PRÉPOSITION

Principales caractéristiques de la préposition	Exemples
1. La **préposition** est un mot **invariable** qui prend un **complément**.	Il est allé **avant** ses sœurs **dans** la salle **de** bains **pour** se laver les mains **avant de** passer **à** table.
2. La préposition peut être formée d'un mot ou de plus d'un mot. – Prépositions formées d'un mot	à, après, avant, avec, chez, comme, contre, dans, de, depuis, derrière, dès, devant, durant, en, entre, envers, par, pendant, pour, sans, selon, sous, sur, vers, etc.

REMARQUE
Quatre prépositions dites **contractées** sont formées de la préposition *à* ou *de* soudée au déterminant *le* ou *les* : au (à + le), aux (à + les), du (de + le), des (de + les). Elles sont aussi appelées *déterminants définis contractés*.

– Prépositions formées de plus d'un mot	à cause de, afin de, au moyen de, avant de, contrairement à, de manière à, grâce à, loin de, malgré, par-dessous, par rapport à, quant à, etc.
3. La **préposition** est le noyau du groupe prépositionnel.	GPrép Elle ira à la bibliothèque .

LA CONJONCTION

Principales caractéristiques de la conjonction	Exemples
1. La **conjonction** est un mot **invariable** qui peut exprimer divers sens : l'addition (*et*, *ni*), l'alternative (*ou*, *soit… soit*), la cause (*parce que*), l'opposition (*mais*), etc.	On annonce de la neige **et** des vents violents. (addition) Il insiste **pour que** nous restions à la maison. (but) Nous partirons **quand** le brouillard se dissipera. (temps) Je veux **que** tu réussisses.
2. La **conjonction** joue le rôle d'un coordonnant ou d'un subordonnant.	Je dois partir, **car** je suis en retard. Je dois partir **parce que** je suis en retard.

Principales caractéristiques de l'adverbe	Exemples
1. L'**adverbe** est un mot **invariable**.	**Hier**, elle a lu **rapidement** un **très** gros livre. Nous vous rejoindrons **tout à l'heure**.

REMARQUE

Il ne faut pas confondre l'**adverbe** avec l'**adjectif** qui, lui, s'accorde.

Ex.: Ces fleurs sentent **bon**. Ces fruits sont **bons**.
Ces oiseaux volent **haut**. Ces branches sont **hautes**.

➡ **Coup de pouce** Pour distinguer l'adverbe et l'adjectif (voir capsule ci-dessous).

REMARQUE

L'adverbe ***tout*** varie devant un adjectif féminin commençant par une consonne ou un *h* dit aspiré.

Ex.: Elle est **toute** rouge et **tout** essoufflée.

➡ **Coup de pouce** Pour vérifier la classe du mot *tout* (p. 189).

2. L'**adverbe** exprime, entre autres:	
– le **lieu** ;	ailleurs, alentour, dehors, ici, là, loin, partout, près, etc.
– le **temps** ;	aujourd'hui, autrefois, bientôt, demain, hier, jamais, etc.
– la **manière** ;	bien, ensemble, gentiment, mal, mieux, etc.
– l'**affirmation** ;	assurément, certes, oui, volontiers, etc.
– la **négation** ;	ne… jamais, ne… pas, ne… plus, non, etc.
– le **doute**, la **probabilité** ;	apparemment, peut-être, probablement, sans doute, etc.
– la **quantité**, le **degré**.	beaucoup, environ, moins, peu, suffisamment, très, etc.
3. L'**adverbe** est le noyau du groupe adverbial.	GAdv Elle est très rouge.

* Pour connaître les règles de formation des adverbes en *-ment*, consultez le document reproductible intitulé *Règles de formation des adverbes en -ment* qu'on vous remettra.

COUP DE POUCE

Pour distinguer l'adverbe et l'adjectif

Si le mot peut être remplacé par un adverbe, ce n'est pas un adjectif mais un **adverbe**.

Ex.: Ces gens s'expriment **bien**.
↓ Ces gens s'expriment **correctement**.

Ex.: Ces films sont **fort** captivants.
↓ Ces films sont **très** captivants.

Cohérence textuelle

DÉFINITION

Un texte cohérent est un texte qui obéit à certaines règles.
- La **pertinence** des éléments : les éléments contenus dans le texte y ont bien leur place.
- La **non-contradiction** entre les éléments : les éléments contenus dans le texte ne sont pas contradictoires.
- La **continuité** de l'information : il y a un lien d'une phrase à l'autre.
- La **progression** de l'information : il y a de l'information nouvelle dans chaque phrase.

Règles de cohérence textuelle	Exemples
Pertinence des éléments Un texte est cohérent si les éléments qui le composent ont bien leur place dans ce texte, compte tenu du sujet, du genre de texte, de l'intention de l'auteur, etc.	Pourquoi fait-il si chaud sur Vénus ? La température moyenne y est deux fois plus élevée que celle d'un four, soit 480 °C. Cela vient du fait que son atmosphère est surtout composée de gaz carbonique, un gaz lourd qui absorbe la chaleur. De plus, l'épais plafond de nuages rend captifs une grande partie des rayons solaires qui sont réfléchis par le sol. *Larousse des mille questions et réponses*, Paris, Larousse/VUEF, 2003, p. 27. Cet extrait est cohérent : l'information y est juste et liée au sujet.
Non-contradiction entre les éléments Un texte est cohérent s'il n'y a pas de contradiction entre les éléments qui le composent. a) Les informations ne se contredisent pas, elles vont dans le même sens.	⊘ La rue **défile rapidement** derrière la vitre de l'autobus. Une série de boutiques se succèdent. Grégoire **scrute** chaque vitrine comme si l'une d'elles allait lui révéler le but secret du voyage qu'il a entrepris. Ce passage contient une contradiction : dans la dernière phrase, *scrute*, qui signifie « observer avec attention », est en contradiction avec l'affirmation de la première phrase selon laquelle la rue défile rapidement.
b) L'émetteur s'exprime à la 1re personne **ou** à la 3e personne ; il ne change pas en cours de route sans raison valable.	⊘ **Je** regagnai mon poste de surveillance, un petit bureau pas très confortable. Je m'assis dans le fauteuil, sortis de mon veston un livre de poche et repris ma lecture. **Il** trouvait l'histoire vraiment passionnante. Ce passage est incohérent : l'émetteur passe de la 1re personne à la 3e personne en cours de rédaction sans raison valable.
c) L'émetteur conserve le même <u>point de vue</u> (soit engagé, soit distancié) ; il ne change pas en cours de route sans raison valable.	⊘ Selon une étude menée en 2006 par la Société de l'assurance automobile du Québec, 20 personnes sont décédées sur les routes du Québec à la suite d'un accident entre un vélo et un véhicule routier, et plus de 150 personnes ont été grièvement blessées. Cette même étude révèle que le tiers des victimes étaient âgées de 15 ans ou moins. De plus, il est **épouvantable** de constater que l'inattention du conducteur ou du cycliste est en cause dans 71 % des accidents. Ce passage est incohérent : dans la dernière phrase, l'émetteur adopte un point de vue engagé alors qu'il avait commencé par un point de vue distancié.

→

Règles de cohérence textuelle	Exemples
d) Le texte est généralement écrit dans le <u>système verbal</u> du **présent** ou dans celui du **passé**.	⊘ Mélanie **marche** sur la pointe des pieds jusqu'à la cuisine et **ouvre** doucement la porte du balcon qui mène à l'escalier de secours. Bémol, un chat errant, en **profita** pour se glisser à l'intérieur en miaulant. Mélanie **se pencha** pour le caresser, ce qui **eut** l'heureux effet de changer son miaulement en un ronron plus discret. Ce passage est incohérent : il est écrit à la fois dans le système verbal du **présent** et dans celui du **passé**.
Continuité et progression de l'information Un texte est cohérent s'il contient suffisamment de **reprises d'information** qui permettent de suivre le fil conducteur et si on trouve de l'**information nouvelle** dans chaque phrase. ➥　Reprise de l'information	À une centaine de mètres de la maison, j'aperçus **un chat** et un chien. **Le premier était juché sur la clôture. Le second l'observait. Le matou émettait des miaulements sonores sous l'œil courroucé du gardien de ces lieux.** Ce passage est cohérent. D'une part, il contient des reprises : par exemple, les mots en **bleu** reprennent **un chat**. D'autre part, il y a progression de l'information : par exemple, les mots en **violet** apportent, d'une phrase à l'autre, de l'information nouvelle à propos du chat.

Communication (Situation de)

Énonciation

Pour qu'il y ait communication, il faut qu'une personne produise un message (ou un énoncé) et qu'une ou plusieurs personnes le reçoivent.

On peut illustrer une situation de communication à l'aide du schéma suivant, dans lequel se trouvent toutes les questions qui permettent d'en déterminer les éléments.

Schéma de la situation de communication

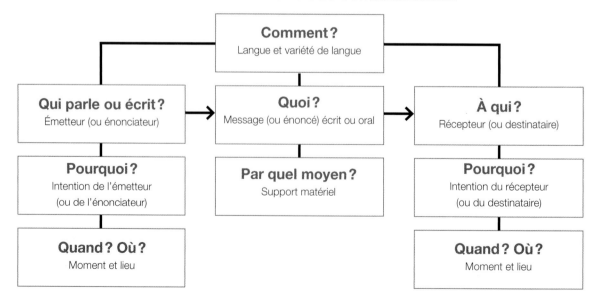

- **Qui parle ou écrit ?** L'**émetteur** (ou l'**énonciateur**), c'est-à-dire la personne qui produit le message (auteur ou auteure, journaliste, conférencier ou conférencière, personne qui écrit une lettre, etc.).

- **Quoi ?** Le **message** (c'est-à-dire l'**énoncé** et son contenu, appelé *référent*), écrit ou oral, transmis par l'émetteur à l'intention du récepteur.

- **À qui ?** Le **récepteur**, c'est-à-dire la personne qui reçoit et interprète le message (lecteur ou lectrice d'un roman, auditeur ou auditrice d'un film, d'une conférence, etc.) ou le **destinataire**, c'est-à-dire la personne qui reçoit et interprète le message qui lui est spécifiquement adressé (lecteur ou lectrice d'une lettre, d'un courriel, auditeur ou auditrice d'un message téléphonique, etc.).

- **Comment ?** La **langue** commune (français, anglais, espagnol, etc.) au récepteur et à l'émetteur pour que ces derniers puissent se comprendre ; l'émetteur doit également choisir une variété de langue (standard, familière, etc.) en fonction des personnes à qui il s'adresse et du contexte.

- **Par quel moyen ?** Le **support matériel** (lettre, courriel, appel téléphonique, affiche, etc.) choisi par l'émetteur pour transmettre son message.

- **Quand** et **où ?** Le **moment** et le **lieu** où l'émetteur produit son message, ainsi que le **moment** et le **lieu** où le récepteur reçoit ce message ; la production et la réception d'un message peuvent avoir lieu à des moments différents et dans des lieux différents.

- **Pourquoi ?** L'**intention de l'émetteur**, c'est-à-dire le but précis dans lequel il produit son message (informer, divertir, persuader, demander de l'information, faire agir, etc.). L'**intention du récepteur** (s'informer, se divertir, découvrir un univers littéraire, réfléchir sur un sujet controversé, etc.) lorsqu'il lit un roman, une lettre, un éditorial, etc., ou qu'il écoute une émission, un film, une conférence, etc.

Discours rapporté

DÉFINITION

Le **discours rapporté** sert à citer des paroles qui ont déjà été émises. Dans les **textes narratifs**, les discours rapportés sont les paroles des personnages ; dans les **textes courants**, ce sont les paroles des personnes que l'on cite.

On peut rapporter les propos d'une personne directement ou indirectement.

Sortes de discours rapportés	Exemples
Discours rapportés directement : propos cités tels quels.	Jessica a avoué : « **J'ai abusé des jeux électroniques.** »
Discours rapportés indirectement : propos reformulés par la personne qui les rapporte.	Jessica a avoué **qu'elle avait abusé des jeux électroniques.**

LE DISCOURS DIRECT

On reconnaît le **discours direct** aux caractéristiques suivantes.

Caractéristiques du discours direct	Exemples
1. Il est annoncé par un **verbe de parole** placé : – soit avant les **paroles rapportées** (on met alors un deux-points à l'écrit) ;	Il **a hurlé** : « J'ai gagné ! »
– soit dans une <u>incise</u>. (La phrase incise est une formule généralement courte insérée dans une autre phrase ou placée à la fin de celle-ci. Elle indique qu'on rapporte les paroles de quelqu'un. Elle se caractérise par l'inversion du sujet et du verbe.)	« Je ne sais plus ce qui m'arrive », <u>me **confia**</u> Suzie. « Qu'est-ce qui m'arrive ? » <u>se **demanda**-t-elle</u>.
2. Il constitue au moins une **phrase**. Cette phrase commence obligatoirement par une majuscule. ➡ Phrase	Valérie **a déclaré** : « **Je** vais aller me reposer. »
3. Il est encadré par des <u>guillemets</u> à l'écrit.	Mia, effrayée, s'écria : « Vite ! Sortons d'ici ! »
4. Il est introduit par un <u>tiret</u> dans un dialogue écrit.	Le chauffeur se leva et s'avança jusqu'à Tom. — Descendez tout de suite, dit le chauffeur. — Mais… qu'est-ce que j'ai fait ? demanda Tom.

LE DISCOURS INDIRECT

On reconnaît le **discours indirect** aux caractéristiques suivantes.

Caractéristiques du discours indirect	Exemples
1. Il est souvent annoncé par un **verbe de parole** ou un verbe comme *penser* ou *écrire* placé avant les **paroles rapportées** (on ne met alors pas de deux-points à l'écrit).	La pianiste **a déclaré** qu'elle était prête pour le concert.
2. Il se présente sous différentes formes.	Ken **a confirmé** qu'il viendrait nous voir demain. Nora leur **a demandé** s'ils avaient aimé le film. Annie lui **a demandé** de lire un passage du livre.
3. Il n'est pas encadré par des guillemets à l'écrit.	Max lui **a avoué** qu'il avait manqué de courage.

Groupe incident

Le discours indirect peut aussi être annoncé par un **groupe incident** désignant la personne à qui les **paroles** sont attribuées.

Ex. : **Selon Max**, Félix aurait manqué de courage.

L'évocation d'un discours

On peut aussi rapporter des idées générales, des concepts, des constats attribuables à des **énonciateurs abstraits**. C'est ce qu'on appelle l'*évocation d'un discours*.

Ex. : **Les spécialistes** disent tous que la disparition de nombreuses espèces importantes coïncide avec l'arrivée de l'homme sur leurs territoires.

Ex. : **Toutes les études** le confirment : la disparition de nombreuses espèces importantes coïncide avec l'arrivée de l'homme sur leurs territoires.

Ex. : **La science** nous apprend que la disparition de nombreuses espèces importantes coïncide avec l'arrivée de l'homme sur leurs territoires.

COUP DE POUCE

Pour transformer un discours direct en discours indirect

a) Pour transformer un discours direct en discours indirect, il faut remplacer les **pronoms** et les **déterminants possessifs** de la 1re et de la 2e personne par des **pronoms** et des **déterminants possessifs** de la 3e **personne**. Il n'y a pas de changement de personne quand l'énonciateur rapporte ses propres paroles.

Ex. : Elle dit : « **Je** ferai **ma** recherche sur le réchauffement de la planète. »

Elle dit qu'**elle** fera **sa** recherche sur le réchauffement de la planète.

Ex. : « À **mon** avis, **tes** résultats ne sont guère concluants », précisa-t-elle.

Elle précisa qu'à **son** avis **ses** résultats n'étaient guère concluants.

b) Si le **verbe introducteur** est au **passé** (passé simple, passé composé, imparfait), il faut aussi remplacer :

— le **temps des verbes** ;

Ex. : Il a expliqué : « L'expérience **se déroule** normalement, tout **se passe** comme prévu. »

Il a expliqué que l'expérience **se déroulait** normalement, que tout **se passait** comme prévu.

— les **expressions de temps**.

Ex. : L'archéologue **a ajouté** : « Nous entreprendrons les fouilles dès **demain**. »

L'archéologue **a ajouté** qu'ils entreprendraient les fouilles dès **le lendemain**.

LE DISCOURS INDIRECT LIBRE

Le **discours indirect libre** est une manière de rapporter des paroles ou des pensées qui sont intégrées au récit sans les marques habituelles des discours rapportés (deux-points, incise, guillemets, subordination, etc.). Souvent, c'est le contexte qui permet de comprendre que les paroles ont été rapportées.

Ex.: Je suis dans une pension d'État à Saigon. Je dors et je mange là, dans cette pension, mais je vais en classe au-dehors, au lycée français. Ma mère, institutrice, veut le secondaire pour sa petite fille. **Pour toi c'est le secondaire qu'il faudra.** Ce qui était suffisant pour elle ne l'est plus pour la petite. **Le secondaire et puis une bonne agrégation de mathématiques.** J'ai toujours entendu cette rengaine depuis mes premières années d'école.

Marguerite Duras, *L'amant*, Paris, Les Éditions de Minuit, 1984, p. 11.

REMARQUE

On appelle **monologue intérieur** les pensées d'un personnage rapportées en discours indirect libre.

Ex.: En se promenant au hasard des rues, Émilie songea qu'il était temps qu'elle rende visite à sa grand-mère. **La semaine prochaine? Pourquoi pas? Pourvu qu'il n'y ait pas trop de monde sur les routes. Elle verrait bien. Fallait-il prévenir sa grand-mère de son arrivée? Non! Ce serait une surprise.**

Énonciation

L'**énonciation**, c'est l'acte de parler ou d'écrire. Chaque fois qu'on parle ou qu'on écrit, on produit un énoncé. Un **énoncé** comprend généralement des indices qui font référence à la situation de communication. C'est grâce à ces indices qu'on peut interpréter un énoncé. Ces indices sont, entre autres:

- des pronoms et des déterminants des 1re et 2e personnes (et le pronom *on* quand il signifie «nous»), qui désignent les personnes qui sont en situation de communication;

- des groupes prépositionnels (*près d'ici, à cet endroit, à gauche*), des adverbes de lieu (*ici, là-bas, plus loin*), des pronoms et des déterminants démonstratifs (*Ce livre-ci est plutôt difficile, je vous conseille plutôt celui-là.*) et des gestes de désignation, qui permettent de situer le lieu où l'énoncé a été produit;

- des groupes nominaux (*cette semaine, la nuit passée, l'année prochaine*), des groupes prépositionnels (*en ce moment, dans trois minutes*), des temps verbaux ou des adverbes de temps (*hier, aujourd'hui, demain*), qui permettent de situer le moment où l'énoncé a été produit.

Figures de style

FIGURES DE STYLE LES PLUS COURANTES

Figures et descriptions	Exemples
Accumulation L'**accumulation** consiste à **énumérer une suite de détails** dans une phrase ou dans plusieurs phrases qui se suivent pour développer ou rendre plus frappante une idée, une description, une caractérisation.	LES CINQ FEMMES — Là, là, j'travaille comme une enragée, jusqu'à midi. J'lave. **Les robes, les jupes, les chandails, les pantalons, les canneçons, les brassières**, tout y passe ! **Pis frotte, pis tord, pis refrotte, pis rince...** Michel Tremblay, *Les belles-sœurs*, Montréal, Leméac, 1972, p. 13. Dans cet exemple, l'accumulation des vêtements à laver et des actions à accomplir témoigne de la lourdeur des tâches, qui semblent interminables.
Allitération et assonance L'**allitération** est la **répétition d'un ou de plusieurs sons consonantiques** dans une suite de mots rapprochés.	Quand la **p**luie **p**ique son **pl**ic est ré**c**i**pro**que : le cho**c** s'ap**pl**ique et ré**pl**ique **pl**o**c** ! Alain Serres, « Soliloque », dans *Les éléments des poètes*, Paris, Hachette, 1990, p. 86. Dans cet exemple, la répétition des sons « p », « pl » et « k » évoque une pluie qui tombe dru.
L'**assonance** est la **répétition d'un ou de plusieurs sons vocaliques** dans une suite de mots rapprochés.	Le vent s'enr**ou**le aut**ou**r des pins, S**ou**ffle t**ou**t au long de la plaine, Sème des fleurs dans les jardins, J**ou**e avec l'eau de la fontaine. Claire de La Soujeole, « Ordre cosmique », dans *Les éléments des poètes*, Paris, Hachette, 1990, p. 160. Dans cet exemple, la répétition du son « ou » rappelle le bruit du vent.
Antithèse L'**antithèse** est l'**emploi de deux expressions ou de deux mots opposés** dans une même phrase, un même paragraphe ou une même strophe. Elle permet de présenter deux aspects contradictoires de la réalité ou de souligner une opposition afin de **créer un contraste**.	sur le tableau noir du **malheur** il dessine le visage du **bonheur** Jacques Prévert, « Le cancre », dans *Paroles*, 1946. Dans cet exemple, l'association des termes *malheur* et *bonheur* fait contraste.

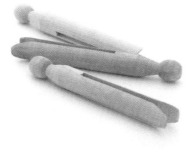

Figures et descriptions	Exemples
Comparaison et métaphore	
1. La **comparaison exprime une ressemblance** entre deux réalités **à l'aide d'un outil de comparaison.**	
2. La **comparaison** est formée de quatre éléments : – un **terme qui est comparé** : c'est le mot ou le groupe de mots qui désigne la réalité dont on parle ; – un **outil de comparaison** : c'est le mot ou le groupe de mots qui exprime la ressemblance ; – un **terme à quoi on compare** : c'est le mot ou le groupe de mots qui désigne la réalité à laquelle on compare ; – un **point de ressemblance** : c'est la caractéristique commune aux deux réalités (il peut être sous-entendu).	Ses cheveux étaient dressés sur sa tête comme une crête de perroquet. – Ce qui est comparé : Ses cheveux. – Outil de comparaison : comme. – Ce à quoi on compare : la crête d'un perroquet. – Point de ressemblance : l'alignement de pointes verticales. Ses yeux étaient semblables à des saphirs. – Ce qui est comparé : Ses yeux. – Outil de comparaison : semblables à. – Ce à quoi on compare : des saphirs. – Point de ressemblance : la couleur et la luminosité (sous-entendus).
3. Les principaux outils de comparaison sont les suivants : *comme, ainsi que, tel, semblable à, pareil à, comparable à, ressembler à, avoir l'air de, faire l'effet de, on dirait.*	Le sentier se déroulait *tel* un long ruban clair dans le soleil aveuglant. Les hirondelles, *pareilles à* des pinces à linge, se tenaient sur le fil.
4. La **métaphore exprime une ressemblance** entre deux réalités mais, contrairement à la comparaison, elle le fait **sans l'aide d'un outil de comparaison.**	**Métaphore :** L'araignée, petite main noire et velue, s'agrippait à ses cheveux. **Comparaison :** L'araignée, *telle* une petite main noire et velue, s'agrippait à ses cheveux.
5. Comme la métaphore n'est pas signalée par un outil de comparaison, il faut examiner attentivement le texte pour la repérer et trouver le point de ressemblance.	L'herbe ondoie, vague frémissante, sous l'effet de la brise. – Ce qui est comparé : L'herbe. – Ce à quoi on compare : vague frémissante. – Point de ressemblance : le mouvement d'ondoiement, d'oscillation, de va-et-vient.
Euphémisme L'**euphémisme** consiste à **exprimer une idée pénible, choquante ou perçue négativement au moyen d'une expression atténuée, adoucie.**	Hyppolite **n'est plus.** Jean Racine, *Phèdre*, 1677. Dans cet exemple, l'euphémisme *n'est plus* est employé pour atténuer une réalité pénible, la mort.

Figures et descriptions	Exemples
Gradation La **gradation** est une **énumération** dans laquelle des mots ou des groupes de mots sont disposés dans un **ordre de progression croissante ou décroissante**.	Les vieux ne bougent plus […] leur monde est trop petit **Du lit à la fenêtre**, puis **du lit au fauteuil** et puis **du lit au lit**. Jacques Brel, « Les vieux », 1964. Dans cet exemple, la gradation décrit l'affaiblissement progressif des personnes qui vieillissent.
Hyperbole L'**hyperbole** consiste à **exprimer de façon exagérée une idée ou un sentiment**.	Elle est partie Tout est fané Et je m'ennuie Moi qui pour elle **Avais cueilli** **Le Monde** Gilles Vigneault, « J'ai fait un bouquet… », *Silences : 1957, poèmes, 1977*, Montréal, Nouvelles éditions de l'Arc, 1978, p. 73. Dans cet exemple, l'expression *avais cueilli le Monde* signifie que l'auteur avait fait l'impossible pour sa bien-aimée, ce qui montre l'ampleur de son amour.
Litote La **litote** consiste à **en dire moins pour en suggérer davantage**.	**C'est pas facile** Quand Isabelle te laisse tomber **Y a pas de quoi rire** Quand Isabelle te fait marcher. Jean Leloup, « Isabelle », 1990. Dans cet exemple, les expressions *C'est pas facile* et *Y a pas de quoi rire* signifient respectivement « c'est difficile » et « il y a de quoi pleurer ».

REMARQUE

La litote est souvent formulée dans une phrase de forme négative.

Figures et descriptions	Exemples
Métonymie La **métonymie** consiste à **remplacer un mot par un autre** qui a un **lien logique** avec lui. La métonymie se construit selon divers liens logiques. Elle peut désigner, entre autres : – l'œuvre par l'**auteur** ; – l'utilisateur par l'**instrument** ; – le contenu par le **contenant** ; – l'objet par la **matière** dont il est fait ; – le tout par la **partie** ; – une **réalité abstraite** par l'**objet** qui la représente.	À six heures, Montréal s'éveille. Dans cet exemple, on emploie le nom désignant le **lieu** (Montréal) à la place du nom désignant les **personnes** (les Montréalais). J'ai lu le dernier **roman** de Michel Tremblay. ➡ **J'ai lu le dernier Michel Tremblay.** Le **premier violoniste** a joué de façon remarquable. ➡ **Le premier violon a joué de façon remarquable.** Termine le **contenu** de ton assiette. ➡ **Termine ton assiette.** Elle a acheté une **sculpture** de bronze. ➡ **Elle a acheté un bronze.** Les **bateaux** à voile prennent le départ. ➡ **Les voiles prennent le départ.** Il a renoncé à la **royauté**. ➡ **Il a renoncé à la couronne.**

Figures et descriptions	Exemples
Personnification La **personnification** consiste à **attribuer des caractéristiques humaines** à des animaux, à des objets ou à des notions abstraites.	Les grands saules chantent Mêlés au ciel Et leurs feuillages sont des eaux vives Dans le ciel Hector de Saint-Denys-Garneau, «Saules», dans *Regards et jeux dans l'espace*, 1937. Dans cet exemple, les saules sont personnifiés par le verbe *chantent*, habituellement réservé au domaine humain.
Répétition et anaphore La **répétition** consiste à **répéter un mot ou un groupe de mots**. Elle est stylistique lorsqu'elle vise à produire un effet et à frapper l'attention.	Intérieur bourgeois **anglais**, avec des fauteuils **anglais**. Soirée **anglaise**. M. Smith, **Anglais**, dans son fauteuil **anglais** et ses pantoufles **anglaises**, fume sa pipe **anglaise** et lit un journal **anglais**, près d'un feu **anglais**. Eugène Ionesco, *La cantatrice chauve*, 1950. Dans cet exemple, la répétition du mot *anglais* crée un effet absurde et comique.

REMARQUES
- La répétition est une faute de style lorsqu'elle n'apporte rien à l'énoncé et ne fait que souligner le manque de vocabulaire.
- La répétition d'une idée déjà présente dans un autre mot constitue un **pléonasme**. Ainsi, *prévoir d'avance*, *applaudir des deux mains*, *monter en haut*, *tollé de protestations* sont des pléonasmes. La phrase suivante contient un pléonasme admis parce qu'il renforce l'expression : *Je l'ai vu de mes propres yeux*. Mais la plupart des pléonasmes sont à éviter.

L'**anaphore** est une **répétition** de mots ou de groupes de mots **en tête de phrase, de vers, de paragraphe ou de strophe**.	**J'veux pas** qu'on m'apprivoise **J'veux pas** non plus qu'on m'mette en cage **J'veux pas** être aimée pour ce que j'ai à te donner <div align="right">Marjo, «Les chats sauvages», 1986.</div>

Fonctions dans la phrase

DÉFINITION

Les fonctions de sujet de phrase et de prédicat de phrase sont celles des deux constituants obligatoires de la phrase de base.

Le sujet est ce dont on parle dans la phrase. Le prédicat est ce qu'on dit du sujet.

Sujet de P   Prédicat de P
Ex.: Les deux sœurs tendent l'oreille.

De qui parle-t-on? De deux sœurs : *Les deux sœurs* est donc le sujet de phrase.

Qu'est-ce qu'on en dit? Qu'elles tendent l'oreille : *tendent l'oreille* est donc le prédicat de phrase.

La fonction de complément de phrase (C de P) est celle d'un élément qui complète la phrase.
Le complément de phrase est un constituant facultatif (non obligatoire) de la phrase.

Sujet de P   Prédicat de P   C de P
Ex.: Les crapauds entonnent leur complainte dès les premières chaleurs.

LE SUJET DE PHRASE

1. Trois caractéristiques permettent de reconnaître le sujet de phrase.

On peut remplacer le sujet par l'expression *Qui est-ce QUI?* ou *Qu'est-ce QUI?*	La petite serra la main tremblante de son frère. ↓ **Qui est-ce QUI** serra la main tremblante de son frère?
On peut encadrer le sujet par *C'est... qui*.	La prisonnière retient ses larmes. [ ] C'est la prisonnière qui retient ses larmes.
On peut remplacer le sujet par un des pronoms suivants: *il*, *ils*, *elle*, *elles*, *cela* ou *ça*.	Des fougères tapissent le sol. ↓ **Elles** tapissent le sol. Plaisanter détend l'atmosphère. ↓ **Cela** détend l'atmosphère.

REMARQUE
Les pronoms *elle*, *elles*, *cela* et *ça* ne sont pas toujours sujets. Les pronoms *il* et *ils* sont toujours sujets.

2. La fonction de sujet de phrase peut être remplie, entre autres, par les éléments suivants.

Un groupe nominal	Le visage de Thana montrait une grande satisfaction.
Un pronom	Ils évitent de provoquer la colère de leur chef.
Un groupe infinitif	Se distinguer au combat suscite le respect de la tribu.
Une subordonnée complétive sujet	Qu'il quitte son village paraît improbable.

LE PRÉDICAT DE PHRASE

La fonction de prédicat de phrase est toujours remplie par un groupe verbal.
Le groupe verbal est le seul groupe à pouvoir remplir la fonction de prédicat.

Ex.: Il somnole.

Ex.: Son visage ruisselle de sueur.

Ex.: Au village, une fête salue le retour des deux jeunes guerriers courageux.

Repérez d'abord le ou les compléments de phrase et le sujet.

Ce qui reste de la phrase est habituellement le prédicat.

Ex. : Toute la nuit, la jeune fille songe à cette alliance magique.

Toute la nuit est un **complément de phrase** : on peut l'effacer et le déplacer.

la jeune fille est le **sujet de phrase** : on peut l'encadrer par *c'est… qui*, et le remplacer par le pronom *elle*.

songe à cette alliance magique est le **prédicat de phrase**.

LE COMPLÉMENT DE PHRASE

1. Deux caractéristiques permettent de reconnaître le complément de phrase.

On peut déplacer le complément de phrase – en tête de phrase ;	Les crapauds entonnent leur complainte dès les premières chaleurs. ↔ Dès les premières chaleurs, les crapauds entonnent leur complainte.
– au milieu de la phrase.	↔ Les crapauds, dès les premières chaleurs, entonnent leur complainte.
On peut effacer le complément de phrase.	✂ Les crapauds entonnent leur complainte.

REMARQUE

Bien sûr, l'effacement enlève de l'information, mais la phrase reste bien construite.

2. Le complément de phrase exprime divers sens, dont les suivants.

Le temps	Depuis quelques jours, le soleil fait fondre la neige.
Le lieu	Dehors, l'aurore diffuse une belle lumière.
Le but	Pour se donner du courage, l'enfant fredonne dans sa tête.
La cause	Il se sent bien parce qu'il est près du feu.
La conséquence	J'ai travaillé rapidement, de sorte que j'ai pu partir plus tôt.
L'opposition	Hélène est petite, alors que son mari est très grand.
La concession	Bien qu'il soit timide, Marc a pris la parole en public.
La comparaison	Le deltaplane descend en virevoltant, comme une feuille voltige dans la brise.
L'hypothèse	Si mes amis avaient été là, nous serions allés à la patinoire.

Le complément de phrase **ne peut pas exprimer la manière**. Un groupe déplaçable et effaçable qui exprime la manière remplit plutôt la fonction de modificateur du verbe.

Ex.: **Très péniblement**, Julie se remit en route vers son village.

3. Une phrase peut contenir **plus d'un** complément de phrase.

Ex.: Tous les matins, il empruntait le même trajet pour se rendre à l'usine.

4. La fonction de complément de phrase peut être remplie, entre autres, par les éléments suivants.

Un groupe prépositionnel	Elle croisa un visiteur dans la cour.
Un groupe adverbial	Rien ne pourra plus les séparer désormais.
Un groupe nominal	Chaque matin, le soleil se lève sur le grand fleuve.
Une subordonnée circonstancielle (de temps, de but, de cause, de conséquence, etc.)	Dès qu'il perçoit l'odeur du renard, le lièvre se rue dans son terrier.

Certains **éléments** ne remplissent aucune fonction syntaxique dans la phrase.

Ex.: **Malheureusement**, nous sommes en désaccord.

Ex.: **À mon avis**, vous avez commis une erreur.

Ex.: Léo maîtrise la situation, **semble-t-il**.

Dans ces exemples, *Malheureusement*, *À mon avis* et *semble-t-il* sont des marques de modalité.

Fonctions dans les groupes

Dans les groupes de mots, les expansions du noyau remplissent diverses fonctions, dont les suivantes :

– complément du nom ;   – complément indirect du verbe ;

– complément du pronom ;   – attribut du sujet ;

– complément de l'adjectif ;   – attribut du complément direct du verbe ;

– complément direct du verbe ;   – modificateur.

LE COMPLÉMENT DU NOM

Nom
Groupe nominal

La fonction de **complément du nom** (C du N) est celle d'un élément qui **complète un nom**. C'est une fonction dans le groupe nominal.

Ex. :

GN		GN	
N	GAdj-C du N	N	GPrép-C du N

Ex. : Le donjon **énorme** se dressait dans l'obscurité **de la nuit**.

1. a) Le **complément du nom** est le plus souvent facultatif. On peut donc l'effacer.

Ex. :   Les **magnifiques** roses faisaient la renommée du **modeste** jardin.

✂   Les roses faisaient la renommée du jardin.

b) Le **complément du nom** est parfois indispensable : son effacement rendrait la phrase farfelue ou incorrecte.

Ex. :   Son front **barré de rides** lui conférait un air **sévère**.

⊘   Son front ~~barré de rides~~ lui conférait un air ~~sévère~~.

2. Dans un GN, la fonction de **complément du nom** peut être remplie, entre autres, par les éléments suivants.

Un groupe adjectival	Ses cheveux **très courts** lui donnaient un air espiègle.
Un groupe prépositionnel	Il arriva le lendemain **de la tempête**.
Une subordonnée relative	Il marcha vers la maison, **où il ne trouva personne**.
Une subordonnée complétive	L'idée **que tu viennes** me réjouit.
Un groupe nominal	Frédéric, **son frère**, attendait sous le porche.

LE COMPLÉMENT DU PRONOM

Pronom

Groupe
pronominal

DÉFINITION

La fonction de **complément du pronom** (C du pron.) est celle d'un élément qui **complète un pronom**. C'est une fonction dans le groupe pronominal.

GPron
| Pron. | GPrép-C du pron. |

GPron
| Pron. | Sub. rel.-C du pron. |

Ex.: Plusieurs **de nos voisins** ont vu celui **qui rôdait autour de notre maison**.

1. a) Le **complément du pronom** est le plus souvent facultatif. On peut donc l'effacer.

Ex.: J'ai conseillé à plusieurs **de mes camarades** de se procurer ce logiciel.

✂ J'ai conseillé à plusieurs de se procurer ce logiciel.

b) Certains **pronoms** (*celui*, *celle*, *ceux*, *celles*, *ce*, *un* ou *une*) ne peuvent pas être employés seuls; ils doivent toujours être complétés par un **complément du pronom**.

Ex.: **Ceux** qui ont vu ce court métrage ont été ravis.

⊘ **Ceux** ont été ravis.

Ex.: **Une** des fillettes regardait la dame d'un air étrange.

⊘ **Une** regardait la dame d'un air étrange.

2. Dans un GPron , la fonction de **complément du pronom** peut être remplie par les éléments suivants.

Un groupe nominal	**Femme remarquable**, elle était aimée de tous.
Un groupe adjectival	Celui-ci, **affligé par la triste nouvelle,** restait inconsolable.
Un groupe prépositionnel	Plusieurs **d'entre nous** gardèrent le silence.
Une subordonnée relative	Celui **qui était rêveur** marchait à pas lents.
Un groupe participial	**Étant curieuse**, elle était assoiffée de lectures.

LE COMPLÉMENT DE L'ADJECTIF

Adjectif

Groupe adjectival

DÉFINITION

La fonction de **complément de l'adjectif** (C de l'adj.) est celle d'un élément qui **complète un adjectif**. C'est une fonction dans le groupe adjectival .

GAdj

| Adj. | GPrép-C de l'adj. |

Ex.: Il feuilleta les pages recouvertes **de dessins étranges** .

GAdj

| Adj. | Sub. compl.-C de l'adj. |

Ex.: Les femmes, convaincues **que l'enfant allait riposter,** l'observaient.

1. a) Le **complément de l'adjectif** est souvent facultatif. On peut donc l'effacer.

Ex.: L'adolescent était impatient **de rencontrer son idole**.

✂ L'adolescent était impatient.

Dans ce cas, l'effacement du complément de l'adjectif change le sens de la phrase.

b) Certains **adjectifs** (*apte*, *désireux*, *enclin*, *exempt*, etc.) ne peuvent pas être employés seuls ; ils doivent toujours être accompagnés d'un **complément de l'adjectif**.

Ex.: Au travail, elle n'était pas **encline à l'effort**.

2. Dans un GAdj , la fonction de **complément de l'adjectif** peut être remplie par les éléments suivants.

Un groupe prépositionnel	Marie était sensible **au charme du paysage** .
Une subordonnée complétive	Thana était heureuse **que vous ayez pensé à elle** .
Le pronom *en* ou *y*	Luc souffrait du froid. Marie aussi y était sensible . Anne aimait Pierre. Thana en était heureuse .

REMARQUE

Une **expansion de l'adjectif qui commence par** *comme* n'est pas un complément de l'adjectif, mais un modificateur de l'adjectif.

Ex.: Il est malin **comme un singe**.

LE COMPLÉMENT DIRECT DU VERBE

Verbe

Préposition

Groupe verbal

DÉFINITION

La fonction de **complément direct du verbe** (CD du V) est celle d'un élément qui **complète un verbe sans l'aide d'une préposition**. C'est une fonction dans le groupe verbal .

GV

| V | GN-CD du V | GN-CD du V |

Ex.: Sofia portait toujours **un costume de velours noir** et **des bas rouges** .

1. Deux caractéristiques permettent de reconnaître le complément direct du verbe.

a) On peut remplacer le **complément direct du verbe** par les mots *quelque chose* (*qqch.*) ou *quelqu'un* (*qqn*) **immédiatement** après le verbe.

Ex.:   Soudain, Josiah entendit **des pleurs**.

↓   Soudain, Josiah entendit **qqch.** (*des pleurs*).

b) On peut remplacer le **complément direct du verbe** par un des pronoms suivants : le, la, les, en, en… un, en… une, en… plusieurs, cela, ça.

Ex.:   Elle mangeait rarement **des friandises**.

↓   Elle **en** mangeait rarement.

Ex.:   Elle aurait aimé **jouer avec eux**.

↓   Elle aurait aimé **cela**.

2. Dans un GV, la fonction de **complément direct du verbe** peut être remplie par les éléments suivants.

Un groupe nominal	Ses yeux d'un bleu intense cherchaient **l'horizon**.
Un pronom	Ces pleurs, Thana **les** reconnaissait.
Un groupe infinitif	Elle croyait **voir des fantômes**.
Une subordonnée complétive	L'homme constata **que l'animal était blessé**.

COUP DE POUCE

Pour savoir si certains pronoms remplissent la fonction de CD du verbe ou de CI du verbe

a) Encadrez le pronom par *C'est… que*. Si aucune préposition n'apparaît, le **pronom** remplit la fonction de **complément direct du verbe**.

Ex.:   Il nous raccompagna jusqu'à la sortie.

[ ]   **C'est nous** qu'il raccompagna jusqu'à la sortie.

Donc, dans l'exemple, *nous* remplit la fonction de complément direct du verbe.

b) Si l'utilisation d'une préposition s'impose, le **pronom** remplit la fonction de **complément indirect du verbe**.

Ex.:   Il nous conseilla d'être prudentes.

[ ]   **C'est à nous** qu'il conseilla d'être prudentes.

Donc, dans l'exemple, *nous* remplit la fonction de complément indirect du verbe.

LE COMPLÉMENT INDIRECT DU VERBE

Verbe
Préposition
Groupe verbal

DÉFINITION

La fonction de **complément indirect du verbe** (CI du V) est celle d'un élément qui **complète un verbe au moyen d'une préposition**. C'est une fonction dans le [groupe verbal].

$$\text{GV}$$

| V | GPrép-CI du V |

Ex.: La maison | appartenait à la marchande .

1. Deux caractéristiques permettent de reconnaître le complément indirect du verbe.

   a) On peut remplacer le **complément indirect du verbe** par, entre autres, <u>*à quelque chose*</u> (*à qqch.*), <u>*à quelqu'un*</u> (*à qqn*), <u>*de quelque chose*</u> (*de qqch.*), <u>*de quelqu'un*</u> (*de qqn*) ou *quelque part* (*qqpart*) **immédiatement** après le verbe.

   Ex.:   Le bourdonnement de l'abeille ressemblait **à une petite musique**.

   ↓ Le bourdonnement de l'abeille ressemblait **à qqch.** (*à une petite musique*).

   Ex.:   Le jour suivant, ils se rendirent **à la bibliothèque**.

   ↓ Le jour suivant, ils se rendirent **qqpart** (*à la bibliothèque*).

   b) On peut souvent remplacer le **complément indirect du verbe** par un des pronoms suivants : lui, leur, en, y.

   Ex.:   La vieille dame souffrait **d'une étrange maladie**.

   ↓ La vieille dame **en** souffrait.

2. Dans un [GV], la fonction de **complément indirect du verbe** peut être remplie par les éléments suivants.

Un groupe prépositionnel	Les gamins habitaient à la limite du village .
Un pronom	J'habite à la campagne. Ève **y** habite aussi . Martin **nous** a annoncé sa visite .
Un groupe adverbial	Il habite là-haut .
Une subordonnée complétive	Il se souvenait **que son père lui avait tenu la main** .

➦ **Coup de pouce** Pour savoir si certains pronoms remplissent la fonction de CD du verbe ou de CI du verbe (p. 211).

L'ATTRIBUT DU SUJET

Sujet de phrase

Groupe verbal

DÉFINITION

La fonction d'**attribut du sujet** (Attr. du S) est celle d'un élément qui **complète un verbe attributif**. Comme son nom l'indique, l'attribut du sujet **caractérise le sujet**. C'est une fonction dans le groupe verbal .

GV

| VAttr | GAdj-Attr. du S |

Ex.: Son visage demeurait **impassible** .

Le groupe adjectival *impassible* est une expansion du verbe attributif *demeurait* et il caractérise le sujet *visage*. Il remplit donc la fonction d'attribut du sujet.

1. Les **verbes attributifs** sont les verbes qui peuvent être complétés par un groupe adjectival (GAdj). Les plus courants sont *être*, *paraître*, *sembler*, *devenir*, *rester*, *demeurer* et *avoir l'air*.

COUP DE POUCE

Pour savoir si un verbe est attributif

Pour savoir si un verbe est attributif, remplacez-le par *être*. Si le remplacement est possible sans modification, il s'agit d'un **verbe attributif**.

Ex.: Nancy demeure pensive.   Ex.: Éric a l'air pensif.

↓ Nancy **est** pensive.   ↓ Éric **est** pensif.

Demeurer est bien un verbe attributif.   *Avoir l'air* est bien un verbe attributif.

REMARQUES

- Certains **verbes** sont **occasionnellement attributifs**. Comparez :

  Ex.: Yannie **part** confiante.   Yannie part pour Québec.

  Dans le premier exemple, *partir* est un verbe attributif : il se remplace par *être*.

  Dans le second exemple, *partir* n'est pas un verbe attributif : il ne se remplace pas par *être*.

- *Être* n'est pas toujours un verbe attributif. Dans ce cas, son **expansion** ne remplit pas la fonction d'attribut du sujet.

  Ex.: Clarence est **à Québec**.   Mon chien est **dans la voiture**.

  Dans ces deux exemples, le verbe *être* se remplace par *se trouver* et son expansion remplit la fonction de complément indirect du verbe.

---

2. Dans un GV , la fonction d'**attribut du sujet** peut être remplie, entre autres, par les éléments suivants.

Un groupe adjectival	La voix de son père paraissait **lointaine** .
Un groupe nominal	Adrien est **professeur d'anglais** .
Un groupe prépositionnel	Ruya était **en retard** .
Le pronom *le* ou *l'*	Rachid était triste. Ruya l'était aussi .

Pour distinguer le GN attribut du sujet et le GN complément direct du verbe

a) Le **groupe nominal attribut du sujet** est une expansion d'un **verbe attributif**.

Ex.: Adrien est **un garçon sympathique**.

b) Le **groupe nominal complément direct du verbe** est une expansion d'un **verbe qui n'est pas attributif**.

Ex.: Adrien a **un visage sympathique**.

L'ATTRIBUT DU COMPLÉMENT DIRECT DU VERBE

Complément direct
du verbe

Groupe verbal

La fonction d'**attribut du complément direct du verbe** (Attr. du CD du V) est celle d'une **expansion du verbe** : cette expansion **caractérise le complément direct du verbe**. C'est une fonction dans le groupe verbal .

	GV	
V	GN-CD du V	GAdj-Attr. du CD du V

Ex.: Le désespoir avait rendu cette femme **amère** .

1. a) On ne peut pas effacer l'**attribut du complément direct du verbe** : son effacement rendrait la phrase farfelue ou incorrecte.

Ex.:   Alain suppose son ami **sérieux**.

⊘ Alain suppose son ami ~~sérieux~~.

b) On ne peut pas remplacer l'**attribut du complément direct** par un pronom. Seul le **complément direct du verbe** peut l'être.

Ex.:   Cette nouvelle a rendu **Jeanne** furieuse.

Cette nouvelle **l'**a rendue **furieuse**.

REMARQUE

Ne pas confondre l'**attribut du complément direct du verbe** avec le **complément du nom**.

Ex.:   Moi aussi, j'ai trouvé cette histoire **romantique**.

↓ Moi aussi, je l'ai trouvée **romantique**.

Ex.:   Hier, j'ai écrit une histoire **romantique**.

↓ Hier, j'ai écrit quelque chose.

↓ Hier, je l'ai écrite.

2. Dans un GV , la fonction d'**attribut du complément direct du verbe** peut être remplie, entre autres, par les groupes suivants.

Un groupe adjectival	Elle trouve ces enfants **agréables** .
Un groupe nominal	On a nommé cet élève **responsable du projet** .
Un groupe prépositionnel	Nous estimons cet homme **de bonne foi** .

LE MODIFICATEUR

Groupe verbal
Groupe adjectival
Groupe adverbial

DÉFINITION

La fonction de **modificateur** (Modif.) est celle d'un groupe qui marque **la manière ou le degré**. C'est une fonction dans le groupe verbal, le groupe adjectival ou le groupe adverbial.

GV

| V | GAdv-Modif. du V | |

Ex. : Elle sortit **rapidement** l'enfant de l'eau.

GAdj

| Adj. | GPrép.-Modif. de l'adj. |

Ex. : L'enfant était beau **comme un cœur**.

GAdv

| GAdv-Modif. de l'adv. | Adv. |

Ex. : Elle le regardait **très** tendrement.

1. La fonction de **modificateur** peut être remplie par un des groupes suivants.

Un groupe adverbial	Sur ces paroles, il se retourna **brusquement**.
Un groupe prépositionnel	Les deux sœurs se disputaient **sans cesse**.

2. Il existe plusieurs sortes de **modificateurs**, entre autres les suivantes.

Le **modificateur** du **verbe**	Elle **avait franchi sans difficulté** la haie de ronces.
	Elle **avançait péniblement** dans la neige.
Le **modificateur** de l'**adjectif** ➡ **Remarque** (p. 210)	Dehors, le brouillard était **très dense**.
	Ses dents étaient **alignées comme des touches de piano**.
Le **modificateur** de l'**adverbe**	Ce soir-là, elle regagnerait l'hôtel **plus rapidement**.

REMARQUE

Le groupe adverbial qui remplit la fonction de *modificateur* ne doit pas être confondu avec le groupe adverbial *modalisateur*.

a) Le groupe adverbial **modificateur** remplit une fonction dans un groupe verbal, un groupe adjectival ou un groupe adverbial.

   Ex. : Les responsables nous ont parlé franchement.

   Dans le groupe verbal *nous ont parlé franchement*, le groupe adverbial *franchement* remplit la fonction de modificateur du verbe *ont parlé*.

   Ex. : Je trouve cette attitude franchement désagréable.

   Dans le groupe adjectival *franchement désagréable*, l'adverbe *franchement* remplit la fonction de modificateur de l'adjectif *désagréable*.

b) Le groupe adverbial **modalisateur** porte sur toute la phrase et ne remplit aucune fonction particulière dans cette phrase.

   Ex. : Franchement, cette attitude est choquante.

   Dans cette phrase, l'adverbe *Franchement* sert à émettre un commentaire qui porte sur la phrase *cette attitude est choquante*; c'est une marque de modalité.

Formation des mots

LES PROCÉDÉS DE FORMATION DES MOTS

1. On forme des mots à l'aide de **mots**. On forme également des mots à l'aide d'**éléments qui ne sont pas des mots** : des préfixes, des suffixes et des racines savantes.

– Les **préfixes** sont des éléments qui s'ajoutent au début des mots : *a-*, *co-*, *dé-*, *ex-*, *pré-*, etc.

– Les **suffixes** sont des éléments qui s'ajoutent à la fin des mots : *-erie*, *-iste*, *-ment*, *-ude*, etc.

– Les **racines savantes** sont des éléments d'origine grecque ou latine : *bio-*, *macro-*, *-vore*, etc.

2. On distingue les mots selon la façon dont ils ont été formés.

Sortes de mots	Modes de formation	Exemples
Mots composés	mot + mot	amour + propre = amour-propre bleu + marine = bleu marine contre + dire = contredire
	mot + mot + mot	coup + d'+ œil = coup d'œil hors + la + loi = hors-la-loi
Mots dérivés	**préfixe** + mot	**pré-** + séance = préséance
	mot + **suffixe**	grand + **-eur** = grandeur
	préfixe + mot + **suffixe**	**inter-** + nation + **-al** = international
Mots savants	racine savante + racine savante	**igni-** + **-fuge** = ignifuge
Mots tronqués	**début** d'un mot <small>(entre autres)</small>	**écolo**giste = écolo
Mots-valises	**début** d'un mot + **fin** d'un mot <small>(entre autres)</small>	**cla**vier + ba**vardage** = clavardage
Sigles, acronymes	**initiale** d'un mot + **initiale** d'un mot	**O**ffice **n**ational du **f**ilm = ONF **o**bjet **v**olant **n**on **i**dentifié = ovni

REMARQUE

Un sigle se prononce lettre par lettre (ex. : DES, ONF, HLM) ou syllabe par syllabe (ex. : OTAN, ovni, NASA) comme un mot ordinaire. Dans ce dernier cas, on appelle le sigle *acronyme*.

LES MOTS EMPRUNTÉS

L'**emprunt** consiste à incorporer dans une langue un mot provenant d'une autre langue.

Au cours de son histoire, le français s'est enrichi d'un grand nombre de mots issus non seulement du grec (*architecte*, *chlore*, *hygiène*, *hypothèse*, *symptôme*, etc.) et du latin (*agenda*, *naviguer*, *fragile*, *virus*, *sérum*, etc.), mais aussi de langues modernes. Voici quelques exemples de langues modernes ayant fourni des mots au français.

Langues modernes	Mots français issus de langues modernes
Allemand	bretelle, chenapan, croissant, hamster, képi, quartz, sarrau, valse, etc.
Anglais	badminton, bifteck, bouledogue, boxe, paletot, snob, ventilateur, viaduc, vitamine, etc.
Arabe	amiral, azimut, bédouin, couscous, fakir, gazelle, harem, sofa, sultan, etc.
Espagnol	boléro, castagnettes, cédille, corrida, embarcation, jonquille, pastille, sieste, vanille, etc.
Italien	alarme, alerte, balcon, ballon, carnaval, concert, perruque, piano, sérénade, solfège, etc.
Néerlandais	bière, boulevard, cauchemar, mannequin, tribord, vacarme, etc.
Portugais	albinos, cachalot, caste, cobaye, cobra, fétiche, pintade, vigie, etc.

REMARQUE

Certains mots empruntés à l'anglais sont tout à fait acceptés en français, par exemple *badminton*, *bifteck* et *boxe*. Cependant, d'autres sont considérés comme incorrects, car il existe déjà des équivalents en français pour les réalités qu'ils désignent.

Ces anglicismes critiqués doivent donc être remplacés par des mots ou des expressions de la langue française. Dans les dictionnaires usuels, les anglicismes critiqués sont accompagnés d'une mention comme « anglic. ».

Voici quelques anglicismes de mots critiqués et leur équivalent en français.

Anglicismes critiqués	Équivalents en français
Ex. : ⊘ Elle a un bon dossier **académique**.	Elle a un bon dossier **scolaire**.
Ex. : ⊘ La réunion a été **cancellée**.	La réunion a été **annulée**.
Ex. : ⊘ J'ai reçu un **e-mail** de Jean.	J'ai reçu un **courriel** de Jean.
Ex. : ⊘ Comment **files**-tu ?	Comment te **sens**-tu ?
Ex. : ⊘ Apporte ta **flashlight**.	Apporte ta **lampe de poche**.
Ex. : ⊘ C'est une **joke**.	C'est une **blague**, une **plaisanterie**.

LES FAMILLES DE MOTS

Une **famille de mots**, c'est l'ensemble de tous les mots formés à partir d'un **mot de base** et apparentés par le sens.

Une famille de mots contient généralement des **mots composés**, des **mots dérivés** et des **mots savants**.

Ainsi la famille du mot *poisson*, qui est le **mot de base**, comprend :

- des mots composés : **poisson**-chat, **poisson**-épée, **poisson**-lune, **poisson** rouge, etc. ;
- des mots dérivés : **poisson**nerie, **poisson**neuse, **poisson**nière, etc. ;
- des mots savants : piscivore, pisciculture, pisciforme, etc.

Certaines familles de mots sont cependant très restreintes. Ainsi, la famille du mot *pamplemousse* ne compte que deux membres : *pamplemousse* et *pamplemoussier*.

Il existe même des mots qui sont actuellement seuls dans leur famille, par exemple *édredon*.

Formes de la phrase

Une phrase présente toujours une combinaison de quatre **formes** :
- elle est positive ou négative ;
et
- active ou passive ;
et
- neutre ou emphatique ;
et
- personnelle ou impersonnelle.

On reconnaît les formes de la phrase à certaines marques.

LA PHRASE DE FORME POSITIVE OU DE FORME NÉGATIVE

1. La phrase de **forme négative** s'oppose à la phrase de **forme positive**.

2. Pour mettre une phrase à la forme négative, on ajoute des **marques de négation** à la phrase de forme positive. Le plus souvent, les marques de négation encadrent le verbe conjugué.

Ex. : **Phrase positive :** Cette série policière captive les adolescents.

Phrase négative : Cette série policière **ne** captive **pas** les adolescents.

Marques de négation	Exemples
Ne + mot invariable : *ne… pas*, *ne… plus*, *ne… guère*, *ne… jamais*, etc.	Elle n'apprécie **guère** les films d'épouvante.
Ne + déterminant : *ne… aucun*, *ne… nul*, etc.	Charles n'a fait **aucun** commentaire.
Ne + pronom : *ne… personne*, *ne… rien*, etc.	Je n'avais **rien** à lui offrir.
Déterminant + *ne* : *aucun… ne*, *nul… ne*, etc.	**Aucun** sport de compétition **ne** l'intéresse.
Pronom + *ne* : *aucun ne*, *personne ne*, *rien ne*, etc.	**Personne** n'a frappé à la porte.

3. Tous les types de phrases peuvent se mettre à la **forme négative**.

Types de phrases	Phrases de forme négative
Déclaratif	Je **ne** partirai **pas** en vacances.
Interrogatif	**Ne** viendrez-vous **pas** ?
Exclamatif	Que vous **n'**êtes **pas** aimable !
Impératif	**Ne** venez **pas**.

REMARQUES

- L'expression ***ne… que*** n'exprime pas la négation mais la restriction : elle signifie « seulement ».

  Ex. : Il **n'**aime **que** les romans policiers. (= Il aime seulement les romans policiers.)

- Une phrase exprimant la restriction peut se mettre à la forme négative.

  Ex. : Il **n'**aime **pas que** les romans policiers. (= Il n'aime pas seulement les romans policiers.)

- Une phrase comportant une **double négation** équivaut à une affirmation.

  Ex. : Il **n'**est **pas sans** savoir que nous l'attendons. (= Il sait que nous l'attendons.)

LA PHRASE DE FORME ACTIVE OU DE FORME PASSIVE

1. La phrase de **forme passive** s'oppose à la phrase de **forme active**.

2. Pour mettre une phrase à la forme passive, on fait subir des transformations à la phrase de forme active : on fait des déplacements, un **remplacement** et un **ajout**.

Ex. : **Phrase active :** La nouvelle surprend les téléspectateurs.

Phrase passive : Les téléspectateurs sont surpris par la nouvelle.

3. Trois <u>types de phrases</u> peuvent s'employer à la **forme passive**.

Types de phrases	Phrases de forme passive
Déclaratif	Le personnage de Tintin **a été inventé par** Hergé.
Interrogatif	Le personnage de Tintin **a-t-il été inventé par** Hergé ?
Exclamatif	Comme ce personnage **est aimé par** les jeunes !

LA PHRASE DE FORME NEUTRE OU DE FORME EMPHATIQUE

1. La phrase de **forme emphatique** s'oppose à la phrase de **forme neutre**.

2. Pour mettre une phrase à la forme emphatique, on ajoute des **marques emphatiques** à la phrase de forme neutre. Ce procédé permet de mettre en valeur un des éléments qui la composent : le sujet, le complément direct du verbe, le complément de phrase, etc.

Ex. : **Phrase neutre :**   Sam a rencontré ce bédéiste à l'école.

Phrase emphatique : **C'est** Sam **qui** a rencontré ce bédéiste à l'école.

Ce bédéiste, Sam **l'**a rencontré à l'école.

Constructions des phrases emphatiques	Exemples
Encadrement par *C'est… qui* ou *C'est… que*	**C'est** Sam **qui** a rencontré ce bédéiste à l'école. **C'est** à l'école **que** Sam a rencontré ce bédéiste.
Encadrement par *Ce que…, c'est* ; *Ce qui…, c'est* ; etc.	**Ce que** Sam veut, **c'est** rencontrer ce bédéiste. **Ce qui** intéresse Sam, **c'est** la bande dessinée. **Ce dont** Sam parle, **c'est** de sa rencontre avec ce bédéiste. **Ce à quoi** Sam tient le plus, **c'est** à ses bandes dessinées. **Celui que** Sam veut rencontrer, **c'est** ce bédéiste.
Détachement et reprise par un **pronom**	**Ce bédéiste**, Sam **l'**a rencontré à l'école.
Détachement et annonce par un **pronom**	Sam **l'**a rencontré à l'école, **ce bédéiste**.

3. Tous les <u>types de phrases</u> peuvent se mettre à la **forme emphatique**.

Types de phrases	Phrases de forme emphatique
Déclaratif	**C'est** Rosalie **qui** est allée au stade.
Interrogatif	**Le stade**, quand rouvrira-t-il ?
Exclamatif	**Ce stade**, qu'il est vaste !
Impératif	**L'adresse**, note-la bien.

LA PHRASE DE FORME PERSONNELLE
OU DE FORME IMPERSONNELLE

1. La phrase de **forme impersonnelle** s'oppose à la phrase de **forme personnelle**.

Groupe verbal

2. Pour mettre une phrase à la forme impersonnelle, on **déplace le** sujet de la phrase personnelle dans le groupe verbal de la phrase impersonnelle et on **ajoute le sujet** *il* **impersonnel**.

Ex.: **Phrase personnelle:** Une simple annonce dans le journal suffira.

Phrase impersonnelle: Il suffira d'une simple annonce dans le journal.

REMARQUE

Ce type de transformation n'est possible que si la phrase personnelle contient un verbe occasionnellement impersonnel.

3. Trois types de phrases peuvent s'employer à la **forme impersonnelle**.

Types de phrases	Phrases de forme impersonnelle
Déclaratif	Il **se passe** des choses étranges sur la route.
Interrogatif	Est-ce qu'il **se passe** des choses étranges sur la route ?
Exclamatif	Comme il **se passe** des choses étranges sur la route !

Groupes de mots

1. Tous les **groupes de mots** sont construits de la même manière; ils ont un **noyau** et, souvent, une ou plusieurs **expansions**.

a) Le **noyau** est l'élément indispensable du groupe. C'est le noyau qui donne son nom au groupe: le *nom* est le noyau du *groupe nominal* (GN), le *verbe* est le noyau du *groupe verbal* (GV), et ainsi de suite.

b) Quand un groupe ne contient que son **noyau**, on dit qu'il est **minimal**.

Groupe minimal   Groupe minimal
Ex.: | Véronique | dormait |.

c) Les **expansions** sont des éléments ajoutés avant ou après le **noyau**. Quand un groupe contient une ou plusieurs expansions, on dit qu'il est **étendu**.

Groupe étendu   Groupe étendu
Ex.: | La **ravissante** Véronique | dormait **profondément** |.

2. À l'intérieur d'une phrase, les groupes sont en relation les uns avec les autres et chaque groupe remplit une <u>fonction</u> précise (complément direct du verbe, complément du nom, attribut du sujet, etc.).

3. Un groupe peut contenir d'autres groupes.

Ex.: La ravissante Véronique dormait très profondément.

LE GROUPE NOMINAL

Nom

Déterminant

Le **groupe nominal** (GN) a pour noyau un **nom**. Ce nom est habituellement introduit par un déterminant (*un, une, des, le, la, les*, etc.) et il peut être accompagné d'une ou de plusieurs **expansions**.

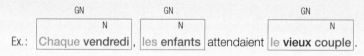

Ex.: Chaque **vendredi**, les **enfants** attendaient le **vieux couple**.

1. Le **groupe nominal** remplit le plus souvent une des **fonctions** suivantes.

<u>Sujet de phrase</u>	**Des milliers de petits coquillages** craquaient sous mes pas.
<u>Complément de phrase</u>	**Ce matin**, Élise a aperçu un léopard.
<u>Complément direct du verbe</u>	Simon subissait **les railleries de ses camarades**.
<u>Attribut du sujet</u>	Léa et Sam étaient **des enfants heureux** cet été-là.
<u>Attribut du complément direct du verbe</u>	On a nommé Antoine **rédacteur en chef du journal étudiant**.
<u>Complément du nom</u>	La cour, **un véritable jardin anglais**, était limitée par un étang.

2. Dans un GN, toutes les **expansions du nom** remplissent la **fonction** de <u>complément du nom</u>. Les **expansions du nom** dans le groupe nominal peuvent être les suivantes.

Un <u>groupe adjectival</u>	Les spectateurs **surpris** et **très déçus** se dispersèrent un à un.
Un <u>groupe prépositionnel</u>	Au loin, on entendait le chant **de quelques oiseaux**.
Une <u>subordonnée relative</u>	Elle évoqua un lac **où son père se rendait à l'occasion**.
Un <u>groupe nominal</u>	Tom, **bouche ouverte**, surveillait le vol des papillons.

LE GROUPE PRONOMINAL

Pronom

DÉFINITION

Le **groupe pronominal** (GPron) a pour noyau un **pronom**. Ce pronom peut être accompagné d'une **expansion**.

Ex. :
GPron
Pron.
La plupart **des jeunes filles** avaient remarqué

GPron
Pron.
celui qui se tenait toujours à l'écart .

Le **groupe pronominal** remplit le plus souvent une des **fonctions** suivantes.

Sujet de phrase	**Plusieurs d'entre nous** ont adoré ce film.
Attribut du sujet	Cette peinture est **celle que je préfère**.
Complément direct du verbe	J'ai invité **quelques-uns de mes amis**.
Complément du nom	Ma sœur, **celle qui est artiste**, habite Milan.

LE GROUPE ADJECTIVAL

Adjectif

DÉFINITION

Le **groupe adjectival** (GAdj) a pour noyau un **adjectif**. Cet adjectif peut être accompagné d'une **expansion**.

Ex. : Sur la table
GAdj
Adj.
recouverte de dentelle reposait un

GAdj
Adj.
gros dictionnaire

GAdj
Adj.
ouvert .

Le **groupe adjectival** remplit le plus souvent une des **fonctions** suivantes.

Complément du nom	Deux **énormes** chats **noirs** sortirent de l'obscurité.
Attribut du sujet	La vieille dame était **entêtée**.
Attribut du complément direct du verbe	Elle trouvait ses parents **admirables**.

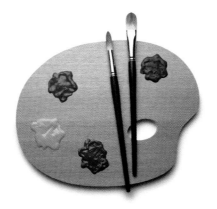

LE GROUPE VERBAL

Verbe

Le **groupe verbal** (GV) a pour noyau un **verbe**. Ce verbe peut être accompagné d'une ou de plusieurs **expansions**.

Ex. : Il frappa dans ses mains : les chuchotements et les ricanements cessèrent.

Prédicat de phrase

1. Le **groupe verbal** remplit toujours la fonction de prédicat de phrase.

Ex. : Les enfants **attendaient avec impatience le retour des vieux amoureux**.

2. Les principales **fonctions** des **expansions du verbe** dans le GV sont les suivantes.

Complément direct du verbe	Mia ferma **la porte de la cave**.
Complément indirect du verbe	Les fugitifs aboutirent **dans un mystérieux tunnel**.
Attribut du sujet	L'expression de Roberta était **déterminée**.
Attribut du complément direct du verbe	Séverine trouve l'idée de Julien **farfelue**.
Modificateur du verbe	Roberta descendit **silencieusement** au sous-sol.

REMARQUE

La fonction de l'**expansion d'un verbe impersonnel** est complément du verbe impersonnel.

Ex. : À ce moment-là, il tomba **une pluie torrentielle**.

LE GROUPE PRÉPOSITIONNEL

Préposition

Le **groupe prépositionnel** (GPrép) a pour noyau une **préposition**. Cette préposition est normalement suivie d'une **expansion**.

Ex. : Elle habitait dans un petit village perdu, au fond d'une vallée.

Le **groupe prépositionnel** remplit, entre autres, les **fonctions** suivantes.

Complément du nom	Une véritable muraille **de cèdres** entourait le pavillon.
Complément indirect du verbe	Thomas téléphona **à son amie**.
Modificateur du verbe	Le professeur remit sa veste **en toute hâte**.

Complément de l'adjectif	Ève, accoudée **à la fenêtre**, observait l'inconnu.
Complément du pronom	Certains **d'entre nous** assisteront au lancement du film.
Complément de phrase	**À la brunante**, Thomas s'enfermait dans sa maison.
Attribut du sujet	Les témoins de ce spectacle désolant étaient **en pleurs**.
Attribut du complément direct du verbe	Les critiques ont trouvé ce film **sans intérêt**.

LE GROUPE ADVERBIAL

Adverbe

DÉFINITION

Le **groupe adverbial** (GAdv) a pour noyau un **adverbe**. Cet adverbe peut être précédé d'une **expansion**.

GAdv

Adv.

Ex. : **Plus loin**, une tortue pondait **tranquillement** des œufs dans le sable.

Le groupe adverbial remplit le plus souvent une des **fonctions** suivantes.

Complément de phrase	**Là-bas**, une épaisse fumée blanche s'envolait de la cheminée.
Complément indirect du verbe	Demain, nous irons **ailleurs**.
Modificateur, entre autres, – du verbe ;	Étienne, tête baissée, souriait **discrètement**.
– de l'adjectif ;	Ses vêtements étaient **complètement** détrempés.
– de l'adverbe.	Cette fois-ci, elle redescendit l'escalier **très** prudemment.

REMARQUE

En plus des fonctions qu'il remplit dans les groupes, le groupe adverbial a d'autres rôles, dont ceux d'organisateur textuel et de marque de modalité.

LE GROUPE INFINITIF

Verbe

DÉFINITION

Le **groupe infinitif** (GInf) a pour noyau un **verbe à l'infinitif**. Ce verbe à l'infinitif peut être accompagné d'une **expansion**.

GInf

Inf.

Ex. : **Lire des bandes dessinées** est son passe-temps favori.

Le **groupe infinitif** remplit le plus souvent une des **fonctions** suivantes.

Sujet de phrase	**Observer les oiseaux** est une activité passionnante.
Attribut du sujet	Crier n'est pas **chanter**.
Complément direct du verbe	Sarah aime **travailler avec ce logiciel**.
Complément du nom	Je connais son objectif : **participer aux Jeux olympiques**.

LE GROUPE PARTICIPIAL

Verbe

DÉFINITION

Le **groupe participial** (GPart) a pour noyau un **verbe au participe présent**. Ce verbe au participe présent peut être accompagné d'une **expansion**.

Ex.: On apercevait des cyclistes [**pédalant vigoureusement**] .

GPart
Part. prés.

Jonction de groupes et de phrases

LA COORDINATION ET LA JUXTAPOSITION

DÉFINITION

La **coordination** consiste à unir à l'aide d'un **coordonnant** des phrases ou des éléments remplissant la même fonction.

Ex.: [Il fallait rentrer au port] , **car** [l'orage menaçait] .
Phrase — Phrase

Ex.: Elle profita [du soleil] **et** [de la douce brise de la mer] .
CI du V — CI du V

Dans le premier exemple, le coordonnant *car* unit deux phrases.

Dans le deuxième exemple, le coordonnant *et* unit deux groupes remplissant la fonction de complément indirect du verbe *profita*.

Dans la coordination de phrases ou d'éléments, le **coordonnant** n'est pas toujours exprimé. Il est parfois remplacé par un **signe de ponctuation** (virgule, deux-points, point-virgule).

Cette façon de coordonner des phrases ou des éléments s'appelle la **juxtaposition**.

Ex.: [Il fallait rentrer au port] **,** [l'orage menaçait] .
Phrase — Phrase

Ex.: [J' avais envie de silence] **:** [je me suis réfugiée dans la forêt] .
Phrase — Phrase

Dans le premier exemple, la **virgule** qui unit les deux phrases remplace le coordonnant *car*; dans le deuxième exemple, le **deux-points** remplace le coordonnant *par conséquent*. On dit alors que les phrases sont juxtaposées.

1. Les coordonnants, qui font partie des **marqueurs de relation**, sont des mots **invariables** qui unissent des phrases ou des éléments remplissant la même fonction. Le tableau ci-dessous classe les principaux coordonnants selon leur sens.

Sens exprimés	Coordonnants
Addition	et, aussi, ainsi que, de même que, également, en outre, de plus, ni
Alternative	ou, ou bien, soit… soit, tantôt… tantôt, parfois… parfois
Cause	car, en effet
Comparaison	autant… autant, moins… moins, plus… plus, tel… tel
Conséquence	donc, alors, aussi, ainsi, par conséquent, en conséquence
Explication	c'est-à-dire, c'est pourquoi
Opposition ou restriction	mais, pourtant, cependant, toutefois, par contre, en revanche, néanmoins
Succession	et, puis, ensuite, enfin, et puis, et ensuite, et enfin

2. Tous les **coordonnants** peuvent se déplacer sauf *et*, *ou*, *ni*, *mais*, *car* et *puis*.

Ex.: Sarah avait de l'aversion pour l'inconnu. **Toutefois**, elle ne le montrait pas.

Sarah avait de l'aversion pour l'inconnu. Elle ne le montrait **toutefois** pas.

Sarah avait de l'aversion pour l'inconnu. Elle ne le montrait pas, **toutefois**.

REMARQUES

- Lorsqu'on coordonne ou qu'on juxtapose des groupes prépositionnels, on doit répéter les prépositions **à** (**au/aux**), **de** (**des**) et **en**.

  Ex.: Elle continue **à** donner des cours et **à** publier des articles.

  ⊘ Elle continue **à** donner des cours et publier des articles.

  Ex.: C'est grâce **à** son courage et (grâce) **à** sa ténacité qu'il a réalisé son rêve.

  Ex.: Il faut se mobiliser afin **de** réduire l'endettement et (afin) **de** lutter contre la pauvreté.

  Dans les deux derniers exemples, la répétition de la première partie de la préposition est facultative; cependant, on doit obligatoirement répéter **à** et **de**.

- Lorsqu'on coordonne ou qu'on juxtapose des subordonnées, on doit généralement répéter le subordonnant *que* et le **subordonnant interrogatif**.

  Ex.: Tu vois bien **qu'**il est occupé et **que** nous ne pouvons pas le déranger.

  ⊘ Tu vois bien **qu'**il est occupé et nous ne pouvons pas le déranger.

  Ex.: Je me demande **s'**il fera beau et **si** nous irons à la mer.

  ⊘ Je me demande **s'**il fera beau et nous irons à la mer.

- Lorsqu'on coordonne ou qu'on juxtapose des <u>subordonnées circonstancielles</u>, le **subordonnant** doit être répété ou repris par *que* (*qu'*) devant le deuxième élément coordonné ou juxtaposé.

Ex.: Répétition: **Quand** il pleut et **quand** je m'ennuie, je lis.

Reprise par *que*: **Quand** il pleut et **que** je m'ennuie, je lis.

Mais non: ⃠ **Quand** il pleut et je m'ennuie, je lis.

Ex.: Répétition: Il est venu **parce qu'**il se sentait triste et **parce qu'**il voulait se confier.

Reprise par *que*: Il est venu **parce qu'**il se sentait triste et **qu'**il voulait se confier.

Mais non: ⃠ Il est venu **parce qu'**il se sentait triste et il voulait se confier.

REMARQUES

- Pour éviter les répétitions dans des phrases coordonnées ou juxtaposées, on peut recourir au remplacement par un **pronom** ou à l'effacement.

Ex.: Hugo écrit des chansons et interprète **ses chansons**.

↓ Hugo écrit des chansons et **les** interprète.

Ex.: William s'intéresse à l'astronomie, Mélisande aussi **s'intéresse à l'astronomie**.

✂ William s'intéresse à l'astronomie, Mélisande aussi.

- Pour éviter la répétition du <u>verbe</u> dans des phrases coordonnées ou juxtaposées, on peut effacer le verbe dans la deuxième phrase et le remplacer par une **virgule**.

Ex.: Juliane préfère les mathématiques ; Renaud **préfère** la biologie.

↓ Juliane préfère les mathématiques ; Renaud, la biologie.

REMARQUE

On ne peut pas coordonner un <u>adjectif qualifiant</u> et un <u>adjectif classifiant</u>.

Ex.: ⃠ Ce stade municipal et magnifique attire les amateurs de sport.

Dans cet exemple, l'adjectif qualifiant *magnifique* ne peut pas être coordonné avec l'adjectif classifiant *municipal*.

LA SUBORDINATION

DÉFINITION

La **subordination** consiste à enchâsser (inclure) une phrase dans une autre à l'aide d'un subordonnant. La phrase enchâssée est appelée **phrase subordonnée**.

1. a) On dit que la **phrase subordonnée** est une **phrase** parce qu'elle est composée d'un sujet et d'un prédicat.

Phrase subordonnée

Ex.: Le bruit | qu' elle avait entendu | était celui d'un avion.

b) On dit que cette **phrase** est **subordonnée** parce qu'elle est enchâssée dans une autre phrase ou dans un groupe au moyen d'un **subordonnant**. Le subordonnant se place au début de la phrase subordonnée.

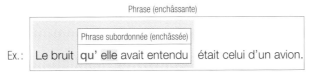

Phrase (enchâssante)

Phrase subordonnée (enchâssée)

Ex.: Le bruit | qu' elle avait entendu | était celui d'un avion.

2. La phrase subordonnée n'est pas conforme au MODÈLE DE LA PHRASE DE BASE. C'est une phrase transformée, puisqu'on y a ajouté un subordonnant.

3. C'est le **type de subordonnant** qui permet de classer les subordonnées. Les subordonnants font partie des marqueurs de relation.

Types de subordonnants	Types de subordonnées
Subordonnant circonstanciel: quand, pour que, parce que, si bien que, alors que, bien que, si, ainsi que, etc.	Subordonnée circonstancielle
Subordonnant complétif (aussi appelé conjonction): que	Subordonnée complétive
Subordonnant exclamatif: combien, combien de, comme, quel, si, etc.	Subordonnée complétive exclamative
Subordonnant interrogatif: combien, comment, où, pourquoi, quand, quel, qui, quoi, si, etc.	Subordonnée complétive interrogative
Subordonnant relatif (pronom relatif): qui, que, quoi, dont, où, etc.	Subordonnée relative

4. Le tableau ci-dessous classe les principaux subordonnants selon leur sens.

Sens exprimés	Subordonnants
But	afin que, de crainte que, de façon que, de peur que, de sorte que, pour que, etc.
Cause	comme, étant donné que, parce que, puisque, sous prétexte que, vu que, etc.
Comparaison	• ainsi que, autant que, comme, davantage que, de même que, moins que, plus que, etc. • *que*, en relation avec un adverbe de degré: aussi… que, autant… que, davantage… que, mieux… que, moins… que, etc.
Concession	bien que, encore que, malgré que, même si, moyennant que, quand, quand bien même, quoique, etc.
Conséquence	• au point que, de (telle) façon que, de (telle) sorte que, si bien que, etc. • *que* ou *pour que*, en relation avec un adverbe de degré: assez… pour que, si… que, tellement… que, trop… pour que, etc.
Hypothèse	à condition que, à supposer que, dans la mesure où, en admettant que, pour autant que, pourvu que, selon que, si, si tant est que, suivant que, etc.

Sens exprimés	Subordonnants
Opposition	alors que, pendant que, quand, si, tandis que, etc.
Temps	alors que, à mesure que, après que, aussitôt que, avant que, chaque fois que, comme, dès que, jusqu'à ce que, lorsque, pendant que, sitôt que, tandis que, etc.

Manipulations syntaxiques

Les **manipulations syntaxiques** sont des opérations qu'on utilise pour mieux analyser les phrases, mieux les comprendre et mieux les écrire.

Manipulations	Symboles	Exemples
Addition Consiste à **ajouter** des mots, des groupes de mots ou des subordonnées.	+	Les feuilles de l'arbre étaient couvertes de rosée. + Les grandes feuilles de l'arbre qui ombrageait le sentier étaient entièrement couvertes de rosée.
Déplacement Consiste à **déplacer** des mots, des groupes de mots ou des subordonnées.	↔	Après un long et pénible voyage, Peggy déboucha dans une clairière. ↔ Peggy, après un long et pénible voyage, déboucha dans une clairière.
Effacement Consiste à **enlever** des mots, des groupes de mots ou des subordonnées.	✂	Quand l'orage cessa, l'adolescente s'aperçut avec horreur que le petit pavillon avait disparu. ✂ L'adolescente s'aperçut que le pavillon avait disparu.
Encadrement Consiste à **encadrer** un mot ou un groupe de mots par *ne… pas*, *c'est… qui* (*ce sont… qui*) ou *c'est… que* (*ce sont… que*), etc.	[ ]	Le superbe peuplier du jardin a été déraciné. [ ] C'est le superbe peuplier du jardin qui a été déraciné.
Remplacement Consiste à **remplacer** des mots, des groupes de mots ou des subordonnées par d'autres mots, groupes de mots ou subordonnées.	↓	La bourrasque entraînait l'adolescente comme une feuille morte. ↓ Elle l'entraînait comme une feuille morte.

Organisateur textuel

Un **organisateur textuel** est un mot, une expression ou une phrase qui contribue à l'organisation d'un texte.

1. Un texte cohérent est toujours organisé d'une certaine manière. Cette organisation est marquée, entre autres, par des expressions et des mots appelés **organisateurs textuels**.

2. Les **organisateurs textuels** indiquent, entre autres, une organisation dans le temps, une organisation dans l'espace, une organisation logique.

Types d'organisateurs	Organisateurs
Organisateurs temporels	Au début, Aujourd'hui, Autrefois, Cette année-là, D'abord, En l'an…, Ensuite, Entre-temps, Finalement, Hier, La veille, Le surlendemain, Pendant ce temps, Plus tard, Puis, etc.
Organisateurs spatiaux	Ailleurs, Au milieu, En arrière, En avant, Ici et là, Là-bas, Plus loin, Plus près d'ici, etc.
Organisateurs logiques – exprimant la succession	• D'abord, Ensuite, Puis, Finalement • Pour commencer, Pour continuer, Pour conclure • En premier lieu, En deuxième lieu, En troisième lieu • D'une part, D'autre part • etc.
– exprimant l'explication	Ainsi, Autrement dit, D'ailleurs, En d'autres termes, En effet, En fait, Par exemple, Pour tout dire, etc.
– exprimant l'argumentation	Au contraire, Bref, Certes, D'ailleurs, De plus, Donc, En conclusion, En définitive, En outre, En résumé, Malgré cela, Or, Par ailleurs, Par conséquent, Par contre, Pourtant, etc.

3. Le plus souvent, les séquences narratives et les séquences descriptives sont organisées à l'aide d'**organisateurs temporels** ou **spatiaux**, tandis que les séquences explicatives et les séquences argumentatives sont organisées à l'aide d'**organisateurs logiques**.

4. Les conjonctions, les adverbes, les prépositions, entre autres, peuvent jouer le rôle d'organisateurs textuels.

Phrase

1. Quand on parle de phrase, on fait la distinction entre **phrase graphique** et **phrase syntaxique**.

DÉFINITION

La **phrase graphique** est une suite de mots qui commence par une majuscule et se termine par un point (point, point d'interrogation, point d'exclamation, points de suspension).

La **phrase syntaxique** est une unité habituellement formée d'un sujet, d'un prédicat et, facultativement, d'un complément de phrase. Elle n'est pas nécessairement délimitée par une majuscule et un point.

Ex.: Ce clown était épatant! Pour faire rire les enfants,

il n'hésitait pas à se livrer à toutes sortes de farces et de cabrioles:

il se mouchait avec un immense chiffon à pois verts,

il faisait des galipettes en gloussant, il marchait sur les mains en chantant.

Dans cet exemple, il y a deux phrases graphiques, mais cinq phrases syntaxiques.

2. Certaines phrases graphiques contiennent plus d'une phrase syntaxique.

Dans l'exemple précédent, la phrase graphique qui commence par *Pour faire rire les enfants* compte **quatre** phrases syntaxiques.

3. En grammaire, on analyse des **phrases syntaxiques**.

4. Pour analyser les phrases syntaxiques, on les compare avec le MODÈLE DE LA PHRASE DE BASE.

5. Il existe trois sortes de phrases:

– celles qui sont conformes au modèle de la **phrase de base**;

– celles qui sont **transformées** par rapport au modèle de la phrase de base;

– celles qui ont une **construction particulière**.

Phrase de base et phrase transformée

LA PHRASE DE BASE

1. Pour étudier les phrases, on les compare avec le MODÈLE DE LA PHRASE DE BASE. Pour qu'une phrase soit conforme au MODÈLE, elle doit remplir les conditions suivantes.

a) Elle doit comprendre au moins un sujet et un prédicat.

b) Le sujet doit être placé **avant** le prédicat.

c) La phrase doit être de type déclaratif et de formes positive, active, neutre et personnelle.

d) Elle doit être syntaxiquement autonome.

MODÈLE DE LA PHRASE DE BASE

> sujet de phrase + prédicat de phrase + (complément de phrase*)
>
> Type de la phrase : déclaratif
>
> Formes de la phrase : positive, active, neutre et personnelle
>
> * Le complément de phrase est mobile ; il pourrait être situé ailleurs dans la phrase. Dans le MODÈLE, on le place à la fin par commodité. Les parenthèses indiquent que le complément de phrase est facultatif.

2. Les phrases suivantes sont des phrases conformes au MODÈLE puisqu'elles remplissent les conditions énumérées ci-dessus.

Ex. : Noémie livre les journaux.

Ex. : Noémie livre les journaux dès le lever du soleil.

Ex. : Dès le lever du soleil, Noémie livre les journaux.

LA PHRASE TRANSFORMÉE

On peut faire subir une ou plusieurs transformations à une phrase de base. On obtient ainsi une phrase transformée. Il y a **trois sortes de phrases transformées** :

– les phrases qui ont subi une transformation de type ou de forme ;

– les phrases où le sujet est inversé (placé après le prédicat) ;

– les phrases subordonnées.

Les phrases ayant subi une transformation de type ou de forme

Phrase de type déclaratif conforme au MODÈLE	Transformations	Phrases transformées
Tu fabriques de jolis colliers de coquillages.	de type interrogatif	Est-ce que tu fabriques de jolis colliers de coquillages ?
	de type impératif	Fabrique de jolis colliers de coquillages.
	de type exclamatif	Quels jolis colliers de coquillages tu fabriques !

Phrase de formes positive, active, neutre et personnelle conforme au MODÈLE	Transformations	Phrases transformées
On construira une éolienne sur son terrain.	de forme négative	On ne construira pas d'éolienne sur son terrain.
	de forme passive	Une éolienne sera construite sur son terrain.
	de forme emphatique	C'est une éolienne qu'on construira sur son terrain.
	de forme impersonnelle	Il sera construit une éolienne sur son terrain.

Les phrases où le sujet est inversé

Lorsque le sujet est déplacé **après** le prédicat, on obtient également une phrase transformée. La phrase n'est alors plus conforme au MODÈLE DE LA PHRASE DE BASE.

Phrase conforme au MODÈLE	Transformation	Phrase transformée
Les bateaux voguent sur la mer.	Inversion du sujet	Sur la mer voguent les bateaux.

Les phrases subordonnées

Subordination

1. Les **subordonnées** sont des phrases, puisqu'elles sont composées d'un sujet et d'un prédicat. Elles sont transformées, puisqu'un **subordonnant** leur est ajouté. Elles ne sont donc pas conformes au MODÈLE DE LA PHRASE DE BASE.

2. La phrase subordonnée est toujours enchâssée (incluse) dans une autre phrase.

Ex.: Jérémie pense que Charlotte a raison.

Dans cet exemple, la subordonnée *que Charlotte a raison* est enchâssée dans le groupe qui remplit la fonction de prédicat de phrase dans la phrase enchâssante. Le subordonnant *que* est placé au début de la phrase subordonnée.

Phrases à construction particulière

Phrase de base et phrase transformée

DÉFINITION

Une **phrase à construction particulière** est une phrase qui n'est pas conforme au MODÈLE DE LA PHRASE DE BASE même si elle n'a subi aucune transformation.

1. On distingue quatre sortes de phrases à construction particulière.

Sortes et caractéristiques	Exemples
Phrase non verbale Elle est formée d'un groupe dont le noyau n'est pas un verbe. Elle peut être constituée, entre autres :	
– d'un groupe nominal ;	Entrée interdite. Peinture fraîche. Risque de brouillard. Excellente idée !
– d'un groupe adjectival ;	Grandiose ! Fermé le dimanche. Très intéressant ! Satisfaite de votre performance ?

Sortes et caractéristiques	Exemples
– d'un groupe prépositionnel ;	À voir absolument ! À bannir de votre alimentation ! En forme ? Avec joie. Par ici.
– d'un groupe adverbial.	Évidemment ! Plus vite ! Très bien. Oui. Non.

REMARQUE

On considère aussi comme des phrases non verbales :

– l'**interjection** (mot ou expression figée qui fait ressortir avec vivacité un sentiment) ;
  Ex. : **Bravo !** Vous vous êtes classés pour la finale.

– l'**onomatopée** (transcription de bruits et de cris) ;
  Ex. : **Bzzzoui !** l'écran de l'ordinateur devint tout noir.

– l'**apostrophe** (mot ou groupe de mots par lequel on interpelle une personne).
  Ex. : **Rachid,** quelle est ta chanteuse préférée ?

Phrase infinitive Elle est formée d'un groupe infinitif.	**Sonner** avant d'entrer.
Phrase toujours impersonnelle Elle contient un **verbe toujours impersonnel.** ➡ Verbe toujours impersonnel	Il **faudra** partir tôt, car il **neige** beaucoup.

Phrase à présentatif Elle est formée avec un des présentatifs suivants :	
– *voici* ou *voilà* ;	**Voici** venir l'été ! **Voilà** qu'il est content.
– *il y a* (*il y avait*, *il y aura*, *il y eut*, *il n'y a pas*, *il n'y avait pas*, *qu'il y ait*, etc.) ;	**Il y aurait** une solution. **Il y a** dix ans qu'il est venu au Québec.
– *c'est* (*ce sont*, *c'était*, *ce serait*, *ce fut*, *ce n'est pas*, *ce n'était pas*, *que ce soit*, etc.). Le *ce* ou le *c'* du présentatif n'a pas d'antécédent et il n'est pas considéré comme un pronom de reprise.	Aya racontait son accident et la fabrication de sa prothèse. **C'était** le silence complet dans la salle. Dans cet exemple, *C'* n'a pas d'antécédent ; la phrase commençant par *C'était* est donc une phrase à présentatif.

REMARQUES

• Quand *ce* ou *c'* a un **antécédent**, il ne fait pas partie d'un présentatif. Il s'agit alors d'un pronom de reprise.
  Ex. : **La femme** se présenta à l'audience. **C'**était une jeune veuve.

  Dans cet exemple, *C'* a pour antécédent *La femme*. En conséquence, *C'était* n'est pas un présentatif et la phrase qui commence par *C'était* n'est pas une phrase à présentatif.

• La fonction de **complément du présentatif** est celle d'un élément qui **complète** un **présentatif**.
  Ex. : **Voilà un beau geste**.

  Malheureusement, **il y a de l'orage dans l'air**.

2. La plupart des phrases à construction particulière peuvent subir des transformations de <u>type</u> ou de <u>forme</u>.

Phrases à construction particulière	Transformations	Phrases transformées
Spectacle remarquable.	de type exclamatif	Quel spectacle remarquable !
C'est le printemps.	de type interrogatif	Est-ce le printemps ?
Voilà qu'elle est encore mécontente.	de forme négative	Voilà qu'elle n'est plus mécontente.
Faire attention.	de forme négative	Ne pas faire attention.
Il s'agit de votre mère.	de type interrogatif et de forme négative	Ne s'agit-il pas de votre mère ?

Ponctuation

La **ponctuation** est un moyen de rendre les textes plus faciles à lire et à comprendre.

LES SIGNES DE FIN DE PHRASE

Signes	Emplois	Exemples
Point d'interrogation **?**	Il marque la fin des phrases qui servent à poser une **question**.	Que veux-tu dire ? Tu abandonnes ?
Point d'exclamation **!**	Il marque la fin des phrases dites sur un **ton exclamatif**.	Que cela ne m'inspire pas confiance ! Mille tonnerres ! Rendez-moi ce ballon !
Point **.**	Il marque la fin des autres phrases.	Amani ouvrit la boîte et sortit les sachets de thé.
Points de suspension **...**	Ils peuvent remplacer le point pour marquer : – un **silence**, une **hésitation** ;	Je suis sûre qu'elle a eu un garçon, à moins que... je ne confonde avec sa sœur.
	– une **réflexion sous-entendue** ;	Tiens, tiens ! Tout ceci est bien étrange...
	– une **interruption** de la parole.	Mon petit, qu'est-ce que... ?

LA VIRGULE

Emplois	Exemples
Elle sépare des **phrases coordonnées**. ➡ Coordination	**Elle abandonna,** car elle s'était blessée.
Elle marque la **juxtaposition** de phrases. ➡ Juxtaposition	**Le tonnerre grondait,** le vent soufflait.
Elle sépare les éléments d'une **énumération**.	Il ramassa le catalogue, alla s'asseoir, l'ouvrit sur ses genoux. Dans le grand bol bleu, il y avait des pommes, des bananes et des clémentines.

REMARQUE

Quand *ou*, *et* ou *ni* coordonne trois **éléments** ou plus, on met une virgule entre ces éléments.

Ex.: Les chiots étaient et mignons, et doux, et affectueux.

Ex.: Ma mère n'aime ni les chiens, ni les chats, ni les perroquets.

Emplois	Exemples
Elle isole un **complément de phrase**: – en tête de phrase; – au milieu de la phrase. ➡ Complément de phrase	À la brunante, la foule envahit la place publique. La foule, à la brunante, envahit la place publique.
Elle isole certains **compléments du nom** ou certains **compléments du pronom** placés: – juste après le nom ou le pronom; ➡ Complément du nom Complément du pronom	Béatrice, abasourdie, ne savait plus que penser. Salvador, mon ami, devait me rejoindre ici. Celle-ci, qui était folle d'inquiétude, les serra dans ses bras.
– juste avant le nom ou le pronom;	Abasourdie, elle ne savait plus que penser.
– à la fin de la phrase.	Leur mère les serra dans ses bras, soulagée.
Elle isole un **modificateur du verbe** en tête de phrase. ➡ Modificateur	Délicatement, il raccrocha le téléphone.
Elle isole le **mot** ou le **groupe de mots mis en évidence** dans certaines phrases emphatiques.	Le théâtre, ça me passionne. Elle me hante, cette histoire.
Elle isole une **apostrophe**. ➡ Apostrophe	Alors, petit coquin, tu as encore joué des tours?
Elle isole une **interjection**. ➡ Interjection	Vous n'en mourrez pas, que Diable!
Elle isole une **incise**. ➡ Discours rapporté	Très bien, j'arrive, dit Mélanie. Ça alors, s'écria-t-elle, c'est plein de cadeaux ici!
Elle signale l'effacement d'un **verbe** qui se répète dans une phrase coordonnée ou juxtaposée. ➡ Coordination	(était) Le soleil était brûlant et la pente, raide.

- On place généralement une **virgule** devant les **coordonnants** (sauf *et*, *ou* et *ni*) placés entre deux phrases.

  Ex.: Le film était excellent**,** **mais** j'ai dû partir avant la fin.

- La virgule ne doit pas séparer le sujet du prédicat.

  Ex.: ⊘ Les érables dénudés✗se laissaient bercer par le murmure du vent.

- La virgule ne doit pas séparer le verbe de son complément direct ou de son complément indirect.

  Ex.: ⊘ Ramata se rappela✗que le terrain de sport était entouré d'une haute clôture.

LES AUTRES SIGNES

Signes	Emplois	Exemples
Deux-points **:**	Il introduit : – une **énumération** ;	Du panier débordaient les victuailles **:** **pains, pâtés, saucissons et fromages.**
	– un **discours direct**, une **citation** ; ➡ Discours rapporté	Elle nous cria **: «Allons, les garçons, où allez-vous à cette heure-ci ? »**
	– une **cause**, une **explication** ;	Il s'arrêta sur le bord de la route **: son sac était devenu trop lourd.**
	– une **conséquence**, un **résultat**, une **conclusion**.	Son sac était devenu trop lourd **: il s'arrêta sur le bord de la route.**
Point-virgule **;**	Il marque un lien étroit entre deux phrases juxtaposées.	Les uns applaudissaient **;** les autres, choqués, désapprouvaient.
	Il sépare les éléments d'une liste.	Vérifier les aspects suivants **:** – la mise en scène **;** – les costumes **;** – les décors.
Tiret **—**	Il précède les répliques dans un dialogue.	**—** Penses-tu ce que je pense ? **—** Je crois que oui.
Guillemets **« »**	Ils encadrent un **discours direct**.	Il poursuivit : **«Ma mère est malade. »**
	Ils expriment une réserve.	➡ Marques de modalité révélant l'attitude par rapport au propos
Parenthèses **( )**	Elles encadrent une **information complémentaire** qui pourrait être retirée.	Tante Danielle avait débarqué chez nous avec tous ses bagages **(huit malles)**.
Crochets **[ ]**	Ils encadrent : – un **ajout** dans une citation ;	«Il **[François Villon]** est l'un des plus grands poètes du Moyen Âge. »
	– un **retrait** dans une citation.	«Il était devenu un valeureux chevalier. **[…]** À l'aube, il sella son cheval. »

Reprise de l'information

Cohérence
textuelle

DÉFINITION

Une **reprise d'information** est un élément qui reprend totalement ou partiellement une réalité déjà mentionnée. La **première mention** et **ses reprises** forment une **chaîne de reprises** qui assure la continuité et la progression de l'information.

Ex.: 6 h 45. Tuan courut vers la mer. Ce matin-là, la plaine liquide lui parut particulièrement invitante. Le jeune homme nagea longtemps dans les eaux turquoise. Tout à coup, il aperçut au loin un débris flottant. En quelques brassées, il l'avait atteint. C'était métallique. Soudain, le nageur téméraire saisit la gravité de la situation et des frissons le secouèrent. Il regagna la plage et, hors d'haleine, téléphona à la police.

L'extrait ci-dessus contient trois chaînes de reprises :

– La première chaîne de reprises est en vert. Sa première mention est *Tuan*.

– La deuxième chaîne de reprises est en mauve. Sa première mention est *la mer*.

– La troisième chaîne de reprises est en orangé. Sa première mention est *un débris flottant*.

LA REPRISE PAR UN PRONOM

Caractéristiques du pronom de reprise	Exemples
Le **pronom** reprend **en totalité** un **GN déjà mentionné**. ➡ Pronom	**Angelo** prenait soin de son chêne. **Il** s'occupait également du potager d'Hilda.
Le **pronom** reprend **en partie** un **GN déjà mentionné**.	**Des curieux** s'étaient rassemblés autour du malheureux. **Certains** avaient essayé de le dégager. Angelo avait planté **des rosiers**, dont **deux** seulement avaient repris vie.
Le **pronom** reprend une **phrase** ou un **passage** dans un texte.	Bientôt, Amélia n'aurait plus besoin d'Angelo et **cela** le rendait malheureux.

REMARQUES

- Certains **pronoms de reprise** ne reprennent pas un élément déjà mentionné dans le texte. Ils ne reprennent que l'idée exprimée par le **nom antécédent**.

  Ex.: La **roseraie** d'Angelo était très belle, mais Amélia préférait **la sienne**.

  Dans cet exemple, le pronom *la sienne* ne reprend pas *La roseraie d'Angelo*. Il ne reprend que le sens du nom antécédent *roseraie*.

  Ex.: La **voix** d'Amélia était aussi douce et joyeuse que **celle** de sa mère.

  Dans cet exemple, le pronom *celle* suivi de son complément *de sa mère* ne reprend pas *La voix d'Amélia*. Il ne reprend que le sens du nom antécédent *voix*.

- Le pronom qui reprend est appelé **pronom de reprise**. Il faut faire preuve de vigilance dans le choix du pronom de reprise.

LA REPRISE PAR UN GROUPE NOMINAL

Caractéristiques du GN de reprise	Exemples
Le **GN de reprise** répète le nom (mais pas le déterminant) du **GN repris**.	Balthazar avait inventé **des personnages**. **Ces personnages** avaient des pouvoirs insoupçonnés.
Le **GN de reprise** répète une partie seulement du **GN repris**.	Ce matin-là, un étrange silence régnait dans **la maison de Balthazar**, comme si **la maison** dormait.
Le nom noyau du **GN de reprise** est un synonyme du nom noyau du **GN repris**.	Au détour d'un sentier, il aperçut **un vieillard** assis sur un rocher. **Le patriarche** portait une barbe aussi blanche et aussi longue que sa chevelure.
Le nom noyau du **GN de reprise** est un générique par rapport au nom noyau du **GN repris**.	Félicité avait reçu en cadeau **des tourterelles**. Elle adorait **ces oiseaux**.
Le **GN de reprise** est une périphrase désignant l'**élément repris**.	Amélia aime **le soleil**. **L'astre du jour** l'a toujours fascinée.
Le nom noyau du **GN de reprise** est de la même famille qu'un mot de l'**élément repris**.	Elle crut apercevoir **une clé qui scintillait** dans la serrure. **Son scintillement** la fit cligner des yeux.
Le nom noyau du **GN de reprise** est un synthétique, c'est-à-dire un nom qui résume la **partie de texte reprise**.	La jeune fille **avait perdu ses parents dans l'incendie de leur demeure**. Depuis **cette tragédie**, elle vivait en ermite.
Le nom noyau du **GN de reprise** apporte de l'information nouvelle au sujet de l'**élément repris**.	J'ai connu **Pierre** l'an passé. **Cet étudiant en botanique** m'a tout de suite plu.
Le **GN de reprise** désigne une partie ou un aspect de l'**élément repris**.	**Un bouquet** embaumait la pièce. **Les fleurs** étaient ravissantes, et **les tiges**, serrées les unes contre les autres, baignaient dans un superbe vase.

REMARQUE

Dans un GN de reprise, le nom est habituellement précédé d'un **déterminant de reprise**.
Les déterminants de reprise sont principalement les déterminants définis (*le*, *la*, *les*, etc.), les déterminants démonstratifs (*ce*, *cet*, *cette*, etc.) et les déterminants possessifs (*son*, *ta*, *votre*, etc.).

LA REPRISE PAR D'AUTRES MOYENS

Moyens	Exemples
Reprise d'un **élément** par un **groupe adverbial** ➡ Groupe adverbial	Amélia avait grandi **sur le domaine de ses ancêtres**. C'est **là** qu'elle avait rencontré Angelo.
Reprise d'un **élément** par un **groupe verbal** ➡ Groupe verbal	Lucas aime **marcher sur la plage**. Quand il **le fait**, il se sent mieux.

REMARQUE

La **reprise par un groupe verbal** s'effectue au moyen du verbe *faire*, le plus souvent complété par le pronom *le*.

Sens des mots et relations entre les mots

LE SENS DES MOTS

Définitions	Exemples
Polysémie La **polysémie** est le fait d'avoir plusieurs sens possibles.	**FANTASMAGORIE** n. f. (gr. *phantasma*, apparition, et fr. *allégorie*). **1.** Vx. Procédé qui consiste à faire apparaître des figures irréelles dans une salle obscure à l'aide d'effets optiques. **2.** Spectacle enchanteur, féerique. **3.** LITTÉR. Présence, dans une œuvre, de nombreux thèmes et motifs fantastiques propres à créer une atmosphère surnaturelle. *Le Petit Larousse illustré 2008*, Paris, Larousse, 2007. Dans cet article de dictionnaire, le mot *fantasmagorie* possède **trois** sens. On dit alors que le mot *fantasmagorie* est polysémique.

REMARQUES

- Les mots ont généralement plusieurs sens, qui sont définis dans les dictionnaires et indiqués par une numérotation comme dans l'article de dictionnaire ci-dessus.
- La polysémie des mots est exploitée dans les textes humoristiques, les slogans publicitaires, etc.

  Ex.: Le sang est fait pour **circuler**. Soyez donneur de sang. (Croix-Rouge)

  Dans cet exemple, le mot *circuler* est utilisé dans les deux sens: «Se déplacer dans les vaisseaux.»; «Faire passer d'une personne à l'autre.» On dit alors que cette phrase a un **double sens**.

Sens propre et sens figuré 1. a) Le sens propre d'un mot est son sens **premier**, **concret**, **non imagé**. Il apparaît toujours en premier dans le dictionnaire. b) Le sens figuré d'un mot est son sens **abstrait**, **imagé**. Dans le dictionnaire, il est annoncé par une mention comme «fig.».	**flairer** [flɛʀe] v. t. (1636; du lat. *fragare*, sentir). **1.** Humer l'odeur de qqch.; percevoir, découvrir par l'odeur: *La nuit, des chacals, des hyènes viennent flairer mes caissons* (Daudet) [syn. **sentir**]. **2. Fig.** Deviner, pressentir par intuition: *Flairer un danger* (syn. **subodorer**). *Le Larousse des noms communs: Grand dictionnaire de la langue française*, Paris, Éditions Larousse, 2008.
2. C'est le contexte d'emploi du mot qui indique si le mot est employé au sens propre ou au sens figuré.	Les chiens, dressés pour la chasse, avaient flairé la présence du renard. Dans cet exemple, le contexte, c'est-à-dire les mots *chiens*, *chasse* et *renard*, indique que le mot *flairer* est employé au sens propre. La policière avait flairé le piège que les contrebandiers s'apprêtaient à lui tendre. Dans cet exemple, le contexte, c'est-à-dire les mots *policière*, *piège* et *contrebandiers*, indique qu'il s'agit du sens figuré de *flairer*.

Paronymes	
Les **paronymes** sont des mots qui se ressemblent par leur orthographe ou leur prononciation, mais qui ont des sens différents.	Ces plantes et ces champignons sont **vénéneux**. L'adjectif *vénéneux* s'emploie pour les plantes et les champignons toxiques. Le cobra est un serpent **venimeux**. L'adjectif *venimeux* s'emploie pour les animaux qui produisent du venin.

LES RELATIONS ENTRE LES MOTS

Définitions	Exemples
Mots génériques et mots spécifiques Certains mots ont un sens étendu qui inclut celui d'autres mots. Un mot qui en inclut d'autres est un **mot générique** ; un mot inclus dans un autre est un **mot spécifique**. La relation entre générique et spécifique est une **relation d'inclusion**.	La famille des **faucons** compte quatre espèces au Québec : le **gerfaut**, le **faucon pèlerin**, le **faucon émerillon** et la **crécerelle d'Amérique**.
Expressions figées Une **expression figée** est une suite de mots qu'on peut difficilement modifier.	Ce type a un **cœur de pierre**. Dans cette expression, on ne peut pas remplacer *pierre* par *roche*.

REMARQUE

Les expressions figées peuvent être des comparaisons (*joli comme un cœur*), des proverbes (*Loin des yeux, loin du cœur*), des périphrases (*le prince des ténèbres*), des expressions employées au sens figuré (*perdre la face*).

S équences textuelles

On appelle **séquence textuelle** un texte ou une partie de texte qui est d'un type déterminé : narratif, descriptif, explicatif, argumentatif ou dialogal.

Tous les textes sont constitués d'une séquence textuelle dominante dans laquelle une ou plusieurs séquences textuelles d'une autre sorte peuvent s'insérer.

Types de textes	Séquences textuelles	Genres de textes
Narratif	Séquence dominante : narrative Séquences secondaires : descriptive, explicative, argumentative, dialogale	Conte, nouvelle littéraire, roman, fable, légende, etc.
Descriptif	Séquence dominante : descriptive Séquences secondaires : narrative, explicative, argumentative, dialogale	Article encyclopédique, ouvrage documentaire, portrait, guide touristique, livre de recettes, fait divers, etc.
Explicatif	Séquence dominante : explicative Séquences secondaires : narrative, descriptive, argumentative, dialogale	Manuel scolaire, article de vulgarisation scientifique, article encyclopédique, article spécialisé, ouvrage documentaire, etc.
Argumentatif	Séquence dominante : argumentative Séquences secondaires : narrative, descriptive, explicative, dialogale	Lettre d'opinion, commentaire journalistique, critique de film, annonce publicitaire, discours politique, etc.
Dialogal (ou **dramatique**)	Séquence dominante : dialogale Séquences secondaires : narrative, descriptive, explicative, argumentative	Pièce de théâtre, scénario de film, entrevue, correspondance, etc.

Voici la définition et la représentation schématique de chacune des séquences textuelles.

Définitions	Représentations schématiques
Séquence narrative La **séquence narrative** est une séquence dans laquelle une histoire est racontée par un narrateur. Elle se compose habituellement des cinq étapes suivantes : situation initiale, élément déclencheur, déroulement, dénouement, situation finale.	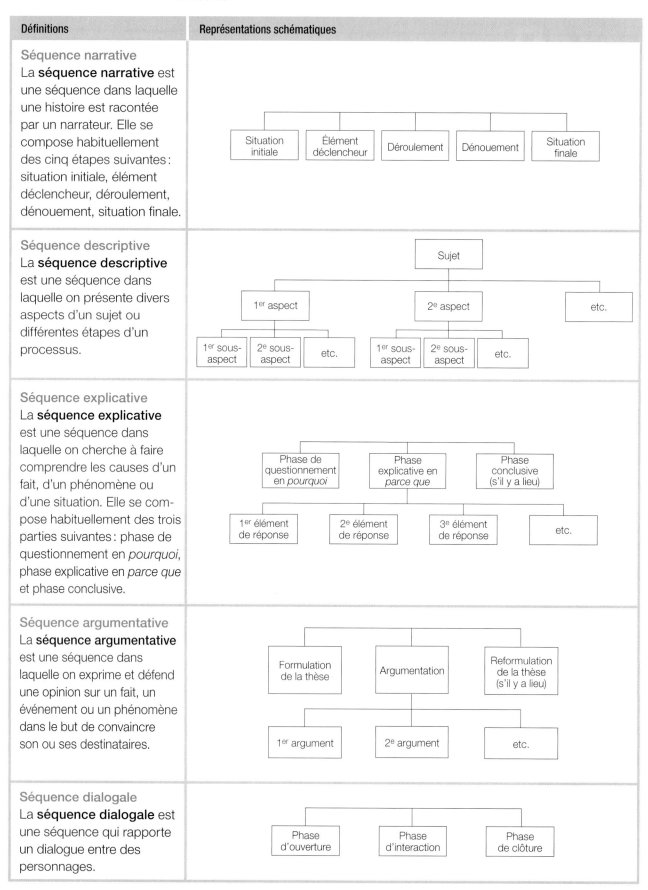
Séquence descriptive La **séquence descriptive** est une séquence dans laquelle on présente divers aspects d'un sujet ou différentes étapes d'un processus.	
Séquence explicative La **séquence explicative** est une séquence dans laquelle on cherche à faire comprendre les causes d'un fait, d'un phénomène ou d'une situation. Elle se compose habituellement des trois parties suivantes : phase de questionnement en *pourquoi*, phase explicative en *parce que* et phase conclusive.	
Séquence argumentative La **séquence argumentative** est une séquence dans laquelle on exprime et défend une opinion sur un fait, un événement ou un phénomène dans le but de convaincre son ou ses destinataires.	
Séquence dialogale La **séquence dialogale** est une séquence qui rapporte un dialogue entre des personnages.	

Subordonnée circonstancielle

Parmi les subordonnées circonstancielles, on distingue celles dont la fonction est **complément de phrase** et celles dont la fonction est **modificateur** (subordonnées corrélatives).

LA SUBORDONNÉE CIRCONSTANCIELLE COMPLÉMENT DE PHRASE

Subordination

Complément de phrase

DÉFINITION

La **phrase subordonnée circonstancielle complément de phrase** est une phrase qui, à l'aide d'un subordonnant, est enchâssée (incluse) dans une autre et qui remplit la fonction de complément de phrase.

Phrase (enchâssante)

P sub. circ.-C de P

Ex.: Samuel se réjouit parce qu'il partira en vacances.

La phrase subordonnée circonstancielle complément de phrase peut exprimer différents sens : le **temps**, le **but**, la **cause**, la **conséquence**, l'**opposition**, la **concession**, l'**hypothèse**, la **comparaison**.

La subordonnée circonstancielle de temps

1. La subordonnée circonstancielle de temps est introduite par un **subordonnant de temps**.

2. Le subordonnant de temps permet de situer un événement par rapport à un autre.

a) Certains **subordonnants de temps** indiquent que deux événements se produisent en même temps : *alors que*, *à mesure que*, *chaque fois que*, *comme*, *lorsque*, *pendant que*, *quand*, *tandis que*, etc.

Phrase (enchâssante)

P sub. de temps-C de P

Ex.: L'arbitre a perdu son sang-froid **quand** la foule a envahi le terrain.

b) Certains **subordonnants de temps** indiquent que deux événements se produisent à des moments différents (avant ou après) : *après que*, *aussitôt que*, *avant que*, *dès que*, *jusqu'à ce que*, *sitôt que*, etc.

Phrase (enchâssante)

P sub. de temps-C de P

Ex.: L'arbitre a perdu son sang-froid **avant que** la foule n'envahisse le terrain.

Phrase (enchâssante)

P sub. de temps-C de P

Ex.: L'arbitre a perdu son sang-froid **après que** la foule a envahi le terrain.

REMARQUE

Le mode utilisé dans la **subordonnée de temps** est le **mode indicatif**, sauf pour les subordonnées introduites par *avant que*, *d'ici à ce que*, *en attendant que* et *jusqu'à ce que*, qui sont au **subjonctif**.

La subordonnée circonstancielle de but

La **subordonnée circonstancielle de but** est introduite par un **subordonnant de but** : *afin que, de crainte que, de façon que, de peur que, de sorte que, pour que*, etc.

Phrase (enchâssante)

P sub. de but-C de P

Ex. : Elle se bat pour que les animaux soient protégés.

REMARQUE

La subordonnée de but exprime un **but à atteindre** ou une **possibilité à éviter**.

Ex. : Nous protégeons les animaux **pour qu'ils vivent en paix**.

Ex. : Laure se hâte **de crainte qu'Amir ne parte sans elle**.

REMARQUE

Le mode utilisé dans la **subordonnée de but** est le **mode subjonctif**.

La subordonnée circonstancielle de cause

La **subordonnée circonstancielle de cause** est introduite par un **subordonnant de cause** : *comme, étant donné que, parce que, puisque, sous prétexte que, vu que*, etc.

Phrase (enchâssante)

P sub. de cause-C de P

Ex. : Je n'ai pas pu assister au spectacle parce que j'étais malade.

REMARQUE

Le mode utilisé dans la **subordonnée de cause** est le **mode indicatif**.

La subordonnée circonstancielle de conséquence

La **subordonnée circonstancielle de conséquence** est introduite par un **subordonnant de conséquence** : *au point que, de (telle) façon que, de (telle) manière que, de (telle) sorte que, si bien que*, etc.

Phrase (enchâssante)

P sub. de conséquence-C de P

Ex. : Je suis malade, si bien que je ne peux pas me rendre au collège.

REMARQUE

Le mode utilisé dans la **subordonnée de conséquence** est le **mode indicatif**.

La subordonnée circonstancielle d'opposition

La **subordonnée circonstancielle d'opposition** est introduite par un **subordonnant d'opposition** : *alors que*, *pendant que*, *quand*, *si*, *tandis que*, etc.

Phrase (enchâssante)

P sub. d'opposition-C de P

Ex. : Hélène est petite **alors que** son copain est très grand.

REMARQUE

Le mode utilisé dans la **subordonnée d'opposition** est le **mode indicatif**.

La subordonnée circonstancielle de concession

La **subordonnée circonstancielle de concession** est introduite par un **subordonnant de concession** : *bien que*, *encore que*, *malgré que*, *même si*, *moyennant que*, *quand*, *quand bien même*, *quoique*, etc.

Phrase (enchâssante)

P sub. de concession-C de P

Ex. : Personne n'aime Elvira **bien qu'elle ait des qualités admirables.**

REMARQUE

Le mode utilisé dans la **subordonnée de concession** est le **mode subjonctif**, sauf pour les subordonnées introduites par *même si*, *quand*, *quand bien même*, qui sont à l'**indicatif**.

La subordonnée circonstancielle d'hypothèse

La **subordonnée circonstancielle d'hypothèse** est introduite par un **subordonnant d'hypothèse** : *à condition que*, *à supposer que*, *dans la mesure où*, *en admettant que*, *pour autant que*, *pourvu que*, *selon que*, *si*, *si tant est que*, *suivant que*, etc.

Phrase (enchâssante)

P sub. d'hypothèse-C de P

Ex. : Je t'aiderai **pourvu que tu fasses des efforts.**

REMARQUES

- Le mode utilisé dans la **subordonnée d'hypothèse** est le **mode subjonctif**, sauf pour les subordonnées introduites par *dans la mesure où*, *selon que*, *si*, *suivant que*, qui sont à l'**indicatif**.

- Le verbe de la **subordonnée d'hypothèse** introduite par le subordonnant *si* ne se met pas au conditionnel.

  Ex. : ⃠ Si mes amis ~~seraient~~ là, nous irions à la patinoire.

  Si mes amis étaient là, nous irions à la patinoire.

La subordonnée circonstancielle de comparaison

La **subordonnée circonstancielle de comparaison** est introduite par un **subordonnant de comparaison** : *ainsi que*, *autant que*, *comme*, *davantage que*, *de même que*, *moins que*, *plus que*, etc.

Phrase (enchâssante)

Ex. : William a réagi **comme** je l'aurais fait.
[P sub. de comparaison-C de P]

REMARQUE

Le mode utilisé dans la **subordonnée de comparaison** est le **mode indicatif**.

LA SUBORDONNÉE CIRCONSTANCIELLE CORRÉLATIVE

Subordination

Modificateur

DÉFINITION

La **phrase subordonnée circonstancielle corrélative** est une phrase enchâssée (incluse) dans un **groupe**, à l'aide du **subordonnant *que*** en relation avec un **adverbe** ou un **terme de degré**. Elle remplit avec l'adverbe ou le terme de degré la fonction de **modificateur**.

GAdj

Ex. : Cet homme est **moins** sympathique **que je ne le pensais**.
[P sub. corr. de comparaison-Modif. de l'adj.]

Dans cet exemple, la subordonnée corrélative *que je ne le pensais* est enchâssée dans un GAdj. Elle remplit avec l'adverbe *moins* la fonction de modificateur de l'adjectif *sympathique*.

La phrase subordonnée circonstancielle corrélative peut exprimer la **comparaison** et la **conséquence**.

La subordonnée circonstancielle corrélative de comparaison

1. La **subordonnée circonstancielle corrélative de comparaison** est introduite par le **subordonnant *que*** en relation avec un **adverbe** ou un **terme de degré** comme *aussi*, *autant (de)*, *moins (de)*, *plus (de)*, *davantage (de)*, *mieux*, *meilleur*, *pire*, etc.

2. La **subordonnée circonstancielle corrélative de comparaison** peut remplir avec l'**adverbe** ou le **terme de degré** les fonctions suivantes.

Modificateur de l'adjectif	Il est **plus** serviable **que je ne le pensais**.
Modificateur de l'adverbe	Il peint **aussi** bien **qu'il sculpte le bois**.
Modificateur du verbe	Elle l'aime **autant** **qu'elle le déteste**.

REMARQUE

Le mode utilisé dans la **subordonnée corrélative de comparaison** est le **mode indicatif**.

La subordonnée circonstancielle corrélative de conséquence

1. La **subordonnée circonstancielle corrélative de conséquence** peut être introduite :

   – soit par le **subordonnant** *que* en relation avec un **adverbe** ou un **terme de degré** : *tel*, *tant (de)*, *tellement (de)* ou *si* ;

   – soit par le **subordonnant** *pour que* en relation avec un **adverbe de degré** : *assez (de)*, *suffisamment (de)*, *trop (de)* ou *peu (de)*.

2. La **subordonnée circonstancielle corrélative de conséquence** peut remplir avec l'**adverbe** ou le **terme de degré** les fonctions suivantes.

Modificateur de l'adjectif	Il est **trop** indiscipliné **pour qu'on l'admette dans l'équipe**.
Modificateur de l'adverbe	Le vent soufflait **si** fort **que nous sommes rentrés au port**.
Modificateur du verbe	Il a **tellement** crié **qu'il a perdu la voix**.

REMARQUE

Le mode utilisé dans la **subordonnée corrélative de conséquence** est le **mode indicatif**, sauf quand elle est introduite par le subordonnant *pour que*. Dans ce cas, le mode utilisé est le **mode subjonctif**.

REMARQUE

Dans une subordonnée corrélative de conséquence ou de comparaison exprimant un rapport d'inégalité, on emploie souvent un *ne* **explétif** devant le verbe. Ce *ne* explétif n'est pas essentiel au sens de la phrase et n'exprime pas la négation. Il relève d'une variété de langue soutenue.

Ex. : Il est plus âgé qu'on **ne** le croyait. Elle est moins malade qu'elle **ne** le paraît.

Ex. : Il s'en faudrait de peu pour que leur rêve **ne** se réalise.

LA RÉDUCTION DE LA PHRASE SUBORDONNÉE CIRCONSTANCIELLE

1. La subordonnée circonstancielle peut souvent être remplacée par un groupe de mots de sens équivalent. Ce procédé, appelé **réduction**, permet d'alléger les phrases et de varier leur construction.

2. La **subordonnée circonstancielle** peut être réduite, entre autres, à :

   Groupe adjectival

   – un **groupe adjectival** ;

   Ex. :   Parce qu'il est blessé, l'animal refuse de manger.

   >   **Blessé**, l'animal refuse de manger.

   Ex. :   S'il avait été remarqué plus tôt, le problème aurait pu être facilement résolu.

   >   **Remarqué plus tôt**, le problème aurait pu être facilement résolu.

– **un groupe prépositionnel** ;

Ex. : **Pendant qu'elle courait**, Alexandra s'est cassé la cheville.

> **En courant**, Alexandra s'est cassé la cheville.

Ex. : Il se remit au travail **après qu'il eut fait une sieste**.

> Il se remit au travail **après avoir fait une sieste**.

Ex. : **Afin que tu arrives sain et sauf à destination**, il faut que tu conduises prudemment.

> **Afin d'arriver sain et sauf à destination**, il faut que tu conduises prudemment.

Ex. : **Si elle était en couleurs**, cette publicité serait plus accrocheuse.

> **En couleurs**, cette publicité serait plus accrocheuse.

Ex. : Ève et Léo réussiront **à condition qu'ils travaillent ensemble**.

> Ève et Léo réussiront **à condition de travailler ensemble**.

– **un groupe participial**.

Ex. : **Parce qu'elle est allergique au pelage des chats**, Mia ne peut pas en avoir.

> **Étant allergique au pelage des chats**, Mia ne peut pas en avoir.

REMARQUE

Lorsqu'on réduit une subordonnée circonstancielle de concession, il faut conserver le **subordonnant** ou le remplacer par un **marqueur de relation** exprimant le même sens : *cependant*, *pourtant*, *néanmoins*, etc.

Ex. : **Bien qu'**elle soit petite, cette maison est confortable.

> **Bien que** petite, cette maison est confortable.

> **Bien qu'**étant petite, cette maison est confortable.

> Petite, cette maison est **néanmoins** confortable.

Subordonnée complétive

DÉFINITION

La **phrase subordonnée complétive** est une phrase qui peut être enchâssée (incluse) dans un **groupe**, le plus souvent au moyen du **subordonnant complétif *que***, aussi appelé *conjonction*.

```
                                 GV
                        ┌──────────────────────────────┐
                        │           P sub. compl.       │
                        │     ┌────────────────────────┐│
Ex. : Macha │ souhaitait │ que son frère ait pensé à elle │ .
```

Dans cet exemple, la subordonnée complète le verbe *souhaitait*.

LA SUBORDONNÉE COMPLÉTIVE COMPLÉMENT DU VERBE

Groupe verbal

La **subordonnée complétive** enchâssée dans un [groupe verbal] remplit, entre autres, les fonctions suivantes :

– complément direct du verbe ;

Ex. : Le paysan [savait **que le gel de janvier pouvait faire des ravages**].

– complément indirect du verbe ;

Ex. : Il [se souvenait **que le vent avait arraché des centaines d'oliviers**].

– complément du verbe impersonnel.

Ex. : Il [fallait **qu'il retrouve son petit-fils à tout prix**].

COUP DE POUCE

Pour savoir si une subordonnée complétive est CD ou CI du verbe

a) Si vous pouvez remplacer la **subordonnée complétive** par *quelque chose* **immédiatement** après le verbe, sa fonction est celle de complément direct du verbe.

Ex. :   La marchande savait **que le jeune couple disait la vérité**.

↓ La marchande savait **quelque chose**.

b) Si vous pouvez remplacer la **subordonnée complétive** par *à quelque chose* ou *de quelque chose* **immédiatement** après le verbe, sa fonction est celle de complément indirect du verbe.

Ex. :   Je m'étonne **que vous arriviez le premier**.

↓ Je m'étonne **de quelque chose**.

REMARQUE

Dans une subordonnée complétive complément indirect du verbe, *à ce* ou *de ce* peut précéder le subordonnant *que*.

Ex. : La voisine s'oppose **à ce que** vous plantiez un arbre dans sa cour.

LA SUBORDONNÉE COMPLÉTIVE COMPLÉMENT DE L'ADJECTIF

Groupe adjectival

La **subordonnée complétive** enchâssée dans un [groupe adjectival] remplit la fonction de complément de l'adjectif.

Ex. : Hugo était [inquiet **que sa sœur ne soit pas encore rentrée**].

LA SUBORDONNÉE COMPLÉTIVE COMPLÉMENT DU NOM

Groupe nominal

La **subordonnée complétive** enchâssée dans un [groupe nominal] remplit la fonction de complément du nom.

Ex. : Elle avait [le pressentiment **que le destin allait bouleverser le cours de sa vie**].

Il ne faut pas confondre le *que* de la subordonnée complétive et le *que* de la subordonnée relative. Le *que* de la relative est un pronom : il remplace toujours quelque chose dans la phrase. Le *que* de la complétive ne remplace rien.

Ex. : L'idée que tu as eue nous réjouit.

Dans cette phrase, le *que* est un pronom qui remplace *L'idée* ; la subordonnée est une relative.

Ex. : L'idée que tu reviennes nous réjouit.

Dans cette phrase le *que* ne remplace rien ; la subordonnée est une complétive.

LA SUBORDONNÉE COMPLÉTIVE SUJET

Sujet de phrase

La subordonnée complétive qui occupe la place du sujet remplit la fonction de sujet de phrase.

Ex. : **Qu'il fasse si chaud en octobre** est exceptionnel.

REMARQUE

Le mode utilisé dans la **subordonnée complétive sujet** est généralement le **mode subjonctif**.

LA SUBORDONNÉE COMPLÉTIVE COMPLÉMENT DU PRÉSENTATIF

Présentatif

La **subordonnée complétive** qui complète un **présentatif** remplit la fonction de complément du présentatif.

Ex. : **Voici** qu'il se met à pleuvoir.

Ex. : **Il y a** qu'elle ne vous fait pas confiance.

Ex. : **C'est** que je dois m'absenter pour quelques jours.

LES SUBORDONNÉES COMPLÉTIVES INTERROGATIVE ET EXCLAMATIVE COMPLÉMENTS DIRECTS DU VERBE

La **subordonnée complétive** peut aussi être introduite par un *subordonnant interrogatif* ou un *subordonnant exclamatif*.

a) La subordonnée complétive introduite par un *subordonnant interrogatif* (*combien*, *comment*, *où*, *pourquoi*, *quand*, *quel*, *qui*, *quoi*, *si*, etc.) est appelée **subordonnée complétive interrogative**. Elle a généralement la fonction de complément direct du verbe.

Ex. : Ève ignorait *pourquoi* son père s'était montré si distant envers elle.

b) La subordonnée complétive introduite par un *subordonnant exclamatif* (*combien*, *combien de*, *comme*, *quel*, *si*, etc.) est appelée **subordonnée complétive exclamative**. Elle a généralement la fonction de complément direct du verbe.

Ex. : Loïc réalisa *combien* ses parents étaient fiers de lui.

LE MODE DU VERBE DE LA SUBORDONNÉE COMPLÉTIVE

Le mode du verbe de la subordonnée complétive peut être le **subjonctif** ou l'**indicatif**.

a) Le verbe de la subordonnée complétive est habituellement au **subjonctif** quand le **mot complété** par la complétive exprime :

– un sentiment (joie, tristesse, peur, regret, surprise, satisfaction, etc.) ;

Ex. : Elle **adore** qu'on lui **fasse** des compliments.

– une volonté, un désir, un souhait.

Ex. : Il est **souhaitable** que tu **prennes** du repos.

REMARQUE

Le verbe *espérer* demande habituellement l'**indicatif**.

Ex. : Julie espère que Béatrice **reviendra** bientôt.

b) Le verbe de la subordonnée complétive est habituellement à l'**indicatif** quand le **mot complété** par la complétive n'exprime pas un sentiment ou une volonté.

Ex. : Il est **certain** que Maxime **est** un garçon brillant.

Ex. : On l'**a informée** qu'elle **est** / **était** / **sera** guérie.

Ex. : J'**ai appris** qu'ils **partent** / **partiront** / **partaient** / **étaient partis** en vacances.

LA RÉDUCTION DE LA PHRASE SUBORDONNÉE COMPLÉTIVE

1. La subordonnée complétive peut souvent être remplacée par un groupe de mots de sens équivalent. Ce procédé, appelé **réduction**, permet d'alléger les phrases et de varier leur construction.

2. La subordonnée complétive peut être réduite, entre autres, à :

Groupe infinitif

– un **groupe infinitif** ;

Ex. : Je pense **que j'ai trouvé la solution.**

> Je pense **avoir trouvé la solution**.

Ex. : Florence estimait **qu'elle l'avait assez aidé**.

> Florence estimait **l'avoir assez aidé**.

Groupe prépositionnel

– un **groupe prépositionnel**.

Ex. : Annabelle était convaincue **qu'elle réussirait**.

> Annabelle était convaincue **de réussir**.

Ex. : Je tiens **à ce qu'il participe au gala**.

> Je tiens **à sa participation au gala**.

Subordonnée relative

Subordination

La **phrase subordonnée relative** est une phrase enchâssée (incluse) dans un **groupe** au moyen d'un **subordonnant relatif**, le **pronom relatif** (*qui, que, dont, où, lequel*, etc.).

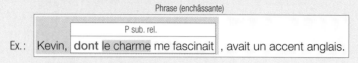

Phrase (enchâssante)

| P sub. rel. |
Ex.: Kevin, | dont le charme me fascinait |, avait un accent anglais.

Cette phrase est la jonction de deux phrases:
Kevin avait un accent anglais. Le charme de Kevin me fascinait.
Le pronom relatif ***dont*** permet de lier les deux phrases sans répéter *Kevin*.

GÉNÉRALITÉS SUR LA SUBORDONNÉE RELATIVE

1. On appelle **antécédent** le mot repris par le **pronom relatif**. L'antécédent est placé avant le pronom relatif et lui donne son sens.

P sub. rel.

Ex.: Elle ressemblait à un **chien** battu | qui avait erré toute la nuit sous la pluie |.

2. La **subordonnée relative** complète le plus souvent un **nom**. Elle remplit alors la fonction de complément du nom.

Ex.: Il marmonna quelques **mots** qu'elle ne comprenait pas.

LA SUBORDONNÉE RELATIVE INTRODUITE PAR *QUI*

Sujet de phrase

Groupe nominal

Le pronom relatif *qui* remplace un **groupe nominal** qui remplit la fonction de sujet.

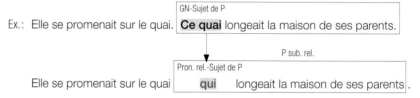

GN-Sujet de P

Ex.: Elle se promenait sur le quai. | **Ce quai** longeait la maison de ses parents.

P sub. rel.

Pron. rel.-Sujet de P

Elle se promenait sur le quai | qui longeait la maison de ses parents |.

LA SUBORDONNÉE RELATIVE INTRODUITE PAR *QUI* PRÉCÉDÉ D'UNE PRÉPOSITION

Groupe prépositionnel

Le pronom relatif *qui* précédé d'une préposition (*à, de, vers*, etc.) remplace un **groupe prépositionnel** dont l'antécédent désigne une personne ou un animal (trait animé).

Ce groupe prépositionnel remplit la fonction de complément indirect du verbe.

GPrép-CI du V

Ex.: Les amis de Yanick étaient partis. Yanick pensait | **à ses amis** |.

P sub. rel.

CI du V

Prép. | Pron. rel.

Ses amis, | à | qui | Yanick pensait, étaient partis.

REMARQUE

Pour remplacer un complément indirect du verbe commençant par *à* (*au / aux*) et qui désigne une chose (trait non animé), on doit employer les pronoms relatifs *auquel*, *à laquelle*, *auxquels* ou *auxquelles*.

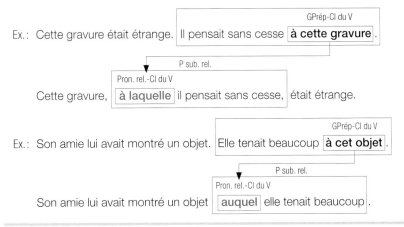

Ex.: Cette gravure était étrange. Il pensait sans cesse **à cette gravure**.
(GPrép-CI du V)

Cette gravure, **à laquelle** il pensait sans cesse, était étrange.
(Pron. rel.-CI du V)

Ex.: Son amie lui avait montré un objet. Elle tenait beaucoup **à cet objet**.
(GPrép-CI du V)

Son amie lui avait montré un objet **auquel** elle tenait beaucoup.
(Pron. rel.-CI du V)

LA SUBORDONNÉE RELATIVE INTRODUITE PAR *QUE*

Groupe nominal

Le pronom relatif *que* (*qu'*) remplace un **groupe nominal** qui remplit la fonction de complément direct du verbe.

Ex.: Il avait révélé le secret. On lui avait confié **un secret**.
(GN-CD du V)

Il avait révélé le secret **qu'** on lui avait confié.
(Pron. rel.-CD du V)

LA SUBORDONNÉE RELATIVE INTRODUITE PAR *DONT*

Groupe prépositionnel

Le pronom relatif *dont* remplace un **groupe prépositionnel** qui commence par *de* et qui remplit la fonction de:

– complément indirect du verbe;

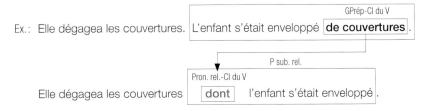

Ex.: Elle dégagea les couvertures. L'enfant s'était enveloppé **de couvertures**.
(GPrép-CI du V)

Elle dégagea les couvertures **dont** l'enfant s'était enveloppé.
(Pron. rel.-CI du V)

– complément du nom;

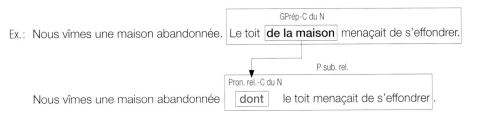

Ex.: Nous vîmes une maison abandonnée. Le toit **de la maison** menaçait de s'effondrer.
(GPrép-C du N)

Nous vîmes une maison abandonnée **dont** le toit menaçait de s'effondrer.
(Pron. rel.-C du N)

– complément de l'adjectif.

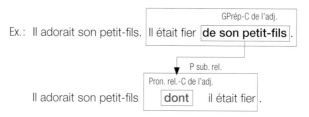

Ex.: Il adorait son petit-fils. Il était fier **de son petit-fils**.

Il adorait son petit-fils **dont** il était fier.

LA SUBORDONNÉE RELATIVE INTRODUITE PAR *OÙ*

Groupe nominal

Groupe prépositionnel

Le pronom relatif *où* remplace un **groupe nominal** ou un **groupe prépositionnel** exprimant un **lieu** ou un **temps** et remplissant la fonction de :

– complément indirect du verbe ;

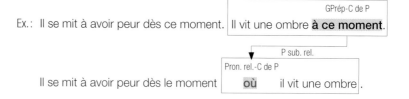

Ex.: Il se rendit à la gare. Sa fille l'attendait **à la gare**.

Il se rendit à la gare, **où** sa fille l'attendait.

– complément de phrase.

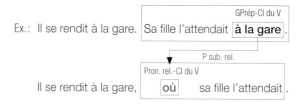

Ex.: Il se mit à avoir peur dès ce moment. Il vit une ombre **à ce moment**.

Il se mit à avoir peur dès le moment **où** il vit une ombre.

LA SUBORDONNÉE RELATIVE INTRODUITE PAR *OÙ* PRÉCÉDÉ D'UNE PRÉPOSITION

Groupe prépositionnel

Le pronom relatif *où* précédé d'une préposition (*d'*, *jusqu'*, *par*, *vers*, etc.) remplace un **groupe prépositionnel** exprimant un lieu et remplissant la fonction de complément indirect du verbe.

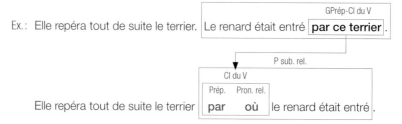

Ex.: Elle repéra tout de suite le terrier. Le renard était entré **par ce terrier**.

Elle repéra tout de suite le terrier **par où** le renard était entré.

Du point de vue du sens, la subordonnée relative peut avoir une valeur explicative ou déterminative.

a) La **subordonnée relative explicative** ajoute une **information complémentaire** qu'on pourrait effacer. Elle est isolée par une ou deux virgules.

> Ex. : Le roman *Le cavalier du dragon*, **qui a été écrit par Cornelia Funke**, est l'un de mes livres préférés.
>
> ✂ Le roman *Le cavalier du dragon* est l'un de mes livres préférés.
>
> Dans cet exemple, l'effacement de la subordonnée relative enlève de l'information, mais ne modifie pas l'essentiel du message.

b) La **subordonnée relative déterminative** apporte une **précision essentielle** qu'on ne peut pas effacer.

> Ex. : Les films **dans lesquels joue Rémy Girard** me plaisent beaucoup.
>
> ✂ Les films me plaisent beaucoup.
>
> Ici, l'effacement de la subordonnée relative change le sens de la phrase.

Certaines subordonnées relatives sont introduites par un **pronom qui n'a pas d'antécédent**. On considère alors que l'antécédent du pronom est effacé. En voici quelques exemples :

– le pronom *qui* ayant le sens de « celui qui » ou de « celui que » ;

> Ex. : **Qui** m'aime me suive. (= Celui qui m'aime me suive.)
>
> Invitez **qui** vous voulez. (= Invitez celui que vous voulez.)

– le pronom *quiconque* ayant le sens de « toute personne qui » ;

> Ex. : **Quiconque** l'a vu peut confirmer mes dires. (= Toute personne qui l'a vu peut confirmer mes dires.)

– le pronom *où* ayant le sens de « là où » ou de « à l'endroit où ».

> Ex. : J'irai **où** il voudra. (= J'irai là où / à l'endroit où il voudra.)

LA RÉDUCTION DE LA PHRASE SUBORDONNÉE RELATIVE

1. La subordonnée relative peut souvent être remplacée par un groupe de mots de sens équivalent. Ce procédé, appelé **réduction**, permet d'alléger les phrases et de varier leur construction.

2. La **subordonnée relative** peut être réduite, entre autres, à :

Groupe adjectival

– un **groupe adjectival** ;

> Ex. : Renaud avait vécu avec sa sœur des moments **qu'il n'oublierait jamais**.
>
> ➤ Renaud avait vécu avec sa sœur des moments **inoubliables**.
>
> Ex. : Les arbres, **qui étaient gorgés de petits fruits**, étaient un festin pour les oiseaux.
>
> ➤ Les arbres, **gorgés de petits fruits**, étaient un festin pour les oiseaux.

– un **groupe participial**.

Ex. : L'enfant, **qui se sentait menacé**, se mit à pleurer.

> L'enfant, **se sentant menacé**, se mit à pleurer.

Ex. : Elle avait entrevu un animal **qui rôdait dans le poulailler**.

> Elle avait entrevu un animal **rôdant dans le poulailler**.

Système verbal

LE CHOIX DU SYSTÈME VERBAL

On peut choisir de rédiger un texte au présent ou au passé.

a) Si on choisit d'écrire au présent, on utilise le **système verbal du présent**, comme dans l'extrait qui suit.

Ex. : **Extrait 1**

Sur la rive, les premières barques accostent. Le roi débarque et Tristan se lève avec peine pour recevoir hommages et compliments. Il souffre. Il pâlit et vacille. Mais son oncle le retient et le prend dans ses bras.

— Mon cher neveu, tu nous as sauvés! C'est à toi, désormais, que la Cornouaille doit un tribut de reconnaissance.

Jacques Cassabois, *Tristan et Iseut*, Paris, Hachette, 2006, p. 114 et 115.

b) Si on choisit d'écrire au passé, on utilise le **système verbal du passé**, comme dans l'extrait qui suit.

Ex. : **Extrait 2**

— Vole! miaula Zorbas en tendant une patte et en la touchant à peine.

Afortunada disparut de leur vue et l'humain et le chat craignirent le pire. Elle était tombée comme une pierre. En retenant leur respiration, ils passèrent la tête par-dessus la balustrade et la virent qui battait des ailes, survolait le parking. Ensuite ils la virent monter bien plus haut que la girouette d'or qui couronnait la beauté régulière de Saint-Michel.

Afortunada volait solitaire dans la nuit de Hambourg. Elle s'éloignait en battant énergiquement des ailes pour s'élever au-dessus des mâts des bateaux […].

— Je vole! Zorbas! Je sais voler! criait-elle, euphorique, depuis l'immensité du ciel gris.

L'humain caressa le dos du chat.

Luis Sepulveda, *Histoire d'une mouette et du chat qui lui apprit à voler*,
Paris, Éditions Métailié/Éditions du Seuil, 1996, p. 116.

LE SYSTÈME VERBAL DU PRÉSENT

1. Dans le **système verbal du présent**, on utilise :

a) le **présent** comme temps de base ;

b) le passé composé, l'imparfait, le plus-que-parfait, le futur simple et le futur antérieur, le conditionnel présent et le conditionnel passé comme temps associés.

REMARQUE

Dans un récit au présent, on utilise seulement les temps du système verbal du présent.

2. Voici les principaux emplois de quelques-uns de ces temps dans un récit.

a) On utilise le **présent** pour raconter la suite des actions en cours.

> Ex. : Sur la rive, les premières barques **accostent**. Le roi **débarque** et Tristan **se lève** avec peine pour recevoir hommages et compliments. [...] Mais son oncle le **retient** et le **prend** dans ses bras.

b) On utilise aussi le **présent** pour décrire les lieux, les personnages et leurs sentiments.

> Ex. : Son teint **est** pâle, ses yeux me **fixent** étrangement et sa bouche **se tord** de douleur.

c) On utilise le **passé composé** pour raconter les actions qui se sont déroulées avant l'action en cours.

> Ex. : Mais son oncle, qui l'**a sauvé**, le prend dans ses bras.

d) On utilise l'**imparfait** pour décrire les lieux ainsi que les personnages et leurs sentiments dans une époque passée.

> Ex. : La sueur qui **baignait** son front **troublait** sa vue.

e) On utilise le **futur** et le **futur antérieur** pour raconter les actions qui se dérouleront après l'action en cours.

> Ex. : Le roi appelle ses médecins, qui **soigneront** le blessé.

LE SYSTÈME VERBAL DU PASSÉ

1. Dans le **système verbal du passé**, on utilise :

a) le **passé simple** comme temps de base ;

b) l'imparfait, le plus-que-parfait, le passé antérieur, le conditionnel présent et le conditionnel passé comme temps associés.

REMARQUE

Dans un texte au passé, on utilise seulement les temps du système verbal du passé.

2. Voici les principaux emplois de quelques-uns de ces temps dans un récit.

a) On utilise le **passé simple** pour montrer la suite des actions dans le récit. Chaque action au passé simple se produit **après** la précédente.

b) On utilise l'**imparfait** pour décrire les lieux, les personnages, leurs sentiments, etc. Chaque action à l'imparfait se produit **pendant** une autre.

La ligne du temps ci-dessous reproduit les verbes du deuxième extrait. Cette ligne du temps fait bien voir que **les actions au passé simple se succèdent** alors que **les actions à l'imparfait se juxtaposent.**

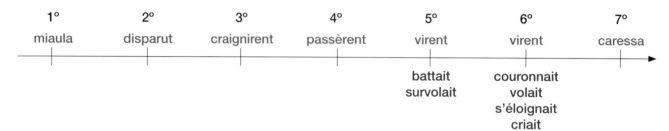

1°	2°	3°	4°	5°	6°	7°
miaula	disparut	craignirent	passèrent	virent	virent	caressa
				battait survolait	couronnait volait s'éloignait criait	

c) On utilise le **plus-que-parfait** pour montrer les actions qui se sont déroulées **avant** une **autre action dans le passé.**

Ex.: Zorbas **regarda** avec respect le corps sans vie de la mouette qui **avait atterri** sur son balcon.

d) On utilise le **conditionnel présent** et le **conditionnel passé** pour raconter les actions qui se dérouleront **après l'action en cours.**

Ex.: Zorbas **promit** à la mouette agonisante qu'il **apprendrait** le vol à Afortunada.

REMARQUE

Dans un récit, les **paroles des personnages rapportées directement** sont toujours exprimées dans le **système verbal du présent**, même quand le récit est dans le système verbal du passé.

Types de phrases

Selon les marques qu'elles possèdent, on classe les phrases en quatre **types** : déclaratif, interrogatif, impératif et exclamatif.

REMARQUE

Une phrase est toujours d'**un seul type** : déclaratif, interrogatif, impératif ou exclamatif, mais elle a toujours **quatre** formes.

Types de phrases et caractéristiques	Exemples
Déclaratif La phrase déclarative sert à affirmer quelque chose. Elle se construit **sans marque** interrogative, impérative ou exclamative, et se termine générale-ment par un point.	Chloé pratique régulièrement la natation**.**
REMARQUE La phrase déclarative sert de base à la construction des autres types de phrases.	
Interrogatif La phrase interrogative sert à poser une question. Elle contient une **marque interrogative** et se termine par un point d'interrogation. ➡ Marques interrogatives (voir tableau, p. 262).	**Est-ce que** Chloé pratique régulièrement la natation**?**
REMARQUE À l'oral, on utilise souvent la phrase déclarative plutôt que la phrase interrogative pour poser une question. C'est le ton employé qui indique qu'il s'agit d'une question. Ex.: Vous pouvez m'indiquer le chemin pour me rendre à la piscine**?**	
Impératif La phrase impérative exprime un ordre, une demande, un conseil. Elle contient un **verbe à l'impératif** et se termine par un point ou un point d'exclamation.	**Allons** à la compétition de natation**.** **Pense** à ta compétition**!**
Exclamatif La phrase exclamative exprime un sentiment ou une émotion de manière intense. Elle contient une **marque exclamative** (*combien*, *combien de*, *comme*, *que*, *que de*, *quel*, *quelle*, *quels*, *quelles*) et se termine par un point d'exclamation.	**Comme** je suis étonné par les performances de Chloé**!**

LES MARQUES INTERROGATIVES

Marques interrogatives	Exemples
Pronom sujet inversé On déplace le **pronom sujet** après le verbe et on insère un trait d'union entre le verbe et le pronom.	Pratiquez**-vous** la natation ?
Pronom (*il*, *elle*, *ils*, *elles*) **qui reprend le sujet** On ajoute, après le verbe, un **pronom** qui reprend le sujet et on insère un trait d'union entre le verbe et le pronom.	Chloé est**-elle** fière d'être une bonne nageuse ?
Est-ce que **au début de la phrase**	**Est-ce que** tu es fière d'être une bonne nageuse ?
Mot interrogatif au début de la phrase – Adverbes : *combien*, *comment*, *où*, *pourquoi*, *quand*	**Où** Chloé nage-t-elle ? **Où** nage Chloé ?
– Déterminants interrogatifs : *quel*, *quelle*, *quels*, *quelles*	**Quel** sport Chloé pratique-t-elle ? **Quel** sport pratique Chloé ?
– Pronoms interrogatifs : *qui*, *que*, *quoi*, *lequel*, *auquel*, *duquel*, etc.	**Laquelle** est la meilleure nageuse ? **Qui** pratique la natation tous les jours ?
Mot interrogatif + **est-ce qui** ou **est-ce que** au début de la phrase	**Qui** est-ce qui pratique la natation tous les jours ? **Quand** est-ce que Chloé pratique la natation ? **Où** est-ce que Chloé pratique la natation ?

Variétés de langue

On s'exprime différemment selon qu'on s'adresse à des inconnus ou à des gens qu'on connaît bien, selon que la situation de communication est officielle ou familière, selon qu'on est à l'oral ou à l'écrit.

DÉFINITION

Les variétés de langue sont les différentes façons de s'exprimer. On peut en distinguer quatre : la langue **soutenue** (ou littéraire), la langue **standard** (ou soignée), la langue **familière** et la langue **populaire**.

Les frontières entre les variétés de langue sont parfois floues. Ce qui est considéré comme soutenu, standard, familier ou populaire peut varier légèrement d'un dictionnaire à l'autre, d'une personne à l'autre, d'une communauté à l'autre, d'un pays à l'autre.

Pour savoir dans quelle variété de langue une personne s'exprime, il faut tenir compte de l'ensemble de son texte (écrit ou oral). Par exemple, un texte peut comporter un anglicisme ou un mot soutenu et appartenir quand même à la langue standard.

Le dictionnaire est utile pour savoir à quelle variété de langue appartient un mot ou une expression. Il signale, entre autres, les emplois **littéraire** (litt.), **familier** (fam.) et **populaire** (pop.). Un mot sans indication de variété de langue appartient à la langue standard.

LA LANGUE SOUTENUE

DÉFINITION

La **langue soutenue** (ou littéraire) s'utilise surtout en littérature et dans les discours officiels.

Ex.: Au milieu de la cour, une fontaine épanchait ses ondes argentées, qui tombaient en flocons d'écume dans un bassin de marbre bordé de larges plates-bandes de violettes; dans l'eau de cette fontaine, transparente comme le cristal, s'ébattaient des myriades de poissons d'or et d'argent, qui étincelaient comme autant de bijoux vivants.

Harriet Beecher Stowe, *La case de l'oncle Tom*, 1852.

Principales caractéristiques de la langue soutenue	Exemples
Vocabulaire recherché, mots imagés ou rares	«une fontaine épanchait», «ondes argentées», «flocons d'écume» choir (tomber), courroux (colère), fécond (prolifique), hormis (sauf), importuner (déranger), glaive (épée), ouïr (entendre), perfide (traître), songe (rêve), tancer (réprimander), etc.
Figures de style	«transparente comme le cristal», «qui étincelaient comme autant de bijoux vivants»
Structures de phrases inhabituelles	là «s'ébattaient des myriades de poissons d'or et d'argent»
Diction très nette, liaisons bien marquées	vingt ͜t avions, un grand ͜t arbre, ils sont ͜t en vacances

LA LANGUE STANDARD

DÉFINITION

La **langue standard** s'emploie autant à l'oral qu'à l'écrit. C'est la langue qu'on dit correcte, celle qui convient à la majorité des situations. Elle est habituellement utilisée dans les journaux, les documentaires, les textes explicatifs, les demandes de renseignements, les discussions avec un enseignant ou une enseignante, les exposés oraux, etc.

Ex.: Parmi toutes les hypothèses qui tentent d'expliquer la disparition des dinosaures, on trouve deux écoles. La première regroupe ceux pour qui la disparition des dinosaures est due à une cause externe: volcanisme, chute de météorites, etc.

La seconde fait appel à des raisons internes: compétition entre espèces, dégénérescence, maladie, etc. Au sein même de ces deux écoles, selon les uns, catastrophistes, les événements se sont produits brutalement, tandis que les autres, gradualistes, privilégient une vision plus progressive des choses. Où est la vérité dans tout cela?

Frédéric Dieudonné, *Science et Nature*, octobre 1997.

Principales caractéristiques de la langue standard
Vocabulaire correct, ni littéraire, ni familier, emploi de mots justes
Phrases bien construites selon les ouvrages qui font autorité en matière de norme
Diction nette

LA LANGUE FAMILIÈRE

DÉFINITION

La **langue familière** s'emploie surtout à l'oral, dans des situations où on peut se permettre un certain relâchement, par exemple dans des conversations avec des amis ou des proches. À l'écrit, les auteurs s'en servent pour rapporter les paroles d'un personnage qui s'exprime en ne faisant pas très attention.

Ex.: J'ai vu Simon le mois passé

Ç'avait pas trop l'air de *filer*

Y m'a dit qu't'avais pas appelé

Depuis sa fête en février

Si tu l'aimes pus faudrait peut-être pas l'niaiser

C't'un bon *buddy*

Les Cowboys fringants, « Toune d'automne », paroles et musique de Jean-Francois Pauzé et Marie-Annick Lépine, © Les Éditions de la Tribu, 2002.

Principales caractéristiques de la langue familière	Exemples
Vocabulaire familier	bouffer (manger), ça (cela), chialer (pleurer), crevé (fatigué), dégonflé (peureux), dégueulasse (dégoûtant), embêter (déranger), engueuler (réprimander), fête (anniversaire), piquer (voler), se tirer (s'en aller), etc.
Anglicismes critiqués	*buddy* (type), *canceller* (annuler), *chum* (ami), c'est le *fun* (c'est amusant, drôle, plaisant), *cute* (mignon, joli, charmant), *filer* (aller, se sentir), *party* (fête), etc.
Québécismes familiers (Les **québécismes** sont des expressions ou des mots propres au français du Québec.)	achaler (agacer, embêter), beurrée (tartine), capoter (perdre la raison), être tanné de (être fatigué de), magané (endommagé), malcommode (turbulent), niaiser (faire perdre son temps), se faire passer un sapin (se faire rouler), s'enfarger (trébucher), etc.
Structures de phrases que l'on considère comme fautives par rapport à la langue standard – Absence du *ne* dans la phrase négative	ç'avait pas trop l'air de (cela n'avait pas trop l'air de), j'ai vu personne (je n'ai vu personne), je sais pas trop (je ne sais pas trop), si tu l'aimes pus (si tu ne l'aimes plus), etc.
– Pronom placé au mauvais endroit dans la phrase impérative	fais-moi-le savoir (fais-le-moi savoir), dis-le pas (ne le dis pas), etc.
– Présence d'une structure d'interrogation directe dans une interrogation indirecte	il m'a demandé qu'est-ce qui s'était passé (il m'a demandé ce qui s'était passé), je n'ai pas entendu qu'est-ce qu'elle a dit (je n'ai pas entendu ce qu'elle a dit), je ne comprends pas pourquoi que tu as rompu (je ne comprends pas pourquoi tu as rompu), etc.

→

Principales caractéristiques de la langue familière	Exemples
Diction légèrement relâchée – Chute des consonnes à la fin des mots	septemb' (septembre), quat' (quatre), timb' (timbre), y a rien (il n'y a rien), etc.
– Élision de certaines voyelles dans les mots	ben (bien), c't'un (c'est un), j'suis (je suis), qu't'avais (que tu avais), etc.

LA LANGUE POPULAIRE

DÉFINITION

La **langue populaire** s'emploie à l'oral. Dans cette variété de langue, le français présente des écarts si importants par rapport à la variété de langue standard que son emploi nuit à la compréhension.

Ex.: 1 « On s'en va pas juste pour quequ'semaines, comme d'habetude, hein ? »
Elle frotta son nez contre le sien comme quand il était bébé.
« Non. »
Il se débattit, sauta par terre, se réfugia encore une fois au fond de son lit.
5 « Dis-moé pas qu'on s'en va pour toutte l'été. J'veux pas aller à Saint-Ustache pour toutte l'été, j'te l'ai déjà dit ! Y a quasiment pas d'enfants sus la rue de grand-meman, pis chus toujours tu seul ! Mes amis sont icitte ! Pis, j'veux pas d'eux autres ! »

Michel Tremblay, *Le premier quartier de la lune*,
Montréal, Leméac, coll. « Babel », 1989, p. 139.

Dans cet exemple, les lignes 2 et 4 sont écrites en langue standard.

Principales caractéristiques de la langue populaire	Exemples
Mots passe-partout, vocabulaire réduit	affaire, chose, patente, etc.
Nombreux anglicismes critiqués, mots vulgaires, jurons	avoir de la *luck* (avoir de la chance), char (automobile), *check-up* (examen médical), *clutch* (embrayage), merde !, sacrer son camp (s'en aller), *screen* (moustiquaire), *shed* (remise), *shop* (usine), tabarnouche !, *wiper* (essuie-glace), etc.
Nombreuses fautes de grammaire	J'm'ai perdu (je me suis perdu), j'savais pas que c'est dire (je ne savais pas quoi dire), la compagnie pour qui qu'y travaillait (la compagnie pour laquelle il travaillait), la fille que je sors avec (la fille avec qui je sors), le monde sont arrivés (le monde est arrivé), que c'est qu'a dit ? (qu'est-ce qu'elle dit ?, que dit-elle ?), etc.
Diction très mal reçue en français standard	boutte (bout), chus (je suis), d'habetude (d'habitude), frette (frais, froid), grand-meman (grand-maman), icitte (ici), ch't'a toute énarvée (j'étais extrêmement énervée), litte (lit), moé (moi), nuitte (nuit), pis (puis), quequ'semaines (quelques semaines), Saint-Ustache (Saint-Eustache), sont arrivés dans pièce (ils sont arrivés dans la pièce), toutte l'été (tout l'été), tu seul (tout seul), etc.

Diego Rivera,
Jeune homme avec un stylo, 1914.

Vous trouverez, dans cette section, des stratégies qui vous aideront à accomplir des tâches liées à la lecture, à l'écriture et aux activités de communication orale auxquelles vous participerez. Ces stratégies présentent, étape par étape, des façons de faire qui vous permettront d'affiner vos méthodes de travail et de développer votre autonomie, tant en français que dans les autres disciplines.

À l'usage, vous verrez que ces stratégies vous seront également utiles en dehors de l'école. Savoir survoler un texte, qu'il s'agisse d'un article de journal ou de la quatrième de couverture d'un roman, savoir noter des informations rapidement, que ce soit lors d'une conférence ou d'une discussion entre amis, savoir chercher de l'information pertinente sur un sujet, que ce soit pour planifier des vacances ou pour écrire un article, savoir varier son vocabulaire, voilà autant de savoir-faire que vous aurez à utiliser dans les diverses sphères de votre vie professionnelle et sociale.

Références

SOMMAIRE

Comment
faire de la recherche d'information

OBJECTIF

Trouver
l'information
dont on a besoin

❖ Quand on se prépare à écrire un texte, à faire un exposé oral ou tout simplement à participer à une discussion, il est important de bien se documenter.

❖ Une fois le sujet choisi, il faut recueillir de l'information. Pour cela, utilisez la démarche suivante en cinq étapes.

1. **Trouvez des sources variées et fiables.**

   Voici des exemples de sources : encyclopédies, dictionnaires, revues scientifiques, lexiques spécialisés, banques de données, sites Web fiables.

   • Vérifiez la date de parution des ouvrages ou de mise à jour des sites Web. Privilégiez les documents récents.

   • Consultez plusieurs ouvrages et sites Web : vous aurez une foule de renseignements et vous découvrirez des points de vue différents.

   • Choisissez des textes que vous comprenez bien.

COUP DE POUCE

Pour reconnaître une source fiable dans Internet

Quand vous faites de la recherche dans Internet, vérifiez toujours l'adresse des sites que vous consultez. Préférez les sites officiels, ceux dont l'adresse se termine par :

– .org : organisme ;

– .gouv.qc.ca : gouvernement québécois ;

– .gc.ca : gouvernement canadien ;

– .edu : établissement d'enseignement supérieur ;

– .ulaval.ca, .uregina.ca, etc. : universités canadiennes.

Les sites dont l'adresse se termine par .com sont des sites commerciaux. Si vous les consultez, assurez-vous de la valeur des informations qui y sont données en comparant ces informations avec celles d'un organisme reconnu.

Évitez les pages personnelles.

Pour faciliter votre recherche dans Internet

- Pour faciliter votre recherche à l'aide d'un moteur de recherche, utilisez des mots clés précis. Évitez les déterminants dans la mesure du possible.
- Pour limiter votre recherche et obtenir une liste pertinente de résultats, écrivez entre des guillemets anglais les mots ou les groupes de mots que vous voulez retrouver tels quels dans les documents.

  Par exemple, inscrivez "guide alimentaire" plutôt que guide alimentaire.

  Ce type de recherche est particulièrement utile pour trouver rapidement une citation, un proverbe, un titre, un vers de chanson ou de poème.
- Pour dialoguer avec votre outil de recherche, servez-vous des opérateurs booléens *et, ou.*

  – L'opérateur ET

  Si vous inscrivez jeu ET myopie : les pages affichées contiendront le mot *jeu* et le mot *myopie*.

  Si vous inscrivez jeu ET vidéo ET myopie : les pages affichées contiendront le mot *jeu*, le mot *vidéo* et le mot *myopie*.

  Plus vous utiliserez de termes, plus votre recherche s'affinera et moins longue sera la consultation des résultats.

  – L'opérateur OU

  Si vous inscrivez "harfang des neiges" OU "chouette blanche" : les pages affichées contiendront soit *harfang des neiges*, soit *chouette blanche*.

  L'opérateur OU permet d'utiliser des synonymes dans une recherche.

2. **Faites un survol des ouvrages et des sites Web trouvés.**

   Faites un tri parmi les sources trouvées en éliminant celles qui ne sont pas pertinentes ou intéressantes.

   Voir la stratégie *Comment survoler un texte et tirer profit de ce survol*, à la page 270.

REMARQUE

Savoir chercher de l'information est utile pour la production de tous les types de textes. Par exemple, pour décrire un lieu dans un texte narratif, on peut avoir besoin de renseignements sur la faune, la flore, les conditions climatiques, etc. De même, pour situer une histoire à une certaine époque, on pourra se renseigner sur le mode de vie d'alors, sur ce qui existait et ce qui n'existait pas, etc.

3. **Consignez l'information.**

   - Notez les références des ouvrages et des sites Web retenus : vous pourrez ainsi les repérer si vous voulez les consulter de nouveau et, surtout, vous serez en mesure de mentionner la source de votre information correctement.

     Voir la stratégie *Comment rédiger une référence bibliographique*, à la page 284.
   - Prenez des notes. Ne copiez pas les propos des auteurs, mais reformulez-les en partant des mots clés.

     Voir la stratégie *Comment annoter un texte courant*, à la page 271.
   - Quand cela est possible, faites des photocopies ou imprimez les documents et annotez-les.

     Voir la stratégie *Comment annoter un texte courant*, à la page 271.

4. **Sélectionnez l'information.**

   Relisez vos notes et faites une sélection : gardez ce qui répond le mieux aux besoins de la recherche et éliminez ce qui n'est pas pertinent. (Ne jetez rien : certains renseignements pourraient se révéler plus utiles que vous ne l'aviez pensé au départ.)

5. **Évaluez l'ensemble de l'information.**

   - Assurez-vous que les renseignements retenus concernent vraiment le sujet choisi.
   - Mettez de l'ordre dans ces renseignements en les regroupant par aspects.
   - Vérifiez si vous avez en main toute l'information dont vous avez besoin. S'il vous manque des renseignements, consultez d'autres sources.

Comment
survoler un texte et tirer profit de ce survol

OBJECTIF

Repérer les éléments qui renseignent sur le texte et les exploiter

❖ Avant d'entreprendre une lecture, il est important de survoler le texte. Ce survol permettra de reconnaître le <u>type</u> et le <u>genre</u> du texte, de comprendre son organisation, d'anticiper son contenu. Vous pourrez ainsi faire les bons choix de textes en fonction de vos intentions de lecture.

1. Observez le texte dans son ensemble.

Pour avoir une bonne idée du contenu d'un texte sans le lire en entier, on observe des indices qui «parlent» beaucoup. Voici les principaux indices à observer:

- Le **titre** révèle habituellement, de façon claire, le sujet du texte.
- Le **surtitre** (titre placé au-dessus du titre d'un article) amène le sujet.
- Le **sous-titre** (titre secondaire placé sous le titre) apporte des précisions sur le sujet.
- Le **chapeau** (court texte placé entre le titre et le début d'un article) présente le sujet.
- L'**introduction** contient souvent les grandes lignes du sujet.
- Les **intertitres** annoncent généralement les aspects traités dans chaque section du texte.
- Les **premiers mots** d'un paragraphe donnent un aperçu du contenu du paragraphe.
- Les **énumérations verticales** contiennent souvent des informations condensées.
- Les **illustrations** ou les **photographies** renseignent sur le contenu.
- Les **légendes** accompagnent les images pour leur donner un sens.
- Les **tableaux** fournissent souvent des informations condensées.
- Les **encadrés** attirent l'attention sur certaines informations.
- Le **gras** et le <u>souligné</u> permettent de repérer les informations importantes dans le texte.

2. Tirez parti de vos observations.

Quand on fait un survol, c'est parce qu'on veut savoir si un texte contient les renseignements dont on a besoin. Il faut donc se poser des questions comme celles qui suivent.

- Quelle est l'**intention** de l'auteur? Est-ce la même que la mienne? Par exemple, si je cherche de l'information, je me demande si l'intention de la personne qui a écrit le texte est d'informer.
- Le **sujet** abordé est-il celui qui m'intéresse?
- Les intertitres m'indiquent-ils que le texte traite des **aspects** sur lesquels je cherche de l'information? M'inspirent-ils d'autres idées auxquelles je n'avais pas pensé et qui conviendraient à ma recherche?
- Les **indices** observés lors du survol me permettent-ils de reconnaître que le texte est à ma portée, que j'en comprends bien le sens?

Le fait de se poser ces questions permet de mieux entrer dans le texte, d'être à l'affût de ce qu'on cherche.

REMARQUE

Un texte ne contient pas tous ces indices à la fois. Chacun des indices joue un rôle bien précis qui est de faire connaître, à sa façon, le contenu du texte.

Comment
annoter un texte courant

❖ Lorsque vous lisez un texte courant, il est important de noter ce qui pourrait être utile :

– pour enrichir vos connaissances ;

– pour vous préparer en vue d'une production orale ou écrite, par exemple un débat, un résumé, une description, une comparaison entre deux œuvres ou une appréciation, etc.

❖ Afin de prendre des notes qui vous serviront vraiment, utilisez la démarche suivante en quatre étapes.

1. Précisez ce que vous cherchez.

Quelles questions vous posez-vous ? De quelles informations avez-vous besoin ? Faites-en une liste. Vous pourrez ainsi lire en accordant de l'attention à ce qui vous sera utile et ne pas tenir compte du reste.

Exemples de questions qu'on pourrait se poser dans le cadre d'un travail sur le système immunitaire

- Comment notre corps se défend-il contre les virus et les bactéries ?
- Pourquoi certaines personnes résistent-elles mieux que d'autres aux maladies ?
- Que pouvons-nous faire pour renforcer notre système immunitaire ?

2. Lisez le texte.

Ne prenez pas de notes tout de suite ; lisez d'abord le texte. Si vous prenez des notes au fil de votre lecture, vous en prendrez trop. Au lieu d'être utiles, vos notes seront alors encombrantes.

- Si le texte est court, lisez-le au complet avant de passer à la troisième étape.
- Si le texte est long (trois pages et plus), lisez-le partie par partie (d'un intertitre au suivant, par exemple). Après la lecture de chaque partie, passez à la troisième étape.

3. Prenez des notes et marquez le texte.

Maintenant que vous avez une bonne idée du contenu du texte, vous pouvez prendre des notes. Encore une fois, procédez avec méthode.

A. Où prendre des notes

Vous avez trois possibilités :

– prendre des notes directement sur le texte s'il vous appartient ;

– prendre des notes sur une photocopie du texte ;

– prendre des notes sur des feuilles volantes ou sur des fiches.

- Ne surchargez pas votre copie d'annotations et de couleurs ; vous risqueriez de ne pas vous y retrouver.

- Prenez l'habitude de marquer vos textes de la même façon (même code de couleurs, par exemple) pour vous y retrouver plus facilement.

B. Quoi noter et comment le noter

Notez les informations dont vous avez besoin. Autrement dit, notez l'essentiel compte tenu de votre intention de lecture.

- Si vous prenez des notes sur le texte lui-même ou sur une photocopie :
  - notez, en haut de page, le sujet du texte, l'aspect abordé ou la question posée ;
  - repérez, si possible, l'introduction, le développement et la conclusion du texte ;
  - surlignez les idées importantes et les mots clés (selon le texte, il s'agira d'aspects et de sous-aspects, d'étapes, d'éléments de réponse ou d'arguments) ;
  - surlignez les organisateurs textuels d'une autre couleur, s'il y a lieu ;
  - placez entre crochets les citations et les exemples à conserver, s'il y a lieu.

Exemple de texte annoté

Pourquoi certaines personnes résistent-elles mieux que d'autres aux maladies ?

Question posée

Devant la maladie, nous ne sommes pas tous égaux

Structure du texte

Introduction

Pourquoi une meilleure résistance aux maladies ?

En théorie, dès qu'un virus ou une bactérie s'introduit dans notre organisme, notre système immunitaire tente de l'éliminer. En pratique, certaines personnes résistent mieux aux maladies que d'autres. Comment cela s'explique-t-il ?

Idées importantes

Développement

Parce que la résistance est influencée par trois facteurs :

1. les maladies de l'enfance

2. le stress

3. la pollution de l'air

Premièrement, notre résistance à certaines infections est influencée par les maladies contractées durant l'enfance. [Si, enfant, nous avons combattu la varicelle, notre corps s'en souvient. Lorsque le virus de la varicelle tentera de l'infecter à nouveau, notre corps l'attaquera avant qu'il ait pu faire des dommages.] Deuxième explication : le stress. Des études démontrent en effet que l'organisme d'une personne stressée riposte moins efficacement aux attaques des virus et des bactéries. Et cela, peu importe la cause du stress [(un déménagement, un nouvel emploi, un deuil, une rupture amoureuse, etc.)]. Finalement, l'exposition à la pollution de l'air diminue notre résistance à la maladie. D'ailleurs, les citadins souffrent plus que les autres d'infections respiratoires. Affectés par les polluants, les cils vibratiles de leurs bronches ont du mal à expulser les bactéries respirées chaque jour.

Organisateurs textuels

[Exemples à conserver]

Conclusion

Autre facteur probable : la génétique

Bien que ces trois facteurs soient éclairants, ils n'expliquent pas tout. Des scientifiques cherchent d'autres explications du côté de la génétique.

Nadine Vachon, *Le système immunitaire en 15 questions*, Montréal, Éditions De la mansarde, 2007, p. 7.

- Si vous prenez des notes à part :
  - choisissez des feuilles volantes ou des fiches plutôt qu'un cahier : vous pourrez ainsi les remplacer ou en ajouter plus facilement ;
  - écrivez sur un côté seulement de la feuille ou de la fiche ;
  - changez de feuille ou de fiche chaque fois que vous abordez un nouveau sujet ;
  - notez, en haut de chaque feuille ou de chaque fiche, le sujet du texte, l'aspect abordé ou la question posée ;
  - notez, dans vos mots, les informations à retenir (ne copiez pas de phrases ou de passages du texte, à l'exception des définitions éclairantes et des citations à conserver) ;
  - notez toujours la source de l'information (le nom de l'auteure ou de l'auteur, le titre, la page, l'adresse du site Web, etc.).

Exemple de notes prises à part

Éléments à noter	1
• Numéro de la feuille ou de la fiche • Question posée	**Pourquoi certaines personnes résistent-elles mieux que d'autres aux maladies ?** Parce que la résistance aux maladies est influencée par les trois facteurs suivants.
• Informations à retenir • Emploi de chiffres, de lettres, d'organisateurs textuels pour : – hiérarchiser l'information – marquer les liens entre les idées • (Exemples à conserver)	1. Les maladies contractées durant l'enfance (ex. : la varicelle). – L'organisme en garde le souvenir pour mieux se défendre plus tard. 2. Le stress, qui affaiblit le système immunitaire (ex. : des événements stressants comme un déménagement, un nouvel emploi, un deuil, etc.). – Une personne non stressée résiste mieux à la maladie. 3. La pollution de l'air, qui réduit la capacité à expulser les bactéries respirées. – Une personne qui vit dans un milieu non pollué résiste mieux à la maladie. La génétique pourrait fournir d'autres explications.
• Source de l'information	Source : Nadine Vachon, <u>Le système immunitaire en 15 questions</u>, Montréal, Éditions De la mansarde, 2007, p. 7.

REMARQUE

Les notes sont des documents personnels. À vous donc de trouver votre façon de faire. Vous pouvez utiliser des abréviations, des symboles et des sigles. Veillez toutefois à ce que vos notes soient claires et lisibles. Elles seront alors utiles.

Voir la stratégie *Comment noter des informations rapidement*, à la page 275.

4. Classez vos notes.

A. Notes prises sur le texte ou sur une photocopie

- Si vous travaillez avec plusieurs textes, classez-les par aspects ou par questions et numérotez-les.
- Utilisez une couleur différente pour chaque aspect ou chaque question.

B. Notes prises sur des feuilles volantes ou sur des fiches

- Regroupez les feuilles ou les fiches qui traitent du même aspect du sujet ou d'une même question et numérotez-les.
- Utilisez une couleur différente pour chaque aspect ou chaque question.

Comment
noter des informations rapidement

❖ Pour prendre des notes de façon efficace, il faut noter l'essentiel et le noter le plus rapidement possible. Pour y arriver, servez-vous des moyens suivants.

1. Utilisez des abréviations.

Voici une liste d'abréviations qui vous seront utiles.

Abréviations courantes

apr.	après		n^{os}	numéros
av.	avant		ns	nous
bcp	beaucoup		O.	Ouest
bibl.	bibliothèque		p.	page
c.	contre		§	paragraphe
cad	c'est-à-dire		pcq	parce que
cf.	voir		pdt	pendant
ch.	chacun/chacune, chaque		pr	pour
			pt	point
dc	donc		qd	quand
ds	dans		qq.	quelque
E.	Est		qqch.	quelque chose
env.	environ		qqf.	quelquefois
etc.	*et cetera*		qqn	quelqu'un
ex.	exemple		s.	siècle
excl.	exclusivement		S.	Sud
ext.	extérieur		sc.	science
incl.	inclus, inclusivement		svt	souvent
int.	intérieur		ts	tous
jr	jour		tt	tout
M.	monsieur		tte	toute
max.	maximum		ttes	toutes
min.	minimum		vs	vous
Mme	madame		1er	premier
ms	mais		1re	première
N.	Nord		2^{e}	deuxième
n^{o}	numéro		100^{e}	centième

- Un mot abrégé se termine par un point, sauf si la dernière lettre du mot est la dernière lettre de l'abréviation : **int.** (intérieur), **jr** (jour).

- Les abréviations des unités de mesure ne sont jamais suivies d'un point.

- Vous pouvez également créer vos propres abréviations (**nb.** = nombreux ; **pb.** = problème), pourvu que vous vous y retrouviez.

- Il est important, après avoir adopté une abréviation, de vous y tenir pour éliminer tout risque de confusion quand vous relirez vos notes.

2. Utilisez des symboles.

Les symboles suivants, issus pour la plupart des mathématiques, peuvent être interprétés de différentes façons.

Symboles courants			
=	égal	$\rightarrow$	a pour conséquence, entraîne, produit, cause
$\cong$	à peu près égal à	$\uparrow$	augmentation, augmente, grandit, s'élève, monte
$\neq$	est différent de		
+	plus	$\downarrow$	diminution, diminue, rapetisse, se réduit à, baisse, descend
−	moins		
±	plus ou moins		
>	plus grand que		
<	plus petit que		

3. Supprimez ce qui n'est pas indispensable.

- Supprimez ce qui peut l'être sans nuire à la compréhension, soit :
  - la plupart des déterminants ;
  - certains verbes comme *être* et *faire* ;
  - les commentaires et les digressions.
- Ne supprimez pas les <u>organisateurs textuels</u>, car ils font voir les liens entre les idées.

Veillez à ce que vos notes restent compréhensibles ; des notes trop elliptiques ne vous seront pas utiles.

Comment
prendre des notes au cours d'une écoute

❖ Vous prenez régulièrement des notes dans vos cours. Vous pouvez aussi avoir à en prendre durant l'écoute de diverses productions : un exposé, une émission de radio ou de télévision, une chanson, un conte, un film, une pièce de théâtre, etc.

❖ Une prise de notes efficace repose sur une bonne organisation. Pour prendre des notes de façon efficace, utilisez la démarche suivante en trois étapes.

1. Préparez-vous à l'écoute.

A. La préparation matérielle

- Ayez en main le matériel nécessaire : papier en quantité suffisante, crayons ou stylos. Prévoyez un support à surface rigide (cahier, cartable ou autre) s'il n'y a pas de table.
- Notez la date, le titre de l'œuvre écoutée ou le sujet de la communication, le nom et le rôle de l'émetteur (conférencier, journaliste, interprète, réalisateur, auteur, etc.), s'il y a lieu.
- Laissez une bonne marge sur chaque feuille : vous y noterez les points sur lesquels vous voulez revenir, vos interrogations, les liens que vous pouvez faire.

B. La préparation mentale

- Précisez votre intention. Demandez-vous pourquoi vous prenez des notes. Par exemple, est-ce :
  - pour acquérir des connaissances sur un sujet, en vue d'un débat ou d'un examen ?
  - pour garder des traces de ce que vous avez pensé et ressenti ou vous rappeler les liens que vous avez faits avec d'autres œuvres ou d'autres expériences culturelles, en vue d'une appréciation ?
- Réactivez vos connaissances.
  - Rappelez-vous ce que vous savez sur le sujet ; vous repérerez plus facilement ce qu'il est essentiel de noter et ce que vous pouvez laisser tomber.
- Concentrez-vous.
  - Pour bien prendre des notes, il faut se concentrer et prêter attention.

2. Notez l'essentiel pendant l'écoute.

Rappelez-vous votre intention de départ : le choix des éléments à noter dépendra de cette intention.

- Si vous voulez acquérir des connaissances sur un sujet, vous devrez noter les idées importantes et les connaissances qui sont nouvelles pour vous.

Pour repérer les idées importantes, prêtez attention :
- au début de chaque partie, car les idées importantes y sont souvent annoncées ;
- aux répétitions ; lorsqu'on insiste sur un point, c'est qu'il est important (il ne faut cependant pas noter toutes les répétitions d'une même idée) ;
- aux mots clés, c'est-à-dire aux mots qui contiennent l'information essentielle.

COUP DE POUCE

Pour suivre un exposé et noter les idées importantes en même temps

Tout en écoutant, habituez-vous à repérer la structure de l'exposé. Pour cela, prêtez attention :
- aux mots qui signalent l'introduction et la conclusion ;
- aux <u>organisateurs textuels</u> qui indiquent le passage d'une idée à une autre ;
- aux phrases qui annoncent ou résument une partie.

Vous aurez ainsi un plan qui vous permettra de saisir rapidement ce qui est important.

REMARQUE

Prendre de bonnes notes, ce n'est pas transcrire mot à mot ce qui est dit, mais réfléchir tout en écoutant pour sélectionner ce qui sera utile.

- Si vous voulez vous imprégner d'un univers particulier en vue d'une appréciation, vous devrez noter ce qui pourra étayer votre jugement. Par exemple :
  - pour porter un jugement sur une chanson, vous noterez l'originalité dans le traitement du thème, les procédés mis en œuvre pour capter l'intérêt, le rythme, etc. ;
  - pour apprécier un contage, vous noterez les moyens pris pour installer une atmosphère, rendre le conte vivant, renforcer le lien avec le public, etc. ;
  - pour porter un jugement sur une pièce de théâtre, vous noterez la qualité de l'interprétation (voix, gestes, etc.), des costumes, du maquillage, des décors, etc.
- Si vous voulez réagir à un exposé, vous noterez les points importants sur le plan du contenu, les idées que vous avez moins bien comprises, les aspects intéressants de la présentation et ceux qu'il faut améliorer.
- Si vous voulez prendre part à un débat, vous noterez les idées sur lesquelles vous désirez revenir pour les réfuter ou les développer, et les idées qui vous viennent à l'esprit en écoutant les diverses interventions.

COUP DE POUCE

Pour utiliser efficacement votre matériel pendant l'écoute

- Numérotez vos feuilles de notes : vous vous y retrouverez plus facilement par la suite.
- Servez-vous de la marge pour noter divers éléments, par exemple les questions et les idées qui vous viennent à l'esprit.
- Utilisez des symboles, s'il y a lieu.

Exemples de symboles

?	Une idée mal comprise	*	Une information importante que vous n'avez pas eu le temps de noter et que vous devrez chercher à obtenir
!	Une idée intéressante		
Voir	Un lien à faire		

Consultez la stratégie *Comment noter des informations rapidement*, à la page 275. Vous y trouverez une liste d'abréviations et de symboles utiles.

3. **Relisez-vous le plus tôt possible après l'écoute.**

Vous profiterez de cette lecture pour :

– ajouter les parties manquantes en vous informant auprès de votre entourage ;

– revoir l'ordre des idées notées, s'il y a lieu ;

– bien marquer la différence entre les idées principales et secondaires, en surlignant les idées principales, par exemple ;

– ajouter des commentaires utiles dans la marge.

Comment
vaincre le syndrome de la page blanche

OBJECTIF

Amorcer
l'écriture
d'un texte

❖ L'angoisse ou le syndrome de la page blanche est un phénomène que même les grands écrivains peuvent connaître. Il s'agit de l'incapacité d'écrire quand vient le temps de le faire. Pour vaincre ce blocage, il faut en connaître les causes et s'y attaquer.

Cernez la cause de votre blocage et adoptez la solution qui convient.

A. La difficulté à écrire peut venir d'une mauvaise connaissance du sujet

Il est possible que vous ayez de la difficulté à écrire parce que vous ne savez pas exactement quoi écrire. Ce sera le cas si la recherche est incomplète ou si la réflexion n'est pas assez poussée.

La solution, dans de tels cas, est de poursuivre votre recherche ou d'approfondir votre réflexion.

- Faites un remue-méninges pour susciter l'éclosion de nouvelles idées.
- Documentez-vous davantage sur le sujet ; au cours de votre recherche, vous découvrirez peut-être une nouvelle piste à explorer ou une nouvelle façon d'exploiter une idée que vous aviez déjà.
- Relisez votre documentation pour mieux l'assimiler.

B. La difficulté à écrire peut venir d'une difficulté à organiser ses idées

Il est possible que vous ayez de la difficulté à écrire parce que vous ne savez pas exactement par où commencer tellement vos idées se bousculent dans votre tête.

La solution, dans ce cas, est d'organiser vos idées en faisant des plans.

- Dans un premier temps, faites un plan général de ce que vous vous proposez d'aborder. N'allez pas tout de suite dans les détails.

Exemple du plan général d'un texte d'opinion

Introduction	Sujet controversé : L'interdiction de la malbouffe dans les écoles. Opinion : Je suis tout à fait d'accord avec l'idée d'interdire la malbouffe dans les écoles.
Développement	Les dangers de la malbouffe.
Conclusion	Rappel de l'opinion.

- Dans un deuxième temps, dressez la liste des idées que vous voulez exploiter dans le développement, puis hiérarchisez ces idées de façon à obtenir un plan assez détaillé.

Exemple de mise en ordre des idées à exploiter dans le développement

Développement	Liste des idées à exploiter	Hiérarchisation des idées

Les dangers de la malbouffe.	• Divers problèmes de santé.
	 • Le cerveau n'est pas bien alimenté.
	 • Plus de cas d'obésité chez les enfants et les adolescents.
	 • Manque de concentration.
	 • Les maladies cardiovasculaires et certains cancers apparaissent plus tôt.
	 • Plus de diabète juvénile.
	 • Léthargie.
	 • Les connexions neuronales se font plus difficilement.
	 • Des adolescentes souffrent d'ostéoporose.
		A. La malbouffe nuit à la santé.
		 1. Plus de cas d'obésité chez les enfants et les adolescents.
		 2. Plus de diabète juvénile.
		 3. Les maladies apparaissent plus tôt.
		  a) Maladies cardio-vasculaires.
		  b) Certains cancers.
		  c) Ostéoporose.
		 B. La malbouffe nuit au bon fonctionnement du cerveau.
		 1. Les connexions neuronales se font plus difficilement.
		  a) Léthargie.
		  b) Manque de concentration.

REMARQUE

Un plan n'est jamais définitif ; par exemple, en cours de route, vous pouvez :

– déplacer une idée pour assurer une meilleure progression logique ;

– retirer une idée pour éviter une répétition inutile, pour condenser votre propos ou en assurer la pertinence ;

– ajouter une idée pour enrichir votre propos.

Chaque fois que vous bloquez durant l'écriture de votre texte, arrêtez-vous et faites le plan détaillé de la partie qui vous pose problème. Ce va-et-vient entre l'écriture du texte et l'organisation des idées vous permettra de surmonter votre blocage.

C. La difficulté à écrire peut venir d'une mauvaise perception de la tâche

Il est possible que vous ayez de la difficulté à écrire parce que vous ne savez pas exactement par où commencer tellement la tâche vous semble colossale.

La solution, dans ce cas, est de diviser votre tâche en une série de tâches plus petites.

Par exemple, au lieu d'envisager l'écriture d'un texte argumentatif de 500 mots, envisagez l'écriture de trois parties :

– une introduction de 75 mots ;

– un développement de 375 mots ;

– une conclusion de 50 mots.

Au lieu de penser à l'écriture d'un long développement, pensez à l'écriture de trois courts paragraphes. En morcelant votre tâche d'écriture, quelle qu'elle soit, vous en viendrez à bout.

D. La difficulté à écrire peut venir d'une mauvaise identification du destinataire

Il est possible que vous ayez de la difficulté à écrire parce que vous ne savez pas exactement à qui vous écrivez.

La solution, dans ce cas, est de vous placer dans une situation de communication véritable. Ne vous adressez pas à une page blanche, mais à une personne que vous connaissez ; créez-vous un lecteur ou un interlocuteur.

Par exemple :

- si vous devez écrire un texte explicatif dont les destinataires seront des élèves du début du secondaire, imaginez que vous vous adressez à votre jeune sœur ou à votre jeune voisin et à leurs camarades ;

- si vous devez écrire la critique d'un film pour des amateurs de cinéma, imaginez que vous vous adressez à votre professeur d'art et à deux adultes de votre entourage qui adorent le cinéma.

Comment
citer des paroles et des idées à l'écrit

OBJECTIF	La citation textuelle

Insérer une citation à l'écrit selon les règles

❖ La citation textuelle est l'emprunt de paroles dites ou écrites par quelqu'un d'autre.

❖ Elle sert à donner du poids à une opinion, à expliquer ou à illustrer un fait ou une idée. Elle doit donc être choisie avec soin et être justifiée ; il est inutile de s'en servir pour prouver quelque chose d'évident. Il ne faut pas non plus en abuser : habituellement, on calcule une ou deux courtes citations (trois lignes ou moins) par page.

❖ Lorsque vous citez textuellement une personne, respectez les règles suivantes.

1. **Rapportez fidèlement les propos.**

   Pour ne pas trahir la pensée de la personne que vous citez, vous devez rapporter ses propos tels quels.

2. **Intégrez la citation au texte sans nuire à la construction de la phrase.**

Citation mal intégrée	Citation bien intégrée
⊘ L'auteur encourage les jeunes qui souffrent à « aller voir l'un de ces professionnels ne signifie évidemment pas qu'on est fou ».	• L'auteur encourage les jeunes qui souffrent à consulter un professionnel de la santé. Il ajoute : « Aller voir l'un de ces professionnels ne signifie évidemment pas qu'on est fou[1]. »

1. Guy Benamozig, « Idées noires », *Dico ado : Les mots de la vie*, sous la direction de Catherine Dolto, Paris, Gallimard Jeunesse, coll. « Giboulées », 2001, p. 330.

3. Mentionnez la source.

Notez, au bas de la page, la source de la citation (le nom de l'auteur ou de l'auteure, le titre de l'ouvrage cité, etc.). Cela montre le sérieux de votre démarche et le respect que vous accordez aux auteurs.

Voir la stratégie *Comment rédiger une référence bibliographique*, à la page 284.

4. Suivez les règles de présentation ci-dessous.

Citations textuelles	Règles de présentation
• Guy Benamozig définit la dépression comme «une rupture de l'équilibre habituel[2]».	• Verbe introducteur obligatoire ; il est situé avant la citation ou dans une incise . • Guillemets encadrant les paroles rapportées.
• Il s'adresse aux jeunes ainsi : «Vous avez donc tous le "devoir de parole", que vous soyez vous-même en difficulté ou qu'il s'agisse d'un copain ou d'une copine. C'est souvent la seule façon d'éviter le pire[3]… »	• Deux-points annonçant la citation, s'il y a lieu. Le deux-points s'utilise après un terme qui annonce la citation : *ainsi, entre autres, comme le signale l'auteur, comme le mentionne la chercheuse*, etc.
• «Il est important, insiste le psychanalyste , que vous compreniez qu'on ne peut pas se sortir tout seul d'une dépression persistante[4]. »	• Mention de l'auteur des propos cités : – par un appel de note (obligatoire) après le dernier mot de la citation (avant la ponctuation) ; – par une note de référence (obligatoire) en bas de page ou à la fin du texte ; – en le nommant dans le texte (facultatif).
• Il s'adresse aux jeunes ainsi : «Vous avez donc tous le "devoir de parole", […]. C'est souvent la seule façon d'éviter le pire[5]… » • Il ajoute : «[Les parents] sont souvent surpris et démunis face à la dépression de leur enfant[6]. »	• Crochets pour marquer : – un passage coupé dans la citation (cette coupure ne doit pas nuire à la lecture) ; – un mot ajouté ou modifié (ici, on a remplacé *Ils* par *Les parents* puisque, dans le nouveau contexte, le pronom *Ils* ne renvoyait à rien).

2 à 6. Guy Benamozig, «Idées noires», *Dico ado : Les mots de la vie*, sous la direction de Catherine Dolto, Paris, Gallimard Jeunesse, coll. «Giboulées», 2001, p. 331, 332 et 333.

La citation d'idée

❖ La citation d'idée est l'emprunt d'idées formulées par quelqu'un d'autre.

❖ Elle sert à présenter et à résumer l'essentiel de la pensée d'une personne.

❖ Lorsque vous rapportez des idées, respectez les règles suivantes.

1. Reformulez sans trahir.

Lorsque vous reformulez les idées d'une personne, il faut le faire en respectant totalement sa pensée.

2. Mentionnez la source.

Notez, au bas de la page, la source de l'idée (le nom de l'auteur ou de l'auteure, le titre de l'ouvrage cité, etc.). Cela montre le sérieux de votre démarche et le respect que vous accordez aux auteurs.

Voir la stratégie *Comment rédiger une référence bibliographique*, à la page 284.

3. Suivez les règles de présentation ci-dessous.

Citation d'idée	Règles de présentation
• Pour Guy Benamozig, une personne qui fait une dépression a besoin d'aide. C'est pour cela qu'elle doit parler, demander du secours. Si elle se confie à vous, vous devez avertir des gens compétents qui pourront intervenir auprès d'elle[7].	• Mention de l'auteur de l'idée : – par un appel de note (obligatoire) ; – par une note de référence (obligatoire) en bas de page ou à la fin du texte ; – en le nommant dans le texte.

7. Guy Benamozig, «Idées noires», *Dico ado : Les mots de la vie*, sous la direction de Catherine Dolto, Paris, Gallimard Jeunesse, coll. «Giboulées», 2001, p. 330 à 333.

Comment
rédiger une référence bibliographique

❖ La bibliographie est la liste des documents consultés. Il est essentiel, quand vous présentez un travail, de fournir une telle liste, même lorsque votre texte ne comporte aucune citation : c'est une question d'honnêteté intellectuelle. De plus, cette liste pourra servir à ceux et celles qui aimeraient en savoir plus.

❖ La notice bibliographique (ou référence bibliographique) est l'ensemble des indications bibliographiques concernant un ouvrage. L'ensemble des notices bibliographiques forme la bibliographie.

❖ La note de référence en bas de page est la référence bibliographique donnée au bas des pages où il y a une ou plusieurs citations.

❖ Pour chacun de ces éléments, suivez les règles de présentation ci-dessous.

1. La notice bibliographique d'un livre

[1] NOM DE L'AUTEUR, [2] Prénom. [3] *Titre : Sous-titre*, s'il y a lieu, [4] traduit de telle langue par…, s'il y a lieu, [5] Ville, [6] Maison d'édition, [7] coll. « Nom de la collection », s'il y a lieu, [8] année d'édition, [9] nombre de pages.

[1] LACHANCE, [2] Micheline. [3] *Les filles tombées*, [5] Montréal, [6] Québec Amérique, [7] coll. « Tous continents », [8] 2008, [9] 439 p.

Le sous-titre peut commencer par une majuscule ou une minuscule.

- S'il y a deux ou trois auteurs, les prénoms du deuxième et du troisième sont placés avant leur nom.

[1] GAUMER, [2] Patrick et [2] Claude [1] MOLITERNI. *Dictionnaire mondial de la bande dessinée*, Paris, Larousse, coll. « In extenso », 1994, 682 p.

- On emploie la mention *et collab.*, qui signifie « et collaborateurs », si l'ouvrage compte plus de trois auteurs.

DOLTO, Catherine et collab. *Dico ado : Les mots de la vie*, Paris, Gallimard Jeunesse, coll. « Giboulées », 2001, 514 p.

Soulignez les titres et les sous-titres que vous ne pouvez pas écrire en italique.

COUP DE POUCE

Pour trouver les renseignements bibliographiques
Mieux vaut consulter la page de titre d'un ouvrage et son verso (plutôt que la première de couverture) pour trouver les renseignements bibliographiques nécessaires.

2. La notice bibliographique d'un article

[1] NOM DE L'AUTEUR, [2] Prénom. [3] «Titre de l'article», [4] *Nom du périodique*, [5] volume, [6] numéro, [7] date, [8] page(s) de l'article.

[1] GRAMBO, [2] Rebecca. [3] «Voyage dans le temps», [4] *Biosphère*, [5] vol. 19, [6] n° 3, [7] été 2003, [8] p. 24 à 31.

3. La notice bibliographique d'un site Web

[1] NOM DE L'AUTEUR (ou NOM DE L'ORGANISME), [2] Prénom. [3] «Titre de l'article», [4] *Titre de la page d'accueil*, s'il y a lieu, [5] [type de support]. [6] [Adresse du site] [7] (date de publication, s'il y a lieu ; date de consultation précédée de la mention : page consultée le…)

[1] BRETON, [2] Pascale. [3] «Imagerie médicale : Sainte-Justine songe à fermer son service», [4] *La Presse*, [5] [en ligne]. [6] [http://www.cyberpresse.ca] [7] (11 mars 2005 ; page consultée le 25 janvier 2008)

4. La note de référence en bas de page

La note de référence en bas de page se rédige comme la notice bibliographique, sauf pour ce qui suit :
– le prénom de l'auteur est placé avant son nom, et seules les initiales sont en majuscules ;
– le nom est suivi d'une virgule ;
– le numéro de la page de la citation remplace le nombre de pages.

Exemple

Citation

Le renard révèle alors son secret au petit prince : «L'essentiel est invisible pour les yeux[2].» ← Appel de note

Note de référence en bas de page

_____
2. Antoine de Saint-Exupéry, *Le petit prince*, Paris, Gallimard Jeunesse, coll. «Folio Junior», 1999, p. 72.

5. La bibliographie

- La bibliographie est placée à la fin du travail.
- Elle est paginée en chiffres arabes.
- Elle est rédigée à simple interligne et chaque notice est séparée de la suivante par un double interligne.
- Les notices bibliographiques sont classées selon l'ordre alphabétique des noms d'auteurs.

Comment
resserrer un texte

OBJECTIF

Aller à
l'essentiel

❖ La concision permet d'exprimer le maximum de sens avec le minimum de mots.

❖ Il est parfois difficile de s'en tenir au nombre de mots demandés dans une production écrite, surtout dans les textes littéraires. Il existe pourtant des moyens de communiquer ses idées de façon concise et claire.

1. Tenez-vous-en à l'essentiel.

- Une fois que vous avez fait le plan de votre texte, transcrivez vos idées en phrases. À cette étape, préoccupez-vous de la **pertinence** des éléments : assurez-vous que chaque élément a bien sa place dans votre texte et éliminez tout ce qui n'est pas absolument nécessaire à la compréhension des lecteurs.

- Chaque fois que vous voulez ajouter un élément (une péripétie dans le déroulement d'un récit, un aspect dans une description, un exemple pour illustrer un argument, etc.), demandez-vous si cet ajout est utile. S'il ne fait que diluer votre texte, s'il n'est pas utile à la compréhension des destinataires, s'il s'additionne à des péripéties ou à des aspects suffisamment nombreux, ou encore à des exemples suffisamment éclairants, ne l'ajoutez pas.

REMARQUE

Les éléments à supprimer ou à remplacer ne sont pas nécessairement fautifs. Toutefois, en les supprimant ou en les remplaçant, vous allégez votre texte, ce qui contribuera à maintenir l'intérêt de vos destinataires.

2. Supprimez et remplacez.

- Supprimez :
  - les répétitions (les redites, les <u>pléonasmes</u>) ;
  - les expansions qui ne sont pas essentielles à la compréhension.
- Remplacez :
  - les <u>subordonnées</u> par des <u>groupes adjectivaux</u> ou des <u>groupes prépositionnels</u> ;
  - les périphrases par un mot équivalent ;
  - les énumérations par un mot <u>générique</u>.

Exemple de travail sur des extraits de texte pour les rendre plus concis

1er extrait

Texte de départ et améliorations apportées

*Expansion inutile
pour la suite du résumé*

Un soir, en bavardant avec sa femme qui tricote tranquillement, Edmond

apprend qu'elle a fait connaissance avec la nouvelle voisine, qui vient

*Information donnée
dans : nouvelle voisine*   *Information donnée
dans : voisine*

d'emménager depuis peu avec son mari dans la maison d'à côté. Il est très

Périphrase à remplacer

content de voir que sa femme, Évelyne, s'intéresse à <u>d'autres personnes</u>

par: aux autres

<u>qu'à elle-même</u>. L'an dernier, sa femme a fait une dépression et, ~~depuis~~

Information sous-entendue
dans la phrase précédente

~~ce temps, elle ne s'intéresse pas à grand chose~~. Évelyne lui explique que

Énumération à remplacer par

le mari de la voisine est représentant, il vend <u>des couteaux, des couperets</u>

un générique: de la coutellerie

<u>et autres objets tranchants</u>. [...]

Texte d'arrivée

Un soir, en bavardant avec sa femme, Edmond apprend qu'elle a fait connaissance avec la nouvelle voisine. Il est très content qu'Évelyne sorte de sa dépression et s'intéresse aux autres. Évelyne lui explique que le mari de la voisine est représentant, il vend de la coutellerie. [...]

2e extrait

Texte de départ et améliorations apportées

Subordonnée à remplacer par
un GAdj: intriguée

[...] <u>Parce qu'elle est intriguée</u> par la disparition du mari, Évelyne

Périphrase à remplacer par: interroger

décide de <u>poser quelques questions à</u> sa voisine. Elle attend que

Pléonasme   *Expansion non essentielle*

celle-ci sorte ~~dehors~~ étendre ses vêtements ~~sur la corde à linge~~ et

Information donnée

sort à son tour. Évelyne entame la conversation ~~et lui pose toutes~~

dans la première phrase

~~sortes de questions sur l'absence de son mari~~, mais la voisine

Périphrase à remplacer par: élude

<u>évite habilement de répondre à</u> ses questions. [...]

[...] Intriguée par la disparition du mari, Évelyne décide d'interroger sa voisine. Elle attend que celle-ci sorte étendre ses vêtements et sort à son tour. Évelyne entame la conversation, mais la voisine élude ses questions. [...]

3ᵉ extrait

Texte de départ et améliorations apportées

[...] L'après-midi, la femme part en promenade avec les chiens qu'elle

Subordonnée à remplacer   *Information donnée*
par un GPrép : À son retour   *dans la phrase précédente*

vient d'acheter. <u>Aussitôt qu'elle est de retour</u> ~~de sa promenade~~, elle

                                     Répétition
                                       inutile

attache les deux molosses dans la cour. À la nuit tombée, ~~quand il fait~~

                Subordonnée à remplacer
                  par un GAdj : affamés

~~noir~~, elle les nourrit. Les chiens, <u>qui sont affamés</u>, ne se font pas prier

pour dévorer ce qu'elle leur jette. Dans sa cuisine, Évelyne l'observe de la

      Répétition   *Subordonnée à remplacer par*
      inutile   *un GAdj : incompréhensible*

fenêtre ~~de la cuisine~~. Il se passe une chose <u>qu'elle ne comprend pas</u> chez

sa voisine. [...]

[...] L'après-midi, la femme part en promenade avec les chiens qu'elle vient d'acheter. À son retour, elle attache les deux molosses dans la cour. À la nuit tombée, elle les nourrit. Les chiens, affamés, ne se font pas prier pour dévorer ce qu'elle leur jette. Dans sa cuisine, Évelyne l'observe de la fenêtre. Il se passe une chose incompréhensible chez sa voisine. [...]

Extraits d'un résumé d'élève d'après la nouvelle de Pauline C. Smith, *Les gens d'à côté*.

Comment
varier son vocabulaire

❖ Il est important, à l'écrit comme à l'oral, que vous vous exprimiez clairement pour bien vous faire comprendre de vos destinataires et leur donner le goût de vous lire ou de vous écouter. Pour cela, vous devez utiliser les mots qui conviennent pour transmettre vos idées et varier votre vocabulaire.

❖ Il existe de nombreux moyens pour enrichir votre expression. En voici quelques-uns.

1. Remplacez les mots passe-partout par des mots plus précis.

Les mots passe-partout, comme les noms *chose*, *affaire*, les verbes *faire*, *mettre*, *avoir*, *être*, *voir*, *dire*, l'expression *il y a*, ne sont pas à éliminer de votre vocabulaire. Parfois, ce sont ces mots qu'il convient d'employer. Mais ils ont tellement de sens et sont si répandus que, très souvent, il est préférable de les remplacer par des mots plus précis.

Exemples de remplacement d'un verbe passe-partout

Faire une erreur.
↓ **Commettre** une erreur.

Faire un discours.
↓ **Prononcer** un discours.

Faire une liste.
↓ **Établir**, **dresser** une liste.

Faire des recherches.
↓ **Effectuer**, **mener** des recherches.

2. Exploitez les champs lexicaux.

En construisant le champ lexical rattaché à une idée, vous trouverez des mots et des expressions qui vous permettront de varier vos écrits et vos communications orales.

3. Utilisez la reprise de l'information.

Les divers procédés de reprise de l'information permettent d'éviter les répétitions. Ce sont donc des moyens utiles pour donner du style à un texte ou à une communication orale et conserver l'intérêt des destinataires.

REMARQUE

Certaines répétitions sont inévitables. Par exemple, dans un texte sur les vers de terre, on utilisera *ver de terre* et *lombric*, mais une fois ces deux termes employés, il faudra bien les répéter. Les remplacer par des périphrases ne ferait qu'alourdir le texte et nuirait à sa clarté.

REMARQUE

Quel que soit le moyen que vous utilisez, assurez-vous d'employer le mot qui convient dans le contexte.

4. Utilisez les dictionnaires.

Les dictionnaires (dictionnaire de langue, dictionnaire analogique, dictionnaire de synonymes) sont des alliés indispensables pour enrichir votre expression. Apprenez à les connaître et prenez l'habitude de les consulter quand vous cherchez un mot ou que vous voulez éviter une répétition.

Comment
réviser un texte

❖ Lisez les conseils suivants pour apprendre à réviser efficacement un texte.

1. Relisez le texte au fur et à mesure que vous l'écrivez.

- On ne révise pas un texte seulement lorsqu'il est terminé. En effet, la meilleure façon de réviser un texte est de le revoir au fur et à mesure qu'on l'écrit. Habituez-vous à vous relire constamment quand vous écrivez. Jusqu'à la fin, considérez votre texte comme une version provisoire, que vous pouvez améliorer.

- Pratiquez ce qu'on appelle la révision en spirale : écrivez et relisez, écrivez et relisez…

  Par exemple, relisez-vous chaque fois que vous avez écrit deux ou trois phrases, la moitié d'un paragraphe, un paragraphe, une demi-page, une page et ainsi de suite jusqu'à la fin. À force de revenir sur votre texte, vous l'améliorerez à coup sûr.

2. Examinez le contenu, l'organisation et la langue à chaque lecture.

Chaque fois que vous relisez une petite partie de votre texte, vérifiez les trois éléments suivants.

A. Le contenu

Assurez-vous :

- que vos idées et les informations que vous donnez sont liées au sujet (tout ce qui ne concerne pas directement le sujet doit être mis de côté) ;
- que l'information est juste et vérifiable : vérifiez les dates, les noms de lieux et de personnes, etc. ;
- qu'il n'y a pas de contradictions ;
- que l'histoire est intéressante s'il s'agit d'un texte littéraire.

B. L'organisation

Assurez-vous que les liens entre les idées sont clairs : utilisez des organisateurs textuels, la division en paragraphes et d'autres marques, s'il y a lieu, pour bien indiquer ces liens.

C. La langue

Vérifiez :

- l'orthographe d'usage et l'orthographe grammaticale (les accords) ;
- la construction des phrases : tenez compte du type de phrase, des formes de la phrase ;
- la conjugaison des verbes : ils doivent être conjugués aux temps requis dans le système verbal choisi ;
- le vocabulaire : veillez à ce qu'il soit juste et compréhensible pour vos destinataires ;
- la ponctuation.

3. **Cernez les aspects à améliorer.**

   Pour être vraiment efficace, allez-y étape par étape.

   - Après avoir terminé la rédaction de votre texte (que vous avez révisé tout au long de l'écriture), cernez les aspects que vous voulez améliorer dans votre production (par exemple, faire moins de fautes, éviter les répétitions inutiles, mieux diviser le texte en paragraphes, etc.) et concentrez-vous sur ces aspects.
   - Choisissez les articles et les stratégies que vous jugez pertinents dans les sommaires des parties « Connaissances » (p. 174 et 175) et « Stratégies » (p. 267), et révisez à nouveau votre texte à l'aide de ces ressources.
   - Si le contexte s'y prête, lisez à voix haute. Vous entendrez les répétitions inutiles, les phrases trop longues et les passages mal construits.

4. **Consultez vos ressources.**

   Ayez vos outils de révision à portée de la main.

   - Pour le contenu : les notes que vous avez prises, s'il y a lieu.
   - Pour l'organisation : vos plans.
   - Pour la langue : un dictionnaire de langue, une grammaire, un guide de conjugaison, un logiciel de traitement de texte, un correcteur orthographique, etc.

5. **Révisez une dernière fois et... encore une fois !**

   - Juste avant de mettre votre copie au propre, relisez-la. C'est le temps de traquer les dernières fautes de langue, de remplacer une formulation lourde par une autre plus claire, un mot par un autre qui conviendrait davantage.
   - À cette étape, suivez le truc des spécialistes de l'écriture : faites relire votre texte par quelqu'un d'autre !
   - Après la mise au propre, relisez encore une fois votre texte. Vous y corrigerez les coquilles : un point oublié à la fin d'un paragraphe, un mauvais accent, un *s* oublié..., toutes ces petites erreurs qu'on fait lorsqu'on recopie un texte.

COUP DE POUCE

Pour venir à bout des fautes d'orthographe et des fautes d'accord

Les dernières lectures sont souvent consacrées à la chasse aux fautes d'orthographe et aux fautes d'accord. À cette étape, il est préférable de systématiser le travail de révision : pour être efficace, allez-y phrase par phrase. Dans chaque phrase, arrêtez-vous sur les mots susceptibles de faire problème et posez-vous les deux questions suivantes.

- **Est-ce que ce mot s'écrit vraiment ainsi ?**
  - Accordez de l'attention aux majuscules, aux traits d'union, aux accents, aux doubles consonnes, aux homophones et aux terminaisons des verbes.
  - Corrigez les erreurs qui vous sautent aux yeux et soulignez les mots sur lesquels vous entretenez un doute. S'il vous reste du temps, ce sont ces mots que vous chercherez dans un dictionnaire.
- **Est-ce que ce mot s'accorde vraiment ainsi ?**
  - Accordez de l'attention aux déterminants, aux adjectifs, aux participes passés et aux verbes.

Au début, cette stratégie de révision peut sembler longue. Mais plus vous l'utiliserez, plus vous développerez vos automatismes. Vous verrez bientôt que vous n'avez pas à vous appesantir sur chaque mot, de sorte que vous passerez rapidement sur certaines phrases et consacrerez plus de temps à d'autres, compte tenu de votre profil de rédacteur ou de rédactrice.

Pour un texte d'environ 500 mots, réservez 30 minutes à ce travail de révision systématique.

Comment
vérifier que les phrases sont bien construites

❖ Pour vérifier qu'une phrase est bien construite, il faut tenir compte, entre autres :
- du type de phrase : déclaratif, interrogatif, impératif, exclamatif ;
- des formes de la phrase : positive ou négative, active ou passive, neutre ou emphatique, personnelle ou impersonnelle.

❖ Voici des points à vérifier en ce qui concerne la construction de vos phrases.

Dans une phrase négative

1. Assurez-vous qu'il y a bien un *ne* avec les mots de négation.

Les mots de négation sont *pas*, *plus*, *rien*, *jamais*, *aucun*, *personne*, *nul*, etc.

Phrases correctes	Phrases incorrectes
• Moi, ça ne m'arrive pas souvent d'aller au théâtre.	⊘ Moi, ça m'arrive pas souvent d'aller au théâtre.
• Antoine ne parvenait plus à s'orienter dans la tempête.	⊘ Antoine parvenait plus à s'orienter dans la tempête.
• Je n'en ai pas.	⊘ J'en ai pas.
• Il n'y a aucun livre sur l'étagère.	⊘ Il y a aucun livre sur l'étagère.
• Ne le dites pas.	⊘ Dites-le pas.

REMARQUE

Lorsque le pronom *on* est suivi d'un verbe commençant par une voyelle, ce qui entraîne une liaison, il ne faut pas oublier d'écrire le *n'* de la négation.

Ex.: On n'aime pas…, On n'a plus le droit…, On n'imagine pas…, On n'a rien fait…

2. Éliminez la double négation.

La double négation se caractérise par la présence de deux négations à l'intérieur de la même phrase.

Phrase correcte	Phrase incorrecte
• Elle n'avait parlé à personne.	⊘ Elle n'avait pas parlé à personne.

Dans une phrase déclarative

1. Éliminez les marques interrogatives.

Les marques interrogatives *est-ce que*, *qu'est-ce qui* et *qu'est-ce que* ne sont pas appropriées dans la phrase déclarative.

Phrases correctes	Phrases incorrectes
• Quand j'ai expliqué ce qui s'était passé, ils ont entamé des recherches.	⊘ Quand j'ai expliqué qu'est-ce qui s'était passé, ils ont entamé des recherches.
• Il aimerait savoir quand nous reviendrons.	⊘ Il aimerait savoir quand est-ce que nous reviendrons.
• Elle nous a demandé où vous étiez.	⊘ Elle nous a demandé où est-ce que vous étiez.
• Nous voudrions savoir comment il a réussi son exploit.	⊘ Nous voudrions savoir comment est-ce qu'il a réussi son exploit.

2. **Prenez garde de ne pas ajouter un *que* inutile après certains subordonnants.**

Le *que* est inutile après les subordonnants *quand* et *comme*.

Phrases correctes	Phrases incorrectes
• Quand ma mère m'a demandé d'y aller, j'ai obéi.	⊘ Quand que ma mère m'a demandé d'y aller, j'ai obéi.
• Il a agi exactement comme je l'aurais fait.	⊘ Il a agi exactement comme que je l'aurais fait.

Dans une phrase interrogative

1. **Prenez garde de ne pas ajouter un *qui* ou un *que* inutiles après certains mots interrogatifs.**

Le *qui* et le *que* sont inutiles après des mots interrogatifs tels que *comment*, *combien*, *où*, *quand*, *qui*.

Phrases correctes	Phrases incorrectes
• Qui a pris mon crayon ?	⊘ Qui qui a pris mon crayon ?
• Comment veux-tu que je comprenne si tu ne m'expliques pas ?	⊘ Comment que tu veux que je comprenne si tu ne m'expliques pas ?
• Où as-tu trouvé ce disque ?	⊘ Où que tu as trouvé ce disque ?

2. **Utilisez le mot interrogatif qui convient.**

Il faut utiliser *combien* et non *comment* quand il s'agit d'une interrogation sur la quantité.

Phrases correctes	Phrases incorrectes
• Combien de livres as-tu ?	⊘ Comment de livres as-tu ?
• Combien coûte le billet d'entrée ?	⊘ Comment coûte le billet d'entrée ?

Dans une phrase impérative contenant un ou deux pronoms personnels

1. Utilisez le bon pronom complément.

Phrase correcte	Phrase incorrecte
• Donne-lui un pourboire.	⊘ Donnes-y un pourboire.

2. Utilisez l'élision devant *en* et *y*.

Phrase correcte	Phrase incorrecte
• Achète-m'en deux.	⊘ Achète-moi-z-en deux.

3. N'oubliez pas le pronom complément direct.

N'oubliez pas les pronoms compléments directs *le*, *la*, *les* dans les phrases où se trouvent les pronoms compléments indirects *lui*, *leur*.

Phrase correcte	Phrase incorrecte
• Apporte-le-lui demain.	⊘ Apporte-lui demain.

4. Placez le pronom complément au bon endroit.

- Lorsqu'il y a deux pronoms compléments du verbe, placez le pronom complément direct avant le pronom complément indirect.

Phrase correcte	Phrase incorrecte
• Vos opinions, donnez-les-moi.	⊘ Vos opinions, donnez-moi-les.

- Dans la phrase impérative négative, placez les pronoms compléments avant le verbe et n'oubliez pas le *ne* de la négation.

Phrase correcte	Phrase incorrecte
• Ne le dites pas.	⊘ Dites-le pas.

- Dans la phrase impérative négative, placez le pronom complément indirect avant le pronom complément direct.

Phrase correcte	Phrase incorrecte
• Ne me le dites pas.	⊘ Dites-le-moi pas.

Vous trouverez, dans les articles *Phrase de base et phrase transformée* (p. 232) et *Phrases à construction particulière* (p. 234), des explications qui vous aideront à construire des phrases correctes. L'article *Jonction de groupes et de phrases* (p. 226) vous sera également utile.

Recueil de textes

Richard Redgrave, *Voyages de Gulliver*, 1836. (Roman écrit par Jonathan Swift en 1721.)

SOMMAIRE

◀ Hilary Rosen, *Septembre*, 2001.

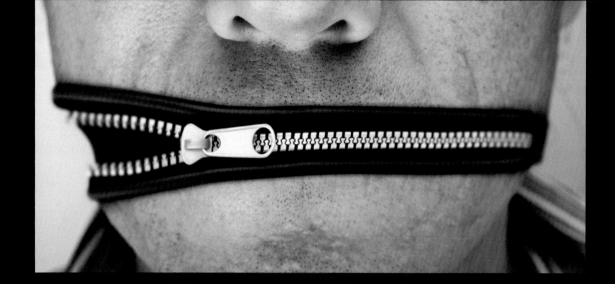

A R T I C L E   1 9

Tout individu a droit à la liberté

d'opinion et d'expression,

ce qui implique le droit de ne pas être inquiété

pour ses opinions et celui de chercher,

de recevoir et de répandre,

sans considérations de frontières,

les informations et les idées

par quelque moyen d'expression que ce soit.

**Déclaration universelle
des droits de l'homme.**

L'art de défendre ses opinions

Les gens qui n'ont jamais d'opinions sont mortellement ennuyeux. Dès qu'une discussion s'enclenche, ils se taisent ou affirment que cela ne les
5 intéresse pas. Ce ne sont pas des interlocuteurs stimulants. Comment, d'ailleurs, peut-on se demander, font-ils pour prendre des décisions, pour mener leur vie ? Ah, ils ont bien quelques
10 goûts ou sentiments, mais cela, dans la vie, ne constitue pas une boussole valable. Se contentent-ils, alors, de jouer les suiveurs ? On avouera que ce n'est pas très enthousiasmant comme
15 programme.

En revanche, les gens qui n'ont que des opinions tombent rapidement sur les nerfs. Ils se prononcent sur tout, mais c'est souvent à tort et à travers.
20 Quand on les conteste, ils se contentent d'élever le ton pour répéter des jugements dont ils sont incapables de débattre. Contrairement aux premiers, qu'on pourrait qualifier d'indifférents,
25 ils ont toutefois le mérite de susciter l'intérêt. Eux, au moins, se mouillent, s'essaient, même si la pauvreté de leur argumentation les laisse vite démunis dans l'échange.

30 Avoir des opinions, donc, ne suffit pas. Il faut aussi savoir les défendre.

Devant les autres, et parfois pour soi-même, à l'heure de faire des choix, de prendre des décisions. L'art de défendre ses opinions, qu'on appelle la rhétorique, peut parfois être une activité ludique pratiquée entre amis, mais il est beaucoup plus que ça. Il concerne presque toutes les facettes de
35 l'existence. Qu'il s'agisse de faire des choix de vie, même au quotidien, de prendre position dans des débats politiques ou sociaux, de discuter de culture ou de sport, il s'impose comme un exercice essentiel sans lequel on se condamne à n'avoir rien à dire ou à dire n'importe quoi. Défendre ses opinions, en d'autres termes, n'est pas un passe-temps, comme jouer aux cartes ou faire du ski la fin de semaine, qu'on peut choisir de pratiquer ou non selon son désir. C'est un véritable devoir
40 de citoyen, d'humain dirais-je même, dont on ne se prive qu'au prix de sa propre insignifiance. Rendre raison de ses convictions et comportements et accepter de les confronter avec le point de vue des autres dans la discussion constituent, en effet, une marque de notre humanité.

Louis Cornellier, *L'art de défendre ses opinions expliqué à tout le monde*, Montréal, © VLB Éditeur et Louis Cornellier, 2009, p. 7 et 8.

La vraie nature de l'opinion

Si chacun a le droit d'émettre des opinions, il n'est pas vrai qu'elles se valent toutes, loin de là.

Or, dans notre société, on confond droit et qualité : «Mon opinion vaut bien la tienne», s'entend-on répé-
5 ter constamment, au mépris même de la vérité la plus élémentaire.

En effet, ce n'est pas parce qu'on a le droit d'expri-
mer une opinion que cette opinion ne peut pas être soumise au sens critique et comparée à des opinions
10 différentes ou contraires.

Mais chez nous, en même temps qu'on affirme son droit à émettre des opinions, on nie à quiconque le droit de pousser plus avant pour voir de quoi elle est faite.

«Tu as ton opinion et j'ai la mienne.» Cette affir-
15 mation, qui pourrait être une invitation au dialogue, annonce plutôt la fermeture, l'intransigeance, le refus de discuter quoi que ce soit.

Il y a à ce comportement deux raisons. La première réside dans la difficulté de défendre intelligemment
20 une opinion. La deuxième relève de la peur panique de la «chicane».

Commençons par la deuxième : la chicane.

Chez nous, toute discussion un peu vive jette le trouble chez la plupart des interlocuteurs qui n'arrivent
25 pas à imaginer qu'on puisse défendre une opinion avec passion, qu'on puisse assener des arguments mortels, qu'on puisse élever le ton, qu'on puisse refuser de lâcher le morceau sans se brouiller pour la vie.

«Laisse tomber, je ne veux pas de chicane.» Ou
30 encore : «Mon Dieu que tu es "ostineux". Tu veux tou-
jours avoir raison.» Quand on fait remarquer qu'on «s'ostine» avec aussi «ostineux» que soi et que son vis-à-vis refuse également de lâcher prise, alors on se voit accusé de mauvaise foi.

35 On dirait que les gens n'ont pas compris l'intérêt du dialogue et de la discussion et qu'ils s'imaginent qu'on est bien plus heureux à poursuivre, chacun de son côté, un monologue stérile et débilitant.

On n'a pas compris non plus que c'est le dialogue,
40 sans cesse renouvelé et même, à l'occasion, violent, qui écarte la véritable violence qui éclate toujours quand les gens cessent de se parler.

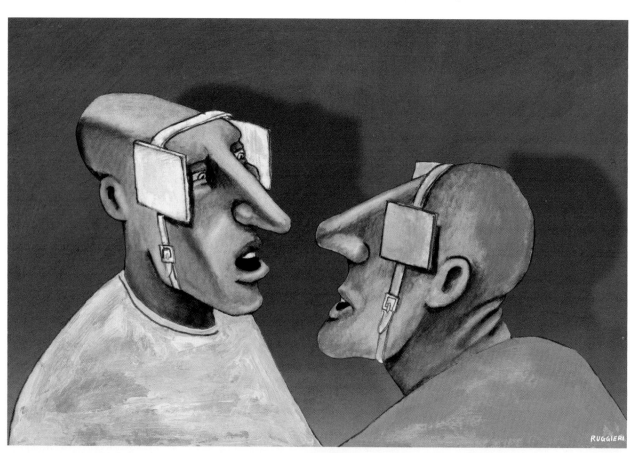

PAS DE CHICANE !

Ce refus de la discussion a un effet pervers bien plus grave encore. Il conforte les gens dans leurs opinions et les amène à la prétention que toutes les opinions se valent.

Qui a dit cette phrase : «Je ne suis pas d'accord avec ce que vous dites mais je suis prêt à mourir pour défendre votre droit à le dire» ?

C'est probablement de là que vient toute la confusion. Là où on visait à défendre la liberté d'expression, on a conclu qu'on mettait toutes les opinions sur un pied d'égalité.

Or, toutes les opinions ne se valent pas et il serait souhaitable que certaines ne fussent jamais émises, aussi bien parmi les miennes que parmi celles des autres.

En effet, l'opinion n'est pas l'expression d'un goût dont on dit qu'il est indiscutable. Il y a une grande différence entre dire «j'aime les hot dogs», ce qui relève d'un goût en effet indiscutable, et affirmer que «les hot dogs sont bons pour la santé», ce qui relève d'une opinion dont il faut savoir démontrer la justesse et la pertinence.

L'opinion mal informée, basée sur les préjugés ou sur l'ignorance, truffée de demi-vérités ou de statistiques de propagande, n'a pas de valeur et ne mérite pas d'être défendue.

C'est justement l'objet de la discussion : tenter de démontrer qu'une opinion a plus de valeur qu'une autre par la qualité de son argumentation et la pertinence de sa démonstration.

Et c'est là où le bât blesse. Quand on n'a à proposer que des opinions molles, qui relèvent plus du goût ou de la foi que de la raison, on perd pied facilement devant un interlocuteur qui vous pousse dans vos derniers retranchements. Et au lieu de discuter, quitte à remettre en question son opinion ou à tout le moins d'en améliorer la qualité, on préfère s'en retourner chez soi sans rien avoir appris, content d'avoir évité la «chicane».

Cette attitude est sans doute à la source de l'absence presque totale de vrais débats dans nos médias d'information.

On présente deux ou trois points de vue, mais séparément, les protagonistes refusant de se retrouver face à face pour en découdre. À cette pratique, on a trouvé un prétexte en or : «Les auditeurs sont assez intelligents pour se faire une opinion par eux-mêmes.»

Assez intelligents, sans aucun doute, mais assez informés, on peut en douter.

Ce n'est que dans le débat qu'on peut voir la faiblesse d'une opinion par rapport à une autre. Ce n'est que dans l'affrontement que se révèlent les forces et les faiblesses des parties en présence. Ce n'est que dans la discussion qu'on fait avancer la qualité d'une opinion ouverte, sans cesse en mouvement, toujours avide d'une grande approximation de la vérité.

Contrairement à ce qu'on pourrait croire, j'ai souvent changé d'opinion dans ma vie et ce fut presque toujours à la suite de discussions solides où je m'apercevais progressivement que mes arguments étaient faibles.

Même convaincu de la qualité de mon opinion, il m'est arrivé souvent de l'améliorer en y introduisant des éléments forts apportés par l'interlocuteur, pour en remplacer les maillons les plus faibles.

Personne ne gagne à mettre toutes les opinions sur un pied d'égalité. Au contraire, c'est ainsi qu'on entretient la paresse intellectuelle, qu'on néglige la recherche de la vérité, toute relative soit-elle, et qu'on laisse courir les préjugés les plus tenaces.

Pour ma part, chaque fois que quelqu'un me dit que son opinion vaut la mienne, je lui commande de me le démontrer.

«Ostineux», moi ? Oui, et pour mon plus grand plaisir.

Pierre Bourgault, *La colère : Écrits polémiques*, tome 3, Montréal, Lanctôt Éditeur, 1996, p. 15 à 18.

Deux critiques
de *Cyrano de Bergerac*

EXTRAIT DE LA CRITIQUE D'ANDRÉ-FERDINAND HEROLD

Il faut, pourtant, être juste envers M. Edmond Rostand, et lui reconnaître un talent singulier: il est un art, en effet, qu'a perfec-
5 tionné l'auteur de la *Princesse lointaine*, de *La samaritaine* et de *Cyrano de Bergerac*: c'est l'art de mal écrire.

M. Edmond Rostand est le plus excellent cacographe dont puis-
10 sent, aujourd'hui, s'enorgueillir les lettres françaises: aussi commence-t-il à être compté parmi les poètes patriotes. Il ne se contente pas, comme presque tous les auteurs
15 dramatiques, d'écrire en une langue quelconque, et il ne lui suffit pas, pour rendre la banalité de sa pensée, d'employer les mots usuels. Il semble que M. Rostand ait com-
20 pulsé de copieux vocabulaires, et en ait extrait un recueil de mots vagues et inharmoniques; ces mots, il les place au hasard, et le plus souvent là où ils sont impro-
25 pres. Je ne crois pas qu'aucun écrivain ait eu, jamais, une telle horreur de l'expression juste. En outre, il connaît mille moyens de torturer la phrase: il n'est pas d'in-
30 version désagréable et illogique qu'il ne pratique avec joie, et l'on dirait que son suprême bonheur est d'introduire dans un vers les formes syntaxiques spéciales aux
35 commerçants. D'ailleurs, il ne dédaigne pas les incorrections. Ses images, enfin, sont étranges: il est bien rare qu'elles ne soient fausses, ou, tout au moins, arbi-
40 traires, comme en ces deux vers:

Et, pareille en tous points à la fraise espagnole,

La haine est un carcan, mais c'est une auréole.

45 M. Rostand versifie aussi mal qu'il écrit. Parce que de nobles poètes ont libéré l'alexandrin des règles anciennes, et démontré, par de belles œuvres, que son har-
50 monie ne dépend pas de la place rigoureuse des césures, M. Rostand s'imagine que, pour faire des vers, il suffit de mettre une rime toutes les douze syllabes. [...]

55 Enfin, de même qu'il adore les sensibleries banales, M. Rostand se plaît aux plaisanteries médiocres et faciles; et, doué de tant de qualités, il a, en écrivant *Cyrano*
60 *de Bergerac*, écrit un chef-d'œuvre de vulgarité.

André-Ferdinand Herold,
Mercure de France, février 1898.

EXTRAIT DE LA CRITIQUE DE JULES LEMAÎTRE

Les vers de M. Edmond Rostand étincellent de joie. La souplesse en est incomparable. C'est quelquefois (et je ne m'en plains
5 pas) virtuosité pure, art de mettre en vers n'importe quoi, spirituelles prouesses et «réussites» de versification: mais c'est, plus souvent, une belle ivresse de couleurs et
10 d'images, une poésie ensoleillée de poète méridional, si méridional qu'il en paraît presque persan ou hindou. Des gens difficiles ont voulu relever dans ses vers des
15 négligences et de l'à-peu-près. Je n'en ai point vu autant qu'ils l'ont dit; d'ailleurs cela échappe à l'audition, et, au surplus, tout est sauvé par le mouvement et par
20 la grâce. M. Rostand a continuellement des métaphores et des comparaisons «inventées», d'une affectation savoureuse et d'un «mauvais goût» délectable; il parle
25 le plus naturellement du monde le langage des précieux et celui des burlesques, qui est le même dans son fond; et ce qui m'avait offensé dans *La samaritaine* me ravit ici
30 par son étroite convenance avec le sujet.

Jules Lemaître, *Revue des Deux Mondes*,
1er février 1898.

◀ Couverture de la revue *Le Théâtre* du 1er juin 1913:
le comédien Charles Le Bargy incarnant Cyrano de Bergerac.

Abolissons l'hiver !

Chapitre premier
L'hiver nous tue

EXTRAIT 1

L'hiver est rude...

N'importe quel habitant de ce pays connaît ce que l'on appelle familièrement les rigueurs de l'hiver. Inutile d'insister. Qui n'a pas mis, plusieurs fois déjà, des
5 heures à pelleter l'escalier, l'entrée du garage ou le toit de la maison ? Qui n'a pas attendu l'autobus alors que la météo annonçait un facteur de refroidissement éolien équivalent à −29 °C ? Qui n'est pas rentré d'une réception élégante sans chapeau et en petits souliers
10 ouverts, alors que le vent soufflait fort et que la poudrerie s'était levée ? Qui n'a pas fait la file à la porte d'un cinéma pendant qu'une neige épaisse tombait et que les automobilistes l'aspergeaient de gadoue salée ? Qui n'a jamais été affligé par quelques cernes de
15 sel sale sur une botte ou un sac à main ? Combien connaissent la frustration aiguë que l'on ressent après avoir habillé de pied en cap un enfant qui, enfin prêt, déclare sans gêne ni retenue qu'il a envie de faire pipi ? D'autres s'obstinent à transporter trois gros sacs d'épi-
20 cerie sur un trottoir glacé tout en cherchant une clé dans une poche ou un sac. D'autres encore sont des habitués de la tâche ingrate consistant à dégeler une serrure d'automobile ou à déglacer un pare-brise tôt le matin, quand il fait encore noir et que la température
25 refuse de franchir les −18 °C, après que le service de déneigement municipal a enfoui le véhicule sous 20 centimètres de neige dure, alors qu'ils sont attendus de toute urgence au travail, et tout cela pour découvrir, fourbus et furieux, que le moteur refuse de collaborer.
30 Inutile d'insister, dis-je.

[...]

... dur et méchant...

Les faits donnent incontestablement raison aux marabouts et à tous ceux qui se lamentent. La recher-
35 che scientifique, même la plus mal conçue et la moins subventionnée, confirmerait hors de tout doute que l'hiver ici est objectivement dur et excessivement long.

D'abord, il s'agit d'une affaire sérieuse. La vallée du Saint-Laurent attire les dépressions de toutes sortes.
40 Quand les températures quotidiennes moyennes de janvier et de février oscillent entre −6 °C et −17 °C, on ne peut plus parler de temps frisquet ni de climat tempéré. En ce pays, les *grands froids* qui se respectent doivent nécessairement descendre sous les −25 °C.
45 Le ministère de l'Environnement définit la notion de «froid intense» comme un facteur de refroidissement de 2000 watts par mètre carré ou plus durant une période de 6 heures ou plus. Et le «refroidissement subit» comme une baisse de température supérieure ou
50 égale à 12 degrés en 3 heures, avec vents supérieurs à 30 kilomètres à l'heure. La Protection civile du Canada définit le «blizzard» comme une chute et des rafales de neige, de la poudrerie, des vents d'au moins 40 kilomètres à l'heure, une visibilité inférieure à 1 kilomètre
55 et une température d'au plus 10 degrés au-dessous de 0 durant au moins 6 heures. Notre hiver est rarement banal. Nous sommes toujours à l'affût du record.

Par-dessus le marché – les experts le disent –, il neige abondamment. Quand vous habitez l'un des
60 sites les plus neigeux du monde et qu'il vous tombe dessus entre 214 et 337 centimètres de neige en moyenne par année, vous êtes au sommet des ligues majeures de l'hiver absolu. Ajoutez les grands vents qui soufflent plus fort en hiver, le «nordet» qui sou-
65 lève la neige et la transforme en poudrerie, le «norouet» sec qui refroidit encore davantage l'atmosphère, et vous accédez directement au club sélect des grands hivernants. Sachez que Chicoutimi détient le record absolu des jours avec poudrerie : 37 en un an. Sachez
70 que le premier hiver du XXᵉ siècle a apporté sur Montréal 444 centimètres de neige. Et l'on croit savoir que l'histoire se répète.

Vivre en ce pays, c'est comme vivre au nord de la Sibérie. Nous appartenons à cette classe d'humains
75 étranges qui, à la manière des bédouins ou des Touareg, entretiennent un commerce intime avec la tempête.

Bref, l'hiver est dur. On dit qu'à la saison froide la vie ralentit, qu'elle retient son souffle. En hiver, rien ne pousse. Les animaux dorment, s'enfuient vers le sud
80 ou souffrent en silence, perchés sur un fil électrique. En hiver, plusieurs espèces sauvages peinent au point d'oublier les règles élémentaires de prudence. D'autres se surmènent. Les cerfs de Virginie, par exemple, épuisent leurs réserves de graisse à marcher dans la
85 neige épaisse. Plusieurs meurent de faim.

En hiver, il y a de ces jours où le froid intense s'attaque même à la matière. Il fait casser les clous, craquer les maisons et fend les pierres. Les littéraires parlent d'un vent qui *gémit* et qui *hurle*. Les romanciers accolent à l'hiver des sentiments de tourmente. Les poètes décrivent la neige comme un grand *linceul*, ce qui convient rudement bien à la saison *morte*. Les animaux ne se reproduisent plus et les enfants ne devraient pas naître en hiver.

… et surtout trop long

En somme, l'hiver n'est jamais facile. Mais il faut dire, avant tout, que l'hiver paraît insupportable parce qu'il est interminable: de 13 à 15 semaines, selon les années et selon les régions. À peu près le tiers de l'année. S'il arrive qu'au fil des ans certains hivers se distinguent et soient qualifiés de «doux», de «durs» ou de «neigeux», de «secs», d'«ensoleillés et lumineux» ou de «tristes et humides», il reste que tout le monde s'entend pour affirmer que l'hiver n'en finit plus. Les aigris et les frileux se lamentent en prétendant qu'il débute en septembre et se termine en mai (apparemment, ces méchantes langues casanières n'ont jamais joué au golf un jour de novembre ensoleillé ni essayé de skier dans la neige mouillée de mars). Tout aussi irréalistes, les astronomes nous annoncent chaque année que l'hiver arrivera le 21 décembre pour finir le 21 mars. Ces savants ne sortent apparemment pas très souvent de leur observatoire. Ils n'ont pas encore compris que les gens d'ici possèdent le plus grand éventail de vêtements du monde précisément parce qu'en ce pays on ne peut jamais prévoir comment s'habiller un 21 mars (ni, parfois, un 21 décembre).

Quoi qu'il en soit, l'hiver est trop long. Tous les habitants de ce pays le savent et la plupart s'en plaignent. Toute conversation ordinaire avec le proverbial Québécois moyen met, en gros, 17 ou 18 secondes à aborder la question du climat et de la météo. Or, ce délai est considérablement plus court en hiver. On en rit, on s'étonne, on se désole et on annonce pour le lendemain, inévitablement, la tempête du siècle.

Et ainsi l'hiver est devenu une épreuve pénible…

Sans respect pour les êtres ou les choses, l'hiver se rend coupable de bien des avanies. Au printemps, on découvre ici et là les cadavres de petits animaux morts

de froid. Au printemps, le propriétaire prudent examine sa toiture pour y déceler le moindre dommage. Au printemps, les arbres, les haies et les arbustes se réveillent avec des cicatrices infligées par l'hiver. Le consommateur averti n'achète jamais un véhicule qui aurait passé l'hiver à l'extérieur, dans la cour du concessionnaire; en fait, l'âge véritable d'une automobile ne se mesure ni en années ni en kilométrage accumulé, mais en nombre d'hivers. Les routes émergent de l'hiver dans un état déplorable. Sur les terrains de golf, les préposés à l'entretien des verts attendent avec inquiétude la fonte des neiges.

En outre et de la même manière, l'hiver inscrit sa marque sur les êtres humains. La peau s'assèche et les rides apparaissent. Le temps fait des ravages, dit-on, le temps froid surtout. Les maisons sont surchauffées, l'air s'assèche, les muqueuses s'irritent et l'épiderme se fendille. Aux dommages physiques s'ajoutent les dommages moraux: la fatigue et la lassitude qu'engendre une saison trop longue et trop cruelle. Alors qu'ailleurs l'âge se calcule en nombre de printemps, il y aurait matière, au Nord, à se féliciter chaque année d'avoir réussi à traverser encore un hiver. Il faudrait célébrer un vingt-cinquième hiver de vie commune, un trentième hiver de travail pour la même compagnie. Dans l'âme du Nordique, la question existentielle la plus angoissante se résume à savoir reconnaître l'arrivée de l'hiver de la vie.

… et une menace permanente

Autrefois, à Montréal, les Sulpiciens craignaient le verglas qui pouvait briser les ailes de leurs moulins à vent. De nos jours, l'État s'inquiète du verglas qui peut détruire ses pylônes de transport d'électricité. L'hiver constitue une menace. Permanente.

Et la menace peut se montrer sournoise. Lorsque vous sortez pour faire une marche anodine, vous risquez fort qu'un refroidissement subit soulève un vent méchant qui réussira, d'un seul coup, à vous brûler le visage. Par grand froid, il y a risque d'engelures. Dans un blizzard aveuglant, il y a menace de mort. Le père Paul Lejeune disait que «les délicats n'entendent rien en France à se défendre contre le froid». On peut maintenant conclure que, depuis les débuts de la colonie, plusieurs de ces délicats ont payé cher leur apprentissage de l'hiver. Ils ont péri gelés, surpris par la tempête ou perdus hors des sentiers battus. Aveuglés et épuisés, ils se sont engourdis pour l'éternité dans la neige, loin de la douce chaleur du foyer.

Nous n'en sommes plus là. Hormis quelques motoneigistes égarés, ou étourdis, rares sont les voyageurs aujourd'hui qui se laissent assassiner par l'hiver. De nos jours, pour mourir dans la neige, il faut vraiment avoir beaucoup bu. Néanmoins, le Club Automobile recommande de placer une bougie et une lampe de poche dans le coffre à gants et d'avoir sous la main une couverture et des tablettes de chocolat. L'invention du téléphone cellulaire a ravi les automobilistes. Toutefois, d'autres dangers des voyages hivernaux n'ont jamais pu être écartés: soleil éblouissant, glace noire, poudrerie, visibilité réduite, blizzard et routes glissantes. La menace persiste.

[…]

L'hiver est la saison préférée des pharmaciens. La glorieuse période des ventes abusives de sirops pour le rhume et de pastilles pour la toux. Les mois durant lesquels décongestionnants et kleenex s'écoulent facilement. C'est la grande saison des petites maladies ordinaires. Le corps humain offre moins de résistance quand il est déjà attaqué par le froid. Les sinusites et les pharyngites ont désormais remplacé le scorbut et la dysenterie, ce qui constitue, certes, un pas dans la bonne direction, mais nous sommes, encore de nos jours, plus souvent malades en hiver. Dans le métro, les gens reniflent, au concert, ils toussent, les vieillards se disent moins capables de résister aux refroidissements, tandis que les tout-petits font à la garderie l'expérience de l'éventail complet des maladies hivernales. La saison est malsaine.

Pendant cinq mois, il faut se méfier également des accidents. Glisser d'un toit qu'on déglace. Perdre pied sur un trottoir et se fracturer un os. Connaître l'infarctus qui suit une séance de pelletage déraisonnable; l'infarctus du citoyen moyen, grassouillet, fumeur au taux de cholestérol élevé ou diabétique inconscient, qui, devant tant de neige, pique une sainte colère, puis s'éteint et monte au ciel. Être frappé par un camion de déneigement conduit par un chauffard. Être décapité par un câble d'acier au cours d'une promenade en motoneige. Culbuter sur la piste de descente quasi olympique du mont Sainte-Anne. Être englouti sous la glace trop mince d'un lac. Se lancer dans l'escalade d'un glacier escarpé. Jouer au hockey. Se faire happer par une souffleuse. Être kidnappé par le Yéti. Recevoir sur la tête un bloc de glace qui tombe du toit. Voir son pare-brise fracassé par un autre bloc qui se détache, sur la route, du camion qui vous précède. Recevoir une boule de neige derrière la tête. Un glaçon en plein cœur. Être aveuglé par la neige. Ne plus pouvoir détacher sa langue d'un barreau de métal. Se couvrir de ridicule en essayant de construire un igloo.

L'hiver est la saison de toutes les misères.

EXTRAIT 2
Brève critique de la notion farfelue du bel hiver sain

Les petits enfants crient de joie au matin de la pre-
235 mière neige. Le frimas brode de superbes dessins sur les vitres. Les flocons tombent doucement. Le soleil revient, mettant glorieusement fin à la grisaille de novembre et de décembre. On perçoit dans l'air un changement radical d'acoustique et de luminosité.
240 Soudain, c'est l'éblouissante clarté et le silence grandiose. L'hiver vient recouvrir toutes les laideurs et les blessures de l'année. À la campagne, les chevaux ont l'air de rire en se roulant dans la neige. On peut rêver de se rendre au réveillon dans une carriole au son des
245 grelots. «*Oh what fun it is to ride in a one-horse open sleigh*». En ville, les poubelles ne dégagent plus d'odeurs nauséabondes. En banlieue, on n'entend plus les voisins ni leurs tondeuses affligeantes. Il n'y a plus de moustiques. Aucun risque de coup de soleil. La
250 neige est belle, elle crisse élégamment. On peut alors connaître le plaisir de façonner la boule de neige parfaite et d'atteindre sa cible. Et n'a pas appris à jouir de la vie celui ou celle qui ne s'est jamais laissé tomber sur le dos, dans un banc de neige, en criant: «Congère!»

255 Les joies de l'hiver sont variées, nul ne peut en douter. Mais ces petits plaisirs isolés et souvent solitaires ne suffiront jamais à changer les mentalités.

À ce sujet, il est révélateur de voir comment procèdent les apôtres de la saison froide. On en trouve un
260 bel exemple dans la revue *Forces*, fleuron de l'idéologie dominante, qui a consacré un numéro entier au thème de l'hiver (nº 88, 1990). Pour nous dire, d'abord, que notre hiver a longtemps été mal aimé. Et pour laisser entendre ensuite que, si seulement on le connaissait
265 mieux, il serait facile de l'apprivoiser et de s'en faire un ami. Animés sans doute d'un même désir de rendre justice à cette saison maudite, les auteurs multiplient les exemples décrivant les plaisirs et les nobles défis de la nordicité. Là où tout n'est qu'ordre et beauté, luxe,
270 calme et engelures. Les preuves? Quelques admirables tableaux de grands maîtres ou de très belles pages de poésie.

Pensez seulement à l'air vivifiant et à l'immensité virginale des territoires nordiques. Comme il serait
275 facile d'améliorer notre façon de vivre la saison froide! nous disent les apôtres de l'hiver. Si seulement un plus grand nombre de citoyens apprenaient à apprécier les joies du patinage ou d'une randonnée en forêt. Si seulement les gens sortaient davantage et participaient
280 aux carnavals et autres joyeuses activités de plein air. Si seulement les gens cessaient d'entretenir cette haine irrationnelle de l'hiver, tout irait mieux.

Par la même occasion, on nous informe que la situation n'est pas désespérée. L'hiver a quelques bons

côtés. La saison froide a stimulé la création d'indus- 285
tries hautement spécialisées qui constituent des succès
éclatants et qui devraient fournir autant de sources de
fierté nationale : nous avons trouvé comment construire des maisons en hiver, conçu des vêtements
chauds et, bien sûr, les appareils de déneigement les 290
plus perfectionnés du monde. Les zélateurs de l'hiver
soulignent quelques cas remarquables d'adaptation à
l'environnement qui ont favorisé l'invention de nouveaux produits hautement rentables. Évidemment, il
s'agit d'arguments irréfutables. Les habits confection- 295
nés ici sont à la fois les plus chauds et les plus légers.
Et si vous êtes producteur à Hollywood et caressez le
projet de tourner un *remake* du *Docteur Jivago*, vous ne
trouverez nulle part un décor meilleur marché que
celui de l'hiver canadien. 300

Pourtant, rien n'y fait. Cet émouvant plaidoyer –
sans doute sincère ! – ne réussit pas à convaincre. Malgré la croissance notoire de la popularité des sports
d'hiver, les gens n'aiment pas davantage la saison, et la
chanson populaire répète encore qu'en ce pays on n'en 305
finit plus d'attendre l'été.

C'est seulement que les images d'un hiver magnifique, noble et attrayant sont beaucoup moins fortes,
moins présentes et surtout moins convaincantes que
les images de l'hiver violent et désolant. Pour une rai- 310
son toute simple. Malgré leurs très évidentes bonnes
intentions, ces défenseurs de l'hiver reprennent des
arguments connus et sont tous victimes d'une erreur
banale mais fondamentale. Leur hiver, cette saison qui
les charme et dont ils font la promotion, est un hiver de 315
carte postale, un hiver de loisirs et de temps libres. Un
hiver de fins de semaine, une saison à fréquenter
durant ses loisirs. Un hiver rempli de patinage et de
promenades dans un parc ou à la campagne. Un bien
bel hiver. 320

Tout indique que ces promoteurs n'ont jamais
compris qu'en hiver il n'y a de lumière qu'entre 9 et
16 heures et qu'il est assez difficile de faire de la raquette dans les bois quand on travaille chez Canadian
Tire ou chez Provigo. Quiconque a un emploi (ce qui, 325
malgré le taux de chômage excessif, est le fait de la très
vaste majorité de la population) n'a que rarement le
loisir de profiter de ce bel hiver. Pour tous ceux qui
doivent se rendre ponctuellement au travail chaque
matin, l'hiver demeure forcément un obstacle déplai- 330
sant, et il est ridicule d'en faire l'éloge en évoquant le
patin, la raquette ou le ski de randonnée. Inciter les
citoyens à faire un peu plus de sport et à profiter de la
nature paraît assurément méritoire, mais il faut être,
comme on dit, sérieusement déconnecté de la vraie vie 335

pour oublier que l'hiver ne fait que rendre plus difficile l'existence du plus grand nombre.

Voilà pourquoi, malgré toutes les campagnes de promotion, le résultat final reste immuable : la vaste
340 majorité reste d'avis que l'hiver est désagréable.

Bernard Arcand, *Abolissons l'hiver ! Livre (très) pratique*,
Montréal, © Éditions du Boréal, 1999,
p. 20 à 30 et 37 à 41.

Texto,
fais-moi peur!

Les parents le découvrent avec effarement quand ils reçoivent un Texto de leurs ados. «*koi 2 9*», «*TpakLR*», «*D100 mnt*», «*A12C4*», «*tummank*», qu'ils épèlent à haute voix pour traduire «*Quoi de neuf ?*», «*T'es pas clair*», «*Descends maintenant*», «*À un de ces quatre*», «*Tu me manques*». L'alphabet est le nôtre, le vocabulaire aussi, mais entre les lettres et les mots s'intercale une caricature phoné-
5 tique du français. Est-ce l'écriture des prochaines générations ? Malaise ! C'est pourtant ainsi que la jeunesse communique aujourd'hui.

Cette déstructuration du langage est née des 160 caractères que doit compter un SMS. Les jeunes, adeptes passionnés du message ping-pong et contraints par des forfaits onéreux, ont cherché à écrire le plus avec le moins. Il leur fallait un langage plus compact, qu'ils ont bricolé en
10 accumulant toutes les recettes éprouvées. Car le désir de resserrer l'écriture est tout sauf une nou-veauté. Il y a quatre mille ans, les scribes mésopotamiens, sur leurs tablettes d'argile, avaient déjà trouvé les recettes de nos ados sur leurs écrans miniatures. Gênés par l'étroitesse de leur sup-port, ils étaient contraints de condenser les
15 messages. Certaines inscriptions cunéiformes proposent des mots tronqués comme ceux de nos modernes Texto…

Les écritures officielles sont toujours trop riches pour la seule communication et suscitent
20 naturellement des versions plus concises. Le télégramme puis les petites annonces ont mis le français au pain sec en abrégeant certains mots, en en supprimant d'autres. Étudiants ou journalistes bousculent les graphies lors-
25 qu'ils prennent des notes. Chacun s'invente un langage d'appoint, plus commode, à son usage personnel.

Pour économiser des caractères, les jeunes utilisent tous les moyens possibles et imagi-
30 nables : les apocopes (*prof* pour *professeur*), les aphérèses (*teur* pour *inspecteur*), les réductions consonantiques (*lgtps* pour *longtemps*), la pho-nétique (*jamé* pour *jamais*), le rébus (*K7* pour *cassette*), la lettre épelée (*G* pour *j'ai*), et même
35 les purs jeux graphiques comme : -* pour *bisous*, etc. Ainsi rédigé, le message, à peu près incom-préhensible pour les non-initiés, tend à devenir le code d'une génération.

Là encore, ce n'est pas une nouveauté. Les
40 minorités recherchent toujours une spécificité linguistique : parler vernaculaire d'une région, jargon technique d'une profession, argot d'un milieu, voire du Milieu. Dans tous les cas, le langage démultiplie sa fonction d'identifiant
45 social. Seule originalité du SMS, les jeunes y

Le minimum pour communiquer

L'essentiel de l'affaire est que le désir, la volonté d'acquérir une langue souple et riche n'existe plus dans les nouvelles générations. Elles n'en voient plus la nécessité organique. Du moment qu'un certain

5 degré de communication s'établit, que l'on comprend à peu près ce dont il s'agit, point n'est besoin de raffiner dans les coins. Le grand leitmotiv est : «On se comprend, que désirer de plus ?»… Les générations – de moins en moins «nouvelles» à mesure que la roue

10 tourne – ont emboîté le pas de cette démarche approximative. On se comprend ? À peu près ? Au pif ? À l'intuition ?… Alors c'est *cool* ! C'est vrai, pas besoin de chercher midi à quatorze heures… Dans les cas extrêmes, une série de borborygmes suffit à se faire

15 comprendre. Avec un grognement bien modulé, les gars s'entendent à merveille !…

Claude Duneton, *La mort du français*,
Paris, Plon, 1999, p. 101.

gagnent en autonomie langagière. Hier, ils n'avaient de mots à dire que ceux des adultes. Aujourd'hui, ils s'inventent les leurs.

Des questions se posent, mais les réponses ne sont sans doute pas si alarmantes qu'il y paraît : nous ne sommes pas en présence d'une langue mais d'une notation. Une sténographie, en quelque

50 sorte. La différence est d'importance. La notation ne vise pas à remplacer la langue, elle se contente de la supplanter pour des applications très limitées.

Sur Internet, ce français déstructuré est confiné aux discussions entre jeunes scripteurs; en revanche, il apparaît rarement sur les blogues et forums de discussion. L'internaute qui s'adresse à plusieurs interlocuteurs et entend être pris au sérieux passe en français normal. Le mode d'em-

55 ploi trace la frontière. Au reste, ce «jeunisme» congénital du langage SMS conduit tout naturellement les utilisateurs à l'abandonner dans leur âge adulte.

Au fil des ans, ce langage spontané tend à se ritualiser, à se fixer. Les formes les plus pratiques, celles qui utilisent notamment les lettres à une seule frappe, en supplantent d'autres moins commodes. Mais sans obligation ! La variante individuelle reste la loi du genre. Ni grammaire ni

60 orthographe, rien qu'une base commune : le français – voire l'anglais –, dans lequel on pioche le vocabulaire et pas la syntaxe. L'invention permanente tient lieu d'usage, et la seule «faute d'orthographe» reconnue est celle qui attente à la compréhension.

Périodiquement, la presse se fait l'écho d'une intrusion de langage SMS dans une copie du bac. En réalité, la délimitation est bien marquée. Dans les milliers de «dictées de Fénelon», les équipes

65 de correcteurs n'ont relevé pratiquement aucune trace d'orthographe SMS, et les professeurs ne voient toujours pas de devoirs rédigés dans cette écriture. À l'évidence, et jusqu'à démonstration du contraire, les jeunes distinguent le langage SMS qu'ils utilisent entre eux et le français qui est de rigueur dans les échanges avec les adultes.

François de Closets, *Zéro faute : L'orthographe, une passion française*,
Paris, © Mille et une nuits, coll. «Documents», 2009, p. 281 à 283.

Un comme ça, un comme ça, pis un comme ça…

Tout n'est pas qu'affaire de vocabulaire, je le conçois bien. Mais il y a aussi le vocabulaire et, à trop l'ignorer, on finit par parler une langue imprécise, à la limite incompréhensible.

5 Je trouve que les jeunes Québécois utilisent un vocabulaire plus étendu que celui dont nous usions à leur âge. Mais nous avons encore, collectivement, un immense fossé à combler si nous voulons ne serait-ce que nommer correctement les objets les plus familiers 10 et les réalités les plus quotidiennes.

La «chose» et l'«affaire» sont nos mots passe-partout. Nous les utilisons à l'envi pour nommer tout et n'importe quoi au lieu de chercher le mot juste. Résultat: nous n'en finissons plus de nous expliquer au lieu 15 de nous comprendre.

Blanche boulangère

Barnabé boulanger

Page tirée d'un abécédaire datant du début du xxᵉ siècle.

J'ai été témoin dernièrement d'une petite scène parfaitement québécoise qui illustre bien mon propos.

J'attends au comptoir d'une quincaillerie quand une femme d'origine européenne s'approche pour de-
20 mander un renseignement. «Avez-vous, dit-elle, du papier peint autocollant?» Le commis, déjà excédé par l'accent de la dame et du haut de son ignorance arrogante, lui lance: «Quoi?» La pauvre femme se répète timidement.

25 Et le commis de répondre: «Vous voulez dire d'la tapisserie contaque? Est là!»

La femme s'en fut sans demander son reste. Et pourtant c'est elle qui avait raison.

Tout Québécois bien né me répondra: «Tout le 30 monde dit de la tapisserie contaque, qu'est-ce que t'as à chiâler?»

Je «chiâle» pour une raison très simple: c'est que cette tapisserie n'est pas de la tapisserie et que ce «contact» est un anglicisme qui ne veut rien dire en 35 français quand on l'applique au papier peint.

Je veux bien qu'on ne parle pas français mais encore faut-il le savoir, et surtout ne pas avoir la pré-tention de faire la leçon à ceux qui s'expriment correctement.

40 Un autre exemple (et là je plaide l'ignorance comme tout le monde), la pâtisserie. Nous entrons dans une pâtisserie et nous nous retrouvons bouche bée devant le comptoir. Les mots nous manquent. Alors: «Une comme ça, une comme ça, une comme ça, non pas 45 ça… ça, non… ça, pis une comme ça.»

Et pourtant toutes ces pâtisseries ont un nom précis que tous les enfants francophones du monde connaissent, tous sauf ceux du Québec.

Un pithiviers, un savarin, un mille-feuilles, un vache-50 rin, une meringue, etc. Il y en a vraiment pour tous les goûts et ça rend la compréhension tellement plus facile.

Bien sûr, on ne peut pas tout apprendre à l'école et on n'est pas pour passer sa vie dans les dictionnaires. 55 Mais pourquoi ne pas utiliser un truc? En France, chez

tous les pâtissiers, les noms de toutes les pâtisseries sont affichés sur le plateau qui les présente. C'est donc dès son plus jeune âge que l'enfant apprend à les nommer. Il pourra dès lors les identifier facilement
60 toute sa vie durant.

On pourrait faire la même chose dans les magasins de tissus, chez le boucher, chez le fleuriste ou chez le fromager. Ne mangeons-nous pas pendant des années le même fromage sans jamais en savoir le nom ? Savons-
65 nous de quel tissu notre costume est fabriqué ? Bien sûr que non.

Toutes les plantes ne sont pas «c'te plante-là».

Toutes les viandes ne sont pas «c'te morceau-là».

Tous les ustensiles de cuisine ne sont pas «c't'
70 affaire-là».

Toutes les choses ne sont pas des choses.

La «ceinture en arrière de ton manteau» est tout simplement une martingale.

La «plante que tu sais qui fait des fleurs rouges qui
75 ressemblent à des boules» est probablement un géranium.

La «patente qui sert à faire d'la crème fouettée à la main» est, sans aucun doute, un fouet.

«L'affaire qu'on s'sert pour baisser et monter les
80 lumières automatiquement» est très certainement un variateur.

Le «morceau d'viande, t'sais là, qu'est faite comme ça pis qui r'semble à une affaire comme ça» ne serait-il pas, par hasard, un aloyau ?

85 Pas surprenant qu'on trouve que la phrase française est plus longue que la phrase anglaise ! À force de circonlocutions, de répétitions, d'imprécisions, on l'allonge indéfiniment.

Il y a de la vanité dans notre refus de parler cor-
90 rectement («On est pas pour parler le français de France») mais il y a aussi une sorte de masochisme. Comment expliquer autrement le plaisir et l'acharnement que nous mettons à nous plonger dans les pires difficultés linguistiques, sous les plus fallacieux pré-
95 textes, au risque des pires incompréhensions, plutôt que de nous donner un instrument de communication simple et clair ?

Nous sommes comme ce menuisier qui ne trouverait tout son plaisir que dans une scie mal affûtée.
100 «Ma scie scie mal pis ça m'prend trois fois plus d'temps mais j'aime ça comme ça, moé.»

PIERRE BOURGAULT (1934-2003)

Pierre Bourgault, «l'homme aux 4000 discours», a été tour à tour politicien, reporter, professeur, éditorialiste, animateur et essayiste. Farouche indépendantiste, il devient en 1964 le président du Rassemblement pour l'indépendance nationale (RIN). Sa fougue et son exceptionnel talent d'orateur le propulsent à l'avant-scène politique. Après la dissolution du RIN, le libre penseur devient professeur de communications et continue de promouvoir ardemment la langue française. Il signe plusieurs chroniques et essais, et s'exprime à la radio jusqu'à sa mort, en 2003.

Le plaisir de la langue, c'est de pouvoir la parler sans effort. Or, quand on se refuse au départ l'effort de l'apprendre, on se condamne à parler avec effort toute
105 sa vie.

Le mécanicien ou le plombier qui ne veut travailler qu'avec les meilleurs instruments est-il snob et prétentieux ?

Il ne s'agit pas de se complaire dans la pratique de
110 l'art pour l'art. La correction du langage est d'abord et avant tout affaire d'utilité.

Pierre Bourgault, *La culture : Écrits polémiques 1960-1983*,
tome 2, Montréal, VLB Éditeur, 1983, p. 144 à 147.
Texte paru dans *L'actualité*, octobre 1979.

Yes, la France est en crise!

Le 28 mars 2009

Mr,

Je vous envoie un mail pour vous faire un update sur la situation en France en ce moment. Le speaker l'a dit en live aux news en prime time: «Les managers et les traders s'octroient trop
5 de stock-options!» La situation est drastique. Même les people souffrent, les stars du showbiz pâlissent. Le moral n'est pas au top niveau. Les charters se vident, sauf ceux des Blacks qu'on renvoie at home.

Heureusement, aux happy hours, on prend un drink, ça nous boost, sinon on serait down. Tout ne va
10 pas si mal en France, on peut maintenant s'acheter des concept-cars, et bientôt une DS Inside, ou un crossover chez Peugeot, et même s'inscrire à un master dans une université française, c'est le jackpot pour faire du marketing.

15 On me dit qu'au Québec vous avez presque réussi à éliminer les anglicismes. No problem ici en France, l'anglais ne nous menace pas, il n'est même pas encore dans les starting-blocks. Non, versus le Québec, notre problème, c'est la crise!

20 Bye-bye!

Jean-Louis Grosmaire, Gatineau

Jean-Louis Grosmaire, «Yes, la France est en crise!», site de l'auteur,
[en ligne]. (28 mars 2009; page consultée le 29 septembre 2009)

Dessin de Mix & Remix paru dans *Courrier international*, novembre 2009.

Le désir d'anglais

Le désir d'anglais est si profond en chacun de nous, que même ceux qui ne l'entendent guère respectent la langue. Supposez qu'un appareil que vous achetez au supermarché soit accompagné, par erreur, d'une notice de montage ou de mise en service uniquement en japonais; que ferez-vous?
5 Vous irez protester… Un mode d'emploi en russe, ou même en grec, vous mettra hors de vous. Vous irez gueuler… Or, s'il est seulement en anglais, comme cela arrive tous les jours […], vous ne protestez pas, vous culpabilisez de n'y comprendre goutte. Non seulement vous n'envoyez pas braire le vendeur, mais vous vous accusez vous-même de votre manque d'ins-
10 truction, vous regrettez de ne pas mieux avoir appris à l'école!… Vous vous trouvez exactement dans la position psychologique de la personne du XVIIIe siècle à qui on confiait un billet comportant trois lignes en latin. Le destinataire ne disait pas: «Mais il se fout de ma gueule, ce gars-là, j'y entrave que dalle!» Non, il disait humblement: «Hélas! Comme je
15 suis ignorant, pauvre de moi! – et que n'ai-je étudié au temps de ma jeunesse!»…

Claude Duneton, *La mort du français*,
Paris, Plon, 1999, p. 134 et 135.

Le Québec,
un modèle pour les Français

Pour mieux saisir la portée de l'enjeu, il faut nous tourner vers l'exemple du Québec : un miroir et un modèle auquel les Français ont grand tort de ne pas se référer davantage. Avec l'expansion technologique de l'après-guerre, la Belle Province, sertie dans l'État anglophone du Canada, était en train de s'angliciser de plus en plus. C'est-à-dire que le phénomène qui nous guette, nous,
5 à courte échéance, se trouvait en plein essor là-bas : à savoir que les emplois importants, les professions intéressantes et lucratives exigeaient toutes la pratique de l'anglais. Les anglophones, de souche ou d'adoption, avaient la part belle, et l'on voyait arriver le moment où les Québécois parlant français n'auraient plus qu'à être serveurs, nettoyeurs, balayeurs, ou à se réfugier au fond des bois dans le bûcheronnage.

10 C'est alors qu'une vive réaction s'est produite : tout à coup les Québécois en ont eu assez de se laisser écraser et traiter de sous-peuple par la puissance des autres – de se faire, pour ainsi dire, voler leur pays sous leurs pieds. Ils se sont mobilisés comme un seul 15 homme pour la défense de leur langue, de leur « identité », comme on dit. Ils ont voulu défendre leur droit à l'emploi dans une vie économique en français. […] Des députés actifs et déterminés furent élus à l'Assemblée provinciale, qui firent prendre des mesures légales, par 20 exemple sur l'obligation d'employer le français dans le commerce et dans les fonctions administratives, des décrets concernant l'affichage, etc. […] La survie était à ce prix – elle l'est d'ailleurs partout où s'élève une menace : l'Estonie est à l'heure actuelle en train de 25 forger une armature juridique pour la protection de l'estonien, et je ne dis rien de la Catalogne. Quand on entend de courtois fonctionnaires expliquer chez nous que la législation n'a jamais aidé les langues à s'imposer ou à se maintenir, on a envie de leur dire : « Allez voir au Québec si j'y suis ! »…

Cela dit, il est vrai que les Québécois possèdent sur nous quelques sérieux avantages. D'abord 30 – c'est le point de départ obligé – ils se rendent clairement compte du danger que fait peser une langue internationale dominante sur une langue « locale », objet, ici, de notre propre aveuglement. […]

Bien sûr, l'avantage majeur des habitants du Québec était leur détermination, l'énergie vitale qu'ils mirent dans la défense de leur cause, ainsi que leur incroyable créativité langagière. Ils sont 35 à l'heure actuelle à peu près les seuls à forger des mots en français pour les besoins de l'évolution des notions et des techniques – et je ne parlerai pas ici, parce que ce serait hors sujet, du formidable engagement culturel des écrivains québécois, des poètes, des chanteurs de la première couvée, Félix Leclerc ou Gilles Vigneault, qui ont tous su galvaniser l'énergie québécoise, les intellectuels marchant au premier rang.

40 […]

Le Québec devrait être notre point de mire – un jour, peut-être pas si lointain, lorsque nous serons devenus bien Européens, et que nous aurons donné notre langue aux chiens, les Québécois ont de grandes chances de rester les seuls Français sur la planète !… Avec quelques Belges irréductibles, et d'indéracinables Suisses au parler chantant…

Claude Duneton, *La mort du français*, Paris, Plon, 1999, p. 102 à 105.

La crise pronominale

François Parenteau

Il fut une époque où le «vous» était à proscrire. C'était le signe du respect de l'autorité, alors qu'il fallait se révolter. Il fallait y mettre du «tu», du «toi», du camarade, de l'égalitaire. À cette époque, mes parents, qui sont des *pré-boomers*, m'ont tout de même enseigné à vouvoyer mes professeurs et les parents de mes amis.

Mais un jour, une nouvelle directrice est arrivée à mon école primaire avec une approche radicalement originale (et, quant à moi, prodigieusement gossante), le «tu» pluriel. Elle utilisait le «tu» pour nous parler à l'*intercom*. «Tu prends ton cahier, et tu prends des notes….» Voilà donc l'apothéose de l'individualisme : même quand une consigne s'applique à tous les membres d'un groupe sans exception, ils sont interpellés au singulier, un par un en quelque sorte. Le pluriel n'existe plus. Même à neuf ans, je trouvais ça infantilisant.

Ça n'allait pas s'arrêter là. Au secondaire, voilà que je rencontre de nouveaux amis dont les parents, issus d'une autre génération que les miens, ont horreur que je les vouvoie. Les femmes, en particulier, trouvent que ça les vieillit. De plus, moi qui ai toujours appelé mes parents «papa» et «maman», voilà des papas qui s'appellent Raymond et des mamans, Lise. Je ne sais plus où me mettre avec mes Madame Unetelle, j'ai l'impression soudain d'arriver d'une autre époque. Je ne sais plus quoi dire. En fait, je réalise que, depuis cette période, j'essaie autant que possible d'éviter le pronom. Au lieu de dire «Comment allez-vous ?» ou «Comment vas-tu ?», je dis «Comment ça va ?».

Avec le temps, ça s'est compliqué encore davantage. J'ai déjà évoqué le «tu pluriel» de ma directrice d'école. Yvon Deschamps a aussi expérimenté avec ce qu'on pourrait désigner comme du «voutoiement» (par exemple : «Comment voulez-vous-tu que je l'sache ?»). Puis, les humoristes étant souvent à la fine pointe de l'invention langagière, Claude Meunier a ramené dans *La petite vie* la mode pourtant royaliste de parler de soi-même à la troisième personne avec le célèbre «Comment qu'y va ? Y va pas pire !».

Et pour mêler le tout encore davantage, voilà que Jacques Villeneuve nous propose le négatif du «tu pluriel» avec le «on» et le «nous» singuliers. Pour bien montrer qu'il est un gars d'équipe et qu'il prend en considération le travail de tout le monde, Jacques Villeneuve ne dit presque jamais «je». Il dit : «On a bien travaillé, on a eu des ennuis de moteur mais on a su faire les ajustements. Malheureusement, on a glissé dans le deuxième virage…» Hé, chose, tu étais tout seul dans le *cockpit* ! Pourquoi ce «on» ? C'est juste toi qui as glissé !

Ce qui fait qu'en plus de la «crise» linguistique, on se retrouvera bientôt avec une crise pronominale.

François Parenteau, «La crise pronominale», *Voir*, vol. 22, n° 6, 7 février 2008, p. 16.

Deuxième mot menteur: «tu»

Mais revenons au «tu», qui se porte tellement bien au Québec qu'il a jeté le «vous» dans un triste isolement. J'ai toujours pensé que la seule véritable supériorité du français sur l'anglais était précisément les possibilités de tutoiement et de vouvoiement. En anglais, le tutoiement n'existe pas dans le langage usuel, il est réservé à la liturgie et à la poésie, à des
5 expériences d'intimité profonde, de communion. Le reste du temps, on se vouvoie, laissant à l'interlocuteur le soin de deviner par les intonations, les gestes et les regards, le moment où le «vous» grammatical se transforme en «tu» humain.

On dit de l'emploi automatique du «tu» au Québec qu'il témoigne de notre simplicité, de notre hospitalité naturelle, bref qu'il illustre parfaitement notre convivialité et symbolise notre
10 rejet des classes sociales ou des hiérarchies artificielles. Les touristes français à la recherche de pittoresque et de grands espaces nous en font souvent la remarque. En réalité, ils ne le tolèrent vraiment que pour de courtes vacances, comme on le fait de la familiarité des GO dans les clubs Med. Certes, il y a un peu de vrai dans toutes ces explications, mais elles ne justifient pas cette perversion du langage qui devient un outil d'organisation et de définition
15 des relations humaines.

Celui qui tutoie d'entrée kidnappe et viole. Il s'approprie l'étranger. Il le déclare connu. Il n'indique ni la camaraderie ni la fraternité, mais plutôt décrète la parfaite identité de deux personnes et refuse la différence autant que la complexité du rapport avec l'autre.

Non seulement l'emploi généralisé du «tu» relève de la familiarité la plus douteuse, mais
20 il est aussi réducteur.

Avant qu'il ne disparaisse, dernier vestige de l'ancien temps et des vieux pays, je veux faire ici l'éloge d'un mot en perdition, le «vous», lui rendre hommage et en expliquer l'utilité vitale. Le français nous accorde cette merveilleuse puissance de créer ou de faire sauter les barrières et les distances avec, comme seuls outils, deux pronoms en apparence anodins.

25 On reproche au «vous» d'éloigner, de séparer. Mais c'est exactement de cela qu'il s'agit. Cela fait heureusement partie de son utilité. Bien sûr, le «vous» sert à établir des distances. Mais ces distances sont nécessaires à l'écologie des rapports humains. Il
30 y a dans le «vous» du respect (attitude démodée, mais encore de mise pour ceux qui, convaincus que nous sommes tous humains, n'en pensent pas moins que chaque humain a le droit de protéger une sorte d'espace invisible dont il est le seul gardien et
35 portier): respect pour l'âge, pour l'expérience, pour l'œuvre accomplie et, précisément, pour cet espace que nous transportons toujours autour de nous comme une bulle invisible que le «tu» automatique du Québécois moderne prétend percer et faire éclater.

40 Le «vous» sert aussi de moyen de défense contre l'envahissement pernicieux et de plus en plus géné-ralisé des «tutoyants». Le «vous» qui réplique sans sourciller au «tu» impudent et imprudent indique que l'on refuse d'appartenir à l'autre aussi facilement;
45 il souligne le besoin d'être respecté dans sa solitude et parfois indique sans injure aucune que la personne

Il y a dans le «vous» du respect: respect pour l'âge, pour l'expérience, pour l'œuvre accomplie.

Chaque humain a le droit de protéger une sorte d'espace invisible dont il est le seul gardien et portier.

qui porte son «tu» comme une pancarte de militant ne fait pas partie de nos familiers. Évidemment, celui qui use ici de son droit de dire «vous»
50 comme d'une arme ou d'un paravent passera souvent pour snob, distant et *straight*, mais ces quelques inconvénients sont bien minces si on prend en compte les souffrances qu'il faut vivre pour avoir dit «tu» trop rapidement. Cama-
55 raderie facile et sans fondements, amitiés d'un soir, familiarités d'une nuit et petits déjeuners silencieux avec une étrangère dont le «tu», la veille, était si spontané.

Ce pronom de quatre lettres qu'on est en train
60 d'oublier possède une vertu encore plus grande, interdite aux adeptes du «tu». C'est le secret le mieux gardé du «vous»: le «vous» a cette incroyable propriété de permettre de passer au «tu». Et c'est dans ce passage que réside l'une
65 des plus belles émotions de l'apprivoisement de deux personnes… quand la voix un peu tremblante, après leur troisième rencontre ou leur dixième, l'homme s'approche imperceptiblement, baisse légèrement la voix et dit, un peu
70 craintif: «Nadia, est-ce que je peux vous tutoyer?» On ne peut formuler phrase plus cocasse, mais tellement émouvante dans ce qu'elle contient d'aveux en même temps que d'angoisse qu'elle réponde «non». Ce plaisir (mais aussi cette crainte) est réservé à ceux qui emploient le «vous», même s'ils n'ont de cesse qu'ils ne disent «tu».

Gil Courtemanche, *Nouvelles douces colères*, Montréal, © Éditions du Boréal, 1999, p. 27 à 29.

REPÈRES CULTURELS

GIL COURTEMANCHE
(journaliste et écrivain québécois, né en 1943)

«Les vrais héros, ce sont des gens normaux qui vont au bout de leur humanité et tentent de créer un monde meilleur», affirme Gil Courtemanche. Son travail de journaliste et de romancier est d'ailleurs empreint de cet effort et de cet espoir. Longtemps correspondant à l'étranger, Gil Courtemanche a parcouru le monde et connu les horreurs des guerres, du Cambodge au Liban, de l'Algérie au Rwanda. Après avoir coréalisé *Soleil dans la nuit*, une série de témoignages sur le génocide rwandais, Gil Courtemanche écrit *Un dimanche à la piscine à Kigali* (2000), un premier roman inspiré de son expérience au Rwanda. Ce récit poignant remportera un succès colossal. Il sera traduit dans plus de vingt langues et porté au grand écran. Gil Courtemanche a par ailleurs colligé ses chroniques journalistiques (*Douces colères*, 1989; *Chroniques internationales*, 1991; *Nouvelles douces colères*, 1999), publié un essai sur la démocratie et signé deux autres romans: *Une belle mort* (2005) et *Le monde, le lézard et moi* (2009).

Salut, Falardeau !

À l'automne 2009, le cinéaste québécois Pierre Falardeau est décédé.
Dans le texte suivant, paru quelques jours après sa mort, son ami, le comédien
Luc Picard, lui rend un dernier hommage.

Pierre Falardeau.

C'est con, tu me manques déjà tellement. J'aurais le goût de t'appeler pis de te demander ce que tu penses des réactions à la suite de la mort de Falardeau. J'aurais le goût de te demander ce que ça te fait, comment tu te sens, comment est-ce que tu penses que ça va nous affecter. Tu serais ému, je le sais. Tu serais ému pis après ça, tu trouverais une façon d'en rigoler. Tu trouvais
5 toujours des façons de rigoler.

Faut jamais arrêter de regarder le soleil.

Je me souviens de ce jour où je jouais Lorenzaccio et que certaines critiques m'avaient été défavorables. J'étais tombé malade. J'avais 101 de fièvre et on a dû annuler la représentation du samedi soir. Un animateur de Radio-Canada avait laissé entendre que je me dégonflais à cause des mau-
10 vaises critiques. Toi, t'as fait ni une ni deux. Tu as appelé à l'émission pour les engueuler et leur dire : « Picard est malade comme un chien, alors foutez-lui la paix ! »

J'étais pas surpris que tu fasses ça. Pas une seconde. De toutes les belles choses de toi, la plus impressionnante c'était ta loyauté, ton sens de l'amitié et de l'honneur. Cette soif d'absolu, cette candeur dans la réflexion. Tu ne t'es jamais trahi. T'avais la dignité d'un enfant, t'avais l'âme intacte.

15 Les enfants parlent avec leurs tripes. C'est parce qu'ils n'ont pas encore appris l'art du demi-mensonge déguisé en nuance. Ils n'ont pas appris à dire une chose dans le salon et une autre dans la cuisine. Ils ne se cachent pas, parce qu'ils présument qu'ils n'ont rien à cacher. Ils ne se savent pas nus. C'est pas toujours pratique, mais putain que c'est émouvant !

Ils ne décident pas d'aimer ou de ne pas aimer. Ils aiment. Ils ne
20 choisissent pas leurs amours en fonction de leurs intérêts, ils choisissent leurs intérêts en fonction de leurs amours. Ils sont le sel de la terre.
Ils sont irrésistibles.

Au fin fond du Brésil, je t'ai vu boire l'eau du puits d'un pauvre
paysan. L'eau était brune et sale. Tu ne l'as pas bue pour prouver
25 quelque chose. Tu ne l'as pas bue pour montrer que tu fraternisais avec
les humbles de la terre. Tu l'as bue parce que t'avais soif et que tu ne
voulais pas lui manquer de respect. Tu n'étais pas dédaigneux de la
misère. Tu ne t'apitoyais pas non plus. T'avais de l'admiration pour ceux
qui travaillent fort et qui sont honnêtes. Pas une admiration feinte et
30 bien-pensante, mais une admiration authentique et inébranlable. Une
admiration d'enfant. Une admiration partisane.

Brel disait que «le monde sommeille par manque d'imprudence».
Voilà ce dont tu n'as jamais manqué. Voilà ce qui nous manque cruellement par les temps qui courent et encore plus depuis ton départ.

Luc Picard en compagnie de Pierre Falardeau.

35 T'avais le fou rire tellement attachant, Pierre ! T'avais le fou rire d'un
amoureux déchiré. Amoureux des hommes, des femmes, des enfants,
des peuples. Tu rugissais parfois comme un amant trahi, comme une
bête blessée.

C'était facile de te condamner. C'était impossible de t'ignorer. Et
40 pour moi, c'était impossible de ne pas t'aimer profondément.

Je préfère encore un honnête homme qui a un peu tort à l'occasion
à un menteur qui a raison tout le temps. Trop facile d'être beau quand
on se cache la moitié du visage, quand on dissimule. Toi, tu ne t'es jamais
caché, tu ne t'es jamais fait beau. Et c'est si rare aujourd'hui qu'on ne
45 pouvait pas faire autrement que de s'arrêter et d'écouter. Un homme
franc. Un homme libre. Mon ami, ce fut un honneur et un bonheur.

Luc Picard, comédien et réalisateur

Luc Picard, «Salut, le réalisateur nuancé !»,
Le Devoir, [en ligne]. (15 octobre 2009;
page consultée le 26 octobre 2009)

Lettre ouverte à Réjean Ducharme

Salut Réjean Ducharme,

Je t'écris comme on jette une
bouteille à la mer. Sans savoir où,
ni quand elle échouera. Dans le
5 ventre d'un béluga, sur un tas
d'algues pourries, dans un mois,
dans dix ans ? Va savoir…

Justement, je t'écris à cause de
ton *Va savoir*. Les médias en par-
10 leront sans doute beaucoup ces
jours-ci. Surtout si tu rafles le Renaudot, le Médicis, le Prix du gouverneur général (remis mardi) ou
le Grand Prix du livre de Montréal,
15 tous annoncés prochainement !
Des prix littéraires, tu en as déjà
toute une moisson.

Ce n'est sûrement pas quatre
de plus qui te feront sortir de ta
20 cachette.

Comme on ne se rencontrera
jamais, je m'offre le luxe d'une
lettre ouverte. Et le luxe aussi de te
tutoyer. D'ailleurs, il me semble
25 voir ta réaction si j'écrivais «vous»:
le sourcil relevé, poliment perplexe,
l'air de dire, qu'est-ce qu'elle a
celle-là à faire des manières ?
Donc, je te tutoie sans te connaître.
30 Mais quand on fait pleurer ses
lecteurs, il faut bien ensuite tolérer
leur familiarité. Surtout lorsqu'elle
s'exerce à distance.

Je voulais t'écrire pour te répé-
35 ter une évidence. Te dire ce que
tu sais déjà. Car tu le sais, n'est-ce
pas ? Les critiques, en France
comme partout au Québec, l'ont
déjà assez proclamé: «Un chef-
40 d'œuvre…»

Je voulais te répéter que ton roman est de ceux qu'on marque d'une pierre blanche. Un roman dont on parle à tous ses amis mais
45 qu'on ne prête pas. Un roman qu'on relit un jour de cafard. Un soleil inextinguible parmi nos souvenirs littéraires.

J'avais gardé ton livre pour mes
50 vacances, pour le lire en toute lenteur, sans interruption. Les livres remarquables sont si rares qu'il faut les traiter avec respect. On ne les lit pas à la pause-café ou en at-
55 tendant l'autobus, à la va-vite.

L'instinct a ça de bon qu'il nous avertit du danger et aussi des grandes joies à venir. Avant même d'avoir ouvert la première page de
60 *Va savoir*, mon instinct m'avait prévenue que je sortirais chavirée de cette lecture.

Depuis ma découverte flamboyante de *L'amour au temps du*
65 *choléra*, de Gabriel Garcia Marquez, je n'avais jamais lu une histoire d'amour aussi intense, aussi désespérée.

Je me suis si bien glissée dans
70 l'univers de Rémi Vavasseur, la sensuelle Mary, sa fille Fannie, Jina la dure à cuire, que je ne voulais pas sortir de *Va savoir*. Tu as rendu tes personnages si vrais, si pré-
75 sents, que lire la dernière page du roman était comme entrer en deuil. La beauté pure remue. J'ai pleuré donc.

Comme bien d'autres, je me
80 suis demandé : qui est cet homme capable d'écrire des pages si chaudes qu'elles nous brûlent entre les mains ? Si tendres qu'on a envie d'embrasser la couverture
85 blanc cassé de Gallimard ?

Que tu sortes ou non de ton anonymat, cher Réjean Ducharme, que tu gagnes ou non le Renaudot, au fond, ça n'a pas d'impor-
90 tance. Ce qui compte, c'est qu'on puisse lire tes livres. Après avoir lu *Va savoir*, je voulais te répéter les mots les plus clichés mais les plus significatifs que l'on puisse dire à
95 un écrivain : Merci. Encore.

Andrée Poulin

Andrée Poulin, « Lettre ouverte à Réjean Ducharme », *Le Droit*, 12 novembre 1994, p. A6.

Réjean Ducharme
(écrivain québécois, né en 1942)

« Je ne suis né qu'une fois. Cela s'est fait à Saint-Félix-de-Valois, dans la province de Québec. La prochaine fois que je mourrai, ce sera la première fois. Je veux mourir verticalement, la tête en bas et les pieds en haut. » Cette autobiographie est l'un des rares portraits que l'on possède de Réjean Ducharme, cet écrivain aussi célèbre qu'énigmatique. Dès la parution de *L'avalée des avalés* (1966), son premier roman, Ducharme est reconnu. Même après huit romans encensés par la critique (*L'océantume*, 1968 ; *L'hiver de force*, 1973 ; *Va savoir*, 1994), des pièces de théâtre décapantes d'originalité (*Ines Pérée et Inat Tendu*, 1974), des chansons et des scénarios qui lui ont valu une kyrielle de prix, il refuse, encore et toujours, d'accorder la moindre entrevue et de se révéler au public.

Henri Matisse, *Le déjeuner*, 1921.

Ensemble c'est tout ?

Danielle Laurin

C'est un livre étrange. Un livre comme vous n'en avez jamais lu. Avec des personnages comme vous n'en avez probablement jamais vu. Et pourtant, vous aurez l'impression d'être en terrain connu.

5 Paru en anglais en 2005, traduit dans une quinzaine de pays, c'est le deuxième roman d'une Ontarienne, scénariste de métier, qui vit aujourd'hui à Los Angeles : Lori Lansens.

Au Québec, c'est Alto, cette petite maison qui a
10 du flair, qui a mis la main dessus. Et ce sont des as de la traduction, Lori Saint-Martin et Paul Gagné, qui signent la version française. Le titre est tout simple : *Les filles*.

Ça commence comme ça : « Je n'ai jamais regardé
15 ma sœur dans les yeux. Je n'ai jamais pris mon bain toute seule. Je n'ai jamais tendu les bras vers une lune ensorceleuse, la nuit, les pieds dans l'herbe. »

Et ça continue : « Je ne suis jamais allée aux toilettes dans un avion. Je n'ai jamais porté de chapeau. On ne
20 m'a jamais embrassée comme ça. » Inattendu, intrigant, non ?

Celle qui parle s'appelle Rose. Celle qui écrit, pardon. Car il s'agit d'une autobiographie. Une autobiographie un peu particulière : Rose, vingt-neuf ans, est
25 jumelle conjointe. Attachée par le crâne à sa sœur, Ruby.

Les deux ont une veine essentielle commune et n'ont jamais pu être séparées. Ce qui fait dire à Rose : « J'aime ma sœur comme je m'aime. Et je la hais de la même façon. »

30 Rose a toujours voulu être écrivaine. Si elle s'est décidée à écrire son autobiographie maintenant, c'est qu'elle se sait condamnée : elle a un anévrisme au cerveau, qui menace à tout moment d'éclater. Et qui, par le fait même, met la vie de sa jumelle en danger.

35 Pas de temps à perdre. Il lui faut écrire son histoire, comme une sorte de testament, de legs adressé au reste du monde. Mais, puisque Ruby fait nécessairement partie de sa vie, elle lui demande d'écrire elle aussi des parties du livre, question de donner son point
40 de vue.

Une consigne cependant : elles n'ont pas le droit de lire ce que l'autre écrit… C'est *top* secret. C'est ce qui rend le roman intéressant, ce qui en fait un livre fort, intense, drôle, troublant : les deux récits alternent,
45 s'entrecroisent, se complètent, se contredisent.

Ce qu'on retient : les filles ont beau être soudées l'une à l'autre depuis leur naissance, avoir une complicité à toute épreuve, elles sont deux personnes distinctes, complètement différentes.

50 Récapitulons. Elles sont nées dans un petit village ontarien, un jour de tempête. La mère, une jeune paumée, a très vite disparu du décor. Les filles ont été élevées par une femme et un homme adorables, qui les ont aimées plus qu'elles n'auraient jamais pu
55 l'espérer.

Surtout, leurs parents adoptifs, qu'elles appellent affectueusement Tante Lovey et Oncle Stash, les ont toujours considérées comme deux personnes à part entière. Tante Lovey, surtout, a toujours insisté là-
60 dessus : leur individualité propre.

Elle les a toujours amenées, aussi, à se dépasser, à ne pas s'apitoyer sur leur sort. À développer leur

autonomie. Très tôt, elle a vu, elle a compris: «Ce sont des jumelles. Pas une fille avec deux têtes. Deux filles
65 avec une tête chacune, qui se trouvent simplement à être soudées ensemble.»

Évidemment, très jeunes, elles ont appris à faire des compromis. Rose peut marcher, elle est plus forte, plus grande que Ruby, c'est elle qui supporte le poids de sa
70 sœur: même si l'autre n'a pas envie d'aller quelque part, elle doit suivre.

À deux, c'est mieux

Danielle Laurin

Les filles
Lori Lansens (Alto)

Elles ont vingt-neuf ans, elles ont toujours vécu ensemble. Soudées par le crâne. Rose et Ruby sont
5 jumelles siamoises. Et parce que la mort les guette, elles se lancent dans l'écriture d'une autobiographie. Chacune leur tour, elles font le récit de leur vie hors du commun, mais en même temps semblable à la nôtre pour ce qui est des sentiments,
10 des aspirations, du désir de lui donner un sens. Merveilleux roman, empreint de grâce. Les narratrices adoptent un ton désinvolte qui contraste avec la profondeur de leur propos. Pas d'apitoiement, même face à leur propre mort.

Danielle Laurin, «À deux, c'est mieux»,
Elle Québec, juillet 2009, p. 38.

Jusqu'à un certain point… Car lorsque Rose a voulu aller à l'université pour étudier la littérature, Ruby a mis son *veto*. Et a gagné. D'où une grande frustration
75 chez Rose.

Rose aime le baseball à la télé, mais pas Ruby; Ruby se passionne pour l'histoire des autochtones, adore faire des fouilles sur le terrain, mais Rose préfère rester allongée pour lire, ou griffonner des poèmes.

80 Comment faire pour que l'une et l'autre y trouvent leur compte? Imaginez lorsque l'amour leur tombe dessus! Imaginez lorsque l'une veut embrasser un garçon… Imaginez le moment de faire l'amour…

Aujourd'hui, les filles gagnent leur vie, travaillent
85 dans une bibliothèque: Rose s'occupe du classement et Ruby fait la lecture aux jeunes. Mais, «pour des raisons évidentes, nous ne travaillons jamais toutes les deux en même temps», précise l'une d'elles.

Il y a, dans ce roman, une touche d'humour irré-
90 sistible. Une légèreté de ton. Une constante autodérision. Une façon de banaliser tout ce qui, à première vue, sort complètement de l'ordinaire.

Pourtant, derrière, on sent bien l'émotion. Le cœur qui palpite. Le temps qui presse, le danger qui guette.
95 Nous savons, les filles savent qu'elles vont mourir…

Il y a bien quelques longueurs. Pas tellement lorsque Rose, soucieuse de remettre les choses en contexte, maniaque du détail, multiplie les digressions: là, c'est plutôt savoureux. Mais il y a une histoire de
100 voyage en Slovaquie qui n'en finit plus, qui ralentit inutilement le rythme, bref, dont on se serait passé.

Reste que *Les filles* se distingue par un refus du voyeurisme, du sensationnalisme. Par la justesse de ton. Jamais nous n'avons l'impression d'être dans un
105 cirque, d'avoir devant les yeux des objets de foire.

Au contraire, malgré toutes les situations à première vue invraisemblables qui sont décrites dans ce roman, malgré l'aspect bizarroïde des filles, on en vient à s'identifier tout à fait à elles. On vit tous les événe-
110 ments avec elles, on est dans leur tête à elles.

La question qui traverse *Les filles*, au fond, est vieille comme le monde: comment faire pour exister par soi-même quand on est deux?

***
115 *Les filles*
Lori Lansens
Traduit de l'anglais par Lori Saint-Martin et Paul Gagné
Alto
Québec, 2009, 584 pages

Danielle Laurin, «Ensemble c'est tout?», *Le Devoir*, [en ligne].
(4 avril 2009; page consultée le 26 octobre 2009)

Colocs en stock

Un Tintin bien de chez nous

J'ai eu la chance d'être parmi les tout premiers à lire cette excellente adaptation de *Coke en stock* réalisée spécialement pour le Québec. L'album est drôle de bout en bout.

5 Écrit dans le langage québécois familier, il recèle mille expressions imagées d'ici, des clins d'œil à notre culture (chanson, cinéma, littérature, télévision), mais sans jamais s'abaisser au joual, aux anglicismes ni à des termes vulgaires comme les sacres. Que des québé-
10 cismes de bon aloi, dans le respect total de l'œuvre d'Hergé.

L'effet premier est de rendre tous les personnages plus près de nous, et cette transposition ne détonne jamais. Tout reste naturel et crédible.

15 Je vois cette adaptation comme un florilège de la créativité langagière québécoise composé d'expressions de toutes les époques, avec pour résultat que l'album plaira aux jeunes de 7 à 77 ans comme l'a toujours souhaité Hergé.

20 Comme c'est d'abord et avant tout une langue parlée, l'album gagne à être lu à haute voix, et c'est encore plus amusant ainsi. Les membres de la famille prendront plaisir à se lire les répliques. Ceux qui adorent l'accent québécois populaire des dessins animés
25 comme les Pierrafeu ou les Simpson seront ravis.

De telles adaptations ont leur place dans notre culture. Soyons fiers du trésor de la langue québécoise amassé au fil du temps par les nôtres et mis en valeur dans des adaptations comme *Colocs en stock*.

Réjean Labrie

Réjean Labrie, «Un Tintin bien de chez nous», *Vigile*, [en ligne]. (21 octobre 2009; page consultée le 26 octobre 2009)

Tintin en joual

Lysiane Gagnon

Les Québécois, pauvre petit peuple perdu dans les épinettes, sont trop demeurés pour lire les aventures de Tintin en français. Les Éditions Casterman leur expédient donc charitablement une version «québécoise», gracieuseté d'un professeur de l'université Laval. On peut toujours compter sur les intellectuels pour mépriser le peuple.

5 Un dénommé Yves Laberge, un sociologue qui enseigne en philosophie (?), a traduit dans ce qu'il appelle «la langue québécoise» les bulles d'un album intitulé *Coke en stock*… qu'il a rebaptisé *Colocs en stock* même s'il n'y a pas de colocataires dans cette histoire et même si cette phrase n'a aucun sens. Mais ce n'est que l'une des incongruités de cette entreprise dont on voudrait croire qu'il s'agit d'une blague. Hélas! c'est vrai. Les Éditions Casterman ont accepté le projet présenté 10 par ledit sociologue et distribueront cet automne 15 000 exemplaires de cet album, frappé au surplus d'une fleur de lys pour bien indiquer que ce patois est la langue officielle du Québec.

L'affaire est une imposture à de multiples niveaux.

Le joual est un dialecte oral, pas une langue écrite. Rien n'est plus difficile que de décoder un texte en joual… pour la simple raison que les Québécois, même ceux qui émaillent de joual leur 15 langage familier, ne lisent qu'en français. Des générations de Québécois ont lu Tintin en français. Mais ils devront relire à deux fois (ou à haute voix) l'expression «entéka» pour saisir qu'il s'agit de la forme relâchée de «en tout cas».

Imposture aussi que l'idée selon laquelle cette variante du joual serait la langue que parlent les Québécois. M. Laberge disait au *Devoir* qu'il s'est «inspiré du français que l'on parle autour de 20 lui». Ah oui? Est-ce que ses collègues de Laval émaillent leurs narrations de «astheure» et de «toé pis moé»? Est-ce qu'ils parlent des «vues» plutôt que du «cinéma»? Est-ce qu'ils disent «quossé qui mène du train de même»? Est-ce que les Québécois ordinaires sont incapables de suivre le bulletin d'information de TVA, qui est récité en français? Incapables de lire *La Presse*, qui est écrite en français?

25 Il faut un sacré culot pour prétendre, comme le fait M. Laberge, que son «adaptation» permettra à ses lecteurs de «retrouver un français du Québec que l'on connaît et qui nous est exclusif». Exclusif, *you bet*. S'il fallait suivre M. Laberge et quelques autres du même acabit, les Québécois deviendraient des insulaires finis, incapables de se faire comprendre des autres francophones.

On pourrait aussi signaler, mais ce serait donner trop d'importance à cet ouvrage tordu, qu'il est 30 stupide de faire parler tous les personnages avec les mêmes tics langagiers et le même niveau de langue, et de mettre dans la bouche du Breton Haddock, d'un général espagnol et d'un personnage arabe des expressions qui avaient cours il y a deux générations dans certains milieux et régions du Québec.

Question: comme les Québécois lisent Tintin en français, à qui les Éditions Casterman veulent-35 elles vendre cet album? Je crois, hélas! avoir deviné. Casterman publie beaucoup d'ouvrages scolaires. Ce que vise Casterman, c'est le marché scolaire québécois. Il suffira de quelques pédagogues démagogues (on n'en manque pas) pour que les élèves soient encouragés à lire Tintin en joual plutôt que dans cette langue française qu'ils comprennent parfaitement pour peu qu'ils aient appris à lire. Et le pire, c'est que M. Laberge veut traduire d'autres albums!

40 À l'entreprise absurde d'un prof qui apparemment n'a rien d'autre à faire que de réécrire des bulles de bandes dessinées s'est ajouté le paternalisme ignorant d'un éditeur bruxellois. L'insulte est de taille.

Lysiane Gagnon, «Tintin en joual», *La Presse*,
24 octobre 2009, cahier Plus Forum, p. 9.

Guernica

En 1936, Picasso a figuré la tragédie de tout un peuple.
Il existe peu de tableaux en colère, peu de tableaux
aussi brûlants que *Guernica*.

Paul Éluard, Picasso, dessins, 1952.

Pablo Picasso, *Guernica*, 1937.

Guernica (1937)

Le 26 avril 1937, en pleine guerre civile espagnole, quatre escadrilles alle-mandes bombardent la ville de Guernica. Bombes explosives, mitraillage, bombes incendiaires : le massacre fait des milliers de morts et détruit la moitié des habitations. Ce raid sans précédent sur une population civile – une «occasion» dont s'est servi Hitler pour tester ses armes et sa stratégie militaire – est vivement condamné par la communauté internationale. Le gouvernement espagnol commande alors à Picasso un tableau qui té-moignerait de la barbarie de cet événement à l'exposition universelle de 1937. Picasso, mû par sa colère et celle de son peuple, réalise en moins d'un mois un immense tableau en noir et blanc qui reflète l'ampleur de la tragédie. Quelques années plus tard, Picasso reçoit la visite d'un ambas-sadeur nazi dans son atelier. Devant une photo de *Guernica*, ce dernier s'exclame : «C'est vous qui avez fait cela ?» Picasso lui répond : «Non… c'est vous.»

Le cours de l'Africain à la baisse

À la Bourse de la vie, celle des Africains ne vaut presque plus rien.
C'est le temps d'investir, d'exploiter, d'encourager les massacres:
ça passera inaperçu.

Au moment où ça s'est mis à grouiller en Somalie, les médias ont bien failli être obligés de s'intéresser à l'Afrique. Fffiou pour les médias, le Proche-Orient a volé à nouveau la vedette. Alors on nous mitraille de statistiques: on compte les jours (24ᵉ jour du conflit), on recense les civils morts la nuit dernière, on évalue la durée des heures qu'il a fallu pour évacuer nos ressortissants canadiens du Liban («De trop longues heures!»), nos spécialistes – qui n'ont rien vu venir – analysent maintenant en pourcentage les chances d'un cessez-le-feu, on additionne les bourdes du premier ministre du Canada (la statistique change chaque jour)…

Y'en a marre des statistiques. Mais puisque ça semble être le seul moyen d'être entendu, on va en lancer d'autres. Des chiffres africains cette fois, si absurdement énormes qu'on dirait qu'ils n'existent pas. En Afrique, la misère ne se compte pas en jours mais en

Une femme tient un enfant affamé en Somalie.

années. Reculez dans vos livres d'histoire, à la page du début des colonies. En Afrique centrale, 55 % de la population n'a pas assez à manger. Pour la seule République démocratique du Congo (RDC), c'est 71 % de la population qui est mal nourrie, soit au moins 30 millions de personnes.

Mais parler de « personnes qui mangent mal », c'est poche. D'autant plus qu'on parle de Noirs et qu'ici, après tout, on vit le drame horrible de la malbouffe. Alors à la place, on va utiliser les statistiques qui concernent des enfants morts: en RDC, c'est 585 000 enfants qui meurent chaque année. D'ailleurs, 20 % des enfants au monde vivent en Afrique subsaharienne. Pourtant, ils représentent à eux seuls 50 % du taux de mortalité infantile mondiale.

Pour la seule Afrique, on estime le nombre de réfugiés, déplacés internes et apatrides à près de 20 millions d'individus. Imaginez le premier ministre du Canada qui va les chercher une douzaine à la fois avec son avion… En ce moment, on ne parle plus du Darfour. Pourtant, l'enfer y est quotidien, ordinaire. Au Darfour, le gouvernement soudanais n'envoie pas de bateau pour évacuer ses ressortissants. D'une part, il n'y a pas d'eau. D'autre part, là-bas, c'est le gouvernement qui bombarde son monde.

Pour le seul Darfour, on a tassé un peu plus la virgule: on compte en millions les déplacés internes qui végètent dans des camps, parfois avec aussi peu que cinq litres d'eau par jour au contraire de nos 1000 litres quotidiens. Il y fait 50 degrés Celsius, mais heureusement il n'y a pas de Miss Météo aux totons en plastique pour les écœurer avec le facteur humidex. Et puis, comme on dit ici: «Ouin mais là-bas, c'est sec! C'est une chaleur sèche! C'est moins pire, 50 Celsius sec que 40 Celsius humidexé! Sont ben, là-bas: y fait chaud sec!» Ouais. Très sec. Trop, oserais-je même ajouter.

Freak show

Les statistiques africaines sont si astronomiques, on dirait un *freak show*. C'est comme du Cirque du Soleil mais avec trop de soleil et pas du tout de *fun*. Et pour continuer d'essayer de capter notre attention, ces Africains continuent de mourir en masse du sida. En

Des milliers de Soudanais fuyant le Darfour se sont réfugiés dans un camp de Médecins sans frontières.

De 1998 à 2001, les États-Unis, le Royaume-Uni et
95 la France ont engrangé plus de revenus des ventes d'armes aux pays en développement que le montant d'aide au développement qu'ils ont versé à ces mêmes pays. Traduction: tandis que vos taxes ou vos contributions à des ONG soignent un ti-peu les Africains,
100 on leur offre tout ce qu'il faut afin qu'ils s'entretuent ensuite, au profit des fabricants d'armes. Tandis qu'on joue aux pompiers de la misère, les incendiaires ont un *fun* noir. Et ça ne s'améliore pas. Le nombre de personnes qui survit avec moins d'un dollar par jour en
105 Afrique subsaharienne a presque doublé depuis 1981. En 2001, 313 millions vivaient avec moins d'un dollar par jour, soit 46 % de la population. Au Niger, 200 000 enfants ne vont pas à l'école parce que les pays riches ont fait faux bond et n'ont pas financé un plan d'édu-
110 cation qu'ils avaient pourtant avalisé dans le cadre du programme *Éducation pour tous*.

Afrique subsaharienne, où l'on ne compte pourtant que 10 % de la population mondiale, on retrouve 64 % des personnes qui sont porteuses du VIH et 90 % des
65 enfants de moins de 15 ans infectés par le virus.

En 2005, le VIH/sida a tué 2,4 millions de personnes en Afrique, principalement des adultes, affaiblissant la force de travail des pays, détruisant le capital humain des communautés et laissant environ 12 millions d'or-
70 phelins. [...] Je vous épargne les statistiques concernant les viols de femmes, de fillettes et de bébés en guise de représailles guerrières.

Cré Noirs! Ce qu'ils ne feraient pas pour qu'on tourne notre regard vers eux!

75 Jeudi, les médias se réjouissaient de nous sortir une nouvelle statistique concernant le Proche-Orient: jusqu'à maintenant, la guerre israélo-libanaise aurait provoqué des dégâts estimés à 2,5 milliards de dollars. Ici, on se réjouit déjà: il y aura donc pour 2,5 milliards
80 de contrats de reconstruction. En Afrique, on estime que les conflits armés occasionnent des pertes économiques de 15 milliards par année. Pour provoquer 15 milliards de perte en détruisant des huttes en bouette et des routes en garnotte, imaginez la généra-
85 lisation des troubles. Et n'imaginez pas qu'on va tout reconstruire...

Et les armes continuent d'y arriver en masse. Oh, certes, rien de nucléaire: pas de quoi s'inquiéter. Ensemble, les cinq membres permanents du Conseil de
90 sécurité (!) de l'ONU exportent 88 % des armes conventionnelles dans le monde. Ces exportations sont régulièrement la cause principale des violations flagrantes des droits humains: meurtres, blessures, tortures.

Des orphelins du sida au centre VIH Mildway, en Ouganda.

Loin de souhaiter prendre à la légère le conflit du Proche-Orient, je désire surtout rappeler aux médias d'informations que s'ils cherchent de la belle grosse
115 misère noire, des tas de morts et des manifestations guerrières, l'Afrique en est pleine. Y a que l'embarras du choix. Et le sang africain est rouge lui aussi. Pourquoi ne pas sortir un de vos journalistes des Outgames et l'envoyer en stage en Afrique?

120 (Sources: *Millenium Development Goals Report 2006* de l'Organisation des Nations Unies, Programme des Nations Unies pour le développement, Oxfam, Médecins sans frontières.)

François Avard, auteur

François Avard, «Le cours de l'Africain à la baisse», *La Presse*, [en ligne]. (5 août 2006; page consultée le 26 octobre 2009)

CINQUANTE JOURS EN AFRIQUE

Marc Cassivi: Tu reviens souvent sur ton voyage en Afrique (NDLR: au Rwanda, au Soudan et en République démocratique du Congo). Ç'a été un tournant dans ton engagement?

François Avard: Mon voyage en Afrique a été un tournant non seulement dans mon engagement, mais aussi dans ma vie. N'importe qui serait revenu complètement changé. Ça m'a donné
5 le goût de prendre le crachoir dans les médias pour tous les sans-voix du Darfour.

M. C.: Il y a un danger à devenir porte-parole d'une cause sans en être un spécialiste. Je ne sais pas combien de temps tu as passé en Afrique…

F. A.: Cinquante jours. Ce qui serait chouette, ce serait que les spécialistes de la chose africaine ou de l'itinérance soient des vedettes. Ils sont les mieux placés pour en parler. Je ne peux pas être
10 aussi spécialiste de l'itinérance ou de l'Afrique que je le suis de la scénarisation. Sauf qu'il y a une chose que j'ai, c'est un cœur, une sensibilité, une façon d'exprimer ce que je vois.

C'est plate à dire, mais il y a bien des spécialistes qui sont plates. Je suis comme une caisse de résonance de leur travail. Ça ne me gêne pas du tout de ne pas être un spécialiste de l'Afrique. J'y suis allé et j'ai vu bien des affaires que des intellectuels qui étudient l'Afrique n'ont jamais vues
15 parce qu'ils n'ont pas visité les coins de misère que j'ai visités. […]

M. C.: J'ai l'impression que la misère à l'étranger est souvent récupérée chez nous par les bons sentiments. […] As-tu le souci de ne pas tomber dans le misérabilisme?

F. A.: […] Je pense que d'utiliser les bons sentiments au sortir d'une expérience pareille, c'est la base. Il faut que ça parte de là. Il faut interpeller les gens avec cette misère-là. L'aide ne doit pas
20 être cérébrale. Si tu es capable de toucher les gens par ce que tu vois et ce que tu fais, c'est tout ce qui compte. Je crois bien plus à l'élan du cœur qu'à l'élan de la tête.

Marc Cassivi, «À table avec François Avard», *La Presse*, [en ligne].
(25 novembre 2008; page consultée le 26 octobre 2009)

Les pilleurs de tombes

Christian Rioux

Ils ont tous le même air hagard. Leur peau ridée et livide dégage une tristesse sans nom. On dirait qu'ils fixent le sol comme pour cacher leur gêne d'être exposés sans pudeur aux regards de leurs semblables
5 qui rigolent ou téléphonent sous leurs yeux. Ils ont l'œil vide de ceux qui ne comprennent pas ce qui leur arrive. «Ce sont des morts?» demande la jeune fille à mes côtés sans trop savoir si elle doit rire ou s'enfuir. Sa copine n'ose pas répondre.

10 Car ils sont bien morts, tout ce qu'il y a de plus mort, ces 17 cadavres exposés à Paris dans un espace commercial à deux pas de l'église de la Madeleine. Ils ont même été disséqués, dépecés, éventrés et tranchés en rondelles. C'est d'ailleurs pour cela qu'on vient voir
15 ces corps décharnés dont on vante le procédé révolutionnaire de conservation appelé «plastination». Paris est l'une des dernières villes du monde à accueillir une exposition dont le succès mondial ne se dément pas. Plus de 30 millions de personnes auraient en effet
20 communié à ce nouveau rituel païen.

L'exposition *Our Body: À corps ouvert* est passée sans trop semer l'émoi durant l'été 2007 dans le Vieux-Port de Montréal, où elle s'intitulait *Le monde du corps*. Contrairement à Montréal, l'exposition provoque en
25 France un véritable tollé. Le producteur français, un habitué des concerts rock du Parc des Princes, s'est fait claquer la porte au nez par tous les musées parisiens. Il a donc dû se résoudre à louer lui-même, pour une période de quatre mois, un espace commercial de
30 1200 mètres carrés pour y installer ses cadavres.

La différence d'attitude entre Montréal et Paris est frappante. Alors que le Centre des sciences de Montréal avait accueilli l'exposition sans problème, la prestigieuse Cité des sciences de La Villette, à Paris, a
35 refusé tout net. Contrairement au comité d'éthique montréalais qui n'avait suggéré que quelques ajouts «pédagogiques», le Comité consultatif national d'éthique français a violemment dénoncé une «prime au voyeurisme sous couvert de science». À la différence
40 de la presse québécoise qui avait été plutôt clémente

(à une ou deux exceptions près), les journaux français n'ont cessé de pourfendre ceux qu'ils qualifient de «charognards».

À une autre époque, les foires de villages n'hési-
45 taient pas à exposer dans des salles obscures les corps hideux de monstres humains déformés par la maladie ou les handicaps. En 2009, il n'est heureusement plus possible de traiter les handicapés avec le même mépris. Dans la société du spectacle, c'est l'homme ordinaire
50 qui est devenu l'objet du même voyeurisme.

Réglons d'abord son compte à la science. Il n'y a rien dans cette exposition qui dépasse le mauvais résumé d'un manuel de biologie du primaire. Les textes n'ont visiblement été rédigés que pour donner
55 un vernis «pédagogique» à l'entreprise. «La digestion commence par l'action de la bouche et des dents», lit-on sur un des panneaux accrochés au mur. Le reste est à l'avenant.

Pour servir la «science», on aurait pu réaliser la
60 même exposition avec des reproductions. Les formes et les couleurs n'en auraient été que plus proches de la réalité des corps en action. Mais une fois le petit frisson du voyeur évaporé, qui aurait payé 25 $ pour contempler un appareil digestif en plastique ? Per-
65 sonne, évidemment ! Comme l'écrit le professeur Pierre Le Coz, de la faculté de médecine de Marseille : «La foule ne s'agglutine que lorsqu'il y a de vrais corps d'hommes à contempler, toute l'histoire de nos foires humaines est là pour en témoigner.»

70 Pour agrémenter la visite, nos croque-morts mo-
dernes poussent la profanation jusqu'à mettre ces corps dans des positions incongrues. L'un pédale à cœur joie pendant qu'un autre joue au soccer. Hourra ! La société du spectacle vient de repousser une nou-
75 velle frontière, diront quelques gourous de la commu-
nication.

Le plus troublant demeure pourtant l'anonymat de ces hommes. On sait seulement qu'ils viennent de Chine. Les organisateurs assurent qu'ils auraient
80 volontairement donné leur corps à la science. En échange de quoi ? Savaient-ils qu'ils seraient exposés à travers le monde au profit d'une entreprise lucrative ? On n'en saura pas plus. Le producteur français a reconnu ne pas disposer de «certificats individuels».
85 Bref, il est plus facile de retracer la région, le troupeau et l'éleveur de n'importe quelle pièce de bœuf vendue en boucherie.

Que diraient les visiteurs s'ils apprenaient que cet homme écorché qui repose à quelques centimètres
90 derrière la vitre était un sympathique vendeur ambu-

lant de Pékin qui avait trois adorables enfants et une vieille mère malade à laquelle il apportait des gâteaux tous les dimanches ? Les historiens du totalitarisme savent que la première étape de la déshumanisation
95 consiste à supprimer l'identité des victimes. Cela se fait en leur enlevant leur nationalité, leur titre, leur nom et tout lien familial.

Dans un coin, une peau d'homme ressemble à s'y méprendre à une descente de lit. De mon seul cours
100 d'anthropologie à l'université, il ne me reste que peu de souvenirs. Mais le plus tenace, c'est que la première caractéristique des sociétés humaines les plus primi-
tives consistait à enterrer leurs morts.

Mauvaise nouvelle pour l'humanité.

Christian Rioux, «Les pilleurs de tombes», *Le Devoir*, [en ligne].
(27 février 2009; page consultée le 26 octobre 2009)

Lettre ouverte de Victor Hugo aux journaux

28 juillet 1872

Aux journaux,

Je signale ceci à toute la presse.

Non seulement à celle qui est républicaine, mais à celle qui est libérale, non seulement à celle
5 qui est libérale, mais à celle qui est humaine.

Une pétroleuse est exécutée à Paris par les troupes de Versailles après la chute de la Commune, en 1871.

Une question effrayante est posée.

Une femme, nommée… – Qu'importe le nom ? – Une femme est condamnée à mort.

Par qui ?

10 Par une cour d'assises ? – C'est bien simple. Guillotinez-la.

Non. Par un conseil de guerre ? – Eh bien, fusillez-la.

En effet, le conseil de guerre ne dispose pas
15 de la guillotine.

Maintenant, examinons ceci.

Fusiller une femme ?

Fusiller un homme, cela se comprend. D'homme à homme, ces choses-là se font. C'est
20 dans l'ordre; non dans l'ordre naturel, mais dans l'ordre social.

Mais fusiller une femme !

La fusiller froidement, officiellement, régu-lièrement.

25 Se figure-t-on ceci ?

Douze hommes, douze jeunes hommes, hier paysans, aujourd'hui soldats, hier innocents dans leur village, demain peut-être sublimes sur le champ de bataille, douze braves cœurs, douze jeunes âmes, douze citoyens comme vous et moi, tombent au sort, le hasard les choisit, et les voilà
30 exécuteurs.

Exécuteurs de qui ?

Je n'accuse pas la loi, je n'accuse pas le tribunal; la loi est inconsciente, le tribunal est honnête. Je constate simplement les faits.

On amène ces douze braves garçons devant un poteau, à ce poteau on attache quelqu'un, et on
35 leur dit : Tirez là-dessus.

Ils regardent, et ils voient une femme.

Ils voient un front qui leur rappelle leur sœur ; ils voient un sein qui leur rappelle leur fiancée ; ils voient un ventre qui leur rappelle leur mère.

Et ce front, il faut le foudroyer ; et ce sein, il faut le percer ; et ce ventre, il faut le trouer de balles.

40 Je dis que c'est terrible.

Dans ce mot, conseil de guerre, il y a la guerre ; c'est-à-dire la mort donnée à l'homme par l'homme ; il n'y a pas la mort donnée par l'homme à la femme.

Ne bouleversons pas les profonds instincts de l'homme. Laissons nos soldats tranquilles. Ne leur faisons point fusiller des femmes.

45 Soit, dit-on. Il y a la guillotine.

Ceci est grave.

Disons-le tout net, la guillotine se refuse. La guillotine est une personne civile et non un fonctionnaire militaire ; elle obéit à des robes rouges, non à des épaulettes.
50 Elle veut bien tuer, mais correctement. Elle décline sa compétence.

Continuons.

Qui relèvera le cadavre ? qui l'emportera ? qui le dépouillera ? qui constatera membre à membre, à une
55 plaie là, à une fracture là, le passage de la loi à travers ce pauvre corps infortuné ? Ici se soulève en nous on ne sait quelle pudeur formidable, qui est ce que la conscience humaine a de plus grand.

Et si la misérable ne tombe pas morte, qui donnera ce
60 qu'on appelle le coup de grâce ? Vous représentez-vous l'homme quelconque que vous allez faire sortir des rangs, et à qui vous direz : elle vit encore, achevez-la. Quel crime a-t-il commis cet homme, pour être forcé de faire cela ? De quel droit ajoutez-vous ce condamné à
65 cette condamnée ? de quel œil regardera-t-il désormais son chassepot ? quelle confiance ce soldat pourra-t-il avoir dans ce fusil ? le croira-t-il encore bon, après avoir fait sauter cette cervelle, à délivrer votre Alsace et votre Lorraine ? Le bourreau pourra-t-il redevenir héros ?

70 Dilemme affreux. Alternative monstrueuse.

Fusiller est légal, mais impossible.

Guillotiner est possible, mais illégal.

Quel parti prendre alors ?

Je vais vous dire une chose épouvantable :

75 Faire grâce.

Victor Hugo

Victor Hugo, « Aux journaux »,
28 juillet 1872.

SOMMAIRE

◄ August Macke, *Femmes orientales*, 1912.

La poésie un point c'est tout

Le poème ne se comprend pas. Il se reçoit cinq sur cinq, comme un coup de poing, une attaque cardiaque, un appel d'oiseau au
5 matin, la caresse du vent, l'irruption de la beauté, la pluie après la canicule, tout ce que vous voudrez. Il se reçoit, il se donne, il vous prend, vous comprend comme
10 s'il vous connaissait de toujours, comme s'il vous était destiné, comme s'il vous écrivait, vous attendait, comme si c'était vous qui l'aviez écrit dans une autre vie,
15 et c'est vous d'un seul coup, vous tout entier, vous et ce que vous ignoriez de vous, c'est vous qui l'écrivez.

[…] Le poème est à vous, pour
20 vous et pour tous ceux qui s'y reconnaissent. C'est dans ce sens qu'on peut dire que la poésie est écrite pour tous et par tous.

Guy Goffette, *20 poètes pour l'an 2000*,
Paris, Gallimard Jeunesse,
coll. «Folio junior en poésie», 1999,
p. 101 et 102.

Jeremy Hauser, *Poésie d'une fleur en pot de peinture*, 2003.

Langage

Je dis : nuit, et le fleuve des étoiles coule sans bruit, se tord comme le bras du
laboureur autour d'une belle taille vivante.

Je dis : neige, et les tisons noircissent le bois des skis.

Je dis : mer, et l'ouragan fume au-dessus des vagues, troue les falaises où le soleil
accroche des colliers de varechs.

Je dis : ciel quand l'ombre de l'aigle suspendue dans le vide ouvre les ailes pour
mourir.

Je dis : vent, et la poussière s'amoncelle sur les dalles, ensevelit les bouquets
de perles, ferme les paupières encore mouillées d'images de feu.

Je dis : sang, et mon cœur s'emplit de violence et de glaçons fous.

Je dis : encre, et les larmes se mettent à bruire toutes ensemble.

Je dis : feu sur les orties et il pousse des roses sur l'encolure des chalets.

Je dis : pluie pour noyer les bûchers qui s'allument chaque jour.

Je dis : terre comme le naufragé dit : terre quand son radeau oscille au sommet
de la plus haute vague et les oiseaux effrayés par mes cris abandonnent
les îles qui regardent de leurs prunelles mortes les merveilles des nuages.

Albert Ayguesparse, *Œuvre poétique 1923-1992*,
Amay, L'arbre à paroles, 1994, p. 153.

REPÈRES CULTURELS

ALBERT AYGUESPARSE (1900-1996)

L'écrivain belge Albert Ayguesparse devient poète à vingt-trois ans en publiant *Neuf offrandes claires* (1923). Au cours des années 1930, tout en poursuivant sa démarche poétique, il signe deux essais prémonitoires sur l'extrême voracité du capitalisme, *Machinisme et culture* (1931) et *Magie du capitalisme* (1934). Albert Ayguesparse étend ensuite son engagement politique au roman : *D'un jour à l'autre* (1940) est une critique acerbe de la petite bourgeoisie et de l'argent. Aux lendemains de la Libération et pendant quarante-six ans, il dirige la revue *Marginales* et offre ainsi une plate-forme de lancement aux jeunes auteurs belges. Il signe lui-même une douzaine de recueils de poésie, des romans et des nouvelles, en combattant toujours «pour l'homme humilié contre le seigneur, pour l'amour contre l'imposture».

L'invitation au voyage

Mon enfant, ma sœur,
Songe à la douceur
D'aller là-bas vivre ensemble !
Aimer à loisir,
5   Aimer et mourir
Au pays qui te ressemble !
Les soleils mouillés
De ces ciels brouillés
Pour mon esprit ont les charmes
10   Si mystérieux
De tes traîtres yeux,
Brillant à travers leurs larmes.

Là, tout n'est qu'ordre et beauté,
Luxe, calme et volupté.

15   Des meubles luisants,
Polis par les ans,
Décoreraient notre chambre ;
Les plus rares fleurs
Mêlant leurs odeurs
20 Aux vagues senteurs de l'ambre,
Les riches plafonds,
Les miroirs profonds,
La splendeur orientale,
Tout y parlerait
25   À l'âme en secret
Sa douce langue natale.

Là, tout n'est qu'ordre et beauté,
Luxe, calme et volupté.

Vois sur ces canaux
30   Dormir ces vaisseaux
Dont l'humeur est vagabonde ;
C'est pour assouvir
Ton moindre désir
Qu'ils viennent du bout du monde.
35   – Les soleils couchants
Revêtent les champs,
Les canaux, la ville entière,
D'hyacinthe et d'or ;
Le monde s'endort
40 Dans une chaude lumière.

Là, tout n'est qu'ordre et beauté,
Luxe, calme et volupté.

Charles Baudelaire,
Les fleurs du mal, 1857.

August Macke, *Vue dans une ruelle*, 1914.

Jardin de France

Calme jardin,
Grave jardin,
Jardin aux yeux baissés au soir
Pour la nuit,
Peines et rumeurs,
Toutes les angoisses bruissantes de la Ville
Arrivent jusqu'à moi, glissant sur les toits lisses,
Arrivent à la fenêtre
Penchée, tamisées par feuilles menues et tendres et pensives.

Mains blanches,
Gestes délicats,
Gestes apaisants.

Mais l'appel du tam-tam
                    bondissant
                            par monts
                                    et
                                        continents,

Qui l'apaisera, mon cœur,
À l'appel du tam-tam
                    bondissant,
                          véhément,
                                lancinant?

Léopold Sédar Senghor, *Poèmes divers*,
dans *Œuvre poétique*, Léopold Sédar Senghor
© Éditions du Seuil, 1984, p. 223.

REPÈRES CULTURELS

LÉOPOLD SÉDAR SENGHOR (1906-2001)

Écrivain et homme politique sénégalais, Léopold Sédar Senghor a été le premier Africain à siéger à la prestigieuse Académie française. Senghor se tourne vers la poésie alors que, combattant pour la France au cours de la Seconde Guerre mondiale, il est fait prisonnier par les Allemands et détenu pendant plus de deux ans. *Chants d'ombre*, son premier recueil, paraît en 1945. Parallèlement à sa carrière d'écrivain, Senghor s'engage dans la vie politique et devient, lors de l'indépendance du Sénégal en 1960, le premier président de son pays. En 1964, il publie le premier d'une série de cinq essais intitulée *Liberté*, dans laquelle il explore le concept de négritude, soit «l'ensemble des valeurs culturelles de l'Afrique noire». Sa puissante œuvre poétique, reconnue internationalement, se fonde sur l'espoir d'un métissage culturel mondial, d'une réconciliation universelle.

À Palembang

Sur le littoral périlleux de l'est de Sumatra
(récifs de coraux à foison, marécages à malaria)
Palembang
capitale du royaume de Srivijaya

moi, le voyageur I-Ching
en l'an 671 suis passé par là

les routes partant du port
embaument le santal, l'encens et la myrrhe

les perroquets parlent quatre langues.

Kenneth White, *Le passage extérieur*,
traduit de l'anglais par Marie-Claude White,
Paris, © Mercure de France, 2005, p. 25.

Le dromadaire

Avec ses quatre dromadaires
Don Pedro d'Alfaroubeira
Courut le monde et l'admira.
Il fit ce que je voudrais faire
Si j'avais quatre dromadaires.

Guillaume Apollinaire, *Le bestiaire*
ou *Cortège d'Orphée*, 1911.

Martiros Sar'jan, *Le dattier, Égypte*, 1911.

À 2000 années-lumière d'ici

Je cherche une rue. Il est midi.
Le ciel est clair comme de l'eau de roche.
Je cherche le plan du quartier, de la galaxie.
Je demande à un homme la rue du Cherche-Midi.
Il est quatorze heures
et il regarde sa montre qui résiste
même à la poussière d'étoiles. Il est perdu dans cette galaxie
qui est la mienne.
La réalité me glisse entre les doigts.
Il presse le pas et je le suis
mais il m'échappe comme dans un rêve
sans queue ni tête, un rêve de folle à lier.
Seule
je poursuis ma route
mes recherches intergalactiques
comme pour la dernière mission dans l'espace.
Mais qu'est-ce que je suis
venue chercher
ici à midi ?

Claudine Bertrand, dans *Avec des yeux d'enfant :
La poésie québécoise présentée aux enfants*, par Henriette Major,
Montréal, Hexagone/VLB éditeur, 2000, p. 71.

René Magritte, *La perspective amoureuse*, 1935.

Poétique du boulevard

Il y a ceux qui promènent un cornet de glace au chocolat
Ceux qui se tiennent la main, ceux qui se laissent pousser la barbe
Ceux qui portent un sac en plastique, avec des courses, des livres ou des bouteilles
Ceux qui mettent un chapeau, ceux qui balancent les bras
5 Ceux tee-shirt rayé, ceux polo vert et short rouge

Ceux terrasse de café, rhumerie, acras et daïquiri
Ceux lunettes en écailles
Celles grosse bague et collier d'or jaune
Ceux walkman, ceux et celles téléphone portable (De plus en plus nombreux.)
10 Ceux bracelet de montre et cigarettes anglaises
Ceux avec filtre ou sans filtre
Ceux «on the rocks», ceux rondelle de citron
Ceux chemise bleue à rayures fines, calvitie débutante
Ceux un peu empâtés par l'âge. Ceux BMW Z3, six
15   cylindres en ligne, 2793 cm^3

Ceux «je voulais te dire», ceux «maintenant ça suffit»
Ceux «dis-toi bien que je ne suis pas n'importe qui»
Ceux «j'aimerais bien bouger», ceux «sois belle,
                            parle-moi»
20 Ceux «je ne te demande pas d'être comme ça»
Ceux «putain, ça fait vingt-quatre ans!»

Ceux nulle part ou tout le monde
Ceux, mais je préfère celles
Celles et ceux penchés l'un vers l'autre
25 Ceux qui s'embrassent, comme c'est étrange, en se
                        caressant les oreilles
Ceux qui se frottent les yeux, ceux qui n'ont qu'un
                        amour pour deux
Ceux ou celles, regards bleus cheveux noirs, qui se
30   sourient de toutes leurs dents
Ceux qui se souviennent et ceux qui espèrent. On ne
                        saura pas quoi au juste
Ceux «mon amour qui court vers moi»

Ceux qui demandent cent sous pour acheter du pain
35 Ceux «manger rester propre». Ceux «cent sous ça
                        n'existe plus»
Ceux «les girolles au four ont rendu tout leur jus»
Ceux regards en coin, coup de blues
Ceux qui pleurent, ceux qui ne pleurent plus
40 Ceux qui s'aiment comme ils peuvent, mais qui ont
                        bien du mal
Ceux «ça ne finira jamais un poème de ce genre»
Ceux «ma vie est comme ce boulevard»
Ceux «Henri Michaux reste le poète que je préfère»

Jean-Michel Maulpoix, *Domaine public*,
Paris, © Mercure de France, 1998, p. 40 et 41.

JEAN-MICHEL MAULPOIX
(écrivain français, né en 1952)

Depuis le début des années 1980, le poète et critique littéraire Jean-Michel Maulpoix cherche à traduire en mots les émotions fugitives que lui procurent le ciel, la pluie, les boulevards et les voyages. Les titres de ses ouvrages de poésie reflètent sa sensibilité : *Dans la paume du rêveur* (1984), *Recherche du soleil levant* (1990), *Une histoire de bleu* (1994), *Domaine public* (1998), *L'instinct de ciel* (2000), *Pas sur la neige* (2004)… Jean-Michel Maulpoix a également écrit des essais sur ses poètes fétiches (Henri Michaux, Jacques Réda), sur le lyrisme et l'écriture poétique.

Avion (1)

La seule place où je
voudrais me poser ce soir
c'est
dans tes bras

Respirer comme un
avion en amour
se balançant de
gauche à droite
entre les lumières
de tes yeux

avant d'atterrir
une fois pour toutes
une roue à la fois

Patrice Desbiens, *Rouleaux de printemps*, Ottawa,
Prise de parole, 1999, p. 58.

REPÈRES CULTURELS

PATRICE DESBIENS
(poète franco-ontarien, né en 1948)

Le «cascadeur de la poésie» a roulé sa bosse de Tim-
mins, en Ontario, où il est né, à Sudbury, Toronto, Québec
et Montréal, où il vit désormais. Son recueil *Ici* (1974)
marque son entrée dans la poésie. Déjà, Patrice Desbiens
y fait entendre son sens du rythme et sa petite musique
d'écorché tendre. *L'homme invisible* (1981), *Dans l'après-
midi cardiaque* (1985), *Un pépin de pomme sur un poêle
à bois* (1995) et *La fissure de la fiction* (1997) le confirment comme un exceptionnel poète de la quotidien-
neté et l'un des auteurs majeurs du Canada français.
Également conteur et musicien, Patrice Desbiens a enregistré deux disques où il interprète ses poèmes sur des
musiques improvisées.

Marc Chagall, *Anniversaire*, 1915.

LA RRIEN QUE LA tOuIE IA

à QUE

Vous vous vous, parce que mais nul dont ce aucune
Quand de ce (pour avec) et ce pourquoi jamais;
Seulement le et les et déjà si quand nous
Au et contre ces qui d'où vous aussi vous des.

Quelque enfin, pas ne tant depuis tout après une
Car si du en auprès (comme un qui je pour vous).
Et même… Il en leur la plus que ce je ne te
Maintenant et cela ou tel toujours sans très.

Là de les puisque vous, moins que pour dont, autour
Desquels celui ne parmi et jusqu'alors – non
Dans le de et par – la qu'il comme la et seuls

Désormais tu son donc! et tu bien les ici
Mais grâce à lorsque sur dont un les des en eux
Tu Tu Tu à travers les nul dont ce aucune.

LE

François Le Lionnais,
dans *Oulipo: La littérature potentielle*,
Paris, © Gallimard, 1988, p. 226.

REPÈRES CULTURELS

FRANÇOIS LE LIONNAIS (1901-1984)

Ingénieur et mathématicien, François Le Lionnais est, avec l'écrivain Raymond Queneau, le fondateur de l'Oulipo, un groupe d'auteurs et de scientifiques qui se donnent de rigoureuses contraintes pour créer une «littérature potentielle» hautement originale. Véritable homme de la Renaissance, spécialiste du jeu d'échecs, de la peinture et de la musique, François Le Lionnais a, tout au long de sa carrière, conjugué l'art et la science. Son ouvrage sur les *Nombres remarquables* (1983) et les manifestes de l'Oulipo qu'il a signés de sa plume curieuse et ludique l'ont rendu célèbre.

Introduction à l'usage des néophytes et des grands débutants

OuLiPo. Qu'est ceci ? Qu'est cela ? Qu'est-ce que Ou ? Qu'est-ce que Li ? Qu'est-ce que Po ?

Ou, c'est *Ouvroir*, un atelier où l'on œuvre. Pour fabriquer quoi ? De la Li.

5   *Li*, c'est la *littérature*, ce qu'on lit et ce qu'on rature. Quelle sorte de Li ? La LiPo.

Po signifie *potentielle*. De la littérature en quantité illimitée, potentiellement productible jusqu'à la fin des temps, en quantités énormes, infinies pour
10   toutes fins pratiques.

Qui ? Autrement dit : qui est responsable de cette entreprise insensée ? Raymond Queneau (RQ), un des pères fondateurs, et François Le Lionnais, dit FLL, co-père et compère fondateur, et premier prési-
15   dent du groupe, son Fraisident-Pondateur.

Que font depuis plus de quarante ans[1] les Oulipiens, les membres de l'Oulipo (Italo Calvino, Georges Perec, Marcel Duchamp[2]) et autres mathématiciens et littérateurs, littérateurs-mathématiciens,
20   et mathématiciens-littérateurs ? Ils travaillent.

Certes, mais à *quoi* ? À faire avancer la *Lipo*.

Certes, mais *comment* ?

En inventant des contraintes. Des contraintes nouvelles et anciennes, difficiles et moins difficiles
25   et trop difficiles. La Littérature oulipienne est une *Littérature sous contrainte*.

Et un auteur oulipien, c'est quoi ? C'est «un rat qui construit lui-même le labyrinthe dont il se propose de sortir». On prête la définition à Raymond
30   Queneau. Elle n'est pas mauvaise.

Un labyrinthe de quoi ? De mots, de sons, de phrases, de paragraphes, de chapitres, de livres, de bibliothèques, de prose, de poésie, et tout ça…

François Le Lionnais, dans *Abrégé de littérature potentielle* de l'Association Oulipo, © Éditions Mille et une nuits, département de la Librairie Arthème Fayard 2002 pour la présente édition, p. 5 et 6.

1. L'Oulipo a en effet été fondé en décembre 1960. Il compte dix membres fondateurs.

2. Nous ne mentionnons ici que ceux les plus publics et dont l'œuvre est close, étant désormais excusés aux réunions pour cause de décès.

Elle est plus jolie que l'amour

À Bente

Elle est plus jolie que l'amour
Elle a dans les yeux la couleur
triste et vivante pourtant
de la mer
Et elle avance à pas de
louve contre la mort

Et moi je voudrais avancer
avec elle
Sortir du pays dont l'avenir
est sorti
Sortir de soi-même pour être
nous-mêmes

Il suffirait que nous allions
un peu plus loin
Et que nous nous enfermions
dans notre regard
Et qu'elle ouvre son sourire
pour que je puisse y
entrer

Christian Dotremont, *Œuvres poétiques complètes*,
Paris, © Mercure de France, 1998, p. 207.

Hyacinth Mannin, *Couple dansant*, 2006.

REPÈRES CULTURELS

CHRISTIAN DOTREMONT (1922-1979)

Christian Dotremont est le poète qui peignait ou le peintre qui écrivait, c'est selon. Né en Belgique, il participe à Bruxelles à la création du surréalisme révolutionnaire belge en 1947. Il a alors déjà écrit les *Souvenirs d'un jeune bagnat* (1941) et des *Lettres d'umour* (1943), illustrées par son compatriote René Magritte. En 1948, il s'associe à plusieurs artistes expérimentaux et fonde le groupe CoBrA. C'est à cette époque qu'il invente ses logogrammes, où les traits de pinceaux imitent l'écriture et donnent des «poèmes à voir». Christian Dotremont a ainsi signé une dizaine de recueils de «typographismes», dont *Ceci est un cahier mal tenu* (1969) et *Il n'est pas rare que la place des choses / des êtres, ne soit visible que de biais* (1977).

L'amoureuse

Elle est debout sur mes paupières
Et ses cheveux sont dans les miens,
Elle a la forme de mes mains,
Elle a la couleur de mes yeux,
Elle s'engloutit dans mon ombre
Comme une pierre sur le ciel.

Elle a toujours les yeux ouverts
Et ne me laisse pas dormir.
Ses rêves en pleine lumière
Font s'évaporer les soleils,
Me font rire, pleurer et rire,
Parler sans avoir rien à dire.

Paul Éluard, *Capitale de la douleur*, 1926.

Henri Matisse, *Icare*, 1943.

PAUL ÉLUARD (1895-1952)

Poète de l'amour et de la résistance, Paul Éluard est une des figures de proue du mouvement surréaliste. Il publie ses *Premiers poèmes* dès ses dix-huit ans, puis rencontre André Breton et s'engage cœur et âme dans la révolution surréaliste. En 1926, Éluard fait paraître *Capitale de la douleur* et, trois ans plus tard, *L'amour la poésie*, recueils clés de son œuvre, dans lesquels d'étonnantes métaphores se marient au lyrisme pur pour célébrer le rêve et l'amour. Au cours de la Seconde Guerre mondiale, il participe activement à la Résistance : en 1942, son célèbre poème *Liberté* est parachuté partout au-dessus de la France. Il sera un ambassadeur de la paix jusqu'à sa mort, en 1952.

Todd Muskopf, *Rivière avec cyprès*, 2006.

La rivière

Pour rendre belle encor la rivière vieillie
Nous allons y jeter des étoiles de fer
Qui brilleront, le soir, comme des coraux verts,
Et qui feront rêver les noyés s'ils s'ennuient.

Moi j'y verserai l'or des sables de l'étang
Et je lui parlerai comme on parle à sa blonde.
Toi la belle tu n'as qu'à nager nue et l'onde
Animera pour toi mille poissons ardents.

Sylvain Garneau, *Objets trouvés*, 1953.

REPÈRES CULTURELS

SYLVAIN GARNEAU (1930-1953)

Quand, à l'âge de vingt et un ans, Sylvain Garneau publie *Objets trouvés*, son premier recueil de poésie, c'est Alain Grandbois, un des grands écrivains québécois, qui en signe la préface. Il écrit à propos de l'univers du jeune surdoué : «Les poèmes de Sylvain Garneau sont tendres, légers, rieurs, désinvoltes, et pleins d'un amour, d'une admiration, d'une compréhension des choses de la nature, qui bouleversent.» Sylvain Garneau publiera un second recueil de poésie, *Les trouble-fête*, avant de disparaître en 1953. Ses *Poésies complètes* ont été finalement recueillies et publiées en 2001, près de cinquante ans après sa mort.

Rivière de mes yeux

Ô mes yeux ce matin grands comme des rivières
Ô l'onde de mes yeux prêts à tout refléter
Et cette fraîcheur sous mes paupières
Extraordinaire
Tout alentour des images que je vois

Comme un ruisseau rafraîchit l'île
Et comme l'onde fluente entoure
La baigneuse ensoleillée

Saint-Denys-Garneau,
Regards et jeux dans l'espace, 1937.

REPÈRES CULTURELS

HECTOR DE SAINT-DENYS GARNEAU (1912-1943)

Auteur d'une œuvre capitale pour l'évolution de la poésie québécoise, Saint-Denys-Garneau est le premier poète résolument moderne d'ici. Il publie son unique recueil, *Regards et jeux dans l'espace*, en 1937. Le vers libre, inédit à l'époque, lui vaut un mauvais accueil et empêche les critiques d'apprécier la singulière quête de lumière, le subtil jeu avec la parole et l'expression unique des thèmes de la solitude et de la mort. Blessé, le poète se retire sur les terres familiales, où il meurt seul, au cours d'une randonnée en canot sur la rivière Jacques-Cartier. Anne Hébert, sa cousine, a justement cerné l'essence de son écriture et de sa vie : «Saint-Denys-Garneau scrutait la moindre avance, le moindre recul de la lumière sur le paysage, ainsi qu'en lui-même il suivait le passage, allant venant, de la grâce de vivre se donnant et se reprenant.»

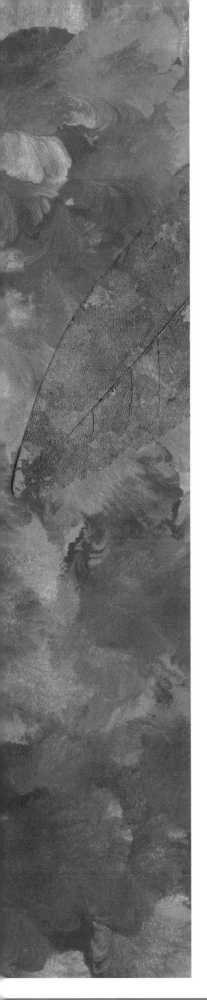

Ode à l'orange

(extrait)

Qu'orangée soit
la lumière
de chaque
jour,
et le cœur de l'homme,
son fruit,
qu'il soit acide et doux :
source de la fraîcheur,
qu'il ait et qu'il préserve
la mystérieuse
simplicité
de la terre
et la pure unité
d'une orange.

Pablo Neruda, *Troisième livre des odes*,
traduit de l'espagnol par Jean-François Reille,
Paris, © Gallimard, 1978, p. 199.

REPÈRES CULTURELS

PABLO NERUDA (1904-1973)

Pablo Neruda, tant par son œuvre poétique que par son engagement politique, est une figure marquante du XXᵉ siècle. Né au Chili mais contraint à l'exil pendant plusieurs années, il a lutté pour la justice, la paix et la fraternité. Sa vie est indissociable de son œuvre et son écriture se révèle à la fois puissamment lyrique (*Vingt poèmes d'amour et une chanson désespérée*, 1924 ; *La centaine d'amour*, 1960) et révolutionnaire (*Chant général*, 1950). Il a remporté le prix Nobel de littérature en 1971.

Haïkus

Haïjins japonaises[1]

La saison des fleurs.
Entre les mailles du chandail,
le froid pénétrant.

Haruko Takagi (1915-2000)

Je bois à la source,
oubliant que je porte
du rouge aux lèvres.

Chiyo-ni (1703-1775)

Feuilles mortes,
feuilles mortes, feuilles mortes
aussi dans mon lit.

Takajo Mitsuhashi (1899-1972)

Je bois de la bière
avec un homme
qui ne m'embrassera pas.

Masajo Suzuki (1906-2003)

Bourrasques de neige –
autrefois enlacée
jusqu'à l'étouffement.

Takako Hashimoto (1899-1963)

Ni blanche,
ni transparente,
la chute d'eau de Nachi.

Kiyoko Uda (1935-)

Pelant un kaki,
je continue d'approcher le canif
de mon corps.

Kazué Asakura (1934-2001)

De la grosseur d'un caillou,
des flocons de neige me frappent.
Je noue mon lacet.

Teijo Nakamura (1900-1988)

Agréablement seule
dans le silence –
concombre haché au sel.

Midorijo Abé (1886-1980)

La jeune fille souriait ce matin.
Ses habits d'été sont maintenant
imbibés de sang[2].

Sueko Yoshida

---

1. *Du rouge aux lèvres : Haïjins japonaises,* traduit du japonais par Makoto Kemmoku et Dominique Chipot, Paris, Éditions de La Table Ronde, 2008.
2. Ce haïku sur la bombe atomique de Nagasaki est l'œuvre d'une poète amateur.

Haïjins japonais[3]

Hsu Soo Ming, *Mont Fuji*, 1984.

Une journée paisible.
Le Mont Fuji perdu
dans la brume.

Bashô (1644-1694)

Je m'en vais.
Maintenant vous pouvez faire l'amour,
mouches de ma maison.

Issa (1763-1828)

Lissant ses plis,
j'enlève les opinions illusoires
de mon vêtement de pluie.

Bashô (1644-1694)

Un bain au grand air,
et soudain,
une averse d'été.

Shiki (1867-1902)

Le bruit des planteurs de riz.
Aux pieds de la montagne,
les glycines en fleur.

Buson (1716-1783)

Personne ici.
Seulement un fauteuil
à l'ombre des pins.

Shiki (1867-1902)

Haïkus d'ici

les cheveux défaits
le bruit du vent dans la tête
revenir chez soi

Line Michaud[4]

Quand le bus arrive
mon ombre se met en branle
y monte avant moi

Lisa Carducci[5]

Dans le clair de lune
une perle pend gelée
au bout d'un glaçon

Lisa Carducci[6]

la lune me suit
quand je rentre à la maison
elle reste dehors

Lisa Carducci[7]

bourrasque de vent
il pleut dans la lumière
sous l'érable rouge

Francine Chicoine[8]

toile d'araignée
surchargée de gouttelettes
aube scintillante

Claude Rodrigue[9]

Jean-Paul Riopelle, *Abstraction*, 1952.

3. *Les grands maîtres du Haïku*, traduit du japonais par Érik Sablé, Paris, © Éditions Albin Michel, 2003.

4. Collectif, *Toucher l'eau et le ciel*, Ottawa, © Éditions David, 2008, coll. «Haïku», p. 85.

5. à 9. Collectif, *Ombres et lumières: Anthologie du haïku francophone*, Sofia, LCR, 2003, p. 32, 44, 96.

Recette

À Georges Somlyo

Prenez un toit de vieilles tuiles
Un peu après midi.

Placez tout à côté
Un tilleul déjà grand
Remué par le vent,

Mettez au-dessus d'eux
Un ciel de bleu, lavé
Par des nuages blancs.

Laissez-les faire.
Regardez-les.

Guillevic, *Avec*, Paris,
© Gallimard, 1966, p. 39.

REPÈRES CULTURELS

EUGÈNE GUILLEVIC (1907-1997)

Eugène Guillevic est l'un des poètes français les plus lus de la seconde moitié du XXe siècle. Laissant tomber son prénom pour se créer un nom de plume, Guillevic s'est assez tôt démarqué de ses collègues surréalistes par sa poésie éminemment accessible, qui évite la métaphysique et la métaphore pour décrire directement les choses et les sensations. Pour Guillevic, la poésie est «le langage pour connaître la vie, pour la toucher, pour la sentir». De *Terraqué*, en 1947, jusqu'à *Possibles futurs*, en 1996, il a publié une trentaine de recueils de poésie traduits en plus de quarante langues.

Saisons

Hier, ils furent
lianes, plumes, vagues, tendres
oiseaux de feu, fougères unies sous
la rosée, double crête d'écume
dansante à la lisière de l'eau, du ciel,
du sable, douceur d'un seul fruit
que formait leur haleine éternelle

Et les voici
pierres, silex, micas, cristal, bois
mort poli, nu, clos, trait, fer, fil,
lame, nets ossements sur le fascinant
désert du temps.

Georges Emmanuel Clancier, *Évidences : poèmes en prose*,
© Mercure de France, 1960.

REPÈRES CULTURELS

GEORGES EMMANUEL CLANCIER

(écrivain français, né en 1914)

Le Français Georges Emmanuel Clancier a mené concurremment trois carrières : homme de radio, poète et romancier. Dans les années 1940, il présente à la radio des reportages fouillés sur l'art contemporain. Il lance sa carrière de poète en 1943 en publiant deux recueils, *Temps des héros* et *Le paysan céleste*. En 1956, il publie *Le pain noir*, le premier tome d'une suite romanesque consacrée à l'histoire «misérable et émerveillée» de sa grand-mère et de sa famille maternelle. À la suite de cette tétralogie, Clancier fait paraître *L'éternité plus un jour* (1969), un roman d'apprentissage qui connaît un grand succès. À ce jour, Clancier, ce «passager du temps», a publié une vingtaine de recueils de poésie et douze romans.

clapotage

Écoute ! le clapotis
Regarde ! le clapotissement
Touche ! le clapoteau
Hume ! le clapotage
Donne ! une claque amicale

Qu'est-ce que tu dis, castor ?
Alerte ! La vie vient de clapoter
Au loin ! flic, flac, floc…

Charles Coocoo, *Broderies sur mocassins*,
Chicoutimi, Éditions JCL, 1988, p. 17.

La neige

Neige, neige
Plus blanche que linge,
Femme lige
Du sort : blanche neige.
5   Sortilège !
Que suis-je et où vais-je ?
Sortirai-je
Vif de cette terre

Neuve ? Neige,
10   Plus blanche que page
Neuve neige
Plus blanche que rage
Slave…

Rafale, rafale
15   Aux mille pétales,
Aux mille coupoles,
Rafale-la-Folle !

Toi une, toi foule,
Toi mille, toi râle,
20   Rafale-la-Saoule
Rafale-la-Pâle
Débride, dételle,
Désole, détale,
À grands coups de pelle,
25   À grands coups de balle.

Cavale de flamme,
Fatale Mongole,
Rafale-la-Femme,
Rafale : raffole.

Poème écrit en français en 1923.

Marina Tsvétaïéva, *Tentative de jalousie*,
Paris, Gallimard, 1986.

REPÈRES CULTURELS

MARINA IVANOVNA TSVÉTAÏÉVA
(1892-1941)

L'une des plus grandes poètes russes du XXe siècle, Marina Tsvétaïéva, a, de son vivant, été largement ignorée : « Ni lus, ni cherchés, ni ouverts, ni vendus / Mes poèmes seront dégustés comme les vins les plus rares / Quand ils seront vieux », avait-elle prédit en 1913, peu de temps après la parution de son premier recueil, *Album du soir*. Sa vie a été marquée par de multiples épreuves dont elle a nourri son œuvre lyrique : enfance troublée, exil, misère, amours ambiguës, mort de son enfant, exécution de son mari. Elle s'est donné la mort en 1941, laissant derrière elle une œuvre intime, fougueuse et poignante comprenant notamment *Psyché*, *Le ciel brûle* et *Tentative de jalousie*.

Une définition de la poésie

La poésie, c'est notre père qui arrive un soir
Sous une pluie torrentielle, et qui nous chante
Une complainte qu'il a composée pour une petite
Cuillère en argent.
Notre père voulait arrêter la pluie de septembre avec
une petite cuillère, et la pluie a retourné son esprit
comme un vieux pantalon.
La poésie, c'est :
    Un père haïtien qui perd la raison
    Pour une petite cuillère mise en chanson
    Sous une pluie qui pousse avec rage
    Tout près de notre enfance !

René Depestre, *Rage de vivre :*
Œuvres poétiques complètes,
Paris, Seghers, 2007, p. 63.

Diana Ong, *Haïti*, 2006.

REPÈRES CULTURELS

RENÉ DEPESTRE

(écrivain haïtien, né en 1926)

Dès l'âge de dix-neuf ans, l'écrivain haïtien René Depestre attire sur lui l'attention des grands écrivains du monde avec *Étincelles* (1946), son premier recueil de poèmes. Son militantisme politique le contraint bientôt à s'exiler en France, puis en Tchécoslovaquie, à Cuba et dans divers pays d'Amérique du Sud. Malgré ses tribulations, il poursuit une carrière poétique importante et publie notamment *Minerai noir* en 1956, dans lequel il évoque les humiliations de l'esclavage. Son recueil de poésie le plus célèbre reste *Un arc-en-ciel pour l'Occident chrétien* (1967), où se mêlent politique, érotisme et vaudou. Le poète a aussi signé quelques romans – dont *Hadriana dans tous mes rêves* (1988), qui lui a valu plusieurs prix – et des essais sur la négritude, l'histoire haïtienne et la mondialisation.

Le vaisseau d'or

C'était un grand Vaisseau taillé dans l'or massif.
Ses mâts touchaient l'azur sur des mers inconnues;
La Cyprine d'amour, cheveux épars, chairs nues,
S'étalait à sa proue, au soleil excessif.

Mais il vint une nuit frapper le grand écueil
Dans l'Océan trompeur où chantait la Sirène,
Et le naufrage horrible inclina sa carène
Aux profondeurs du Gouffre, immuable cercueil.

Ce fut un Vaisseau d'Or, dont les flancs diaphanes
Révélaient des trésors que les marins profanes,
Dégoût, Haine et Névrose ont entre eux disputés.

Que reste-t-il de lui dans la tempête brève?
Qu'est devenu mon cœur, navire déserté?
Hélas! Il a sombré dans l'abîme du Rêve!

Émile Nelligan,
Poésies complètes, 1896-1899.

ÉMILE NELLIGAN (1869-1941)

«Hélas! Il a sombré dans l'abîme du Rêve!» Émile Nelligan, dans son poème *Le vaisseau d'or*, avait prédit son naufrage: c'est interné en institut psychiatrique qu'il passera les quarante-deux dernières années de sa vie. Le poète adolescent, à la manière de Rimbaud, est passé comme un éclair dans le ciel littéraire: entre seize et dix-neuf ans, il livre la totalité de son œuvre. Fortement influencée par les romantiques et les symbolistes, sa poésie évoque l'enfance perdue, l'idéal lointain, le rêve envolé. En 1899, à dix-neuf ans, Nelligan reçoit un diagnostic de «dégénérescence mentale». Son ami Louis Dantin publiera l'ensemble de ses poèmes en 1904. Sa sensibilité unique et son destin tragique feront de Nelligan une figure mythique de la poésie québécoise. Il a ainsi inspiré une pléiade de cinéastes, de chanteurs et de romanciers: son esprit traverse le roman *Le nez qui voque* de Réjean Ducharme, et sa vie a été mise en scène dans l'opéra *Nelligan*, écrit par Michel Tremblay.

Piet Mondrian, *Composition en couleur*, 1917.

PAUL-MARIE LAPOINTE

(poète québécois, né en 1929)

Unanimement saluée ici comme ailleurs, l'œuvre de Paul-Marie Lapointe est l'une des plus accomplies de la poésie québécoise. Il n'a pas vingt ans quand il publie *Le vierge incendié*, un recueil de poèmes radicalement surréalistes caractérisé par un sens unique de l'improvisation et de l'invention langagière. La parution d'un autre poème n'aura lieu que douze ans plus tard : ce sera le colossal *Arbres*, un catalogue forestier jazzifié qui fait poésie de tout bois. *Pour les âmes* (1964), *Tableaux de l'amoureuse* (1974), *Bouche rouge* (1978), *écRiturEs* (1980) et *Le sacre* (1998) sont également empreints de la poésie rebelle, organique et farouchement libre de Paul-Marie Lapointe.

```
fruitdéfendu           r  i  d  e
fruit  fendu           r     r  end
fruit é                r     r  endu
fr it                  r     r     u
fr it   e                    u  t
fuit    e                    u     n
f uit                           i dé e
f ui    e                       i  f
f ui                            t é
f ut                            t é  n u
f it                            t     e
f i é                           t  end
f i    e                        t  endu
f i  n                          t  en u
f i                             t   e  u
f   é e                         t      u
f      endu                  dé
f      end                   défend
f      e u                   défendu
 ru                          d  e
 ru t                        d     u
 ru d e                         é
 ru  é                             fend
 ru  é e                           fendu
 ru   e                            fe u
 r i                               en
 r it                            e  u
 r it  e                         n  u
 r i dé                          du
 r i dé e                        u
```

Paul-Marie Lapointe, *écRiturEs*, Montréal, L'obsidienne, 1980, p. 61.

Soleil dérisoire

Soleil jaune au poing
Elle s'appelle Liberté
On l'a placée sur la plus haute montagne
Qui regarde la ville
Et les pigeons gris l'ont souillée
Jour après jour

Changée en pierre
Les plis de son manteau sont immobiles
Et ses yeux sont aveugles
Sur sa tête superbe une couronne d'épines et de fiente

Elle règne sur un peuple de tournesols amers
Agités par le vent des terrains vagues
Tandis qu'au loin la ville fumante
Se retourne sur son aire
Et rajuste les chaînes aux chevilles des esclaves.

Anne Hébert, *Œuvre poétique 1950-1990*,
Montréal, © Éditions du Boréal, 1992, p. 161.

REPÈRES CULTURELS

ANNE HÉBERT (1916-2000)

L'auteure de l'une des œuvres les plus puissantes de la littérature québécoise, Anne Hébert publie un premier recueil de poèmes en 1942, *Les songes en équilibre*. En 1950, *Le torrent* inaugure son œuvre en prose, mais c'est le symbolisme étrange et fascinant des poèmes du *Tombeau des rois* (1953) qui impose sa vision unique. L'écrivaine s'installe en France en 1967 et poursuit son travail romanesque avec *Kamouraska* (1970), un suspense basé sur un amour meurtrier qui sera adapté au cinéma par Claude Jutra. En 1982, Anne Hébert explore plus avant les pulsions de vie et de mort dans *Les fous de Bassan*; en France, ce roman lui vaudra le très convoité prix Femina. Son dernier recueil de poésie, *Le jour n'a d'égal que la nuit*, paraît en 1992. En 1998, elle revient au Québec. Son œuvre est étudiée et admirée dans le monde entier.

Arbre généalogique de toulmonde

<pre>
                       ô
                    a   a
                  ma   ta
                 oui   non
                tout   rien
               fleur   ortie
              oiseau   vipère
             univers   cellule
           ordre un   désordre
           astérisme   nébuleuse
         atome pain   beurre feu
          air liberté   eau esclave
        soleil champ   ville ruelle
       planète terre   globe lunaire
      lumière jardin   ombre asphalte
       arbre joie jour   nuit pleur peur
     maison table blé   chambre province
    pays pierre temps   espace poussières
    orient plein amour   occident vide faim
     sourire caresse toi   lui crainte travail
   bonheur printemps on   eux muscles fer pied
  main sein femme bonté   sexe bras femme roche
  cœur essence soif foi   corps existence prison
 lumière feuille été jus   automne plastique béton
montagne cheval sentiers   vallée automobile ciment
œuf éclosion santé maman   bombe explosion sang bobo
musique étoile neige sapin   cri sommeil crépuscule loi
couleur rythme papillon jeu   ver gris vitesse stop meute
danse vague océan rivage sel   accident visage écume coulée
chant prière parole livre sol   machine radio télévision plan
dessin ligne courbe volume pas   building argent électricité go
fruit légume lait miel céréales   hot dog hamburger steak patates
enfant femme beauté paix: HOMMME   HOMMME animal végétal minéral mû
</pre>

Raôul Duguay, *Lapokalipsô*,
Montréal, Éditions du Jour, 1971, p. 14.

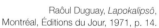

REPÈRES CULTURELS

RAÔUL DUGUAY (poète et chanteur québécois, né en 1939)

«Raôul, si tu veux devenir poète, mange ta soupe à l'alphabet!» disait Mme Duguay à son fils dans leur cuisine de Val-d'Or. Le garçon a sagement obéi à sa mère et est devenu, selon son expression, une «machine à mots» et un «omnicréateur». Il écrit son premier poème à seize ans (dans lequel il compare un arbre de Noël à la Voie lactée) et, dix ans plus tard, publie ses premiers recueils, *Ruts* (1966) et *Or le cycle du sang dure donc* (1967). À la même époque, il se met à la chanson délirante avec le groupe Infonie, crée la fameuse *Bittt à Tibi* et devient un des phares de la contre-culture au Québec. Raôul Duguay est aussi philosophe, conférencier (sur la créativité et l'écologie du cerveau, notamment), peintre et sculpteur. À ce jour, il a publié quinze recueils de poésie, enregistré autant de disques en solo et exprimé de mille façons son fameux «Alllô tôulmônd»!

Lieu de naissance

c'est ici que je me trouve et que vous êtes
c'est sur cette feuille
où je suis ici plus moi que dans la peau de l'ours
où je suis ici plus creux que l'ancre du chaland
et plus crieur et plus mêlé au monde

ici et pas ailleurs que je file comme la flèche
ici que je pousse dans le sang
ici que j'engueule dans les corps

le nord n'est pas dans la boussole il est ici
le désarroi des fêtes n'est pas dans la foule
il est ici
le plus vrai de la ville n'est pas dans la ville
il est ici   pas ailleurs
et c'est sur cette feuille que je nais
et c'est sur cette feuille qu'on me meurt

il fait plus clair ici que dans l'œil du hibou
il fait meilleur ici que sous la peau des enfants
car c'est ici qu'on défonce et qu'on s'écrit
ici et pas dans les drapeaux
ici et pas dans les paysages

Pierre Morency, *Poèmes 1966-1986*,
Montréal, Éditions du Boréal, 2004, p. 163.

6

Jeux de rôles

SOMMAIRE

◀ Vera Ermolaeva, Lucrèce pointant le soleil, 1934.

Carrefour international de théâtre
King Dave triomphe

Patrick Caux

Québec — Rivés à leur siège, les spectateurs encaissent le choc. King Dave frappe fort et vise juste.

King Dave, alias David Morin, est un petit caïd invincible de 21 ans. Du moins, c'est l'image qu'il veut projeter. Il règne en souverain incontesté dans son royaume : sa blonde, ses *chums* et son
5 travail au dépanneur. Tout va pour le mieux jusqu'au soir où il rencontre plus «king» que lui.

C'est là que la machine infernale construite par Alexandre Goyette se déclenche. Forcé par ses «nouveaux amis» à commettre un vol, Dave se retrouve coincé dans un engrenage implacable. Un peu plus bête que méchant, sentant la chance lui échapper, il tentera systématiquement de se refaire, de se venger de ceux qui lui causent du tort. Mais chemin faisant, Dave s'enfonce et essuie
10 plus de pertes qu'il ne fait de gains…

Seul sur scène, sans artifice, King Dave raconte son histoire. Derrière ce personnage, il y a la prestation à couper le souffle d'Alexandre Goyette. Le jeune comédien glisse de l'aparté au public à l'incarnation de nombreux personnages avec une aisance et une crédibilité époustouflantes.

Auteur et comédien, Goyette se paie le luxe de défendre ses propres mots. Dès les premières
15 répliques, la langue impressionne par sa force d'évocation. Français, américain, créole se mélangent dans un jargon unique. Le comédien, en pleine maîtrise de son art, parvient à en faire résonner chaque modulation particulière. Il en résulte une musique à la fois belle et violente qui transporte les spectateurs.

Ce pur moment de plaisir théâtral était pratiquement passé inaperçu lors de sa création au Pros-
20 pero à Montréal. Malgré cela, l'Académie québécoise du théâtre a choisi d'attribuer à Alexandre Goyette le Masque du meilleur acteur et celui du meilleur texte original. Il faut saluer au passage cette audace légitime du jury qui aura certainement permis au spectacle d'avoir une seconde vie.

Patrick Caux, «*King Dave* triomphe», *Le Devoir*, [en ligne].
(19 mai 2006 ; page consultée le 16 novembre 2009)

Alexandre Goyette
dans *King Dave*.

King Dave

Extrait 1

DAVID MORIN

Fuck ça, man ! Heille Yo, moi j'arrive dans c'te party-là : j'connais personne !?? Moi j'ai été invité là par le chum d'un d'mes chums. Mais ni mon chum ni le

5 chum de mon chum est là. Mais c'est chill, tsé j'm'en fais pas avec ça, là. Moi j'ai un sens de l'autre assez développé, merci. Moi chus comme… Chus comme le king du contact ! Oh yeah, oh yeah ! King contact, King contact !

10 Commence à parler au monde : «Ouin, faque c'est ça…» Pfff…!!! Fais l'tour d'l'appart. Tout est normal, un peu pas mal poche même. Sauf… dans l'salon. Le salon, man, ça c'est le territoire d'une gang […] Les gars y ont tellement l'air mean man que tout le monde

15 se *jet* du salon d'la menute qu'y rentrent. J'm'informe : personne les connaît. Chose, là, me dit que le gars chez qui on se trouve a peur en crisse : bataille, vol, vanda-lisme : y a peur. Mais moé j'trouve que ces gars-là ont l'air fuckin' massifs, faque… j'décide d'leur parler man !

Extrait 2

20 Mais le plus gros de la gang se campe devant moé, genre «t'as pas l'choix d'm'écouter», pis y s'met à me raconter qu'y cherchent un gars qui s'rait intéressé à faire une passe de cash, mais pour ça – pour faire la passe de cash – faut que le gars fasse une job : voler

25 des radios, des radios de char, des radios de Tiburon.

Extrait 3

Heille, moi j'leur explique, là, que c'pas mon bag, j'ai jamais faite ça, moé, j'ai pas les… j'ai pas les fuckin' prérequis, man ! Ben y m'semble que c'est ça qu'j'ai dit, mais […] y me gossent tellement à fond faque j'finis

30 par dire : «oui».

Après ça, j'me rappelle pus de rien. Mais c'qui compte c'est que j'me réveille chez nous.

Extrait 4

— Man, comment ça tu m'appelles chez nous ?

J'leur ai laissé mon numéro de téléphone, mon num'

35 de pagette, mon num' de cellulaire, pis c'est eux aut' qui sont venus me reconduire chez nous. Fuck.

Là, man, y m'explique que j'ai…

— «trois jours pour faire dix Tiburon. Si dans trois jours c'est pas faite on te jack, le zozo.»

Extrait 5

40 Là, man, y devient fuckin' violent, y arrête pus de parler d'machette… Moi j'en fais presque une trace de brake dans mes boxers.

— C'correct, c'correct, j'vas la faire, ta fuckin' job.

Extrait 6

J'ai la fuckin' chienne à l'idée de ce que j'ai à faire.

45 Parce que j'ai à l'faire. Ah ! c'est sûr que j'pourrais aller voir la police mais qu'est-ce ça donnerait ?

Extrait 7

OK là ! faut pas que j'pense. Jusse un p'tit coup d'pied dans mon shitty ass. OK, first, faut que j'fasse ça de nuitte. Ça, ça veut dire que j'peux pas rentrer tra-

50 vailler les trois prochaines nuits […] J'téléphone à' job pour caller malade.

Extrait 8

Garage. Cherche comme un moron, j'sais pas c'que je cherche. J'ai jamais volé ça un char moé. Un cintre ?!? Pfff, fuckin' légende urbaine ça, man. Faque j'pogne une
55 genre de latte de métal… Pis un pied de biche, au cas.

Extrait 9

J'sors dehors. J'marche. J'marche. Tiburon. Silver. Pas de système d'alarme. Personne. Gosse avec la crisse de latte de métal… Gosse… Gosse encore… Ah, pis d'la marde ! Pied de biche ; bang ! dans fenêtre.
60 Arrache le dash. Pogne le radio. Pique une course comme j'peux parce que j'shake de partout. Arrête dans l'parc. Saute dans l'buisson.

Extrait 10

Trois jours plus tard, quat' des gars débarquent chez nous, le huge one en premier. Chus nerveux, j'shake
65 de partout, comme quand que j'me fais coller pour rien par un coche, mais j'sais ben que j'ai aucune raison de shaker…

Alexandre Goyette, *King Dave*, Montréal,
Dramaturges Éditeurs, 2008, p. 9 à 13.
Texte légèrement modifié à des fins pédagogiques.

Autour de l'écriture de *King Dave*…

C'est d'abord et avant tout pour moi que je l'ai fait. Pour me donner un défi. Pour que ce que j'ai vécu, vu et entendu ne serve pas à rien. Pour ce prof du secondaire qui un jour m'a dit que j'étais un
5 minable et que je ne ferais rien de ma vie. Et cet autre à l'école de théâtre qui m'a dit que je n'avais rien à dire, que ma conception de la vie était complètement erronée.

[…]

10 Il y a eu un moment où j'ai voulu couper tous les passages trop durs, les bouts racistes entre autres. J'avais peur qu'on pense que c'était de moi que je parlais vraiment. Il y a eu un moment où j'ai voulu racheter la *run* de *shows* parce que j'étais
15 transi par la peur de m'être trompé, la peur de l'échec.

Puis il y a eu ce matin où je me suis réveillé et c'était la première. Je voulais mourir. Les gens qui m'étaient les plus chers étaient présents et j'avais
20 peur de leur jugement. Et pourtant, je l'ai fait. Je me suis lancé dans le vide. Et ça, personne ne pourra jamais me l'enlever.

Alexandre Goyette, «Récit de l'aventure de *King Dave*»,
King Dave: Cahier d'accompagnement,
Théâtre Périscope, p. 5.

L'instinct de vie

Rencontre bouleversante avec Suzanne Lebeau,
qui propose, avec *Le bruit des os qui craquent*, un regard sans concession
sur la situation des enfants soldats.

En 2003, alors qu'éclataient partout les manifestations s'opposant à une intervention armée en Irak, la dramaturge Suzanne Lebeau
5 amorçait une réflexion sur la perception que les enfants ont de la guerre. L'auteure de *L'ogrelet* et de *Salvador* tombe alors sur un documentaire australien traitant du sort
10 réservé aux enfants soldats dans le monde. *Le bruit des os qui craquent* est le fruit de plusieurs années de labeur sur ce thème déchirant.

Oser l'espoir

15 «Ils vivent tout ce qu'on peut imaginer de pire, confie-t-elle: on leur vole leur enfance, on leur vole leur futur, ils sont battus, drogués, agressés sexuellement, on les af-
20 fame. Si le sort des garçons est peu enviable, imaginez celui des filles.» Happée par le sujet, Lebeau s'est envolée vers Kinshasa, où elle a pu rencontrer Amisi et Yaoundé,
25 vingt ans, rescapés des factions armées dissidentes en République démocratique du Congo.

«Ils sont capables d'expliquer exactement ce qu'ils ont fait, ils
30 sont capables d'expliquer exactement pourquoi ils ne le referont jamais», raconte celle qui ne peut cacher son affection et son admiration pour ces deux garçons. «Ils
35 représentent pour moi la victoire de l'instinct de vie sur l'instinct de mort. Amisi, à douze ans, fut forcé de tuer son oncle, sous peine d'être lui-même abattu. Aujourd'hui, il
40 fait de la sculpture, il rencontre des gens pour partager son histoire, il ose croire en une vie meilleure.»

Avant de se lancer dans l'écri-
45 ture, la dramaturge a tout lu sur le sujet. «Les rapports sont unanimes: les autorités n'arrivent pas à vaincre ce problème, martèle-t-elle. Les signes avant-coureurs
50 des conflits dans les pays instables ne permettent souvent qu'une

seule chose: évacuer les Occidentaux qui y travaillent, les médecins et les religieux qui tentent de faire
55 une différence.»

En exergue du texte publié aux Éditions théâtrales, Suzanne Lebeau a tenu à inclure cette terrible

Une jeune femme participant à la campagne «Action Main Rouge», symbole créé par Human Rights Watch pour condamner l'utilisation des enfants soldats.

citation de Thierry van Humbeeck:
60 «Autant et encore plus que le bruit des bottes, je crains le silence des pantoufles.» Elle se désole devant le silence de ceux qui font l'autruche, tout en soulignant la
65 frivolité de la société dans laquelle nous vivons. «On consacre énormément d'espace média à disséquer, avec un sérieux que je trouve absurde, les toilettes de la pre-
70 mière dame des États-Unis, une femme tellement brillante dont on pourrait faire miroiter des facettes

beaucoup plus intéressantes», analyse-t-elle.

75 **Sur la corde raide**

Dans *Le bruit des os qui craquent*, Elikia, treize ans, s'enfonce dans les marais avec le petit Joseph, huit ans, afin de fuir leur
80 vie d'enfants soldats. La jeune fille ne se sépare jamais de son fusil automatique: «C'est sa seule sécurité, explique Suzanne Lebeau, sa seule protection, le seul moyen
85 qu'elle a d'avoir un peu de pouvoir.» Les deux personnages racontent l'histoire tout en la jouant. Ces scènes alternent avec le témoignage qu'une infirmière,
90 qui a accueilli les deux enfants, livre devant une commission internationale.

«Le jour où j'ai vu cette forme se dessiner clairement dans mon
95 esprit, ce jour-là j'ai été capable d'écrire. Cette division me permet d'être à la fois dans l'émotion de l'action et dans la parole qui est capable de mettre en contexte.»

100 Suzanne Lebeau confie son admiration pour Gervais Gaudreault, son metteur en scène et complice

depuis plusieurs décennies. «Avec ce texte, on joue constamment sur
105 la corde raide. C'est si facile de tomber dans le *pathos*, ou dans l'explicatif, ou encore dans la mécanique à cause de la difficulté pour les acteurs de porter une telle
110 charge émotionnelle. Gervais a fait le même travail d'épuration et d'économie que moi pour aller à l'essentiel de la parole.»

Lors des représentations du
115 *Bruit des os qui craquent* en Europe, les réactions du public ont surpris la dramaturge. Elle a constaté que les enfants s'identifiaient aux deux jeunes héros de la pièce, inter-
120 prétés par Émilie Dionne et Sébastien René, «qui sont encore dans l'action, qui peuvent encore influencer le cours de leur destin». L'infirmière, jouée par Lise Roy,
125 s'adresse quant à elle directement à l'auditoire: «Les adultes dans la salle se sentent souvent coupables, impuissants, responsables, ils trouvent la pièce très dure alors
130 que les enfants y voient plein de vie et d'espoir.»

Alexandre Cadieux, «L'instinct de vie», *Le Devoir*, [en ligne]. (28 mars 2009; page consultée le 16 novembre 2009)

REPÈRES CULTURELS

SUZANNE LEBEAU

(dramaturge québécoise, née en 1948)

«Je veux parler de la vie dans toute sa complexité, sans chercher à donner des réponses simples à des questions qui ne le sont pas.» C'est avec une rare franchise et une exceptionnelle sensibilité que, depuis plus de trente ans, Suzanne Lebeau explore la psyché des enfants malmenés par les épreuves de la vie. Avec plus d'une vingtaine de pièces à son actif, des productions sur cinq continents et une kyrielle de distinctions, Suzanne Lebeau est aujourd'hui reconnue comme l'une des figures incontournables du théâtre pour jeunes publics. *Les petits pouvoirs* (1984), *Salvador* (1994) et *L'ogrelet* (2000) sont parmi ses pièces les plus jouées. *Le bruit des os qui craquent* sera, en 2010, la première pièce québécoise à être créée par la prestigieuse Comédie-Française.

Le bruit des os qui craquent

PERSONNAGES
Elikia, 13 ans, une jeune fille
Joseph, 8 ans, un petit garçon
Angelina, une infirmière

LES LIEUX
Le lieu de la fuite : une forêt, sa moiteur, sa noirceur et ses éclaircies
Le lieu de la comparution : une lumière qui isole

Pour marquer le passage de la parole-récit à la parole directe,
les dialogues entre Elikia et Joseph sont en ***gras italique***.

Scène 1
LA FUITE

ELIKIA. Ils dormaient comme des porcs,
ronflaient comme des cochons,
5 même Rambo dormait,
comme tous les soirs où ils se remplissent le ventre
et boivent comme des trous.
J'avais mis du chanvre dans le riz,
peu de riz dans mon assiette et rien pour le petit.
10 Je l'avais couché près de moi
en lui donnant assez de coups pour ne pas éveiller les
soupçons.

JOSEPH. Elle m'a pris la main, dans la nuit…

ELIKIA. ***Chut !***

15 JOSEPH. ***Tu me casses les os.***

ELIKIA. ***Chut ! Tais-toi.***
Lève-toi sans faire de bruit.

JOSEPH (*dans son sommeil*). ***Je veux dormir.***

ELIKIA. ***Chut ! Si tu veux retourner chez toi en entier,***
20 ***lève-toi tout de suite.***

JOSEPH. ***Au village ?***

ELIKIA. ***Vite !***

JOSEPH. ***Au village ?***

ELIKIA. ***La nuit noire nous protège…***

25 JOSEPH. Je ne voyais pas celle qui me parlait dans
l'oreille,
mais je devinais la fille aux bottes.
J'ai eu confiance… tout de suite.

ELIKIA. *Il faut partir… sans faire craquer les branches.*
30 *Sans laisser de traces.*

La nuit noire pouvait aussi nous faire trébucher et tomber…
Je l'ai pris sur mon dos pour les premiers pas, les plus dangereux.
35 J'ai fait un pas…
Le petit avait l'instinct de la fuite.
Il mêlait sa respiration au vent et je l'entendais à peine.
J'ai fait un deuxième pas.
Un pied suspendu dans le vide et l'autre qui touchait
40 à peine la terre.
Le temps pesait sur mes épaules
comme une barrique d'huile.
Mon cœur battait comme un tam-tam.
J'avais peur que ses battements fous réveillent Killer
45 qui me surveillait même en dormant.
Le petit a croisé ses mains sur mon cœur qui s'est calmé…
laissant la nuit au chœur de ronflements…
J'ai fait quelques pas rapides plus assurés.
50 Nous étions partis.

JOSEPH. Elle m'a déposé sur un nid d'herbe.
Légère comme une algue, elle est retournée vers le camp effacer les traces.
J'attendais, immobile…
55 J'ai entendu un souffle d'herbes froissées.
Et déjà, elle était à mes côtés.

Elle m'a pris par la main et s'est mise à courir, courir comme une folle.

ELIKIA. *Suis-moi, suis, suis. Cours.*

60 JOSEPH. *Tu vas trop vite.*
Tu me fais mal.

ELIKIA. *Cours ! Cours plus vite !*

JOSEPH. Elle courait… courait…
J'étouffais.

65 ELIKIA. Il n'avait pas le rythme que la peur donne aux jambes…

JOSEPH. *Je ne… peux plus…*

ELIKIA. *Regarde devant toi… Cours…*

JOSEPH. *Tu… vas trop… vite…*

70 ELIKIA. Il est tombé comme une petite chose, le pied dans une branche.
J'ai perdu la tête et je l'ai frappé.
La peur m'aveuglait.

JOSEPH. Avec ses poings. Avec ses pieds. Avec sa tête,
75 de toutes ses forces, elle me frappait.
Me frappait si fort…

Laisse-moi ici ! Laisse-moi.

Elikia lui met la main sur la bouche pour le faire taire.

ELIKIA. *Tais-toi ! Tu veux te faire tuer ?*
80 *Te faire battre à mort comme un chien enragé ?*

Quand ils retrouvent les fuyards,
et ils les retrouvent toujours…
C'est vingt coups de bâton chacun.
Vingt coups jusqu'au sang,
85 et celui qui ne frappe pas assez fort
est battu à mort lui aussi.
C'est ça que tu veux ?

JOSEPH. *Laisse-moi ici.*
Je ne veux pas aller avec toi.

90 Sa colère me brûlait les épaules…

ELIKIA. *Ton village…*

JOSEPH. *C'est trop loin.*
Pourquoi tu m'amènes ?
Pourquoi ?

95 ELIKIA. Il répétait : «Pourquoi ?… pourquoi ?…
pourquoi ?»
Comme si j'avais une réponse…
Pour dire quelque chose et parce que c'était vrai,
j'ai dit que je voulais retourner à l'école.

100 JOSEPH. *Je ne suis jamais allé à l'école. Je ne peux*
pas t'aider.
Pourquoi tu m'amènes avec toi ?

ELIKIA. *Toute seule, j'ai trop peur.*

Il a levé la tête pour voir si je me moquais de lui.
105 Ma colère a fondu.
Il était trop petit pour comprendre.

Tu as eu de la chance. Je n'ai pas pris mon arme pour
frapper.

JOSEPH. Elle s'est assise à côté de moi.

110 ELIKIA. *Bois.*

JOSEPH. J'ai bu…

ELIKIA (*très brutalement*). *Arrête ! Tu n'as pas appris*
qu'une gourde doit durer la semaine…

Tu mouilles tes lèvres…

115 *Elle veut lui montrer et se rend compte qu'il n'y a plus une*
goutte d'eau.

Je réalisais qu'il était vraiment petit et qu'il serait un
poids.

Quel âge as-tu ?

120 JOSEPH. *Huit ans…*

ELIKIA. *Huit ans. Tu connais la date d'aujourd'hui ?*

Joseph sort une petite branche sur laquelle il fait des entailles.
Il compte.

JOSEPH. *Si je ne me suis pas trompé, c'est le 10 mars…*

125 ELIKIA. *Mars…*
j'ai déjà treize ans.

J'ai dit «treize ans»… et mon cœur s'est serré.
Dans la forêt, ils ne fêtent que le jour où tu es pris.

D'où tu viens ?

130 JOSEPH. *De la côte. De Namba… On est pêcheurs.*
Quand les rebelles m'ont pris,
je vendais le poisson au marché.
Mes frères, mon père, mon grand-père.
Ma mère, ma grand-mère,
135 *toute ma famille vit à Namba.*

ELIKIA. *Si tu veux retrouver Namba, il faut marcher.*

JOSEPH. *Je ne connais pas le chemin.*
Avec les rebelles,
on a erré des jours,
140 *des nuits et les herbes m'arrivaient*
au menton.

ELIKIA. *Si on suit la rivière, tu penses qu'on peut*
y arriver ?

JOSEPH. Elle disait «Village, côte, rivière, mer…»
145 et j'oubliais que j'avais mal aux pieds.

Namba n'est pas loin d'une rivière.
Tu penses que c'est celle dont tu parles ?

On entend un bruit indéfinissable d'herbes froissées, très
lointain.
150 *Elikia prend Joseph dans ses bras et le serre jusqu'à*
l'écraser.
Elle lui met la main sur la bouche.
Il gémit et se débat pour qu'elle le relâche.
Elle lui enfonce son arme dans les côtes.

155 ELIKIA. *Tais-toi. Tais-toi. Si tu cries, je te tue.*

Très long silence dans la nuit… pour entendre une mouche
voler.

ELIKIA. J'avais dit : «Je te tue» et Joseph l'avait entendu.
Il avait roulé loin de mon arme.
160 Il s'était tu, si parfaitement immobile
que je ne l'entendais plus respirer.

Où es-tu ?

Je le cherchais à tâtons.

Petit, petit ! Je ne t'ai pas amené avec moi pour te tuer.

165 *Silence.*

ELIKIA. *Tu peux me croire…*
Cherchons la rivière.

PREMIÈRE COMPARUTION

Lumière sur l'infirmière qui témoigne. Il n'est pas impor-
170 *tant de savoir où et pourquoi elle témoigne. Seul le té-*
moignage importe. Les silences de l'infirmière peuvent être
aussi bien des moments de respiration qu'elle prend entre
deux parties de témoignage que du temps pour des ques-
tions qui lui viennent de l'extérieur pour l'aider à pour-
175 *suivre, des commentaires pour qu'elle revienne au cœur du*
sujet.

ANGELINA. Je viens témoigner pour Elikia
Mandoke…
J'ai l'avis de convocation qu'elle a reçu.
180 Elikia voulait venir.
Elle était prête à tout raconter, même les plus petits
détails.
Elle répétait : « On doit savoir. Ils doivent savoir…
Quand ils vont savoir, ils vont arrêter tout ça. »

185 *Silence d'une question.*

Ils ? Pour elle, « ils » voulait dire ceux qui écoutent,
ceux qui décident, ceux qui vendent les armes.
Vous, moi, les hommes politiques.
Les adultes, j'imagine.
190 Elle m'a demandé de vous remettre ce cahier.

Elle écrivait dans un cahier pour s'assurer
qu'elle n'oubliait rien et pour dire ce qu'elle n'osait pas
dire à voix haute.
Elle disait que les mots de la bouche ne peuvent pas
195 tout raconter,
qu'ils sont trop près de la haine et de la vengeance.
J'aimerais vous lire ce qu'elle a écrit sur la première
page, si vous le permettez :

Elle lit.

200 « Je veux que mes souvenirs soient utiles…
Je veux dire à ceux qui font la guerre
que si le fusil tue le corps de celui qui a peur,
il tue aussi l'âme de celui qui le porte. »

Noir sur l'infirmière.

Suzanne Lebeau, *Le bruit des os qui craquent*,
Montréal, © Leméac, 2008, p. 11 à 18.

Combien vaut Lison?

Popa mange en compagnie de Moman et de Rénald. Lison a été kidnappée et les ravisseurs exigent une rançon.

Rénald. Non mais j'y ai pensé. Ç'a pas de bon sens. Chus sûr qu'y a moyen de négocier. Je l'aime ben, Lison, mais trois cent cinquante mille… Franchement ! A l'a même pas fini son secondaire.

Moman. Même au primaire, a devait pas être forte forte, hein ?

5 **Popa**. Non non. Elle a pogné son top à'maternelle, d'après moi…

Rénald. D'après moi, dans les circonstances, la meilleure chose à faire, c'est son bilan. (*Il prend une tablette et un crayon.*) On va commencer tout de suite par les qualités…

Popa. Oh boy, ça part mal.

Rénald. D'abord, l'apparence.

10 **Moman**, *mal à l'aise, ne voulant pas trop parler*. Bof ! Ben ça, mon Dieu, c'est plus toi qui le sais, hein ? D'abord que t'a trouves cute, toi.

Rénald. C'est pas facile. Attends un peu. Bon ben, on va y mettre cinquante piastres pour l'apparence… À part de ça ?

Popa. A l'a déjà été élue Miss rue Beaubien, non ?

15 **Moman**. Ben oui, mais 'était toute seule à se présenter.

Rénald. On va y enlever un dix dollars d'abord. Ensuite de ça, y en a-tu d'autres ?

Popa. Ben, 'est smatte. (*Vers Moman :*) Non ?

Moman. Ça se peut, j'ai jamais remarqué…

Rénald. Smatte, smatte… ça vaut combien, ça, smatte ? On va mettre trente de smatterie. Y a-tu
20 d'autres qualités ?

Moman. Euh, mon Dieu. (*Elle cherche.*) Ben, 'est grande…

Rénald. Vingt-cinq piastres, mettons. O.K. Un peu de défauts, peut-être ?

Moman. 'Est jamais tombée enceinte.

Rénald. Oui, c'est vrai, mais a prend la pilule, quand même.

25 **Moman**. A l'a juste à en prendre moins, c'est toute.

Rénald. C'est vrai. Ça va bien, les défauts. Un autre peut-être ?

Moman. C'est dur pour nous autres, on la connaît pas beaucoup. Je l'sais qu'est un peu paresseuse quand a vient ici, mais j'dis pas ça négativement.

Rénald, *écrivant toujours*. C'est bon, ça, paresseuse. Ça fait un autre cent piastres de moins certain,
30 ça, paresseuse…

Moman. J'dirais deux cents, moi.

Rénald. Comme vous voulez.

Il corrige sur son papier.

Rénald. Ensuite ?

35 **Moman**. Ben là, ça commence à être gênant.

Rénald. Non non, c'est bon.

Popa. On est rendus à combien ? Elle doit plus valoir grand-chose ?

Rénald. Attendez un peu, là. (*Il compte.*) C'est bon : c'est eux autres qui nous doivent cent cinquante piastres.

Claude Meunier, *Le monde de* La petite vie, Montréal, © Leméac, 1998, p. 168 à 170.

Écrire
sur commande

Un beau jour le téléphone a sonné, et on m'a fait une proposition : écrire sur la peur d'aimer pour deux acteurs qui allaient jouer par ailleurs un autre de mes textes (*Serial Killer*), écrire sur la spéculation, en écho à une pièce de Balzac (*Morceaux choisis*), écrire sur la famille (*La pose*), écrire sur le siècle, pour célébrer le centenaire d'un journal
5 (*Route 1*). Dans tous les cas, on m'a dit : Vous avez carte blanche, mais... Mais pas de décor, pas de dispositif compliqué. Mais surtout pas plus de quinze ou vingt minutes.

De temps à autre, j'aime bien me soumettre à ces *mais*. J'aime qu'on pose pour moi des balises au grand vide de la création, qu'on découpe un morceau de la page blanche en disant : Voilà, remplissez ce petit carré, c'est tout ce qu'on vous demande. J'aime en-
10 trer en dialogue avec la contrainte, être à l'écoute de ce qu'elle fait surgir, mais aussi pester contre elle, la secouer, essayer de la déjouer, pour finalement m'ébahir devant l'infinité des possibles, même dans un si petit carré. J'aime, enfin, qu'on m'invite dans des sentiers où je ne
15 serais pas allée spontanément, et oublier en cours de route que j'y ai été entraînée par une main inconnue, tant je m'y trouve à l'aise. Il faut évidemment, pour accepter ces invitations, qu'il y ait un minimum de compatibilité. Écrire sur commande nécessite de procéder à une greffe. Il faut
20 prendre le sujet imposé, le planter en soi, attendre quelques jours pour voir si la bouture a des chances de prendre. En cas de rejet, il ne faut pas insister.

[...]

Dans le cas de *Morceaux choisis*, j'ai d'abord refusé de
25 tenter la greffe. On me proposait d'écrire sur la spéculation et l'argent roi, en écho à la pièce de Balzac, *Le faiseur*. Rien ne pouvait être plus éloigné de mes intérêts et de mes penchants naturels. J'ai tout de même accepté de lire le texte de Balzac, comédie grinçante sur un spéculateur sans
30 scrupule qui trahit tout le monde autour de lui, dans une incessante fuite en avant. Entre autres fourberies, il tente de trouver pour sa fille un mari fortuné, mais, pas de chance, la fille en question est tellement moche qu'elle fait fuir les prétendants. Des multiples péripéties qui cons-
35 tituent cette pièce foisonnante, seul le sort de Julie m'a touchée. Cette jeune femme mise aux enchères par son père a été la porte d'entrée dans ce sujet rébarbatif.

Carole Fréchette

REPÈRES CULTURELS

CAROLE FRÉCHETTE
(dramaturge québécoise, née en 1949)

L'authenticité des émotions et l'empathie dont est empreinte l'écriture de Carole Fréchette ont trouvé écho partout dans le monde, la hissant au rang des principaux dramaturges québécois. Ses pièces explorent la détresse et la quête de sens de personnages solitaires vivant dans un monde injuste et violent. *Les quatre morts de Marie* (1995), *Les sept jours de Simon Labrosse* (1999), *Le collier d'Hélène* (2000) et *Jean et Béatrice* (2002) ont été jouées partout en Europe, du Portugal à la Roumanie, de même qu'au Liban, au Mexique, au Japon et au Sénégal. Pour son exceptionnelle contribution au théâtre canadien, Carole Fréchette s'est vu décerner en 2002 le prestigieux prix Siminovitch.

Morceaux choisis

Julie
Client 1, homme d'affaires dynamique
Client 2, homme d'affaires tout aussi dynamique
Client 3, homme d'un certain âge, inquiet et indécis
Cliente 4, femme capricieuse, épouse du client 2
Cliente 5, femme d'affaires dynamique
Client 6, jeune homme discret

Julie est seule dans une pièce vide. Elle porte une robe sombre. On sonne à la porte. Elle va ouvrir. Deux hommes font leur entrée, dynamiques et impatients. Ils remettent un carton à Julie, puis ils commencent à discuter entre eux,
5 *sans faire attention à elle. Julie, en retrait, compose un numéro sur son téléphone portable. Elle entreprend une conversation que l'on n'entend pas.*

CLIENT 1. On dirait qu'on est les premiers.

CLIENT 2. Je pensais qu'il y aurait plus de monde.

10 CLIENT 1. Moi aussi. La semaine dernière, on était tassés les uns sur les autres.

CLIENT 2. Où ça ?

CLIENT 1. Vous n'y étiez pas ? Les gens s'arrachaient les concepts. C'était fou !

15 CLIENT 2. Vous voulez dire qu'il y a eu vente de concepts et que je ne l'ai pas su ?

CLIENT 1. Ça vous intéresse ?

CLIENT 2. Évidemment. Je suis négociant en concepts.

CLIENT 1. Ah bon ? Enchanté. Moi je suis dans les
20 idées, les obsessions, les utopies. Quel genre de concepts vous intéresse ?

CLIENT 2. Tous les genres, avec un petit penchant pour les concepts dépassés. Ceux-là, on peut les avoir pour presque rien, on attend qu'ils reviennent à la
25 mode et on les vend avec un bon profit. Mais il faut savoir les ressortir au bon moment.

CLIENT 1. Écoutez, j'ai justement acheté quelque chose. Ça pourrait peut-être vous intéresser…

On sonne à la porte.

30 CLIENT 2. Bon. Il y a des gens qui arrivent. On va pouvoir commencer.

CLIENT 1. Alors, comme je vous le disais, j'ai peut-être quelque chose…

Le client 3 fait son entrée. Un homme plus âgé. Il donne son
35 *carton à Julie, qui est toujours au téléphone. Il s'adresse aux clients 1 et 2.*

CLIENT 3. Pardon, avez-vous l'heure ?

CLIENT 2. Dix heures quinze.

CLIENT 3. C'était bien dix heures qui était écrit sur le
40 carton ?

CLIENT 2. Oui, ils sont en retard, vous avez raison.

On sonne. Julie va ouvrir.

CLIENT 1 (*entraînant le client 2 à l'écart*). Alors, comme je vous le disais, j'ai peut-être quelque chose. Je ne suis
45 pas certain que ce soit complètement dépassé, mais, à mon avis, c'est en bonne voie…

Entre la cliente 4, une femme dans la quarantaine.

CLIENTE 4 (*allant vers le client 2*). Ah, tu es là !

CLIENT 2. Chérie, mais qu'est-ce que… (*Au client 1*)
50 Excusez-moi. (*Il entraîne sa femme à l'écart.*) Qu'est-ce que tu fais ici ?

CLIENTE 4. Je t'ai suivi.

CLIENT 2. Mais pourquoi ?

CLIENTE 4. Tu dis toujours que tu vas m'emmener, et
55 tu le fais jamais.

CLIENT 2. Mais c'est mon travail, et je n'ai pas le temps de…

CLIENTE 4. Quand j'ai vu le carton, j'ai su tout de suite qu'il y aurait quelque chose pour moi.

60 CLIENT 2. Qu'est-ce qui te fait dire ça ?

CLIENTE 4. Je sais pas. Une intuition.

CLIENT 2. Mais tu n'y connais rien. Et puis il faut que je m'occupe de mes affaires…

CLIENTE 4. Je t'en prie… Ça fait si longtemps que tu ne m'as pas gâtée un peu.

CLIENT 2. Tu n'es pas raisonnable.

On sonne. Julie va ouvrir. Le client 3 s'approche de la cliente 4.

CLIENT 3. Excusez-moi, vous cherchez quelque chose en particulier ?

Entre la cliente 5, une jeune femme extrêmement dynamique, suivie par le client 6, un jeune homme discret.

CLIENTE 5. Comment ? C'est pas encore commencé ?

CLIENTE 4 (*au client 3*). Je m'intéresse à tout ce qui est joli, nouveau, tout ce qui fait jeune…

CLIENT 3. Moi, c'est pour ma fille que je cherche…

La cliente 5 s'approche du petit groupe.

CLIENTE 5. Pardon, est-ce que vous avez déjà procédé à l'inspection ?

CLIENT 2. L'inspection ? Non, pas encore.

Le client 3 s'approche du client 6.

CLIENT 3. Et vous, qu'est-ce que vous cherchez ?

CLIENT 6. Moi ? Je…

CLIENT 3. Moi, je suis venu pour ma fille, vous voyez. Elle est très malade et je me suis dit que… mais je ne sais pas si c'est une bonne idée…

CLIENTE 5. Mais c'est insensé, ça. Il y a rien ici. Vous n'avez pas posé de questions ? Où sont les responsables ? Est-ce que quelqu'un les a vus ?

CLIENT 2. On est arrivés ici les premiers. On n'a vu personne.

CLIENT 1. Sauf la jeune femme qui nous a ouvert.

CLIENT 2. Oui, c'est vrai, sauf la domestique.

CLIENT 3. Peut-être qu'elle est au courant. On pourrait lui demander.

CLIENT 1. Mais où est-ce qu'elle est ?

Julie réapparaît. Elle a enlevé sa robe sombre. Elle porte un jupon blanc. Elle a rangé son téléphone.

JULIE. Bon. On va commencer.

100 CLIENTE 5. Commencer quoi ? On n'a encore rien vu ! Où sont les photos, les certificats, le catalogue ?

JULIE. Il n'y a pas de catalogue. Tout est ici.

CLIENTE 5. Ah bon ? Je pensais qu'il y aurait plus… Le carton disait…

105 JULIE. Je vous explique le déroulement. Je fais d'abord la description, puis vous pouvez regarder, sentir, toucher, puis je donne la mise de départ. Après, c'est à vous.

CLIENT 2 (*à sa femme*). Tu vois bien que j'avais raison. Tu ne trouveras pas ce que tu cherches. L'as-tu regar-
110 dée, la pauvre fille ?

JULIE. Les acquéreurs prendront possession de leurs articles en fin de journée, sur présentation de leur chèque.

CLIENTE 4. Le carton disait : «Morceaux choisis. Qua-
115 lité exceptionnelle.»

CLIENT 2. Morceaux choisis !

CLIENTE 5. Puisqu'on est venus jusqu'ici, je propose qu'on commence. Comme ça, on va bien voir ce qu'il y a.

120 CLIENT 1. Je suis d'accord. On ne sait jamais ce qu'on peut trouver.

JULIE. Premier article.

Elle soulève ses cheveux pour dégager son front. Elle circule parmi les acheteurs en montrant son front.

125 JULIE. Un front de vingt ans et trente-trois jours. Grand, ouvert, sans un pli. Parfaitement proportionné. Encadré par une couronne de cheveux fins. Qui reflète la lumière avec une extrême douceur. Regardez. (*Elle passe parmi les acheteurs.*) Un front qui a confiance, qui
130 pense que la vie est magnifique, que le bonheur l'attend un peu plus loin, juste après le tournant. Un front qui veut, qui croit, qui espère.

CLIENT 2. Qui croit dans un monde meilleur ?

CLIENT 1. Qui pense que tout peut changer, que l'homme est bon et juste et que l'humanité va vers un avenir glorieux ?

JULIE. Oui, on pourrait le dire comme ça, si vous voulez.

CLIENT 3. Est-ce qu'on pourrait dire aussi : qui croit aux miracles ?

JULIE. Aux miracles ? Je ne sais pas.

CLIENTE 4. Est-ce que ça inclut les cheveux fins tout autour, et les tempes délicates ?

JULIE. Non.

CLIENTE 5. Dommage.

JULIE. Un front légèrement bombé, qui se glisse parfaitement sous une main. Voyez vous-mêmes.
(*Elle circule parmi les acheteurs qui regardent de près. Le client 3 met sa main sur son front, la laisse là quelques secondes.*)
Mille cinq cents.

CLIENT 2. Deux mille.

CLIENTE 4. Deux mille cinq cents.

CLIENT 2 (*à sa femme*). Arrête ! Tu vas quand même pas miser contre moi !

CLIENTE 4. Mais je voulais juste…

CLIENT 2. Pas cette fois-ci, compris ?

CLIENTE 4. Bon, bon.

JULIE. J'ai deux mille. Qui dit mieux ?

CLIENT 3 (*timidement*). Cinq mille.

CLIENT 2. Dix mille !

CLIENT 1. Douze !

CLIENT 2. Douze mille cinq cents !

CLIENT 1. Quatorze !

CLIENT 2 (*avec éclat*). Vingt mille !

Silence.

JULIE. J'ai vingt mille pour un front de vingt ans. Qui dit mieux ?
(*Silence.*)
Vingt mille une fois… deux fois… trois fois. Vendu !

CLIENT 1 (*au client 2*). Félicitations !

CLIENT 2. La confiance en l'humanité sur un front de vingt ans. Un truc en voie d'être absolument dépassé. Pour vingt mille ! Vous rendez-vous compte ? Ça, c'est un début de journée comme je les aime !

Julie fait un trait noir sur son front.
Elle se met un peu à l'écart et compose un numéro sur son téléphone portable.

JULIE. Allô, c'est moi. Sais-tu combien j'ai eu ? Vingt mille ! Oui… c'est fantastique, t'as raison. Fantastique. Oui, je sais… Je me dépêche. Je te rappelle.

CLIENT 1 (*au client 2*). Écoutez, si vous voulez, après, on pourrait discuter, j'ai acheté quelque chose la semaine dernière qui pourrait…

JULIE. On va continuer.

CLIENT 2. Ça reprend.

JULIE. Deux paupières diaphanes.

CLIENTE 5. Des paupières ? Je ne vois pas l'intérêt.

JULIE. Assorties de longs cils légèrement recourbés. Quand elles battent rapidement, elles vous donnent un air tendre et innocent. Regardez.

Elle passe parmi les clients en battant des paupières.

CLIENTE 4 (*à son mari*). Celles-là, je les veux !

CLIENT 2. Mais voyons, c'est pas du tout pour toi !

CLIENTE 4. Au contraire, c'est en plein ce qu'il me faut.

JULIE. Quand elles sont refermées, elles tremblent toujours un peu. Comme si elles n'arrivaient pas à contenir toute la vie qu'il y a en vous. Tout votre désir de prendre le monde, et d'être prise par lui. On a envie de les toucher avec son doigt, pour les apaiser. Regardez.

Elle circule parmi les clients, les paupières fermées.

CLIENT 3 (*à la cliente 5*). Pensez-vous que c'est une bonne idée, pour ma fille, des paupières qui tremblent ? Pensez-vous que ça pourrait lui donner un peu de vitalité ?

CLIENTE 5. Je ne sais pas. Moi, en tout cas, un air innocent, ça ne m'intéresse pas.

JULIE. Cinq mille.

CLIENT 1. C'est beaucoup !

JULIE. Pensez-y. D'ici quelques années, un air innocent, ça n'aura pas de prix.

CLIENTE 4 (*à son mari*). Elle a raison. (*Elle mise.*) Sept mille !

CLIENT 2. T'es folle !

CLIENT 3. Dix mille !

CLIENTE 4. Vingt mille !

Souvenir .
N° 1672

CLIENT 2. Arrête ! Ça ne vaut pas ça.

220 CLIENT 3. Vingt-deux mille !

CLIENTE 4. Vingt-cinq mille.

CLIENT 3 (*au client 6*). J'abandonne. Je ne suis pas convaincu que…

JULIE. Vingt-cinq mille pour deux paupières. Qui dit
225 mieux ?

Une fois… deux fois… trois fois… Vendu !

CLIENTE 4. Je les ai eues !

Elle saute au cou de son mari.
Julie fait un trait noir sur ses paupières.

230 CLIENT 2. Je ne vois pas ce que tu vas en faire. Un air innocent, à ton âge ! Mais, bon, si ça te fait plaisir. Maintenant, tu t'en vas, d'accord ?

CLIENTE 4. Jamais de la vie !

Julie compose un numéro sur son téléphone portable.

235 JULIE. Oui, c'est encore moi. Devine ce que j'ai eu. Vingt-cinq mille. Plus vingt, ça fait quarante-cinq. Oui, c'est extraordinaire, t'as raison. Quarante-cinq mille, te rends-tu compte ? Pour moi, oui…

CLIENTE 5. Excusez-moi. Est-ce qu'on peut procéder ?

240 JULIE (*au téléphone*). Oui, c'est fantastique ! Encore plus ? Tu penses ?

CLIENTE 5. S'il vous plaît.

JULIE. Combien de temps ? Bon. J'y vais. Je te rappelle !

CLIENT 1. Dépêchez-vous !

245 CLIENTE 5 (*à Julie*). Écoutez, est-ce qu'il y a quelque chose en rapport avec le passé dans le lot ? Parce que moi, c'est uniquement pour ça que je suis venue.

JULIE. Le passé ? Oui, oui, ça vient tout de suite. Article 3. Une cicatrice sur la cheville gauche.

250 CLIENTE 5. Ah, enfin !

JULIE. Longue et délicate, un peu recourbée.

CLIENTE 5. Quel âge ?

JULIE. Onze ans.

CLIENTE 5. Qu'est-ce que c'était ? Un accident, une
255 branche d'arbre, une mauvaise chute ?

JULIE. Un pacte.

CLIENTE 5. Quel genre de pacte ?

JULIE. Un pacte d'amitié. Avec un garçon de neuf ans. Dans le bois derrière la maison de ma grand-mère.

Confiance
Col JHY N° 1670

Innocence.
N° 1669

260 Il a pris le couteau de chasse de son père. Chacun son tour, on a taillé. J'ai appuyé très fort ; j'avais peur de rater. Ça saignait énormément. On a collé nos blessures. On a dit, en même temps : Amis pour la vie.

CLIENTE 5. Est-ce qu'on peut toucher ?

265 *Julie présente sa cheville. La cliente 5 vient toucher, puis les autres, à tour de rôle.*

JULIE. Quand on la touche, tout revient comme une bouffée : l'odeur du bois mouillé, le vent de septembre, la peur, la main qui tremble, la piqûre de la lame sur la
270 peau, le sang qui se met à couler, le petit rire nerveux, la fierté d'avoir osé, le sourire de Raymond.

CLIENT 3. Excusez-moi. Vous avez bien dit : la peur et le sang qui coule ?

JULIE. Oui.

275 CLIENT 3 (*au client 6*). C'est un beau souvenir, mais la peur, le sang, pour ma fille, je ne pense pas que…

JULIE. Dix mille.

CLIENTE 5. Onze.

CLIENT 1 (*au client 2*). « Amis pour la vie. » Ça peut
280 passer pour une utopie, vous pensez ?

CLIENT 2. Mais oui. Allez-y. Je vous la laisse.

CLIENT 1. Douze.

CLIENTE 5. Treize.

CLIENTE 4. Quatorze.

285 CLIENT 2 (*à sa femme*). Qu'est-ce que tu veux faire d'une cicatrice ?

CLIENTE 4. Une cicatrice sur une cheville délicate, moi je trouve ça très joli. Et rempli de mystère. Intrigant. Sexy, à la limite.

290 CLIENTE 5. Dix-huit.

CLIENT 1. Vingt !

CLIENTE 4. Vingt et un !

CLIENT 2. (*à sa femme*). Arrête !

CLIENT 1. Vingt-cinq !

295 CLIENTE 5. Trente !

Silence.

JULIE. Trente pour une cicatrice sur une cheville. Qui dit mieux ? Un petit effort.

CLIENTE 4. Trente et un.

300 CLIENTE 5. Trente-trois !

CLIENT 2 (*mettant la main sur la bouche de sa femme*). Ça suffit.

JULIE. Trente-trois, une fois… deux fois… trois fois… vendu.

305 CLIENTE 5. Ouf !

Julie fait un trait noir sur sa cheville, puis elle se précipite sur son téléphone.

JULIE. Trente-trois, plus vingt, plus vingt-cinq… ça fait combien ? Soixante-dix-huit ? T'es sûr ? Soixante-
310 dix-huit mille ! Te rends-tu compte ?

CLIENT 3 (*à la cliente 5*). Vous êtes contente ?

CLIENTE 5. Et comment ! Pour quelqu'un qui veut monter une entreprise de souvenirs, un truc comme ça, c'est inespéré.

315 JULIE (*au téléphone*). Exceptionnel, oui, t'as raison. Bon, je continue. Combien de temps ? C'est tout ? Tu penses qu'ils vont acheter ça ? T'es fou ! Bon, O.K. J'y vais.

CLIENT 3. De souvenirs heureux ou malheureux ?

CLIENTE 5. Peu importe, pourvu qu'ils soient intenses,
320 et surtout précis ! Personne ne veut d'un souvenir flou.

JULIE. Article 4. Un morceau double, d'une qualité exceptionnelle. Ce sera le dernier pour ce matin.

CLIENTE 4. Déjà ?

325 JULIE. Un regard ébloui.

CLIENT 1. Ébloui par quoi ?

JULIE. Le regard d'une fille de quinze ans qui voit la mer pour la première fois.

CLIENTE 5. Vous avez dit «morceau double».

330 JULIE. Accompagné d'un soupir d'émerveillement. (*Elle reproduit ce regard et ce soupir. Tous regardent.*) Une fille de quinze ans qui ne voulait pas aller en vacances, qui disait : La mer, qu'est-ce que ça peut me faire ? Qui s'est arrêtée devant l'étendue bleue, est
335 restée sur la plage sans bouger pendant de longues minutes. Les autres l'appelaient, elle restait là, essayait de prendre toute la mer dans ses yeux, tout le blanc de l'écume, tout le ciel par-dessus et tout ce qu'elle ne voyait pas. Peut-être des îles. Peut-être une chaloupe
340 qui avance lentement, peut-être un paquebot qui va bientôt se fracasser. Un regard ébloui et paisible, qui accepte l'immensité. Et puis un soupir. Et dans ce soupir, un petit vertige devant cette beauté qui n'en finit plus, qui vous attire, vous donne envie de vous
345 jeter dedans. (*Un temps.*) Vingt mille.

CLIENT 3 (*au client 6*). Pour ma fille, pensez-vous que…

CLIENTE 5. Vingt et un mille.

CLIENT 3 (*au client 6*). Pour une fille de vingt-sept ans
350 qui a le sang empoisonné.

CLIENT 1. Vingt-trois.

CLIENT 3 (*au client 6*). Qui est étendue dans son lit et qui a peur. Pensez-vous que…

CLIENTE 5. Vingt-quatre.

355 CLIENT 3. Pensez-vous qu'un regard paisible devant l'immensité accompagné d'un petit vertige…

CLIENT 1. Vingt-six.

CLIENT 3. Pensez-vous que ça peut l'aider à…

CLIENTE 5. Trente !

360 JULIE. J'ai trente mille pour un regard ébloui devant la mer et un soupir. Qui dit mieux ?

CLIENT 3 (*au client 6*). Je veux dire l'aider à accepter… enfin, l'aider à…

CLIENT 6. L'aider à mourir ?

365 CLIENT 3. Oui, on peut le dire comme ça. Pensez-vous que…

CLIENT 6. Oui, je pense que oui.

JULIE. Trente mille, une fois… deux fois…

CLIENT 3. Quarante mille !

370 *Petit murmure de stupéfaction.*

JULIE. J'ai quarante mille pour un regard et un soupir. Qui dit mieux ? (*Silence.*) Une fois… deux fois… trois fois… vendu !

*Tous applaudissent. Le client 3 est ému. Julie fait un trait
375 noir sous ses yeux et sur sa poitrine.*

Mesdames, messieurs, c'est terminé.

CLIENTE 4. Mais ce n'est pas possible. Il y avait encore des tas de choses que je voulais…

CLIENT 2 (*à sa femme*). Viens, on s'en va.

380 CLIENT 1 (*au client 2*). Je repars les mains vides. Ça augure mal, surtout comme ça, en début de semaine.

CLIENT 2. Vous êtes superstitieux ?

CLIENT 1. Un peu, je l'avoue.

CLIENT 2. Écoutez, j'ai peut-être quelque chose pour
385 vous…

CLIENT 1. Ah bon, qu'est-ce que c'est ?

CLIENT 2. C'est pas exactement une utopie, mais… Qu'est-ce que vous diriez d'un front de vingt ans qui fait confiance en l'humanité ? Je vous le laisserais à
390 trente mille…

CLIENT 1. Trente mille ? Vous l'avez payé vingt mille.

CLIENT 2. Oui, mais ça fait déjà dix minutes.

CLIENT 1. Vous exagérez.

CLIENT 2 (*à sa femme*). Tu viens, chérie ?

395 CLIENTE 4. Oui, oui, je te suis !

Le client 1 et le client 2 sortent. Le client 3 s'approche de Julie.

CLIENT 3. Je ne sais pas comment vous dire… Je suis très heureux. Au nom de ma fille, je vous remercie.

400 *Il sort. La cliente 5 s'approche de Julie.*

CLIENTE 5. Je vous laisse ma carte. Si vous avez d'autres cicatrices, ou des marques de toutes sortes, appelez-moi.

Elle sort. La cliente 4 s'approche de Julie.

405 CLIENTE 4. Et votre nombril, vous ne le vendez pas ?

JULIE. Mon nombril ?

CLIENTE 4. Laissez-moi voir.

JULIE. Mais je…

CLIENTE 4. Dépêchez-vous. Mon mari va s'impatien-
410 ter. (*Julie montre son nombril à la cliente 4.*) C'est bien ce que je pensais. Une pierre de jeunesse sur un écrin de chair tendre. Je vous en donne dix mille, tout de suite, comme ça…

JULIE : Mais je…

415 CLIENTE 4. Douze.

JULIE. Quinze ?

CLIENTE 4. Vendu !

Julie fait un trait noir sur son nombril.

CLIENT 2 (*réapparaissant*). Chérie, qu'est-ce que tu
420 fais ?

CLIENTE 4. J'arrive !

Ils sortent. Julie prend le téléphone portable.

JULIE (*au téléphone*). Oui, c'est moi. Soixante-dix-huit, plus quarante, plus quinze, ça fait combien ? Cent
425 trente-trois ? T'es sûr ? Cent trente-trois mille ! Te rends-tu compte ? Quoi ? Une minute seulement ? Ça

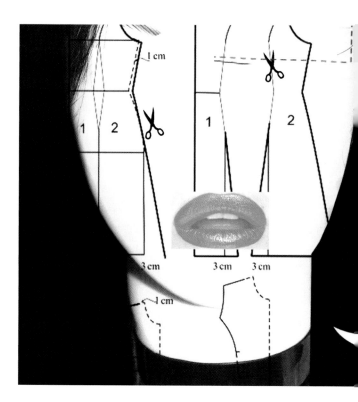

passe vite… Oui, c'est extraordinaire. Oui, tout ce que je vais pouvoir acheter. Un regard oblique. J'en ai envie depuis tellement longtemps. Et puis un port de tête
430 altier. Tu sais, comme les princesses. L'impression de dominer. Et puis un sourire triomphant. Quoi ? Une enfance heureuse dans une maison ensoleillée ? Non, c'est trop. Je suis sûre que je ne pourrai pas, c'est sûre-ment trop cher, mais peut-être un bout d'enfance.
435 Peut-être un été. Oui, ce serait bien, un été heureux dans une maison ensoleillée, disons à huit ans. Com-ment ? Trente secondes ? Attends…
(*Le client 6, que l'on avait perdu de vue, réapparaît.*)
Il y a encore quelqu'un. Je… Non, raccroche pas !
440 (*Au client 6*) Qu'est-ce que vous voulez ?
(*Le client 6 s'approche de Julie.*)
C'est terminé pour aujourd'hui. Vous reviendrez une autre fois.
(*Au téléphone.*) Attends, je…
445 (*Le client 6 met son doigt sur la bouche de Julie.*)
Qu'est-ce que vous voulez ? Je vous ai dit que…
(*Au téléphone.*)
Attends, il faut qu'on parle encore… Cinq secondes ? Mais…

450 *Le client 6 prend l'appareil des mains de Julie et écoute l'interlocuteur.*

CLIENT 6. Il dit que votre temps est écoulé. Que vous devez le payer dans les vingt-quatre heures, comme c'est indiqué dans le contrat. Il dit : Si vous avez été
455 satisfaite de mes services, parlez-en à mon superviseur. Merci et au plaisir de vous servir à nouveau.

JULIE. Mais, je… J'avais pas fini. J'aurais dû prendre plus. Mais c'était très cher et je ne savais pas que je gagnerais autant…

460 CLIENT 6. Qui est-ce ?

JULIE. Je l'ai eu par une agence. J'étais très énervée pour ce matin. Je me suis dit : Un peu de soutien, ça va me faire du bien. Il y avait plusieurs options : présence amicale, appui délirant… J'ai choisi «encouragement
465 enthousiaste».

CLIENT 6. Il était bien ?

JULIE. Oui, oui. Il était parfait. Il était… encourageant et enthousiaste. Mais c'était trop court.

CLIENT 6. Est-ce que je peux vous demander…

470 *Il met son doigt sur la bouche de Julie.*

JULIE. Non. C'est terminé pour aujourd'hui. Je suis fatiguée. J'ai besoin de…

CLIENT 6. Est-ce que je peux…

JULIE. Qu'est-ce que vous voulez ? Mes lèvres, mes
475 dents, ma langue ?

CLIENT 6. Des mots dans votre bouche.

JULIE. Comment ça, des mots ?

CLIENT 6. Je voudrais que vous pensiez à certains mots. Je voudrais le moment précis où ils se forment
480 dans votre bouche, dans vos joues, sur vos lèvres.

JULIE. Quels mots ?

CLIENT 6. Je ne peux pas vous les dire.

JULIE. Pourquoi ?

CLIENT 6. Parce que je n'arrive pas à les prononcer.
485 Je n'arrive même pas à les penser.

JULIE. Mais alors…

CLIENT 6. Des mots de détresse, comme des S.O.S.

JULIE. Je ne sais pas. Je… Combien vous m'offrez ?

CLIENT 6. Je n'ai pas d'argent.

490 JULIE. Je ne comprends pas.

CLIENT 6. Mais je peux trouver autre chose.

JULIE. Quoi ?

CLIENT 6. Peut-être des mots que vous n'arrivez pas à former dans votre bouche.

495 JULIE. Ça n'existe pas. Je peux prononcer tous les mots. Je peux dire : désespoir, solitude, absurdité, infamie…

CLIENT 6. Un cri, alors ?

JULIE. Quelle sorte de cri ?

500 CLIENT 6. Un cri de jeune homme qui n'en peut plus. La contraction sur mon ventre pendant que le cri se forme. La vibration. Le sentiment de puissance extraordinaire pendant quelques secondes. L'impression d'exister.

505 JULIE. L'impression d'exister ?

CLIENT 6. C'est un bon *deal*, je vous assure. Vos mots de détresse en échange de mon cri.

JULIE. Mais je…

CLIENT 6. Mettez votre main ici.
510 *(Il met la main de Julie sur son ventre. Il met ses propres mains sur les joues et la bouche de Julie.)*
Je compte jusqu'à trois. Un, deux, trois… Allez-y.

Julie prononce doucement les mots de détresse, avec les mains du jeune homme qui palpent ses joues et sa bouche.

515 JULIE. Au secours. Aidez-moi, s'il vous plaît. Prenez-moi dans vos bras. J'en peux plus. J'ai besoin de quelqu'un, de n'importe qui, de vous. J'ai besoin de vous. Au secours. Aidez-moi. J'ai besoin de vous.

Il crie, avec la main de Julie sur son ventre.
520 *Ils se regardent. Ils s'étreignent.*
Noir.

Carole Fréchette, «Morceaux choisis»,
dans *Serial Killer et autres pièces courtes*,
Montréal, © Leméac/Actes Sud, 2008, p. 27 à 42.

Les silences d'Eulalie

C'est le soir. Le père, la mère et leur fille Eulalie, assise entre eux deux, sur un siège un peu plus haut, dînent en silence. Puis :

MÈRE. La semaine s'est bien passée ?

PÈRE. Très bien. J'ai sans doute été éloquent : j'ai vendu toutes mes parures de luxe.

5 MÈRE. C'est l'époque des mariages.

PÈRE. Et la pièce unique que tu aimais tant a été enlevée sans marchandage, par des étrangers.

MÈRE. De quelle origine ?

PÈRE. D'un peu partout. Et ici ?

MÈRE. Comme pareil… comme presque pareil.

10 PÈRE. Et ma belle Eulalie ? Est-elle toujours grande navigatrice en versions latines ? Et toujours amoureuse de J.-J. Rousseau ? (*elle le regarde, souriante. Puis elle se remet à manger*) C'est la trigonométrie qui pèche encore ? Veux-tu qu'on fasse appel à ton parrain si fort en maths ? (*silence*) Tu es fâchée, Eulalie ? (*la mère et Eulalie continuent à manger en silence*) Qu'est-ce qui se passe ? Pourquoi Eulalie ne parle pas ?

15 MÈRE. Ce n'est pas qu'elle ne parle pas, c'est qu'elle ne parle plus.

PÈRE. Elle est aphone ?

MÈRE. Non, muette.

PÈRE. C'est-à-dire ?

MÈRE. (*regard vers Eulalie*) Comme tu vois.

L'outrance verbale

Quel malaise, quelle confusion, quel déni recouvre donc l'usage fréquent de l'exagération, de l'hyperbole et de l'enflure dans le discours actuel ? Cette semaine, un homme de mes connaissances a confié avoir connu « un drame ». Il avait passé vingt minutes dans un ascenseur bloqué en compagnie d'autres personnes. J'ai entendu une actrice décrire son partenaire au cinéma : « Un génie », a-t-elle dit en baissant le ton comme s'il s'agissait là d'Einstein lui-même. Un universitaire aussi complaisant que douteux dans ses méthodes de recherche est arrivé, lui, à la conclusion que les cols bleus de Montréal sont atteints de « détresse psychologique » à force d'être victimes de rumeurs de toute sorte, de regards désapprobateurs et de propos désobligeants murmurés dans leur dos. […]

« C'est ajouter au malheur du monde que de mal nommer les choses », a écrit Albert Camus. Si on donne raison à l'écrivain, notre époque est plus que malheureuse. Entre la langue de bois, la langue stérilisée et la langue caricaturale, la précision de la pensée et surtout la vérité ont du mal à émerger.

Le vocabulaire de l'enflure si caractéristique de l'expression

20 PÈRE. Puisque toi tu parles, tu peux m'expliquer ?

MÈRE. Elle ne veut plus parler.

PÈRE. Plus jamais ?
La mère a un geste d'ignorance.
(*regarde Eulalie, hébété*) C'est terrifiant ! (*Eulalie qui*
25 *s'apprêtait à manger reste un instant la fourchette en l'air.*
À la mère) C'est terrifiant.

MÈRE. Elle dit que partout, dans tous les coins et les recoins de la ville, dans les administrations, les magasins et les cantines, dans les trains, les gares et les
30 marchés, à la poste et même dans les pharmacies, tout le temps, la nuit comme le jour on n'entend que des mots usés, des expressions fanées, des paroles avachies depuis longtemps sur elles-mêmes et que la traversée de ce galimatias fait naître en vous une
35 mélancolie mortelle. Elle dit aussi qu'il est inutile d'espérer se frayer un chemin à travers la masse des phrases, dans l'espoir de respirer un peu plus haut, car alors ça ne ferait que provoquer la chute de milliards de paroles qui vous dégringoleraient dessus en
40 grandes coulées gélatineuses. Mais elle se ravise aussitôt. Ce ne sont pas les mots, dit-elle, qui sont avachis mais ceux qui les prononcent, ceux-là qui lancent dans les airs des poignées de paroles, toujours les mêmes, sans se soucier de savoir si elles atteignent
45 leurs destinataires qui d'ailleurs, eux aussi, lancent dans les airs des paquets de paroles sans se soucier de savoir si elles… etc., etc. Elle dit que personne n'écoute personne et que les paroles

verbale des adolescents est pratiqué par tous. Un correspondant parlementaire qualifiait récemment le budget du gouvernement.
40 Il affirmait n'avoir qu'un mot pour résumer l'exercice: «pathétique». Mais qu'est-ce donc qu'un budget pathétique ? Un budget est juste, injuste, rigoureux, clair, mais pathé-
45 tique ne veut rien dire. Un budget ne nous émeut pas, n'est pas poignant ou bouleversant, à ce qu'on sache. Quant à l'hyperbole, son usage trop fréquent indique
50 plutôt une incapacité à exprimer véritablement la pensée. Lorsque le plus petit succès d'un chanteur pop devient un «triomphe», qu'une déclaration anodine d'un
55 politicien est transformée en «gaffe monumentale» et qu'une recette de cuisine […] est qualifiée

de «délirante», plus rien n'est triomphant, une vraie gaffe monu-
60 mentale mène au crime et le délire se réduit à un petit plaisir de la table.

Si trois jours de pluie consé-
65 cutifs sont une «catastrophe», comment nommer un ouragan meurtrier ? Si on se dit «déprimé» à la suite de la défaite de son club de hockey, que dira-t-on lorsqu'un deuil s'abattra sur nous ?

***

70 La caricature est devenue, avec l'aide des médias, le mode de description des activités humaines et des émotions qui les inspirent. Comme si la nuance, l'approche
75 modérée et le second degré du discours affadissaient la réalité. Pour attirer l'attention des autres

et conserver leur intérêt, il semble bien que seuls les termes-chocs
80 soient en usage. Il faut dire aussi que l'absence de recours au dictionnaire afin de connaître le sens exact des mots contribue à cet éloignement progressif des mots
85 justes. En fait, l'important n'est pas d'être précis ni même rigoureux mais plutôt de frapper l'interlocuteur afin de le faire réagir ou de le déséquilibrer.

90 S'éloigner du sens des mots, c'est également se rapprocher de l'insignifiance, c'est devenir insensé. En sursaturant le discours d'épithètes et d'adverbes,
95 on contribue hélas à vider les mots de leur sens, une autre façon de mettre en échec la pensée. Quand on trouve tout «effrayant»,

restent ainsi suspendues dans les airs à la recherche de leurs correspondants, et que tout est perdu d'avance. Certains répondent à des questions qui ne leur sont pas posées. D'autres entrent en fureur contre des messages chaleureux. À des paroles d'amour, on répond par des injures. À des

50 appels désespérés, par des fous rires. À ceux qui viennent porter secours, par des menaces – j'ai plusieurs fois eu les larmes aux yeux –, oui, répète-t-elle, personne n'écoute personne. Les paroles même les plus précieuses s'évanouissent dans les airs ou vont se perdre au loin dans les océans. Elle dit que peut-être pour réanimer le langage il faudrait inventer d'autres mots. Des verbes surtout pour leur activité souveraine. Des verbes «résumistes» comme elle les appelle. Par exemple

55 un verbe qui dirait à lui tout seul: «J'ai failli tomber dans mon escalier, mais heureusement j'ai réussi à garder mon équilibre.» (*le père et la mère se regardent*) Ou un verbe plus «résumiste» encore tel que: «Je voulais traverser la forêt. J'ai renoncé. Derrière chaque arbre se cachait un homme.» Elle a conclu en disant que puisqu'elle n'avait trouvé personne pour tenter avec elle de renouveler le langage elle préférait ne plus parler.

60 PÈRE. Elle a dit tout cela?

MÈRE. Non. Je résume.

Denise Bonal, «Les silences d'Eulalie», dans *25 petites pièces d'auteurs*, Paris, © Éditions Théâtrales, coll. «Répertoire contemporain», 2007, p. 29 et 30.

où alors se trouve l'effroi? Lors-
100 qu'un spectacle est «écœurant», qu'est-ce donc qui tombe sur le cœur? Si celui qui diverge d'opinion avec nous est un «malade», comment distinguer un malade
105 d'un bien-portant?

Cette dramatisation du vocabulaire ne masque-t-elle pas aussi une sorte d'angoisse qui ne s'avoue pas? On ne peut pas toujours
110 vivre dans ce climat d'exacerbation verbale sans conséquences. Celui qui croit vivre un «drame» à cause d'une panne d'ascenseur finit sans doute par se convaincre
115 que là réside le drame, et il aura sûrement tendance à qualifier de tragédie la perte de son chat ou la maladie de son chien.

La vie d'aujourd'hui, telle que
120 renvoyée par les images dont on nous bombarde, se nourrit de violence, d'outrance, de comportements marginaux, excentriques, abusifs et erratiques. La vie rou-
125 tinière qui est le lot de la majorité semble bien terne dans cet environnement médiatisé. Sans doute que les mots servent alors d'épices pour rehausser la fadeur
130 qu'éprouvent plusieurs à vivre chichement. Mais le mauvais usage des mots banalise également les émotions vraies quand il ne les nie pas. Camus avait raison: l'inca-
135 pacité de nommer les choses avec justesse participe à la mélancolie moderne.

Denise Bombardier, «L'outrance verbale», *Le Devoir*, [en ligne]. (20 mai 2006; page consultée le 16 novembre 2009)

La petite histoire de *15 secondes*

Ce texte est le fruit du hasard et des rencontres inattendues qui changent une vie. Je n'avais pas imaginé écrire un jour un texte avec un personnage atteint de paralysie cérébrale; je ne suis pas particulièrement
5 sensible aux téléthons et il n'y a pas de handicapés dans mon entourage immédiat…

C'est le metteur en scène et comédien Michel Laprise qui donna à Dave Richer la chance de jouer pour la première fois avec des comédiens profession-
10 nels. Pour un laboratoire public, en vue de la préparation du spectacle *Tonalités*, Michel avait eu l'idée d'engager un comédien atteint de paralysie cérébrale qui devait former un duo avec Normand D'Amour. Suite à la complicité et à la dynamique qu'ils réussirent à créer
15 sur scène et dans la vie, ils décidèrent de pousser l'expérience plus loin.

Michel, qui travaillait à cette époque avec ma compagne, la comédienne Marie-Hélène Thibault, me parla de Dave. Du talent d'acteur qu'il possédait, de
20 son charisme, de l'impact qu'il avait sur le public… Il essaya d'organiser une rencontre entre Dave et moi, mais je ne me sentais pas attiré par ce sujet; ignorant tout de la paralysie cérébrale, j'imaginais difficilement ce que j'aurais pu écrire là-dessus.

25 Peu de temps après […], Dave me téléphona pour me parler lui-même du projet. Après lui avoir expliqué que je ne pourrais probablement pas écrire pour lui, j'acceptai tout de même de prendre un café avec lui et Normand.

30 J'ai tout de suite été charmé par l'humour de Dave, par le regard qu'il avait sur son propre état, par ses yeux, ses grimaces et surtout par ses fous rires. J'étais étonné de voir comment Normand agissait avec lui, de manière un peu brusque, un peu baveuse, mais pleine
35 d'affection. Il le traitait comme un gars normal, comme un frère; c'est aussi ça qui m'a touché…

Je savais que l'écriture de cette pièce contenait une quantité redoutable de pièges à éviter. Je savais aussi que mon style ironique ne se prêterait pas bien à ce type
40 de sujet et je craignais de ne pas réussir à trouver le ton qui conviendrait. Puis finalement, je savais que l'expérience ne serait assurément pas banale et que le lien que j'aurais à tisser avec Dave n'était pas seulement de nature professionnelle, mais que j'aurais aussi à m'im-
45 pliquer de façon très personnelle et intime. Si le projet faisait un peu peur à l'auteur en moi, il effrayait encore davantage l'être humain que je suis. Mais en écoutant

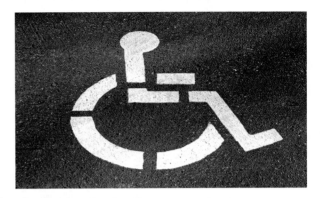

Dave expliquer ce qu'il vivait, mon imagination s'emballait. C'était un défi que je ne pouvais refuser.

50 […] J'amorçai donc une série de rencontres avec Dave pendant lesquelles il me raconta sa vie, ses angoisses, ses frustrations, ses désirs, sa vision du monde. C'est en m'inspirant de ses préoccupations que j'allais articuler l'action de la pièce.

55 […]

Lors de la création, la pièce reçut un excellent accueil. Le niveau de réalisme atteint lors des représentations était très troublant pour les spectateurs. Il faut dire que la fascination exercée par la présence de Dave sur
60 scène n'est pas uniquement liée au texte ou à la mise en scène; pendant le spectacle, le public suit simultanément deux histoires, c'est-à-dire celle du personnage de Mathieu, amoureux de Charlotte, puis celle du comédien Dave Richer, réellement handicapé, qui joue
65 dans une pièce de théâtre.

C'est en voyant Dave venir saluer le public à la fin des représentations que j'ai ressenti l'impact de sa présence sur scène. Pendant une heure quarante-cinq, la pièce parle de la douleur d'être handicapé. Or, une
70 fois le spectacle terminé, Dave ne peut pas abandonner totalement son personnage. De la même façon que, lorsqu'il joue, il ne peut pas cesser complètement d'être Dave Richer. L'état d'urgence, le besoin de s'exprimer et le désir de séduire, la vulnérabilité et la fra-
75 gilité, toutes ces choses qui sont inscrites dans le personnage de Mathieu, Dave les transporte réellement en lui au moment de jouer. C'est ce qui rend ce spectacle particulièrement questionnant, surtout pour moi qui l'ai écrit, parce qu'une partie de ce qui fait le succès
80 de cette œuvre m'échappe complètement.

F. A.
9 février 1998

François Archambault, *15 secondes*,
Montréal, © Leméac, 1998, p. 5 à 8.

Marie-Hélène Thibault
(Charlotte) et
Dave Richer (Mathieu)
dans *15 secondes*.

15

MATHIEU. Tu devrais les finir, les romans que tu commences.

CHARLOTTE. C'est pas possible. On dirait que la personne qui écrit pis celle qui travaille pour une agence de publicité, c'est pas la même. C'est comme si j'avais dans moi deux facettes complète-
5 ment opposées. Oui, c'est ça : y a la fille que j'ai toujours voulu être, pis celle que je suis dans la réa-lité de tous les jours… Pis on dirait que plus le temps passe, moins j'arrive à être la fille que je veux être. L'autre prend de plus en plus de place. A m'empêche d'être bien, de prendre le temps d'écrire, de prendre le temps de prendre mon temps… Toi aussi, ça doit t'arriver, non ?

MATHIEU. Quoi ?

10 CHARLOTTE. Ben, d'imaginer le gars que t'aurais été si t'avais pas eu ton… ton handicap.

MATHIEU. Ce gars-là existe pas.

CHARLOTTE. Écoute. Moi je te regarde, pis je peux pas faire autrement, je le vois. Je t'imagine.

MATHIEU. C'est parce que tu me vois de l'extérieur. C'est parce que t'arrives pas à t'imaginer comment je suis. Est-ce que t'es capable de t'imaginer handicapée comme moi ?

15 CHARLOTTE. Tu veux dire…

MATHIEU. Oui.

CHARLOTTE. Mon Dieu, non…

MATHIEU. Ça va avoir l'air bizarre ce que je vas te dire, mais si un jour le bon Dieu venait me voir pis qu'y m'offrait de devenir «normal», ben je refuserais.

20 CHARLOTTE. Pourquoi ?

MATHIEU. Parce que je suis né comme ça. Mon handicap, ça fait partie de ce que je suis. Si j'étais pus handicapé, je serais pus moi. Ça m'a pris vingt ans à l'apprivoiser ce corps-là. J'aime ça, ce que je suis devenu. C'est con à dire, mais aujourd'hui, je suis fier d'être comme je suis.

CHARLOTTE. Ça t'arrive pas de regretter ?

25 MATHIEU. Ce qui me fait chier, c'est les autres. Tout le monde me regarde comme si je venais d'une autre planète, juste parce que ma différence est plus voyante. Mais je suis comme tout le monde. Comme tout le monde, je suis différent de toutes les personnes qui vivent sur notre planète. C'est pour ça qu'on est pareils. Je vis la même chose que toi. Je suis né, je vis, pis je vas mourir un jour. Je mange, mal, mais je mange, je vas aux toilettes, je travaille, je ris, je pleure.

30 CHARLOTTE. C'est beau ce que tu dis. Ta façon de voir les choses, c'est…

MATHIEU. Dans ma tête à moi, je suis pas handicapé. C'est pour la société que je suis handicapé. Tout le monde a son handicap. Toi, y a quelque chose qui t'empêche d'écrire tes romans, moi y a quelque chose qui m'empêche de boire dans un verre, de couper mon steak sans qu'y parte, de *cruiser* les belles filles comme toi…

35 **17**

Charlotte et Claude.

CHARLOTTE. Ton frère a commencé à me raconter son histoire; c'est vraiment incroyable.

CLAUDE. Faut que t'en prennes pis que t'en laisses, hein ? Mathieu a toujours eu le sens de l'exagération.

40 CHARLOTTE. Ça doit vraiment être extraordinaire d'avoir un frère comme lui.

CLAUDE. Pourquoi tu vas pas le rejoindre si tu le trouves si extraordinaire, hein ?

CHARLOTTE. Voyons ! Qu'est-ce qui te prend ?

CLAUDE. Tu sais pas c'est quoi être pogné avec ce gars-là ! Si tu savais combien de fois mes parents m'ont dit : «Regarde ton p'tit frère, regarde son courage magnifique, prends exemple sur lui !» Si
45 tu savais comment c'est pas facile d'impressionner tes parents quand ton frère a juste à faire deux pas, à dire deux mots pour qu'on le considère comme un héros national !
50 «Mon Dieu ! Y a parlé ! C'est un miracle ! Y respire ! C'est une bénédiction du Ciel !» Toi tu reviens de l'école, tout fier de ton quatre-vingt-cinq pour cent à ton examen
55 de mathématiques… Qu'est-ce tu veux qu'y disent, hein ? C'est quoi tu penses qu'y faut que je fasse, moi, pour être considéré comme un héros ? Faut que je réussisse ma
60 maîtrise ? Non, c'est pas assez ! On est à quatre pattes devant lui parce qu'y réussit à se tenir debout, moi, qu'est-ce qu'y faut que je fasse ? Faut que j'arrive à battre Bruny
65 Surin au cent mètres pour qu'on me trouve extraordinaire ? «Wow !

Normand D'Amour (Claude) et Dave Richer dans *15 secondes*.

Mathieu a fait une phrase complète !» Moi, c'est quoi ? Faudrait que j'écrive un roman pis que je gagne le Goncourt ? «Hein ! Ça se peut pas qu'y soit capable de conduire sa voiture !» Pis moi, pour que tu penses que je suis quelqu'un d'extraordinaire, moi aussi, qu'est-ce qu'y faut que
70 je conduise ? Une formule un ? Un hélicoptère ? Un avion ? Une fusée ? Qu'est-ce qu'y faut que je fasse, hein ?

CHARLOTTE. Voyons, Claude…

23

MATHIEU. Je t'aime.

75 CHARLOTTE. Moi aussi je t'aime. T'es vraiment un bon gars.

MATHIEU. Tu comprends pas. Je t'aime.

FRANÇOIS ARCHAMBAULT
(dramaturge québécois, né en 1968)

Étant donné l'humour corrosif et le regard cinglant qu'il jette sur sa société, on a dit de François Archambault qu'il était le jeune dramaturge «qui cultive avec le plus d'art la satire, celui qui critique avec le plus d'aplomb une société sclérosée». Il se fait d'abord remarquer avec le controversé *Cul sec* (1993), puis s'attaque à la politique avec *Si la tendance se maintient* (1995). En 1997, il obtient le Prix du gouverneur général pour sa pièce *15 secondes*, dont un comédien atteint de paralysie cérébrale tient le rôle principal. François Archambault a également signé *La société des loisirs* (2003) et *Les frères Laforêt* (2007).

CHARLOTTE. Écoute, je sais pas trop quoi te dire, là. Je suis avec ton frère, je peux pas trop…

MATHIEU. Mon frère t'aime pas vraiment.

80 CHARLOTTE. Je pense pas…

MATHIEU. Y le sait que je t'aime. C'est lui qui m'a conseillé de t'en parler.

CHARLOTTE. Je sais pas trop quoi te dire, là…

MATHIEU. Tu sais pas ?

85 CHARLOTTE. Je sais pas.

MATHIEU. Dis-moi que tu m'aimes pas si tu veux rien savoir.

CHARLOTTE. Tu sais que c'est pas ça. C'est plus compliqué que ça. J'ai peur…

90 MATHIEU. C'est juste les premiers pas qui sont difficiles. Après, tu vas voir, ça va aller tout seul.

CHARLOTTE. J'ai peur de pas savoir comment… J'ai peur de te lâcher en cours de route. J'ai peur de te faire mal.

MATHIEU. Je suis habitué d'avoir mal.

95 CHARLOTTE. Écoute, Mathieu, j'ai besoin de temps. Faut que j'arrive à… Je sais pas, à imaginer comment ça peut être, nous deux…

MATHIEU. Embrasse-moi.

CHARLOTTE. Mathieu… S'il te plaît, fais-moi pas ça…

100 *Mathieu baisse la tête. Charlotte s'approche de lui, passe une main dans ses cheveux et lui embrasse le front.*

MATHIEU, *se levant.* Regarde. Je suis guéri. Je marche ! T'as fait un miracle ! Tu m'as sauvé !

CHARLOTTE, *le prenant dans ses bras.* Fais pas le con,
105 Mathieu ! Fais pas le con !

François Archambault, *15 secondes*, Montréal, © Leméac, 1998, p. 50 à 52, 60 et 61 et 77 à 79.

CYRANO DE BERGERAC

**Cyrano, défiguré par son énorme nez, aime en silence la belle Roxane.
Cette dernière lui donne rendez-vous pour lui confier un secret.
Pendant la scène, elle soigne la main blessée de Cyrano.**

Acte II, scène VI

ROXANE

Racontez !

CYRANO

Non. Laissez. Mais vous, dites la chose
Que vous n'osiez tantôt me dire…

ROXANE, *sans quitter sa main.*

À présent j'ose,
Car le passé m'encouragea de son parfum !
Oui, j'ose maintenant. Voilà. J'aime quelqu'un.

CYRANO

Ah !…

ROXANE

Qui ne le sait pas d'ailleurs.

CYRANO

Ah !…

ROXANE

Pas encore.

CYRANO

Ah !…

ROXANE

Mais qui va bientôt le savoir, s'il l'ignore.

CYRANO

Ah !…

ROXANE

Un pauvre garçon qui jusqu'ici m'aima
Timidement, de loin, sans oser le dire…

CYRANO

Ah !…

ROXANE

Laissez-moi votre main, voyons, elle a la fièvre. –
Mais moi j'ai vu trembler les aveux sur sa lèvre.

CYRANO

Ah !…

ROXANE, *achevant de lui faire un petit bandage
avec son mouchoir.*

Et figurez-vous, tenez, que, justement
Oui, mon cousin, il sert dans votre régiment !

CYRANO

Ah !…

ROXANE, *riant.*

Puisqu'il est cadet dans votre compagnie !

CYRANO

Ah !…

ROXANE

Il a sur son front de l'esprit, du génie,
Il est fier, noble, jeune, intrépide, beau…

CYRANO, *se levant tout pâle.*

Beau !

ROXANE

Quoi ? Qu'avez-vous ?

CYRANO

Moi, rien… C'est… c'est…
Il montre sa main, avec un sourire.

C'est ce bobo.

Edmond Rostand, *Cyrano de Bergerac*, 1898.

Placido Domingo dans le rôle
de Cyrano de Bergerac.

Les noces de tôle

Pour célébrer le cinquantième anniversaire de Pierre, son mari,
et leur vingt-cinquième anniversaire de mariage, Mireille organise une grande
fête surprise. Dans un décor de style romain, Mireille porte une toge…

La porte s'ouvre sur Pierre qui est visiblement mal à l'aise. Il lui faut tout son courage pour affronter Mireille, il bégaie de nervosité. Mireille s'adresse à lui comme si elle s'adressait à un enfant.

MIREILLE. Coucou !

PIERRE. Allô…

5 MIREILLE. Ben là… Je te dis coucou, mon amour !

PIERRE. Oui, oui… (*Très faiblement.*) Coucou…!

MIREILLE. Surpris, hein ?

PIERRE. Que quoi ?

MIREILLE. Ben là… (*Elle montre sa toge.*) Tu remarques rien ?

10 PIERRE. Ah ! Ben oui. Ça te fait bien. Écoute, Mireille.

MIREILLE. Ben là. Regarde, regarde !

PIERRE. Je… je l'sais pas si j'ai le temps.

MIREILLE. Comment ça, si t'as le temps ?

PIERRE. Éé… écoute, minou… je… je… je te présente Anne.

15 *Anne apparaît dans le cadre de porte.*

ANNE. Allô…

PIERRE. C'est Anne…

MIREILLE. Anne ?

PIERRE. Anne est ma… ma meilleure… ma meilleure maîtresse… En tout cas.

20 ANNE, *tendant la main à Mireille.* Salut, Mireille… Ça va bien aller, tu vas voir.

PIERRE. Oui, ça, ça… ça va être super…

ANNE. On est là pour t'aider, Mireille.

PIERRE. Exactement… On est là, Mireille.

MIREILLE. Je le vois ben que vous êtes là… Mais justement, quessé vous faites là ?

25 *Temps.*

ANNE. On te quitte, Mireille.

MIREILLE. Comment ça, vous me quittez ?

ANNE. Ben, pas moi, juste lui.

PIERRE. Oui, moi. Pas elle, Mireille.

30 MIREILLE. Ah, ça, y a pas de trouble. (*Vers Anne :*) Tu peux me quitter, toi.

ANNE. Tu réagis mal, Mireille.

MIREILLE. Ah oui ? Excuse-moi. Désolée.

Karen Deicas
DePodesta,
sans titre, 2003.

ANNE. Non, mais, c'est vrai qu'on veut t'aider, t'sais.

MIREILLE. M'aider à quoi ? À t'assassiner ? M'aider… M'aider… Mais t'es qui toi, pour m'aider ?

35 ANNE. Anne Ledoux. Stagiaire en publicité à l'agence de Pierre. T'es belle pour ton âge, Mireille.

MIREILLE. Ah oui ? Toi, tu fais dur, par contre.

PIERRE. Voyons, mon amour… (*Il regarde Anne.*) Excuse… Mireille, je veux dire… T'es émotive, là, Mireille.

MIREILLE. Ah oui, tu penses ? T'as rien vu encore. Non, mais c'est une joke, ça là ? (*Elle se pompe.*)
40 C'est une jo-ke ?

PIERRE. Non, malheureusement. Écoute, chérie : Anne et moi, on est en chose, là… en amour…

[…]

MIREILLE. Voyons… À matin encore, tu m'as dit que tu m'aimais.

PIERRE. Ben oui, mais je disais ça pour être smatte. Tu… tu veux jamais que je te laisse, Mireille.

45 MIREILLE, *se fâchant de plus en plus.* Non, pis c'est pas aujourd'hui que j'vas vouloir… Oh non ! (*Elle lève le bras comme pour le frapper.*) Mon p'tit torieu, toi !

PIERRE, *se protégeant.* Hey !

ANNE, *lui prenant le bras.* Calme-toi, Mireille.

MIREILLE, *la repoussant violemment.* Hey, toi là ! Touche pas à ma tante, O.K. ?

50 *Pierre sursaute.*

PIERRE. Ben là… À moins qu'on… revienne plus tard…

ANNE. Non, non. «Plus tard, c'est maintenant», mon amour.

MIREILLE, *s'écrasant.* C'est pas vrai ! Non, mais c'est pas vrai !

PIERRE. Oui, je te le jure que c'est vrai, fie-toi sur moi. C'est fini, nous deux…

55 MIREILLE. Non, non, c'est pas fini. (*Elle se fâche.*) Pis là, là, ça va faire, là… (*Elle empoigne Pierre.*) Toi, tu restes avec moman. (*À Anne:*) Toi, tu rentres chez vous pis… On réglera tout ça demain, là.

ANNE. Non, on peut pas demain. Hein ?

PIERRE. Non, c'est vrai… On… on part demain.

MIREILLE. Où ça ?

60 PIERRE. En Martinique.

MIREILLE. Hein ? Comment ça ? Quessé ça, là, la Martinique ?

PIERRE. Ben, y avait pus de place en Guadeloupe, hein ?

ANNE. Non. Paqueté ben dur. Moi, j'aime mieux la Guadeloupe, remarque…

MIREILLE, *criant et éclatant en sanglots.* C'est pas vrai…
65 C'est pas vrai.

PIERRE. A craque sur la Martinique.

ANNE. T'es sûr que c'est ça…?

Mireille pleure.

MIREILLE, *s'écroulant.* En Martinique. Y me quitte pour la
70 Martinique.

PIERRE. Ben non… Pas juste pour la Martinique, pour Anne aussi.

MIREILLE, *continuant de pleurer et de se parler.* Une vraie guenille… Chus là à genoux, à le supplier. On est pas sup-
75 posé supplier ça, un tas de fumier.

PIERRE. Justement… Qu'est-ce ça te donne de rester avec un tas de fumier ? (*Vers Anne:*) Hein ?

ANNE. Ben là !

MIREILLE. Oui, mais c'est pas de ma faute : je t'ai dans la
80 peau.

PIERRE. Oui, mais Anne aussi a m'a dans sa peau. (*Vers Anne:*) Hein ?

ANNE. Ça suffit, là, Mireille… Fais la grande fille, là.

PIERRE. Oui, oui. *Come on !*

85 MIREILLE. Ah, toi, écrase ! (*Vers Anne:*) Pis toi, p'tite vache, tant qu'à faire un vol, t'aurais pu en faire un vrai ! Un qui vaut la peine… As-tu vu quesse tu piques là ? (*Désignant Pierre.*) Une crotte. Une larve. Un mognon. (*À Pierre:*) Veux-tu ben me dire quessé que j'ai à être en
90 amour avec un mognon ?

Claude Meunier, *Les noces de tôle*,
Montréal, © Leméac, 2003, p. 38 à 42.

Où c'est qu'elle est ma gang ?

Seizième tableau

DANS LEUR CHAMBRE

Richard est dans sa chambre ; Ginette apparaît dans un autre lieu qui représente aussi sa chambre. Ils sont tous les deux
5 *comme dans leur lit. Ils ont de la peine.*

RICHARD. Maudites filles à marde.

GINETTE. J'me suis faite avoir par un gars.

RICHARD. A m'a fait marcher…

GINETTE. Y'a rien compris…

10 **RICHARD.** Pis j'ai marché dur comme fer…

GINETTE. Pis y m'a plantée là comme une vraie folle.

RICHARD. Pourquoi qu'a m'a invité à son party…

GINETTE. Pourquoi y est v'nu à mon party…

RICHARD. Est ben *stuck up*…

15 **GINETTE.** Y est vraiment pas déniaisé…

RICHARD. Mais est belle…

GINETTE. Mais y est cute…

RICHARD. Je l'aime…

GINETTE. J'l'aime…

20 **RICHARD.** A veut rien savoir de moi. On dirait qu'c'est ça qu'y fait que j'l'aime encore plus.

GINETTE. Y est indépendant. J'trouve ça encore plus au boutte.

RICHARD. Mais c'était pas une belle soirée.

GINETTE. C'tait une soirée pas *cool* pantoute.

RICHARD. T'à l'heure, pendant le party, j'tais comme quelqu'un d'autre. J'avais l'impression que
25 tout l'monde me r'gardait. C'pour ça qu'j'ai pas bougé. J'voulais pas avoir l'air de courir après Ginette. Quand j'suis en gang, on dirait que j'deviens quelqu'un d'autre.

GINETTE. Quand j'suis en gang, des fois j'me reconnais pus.

Louis-Dominique Lavigne, *Où c'est qu'elle est ma gang ?*,
Montréal, Québec Amérique, 1984, p. 155 à 157.

REPÈRES CULTURELS

LOUIS-DOMINIQUE LAVIGNE

(dramaturge québécois, né en 1949)

Dramaturge, metteur en scène, comédien et animateur, Louis-Dominique Lavigne a contribué à la mise sur pied de plusieurs compagnies théâtrales et pris part à de multiples créations collectives dans toute la francophonie. Il a signé plus d'une trentaine de pièces de théâtre, dont *Les petits orteils* (1992), qui lui a valu le Prix du gouverneur général, et *Kobold !*, le coup de cœur de la presse belge en 1994. Louis-Dominique Lavigne a également adapté pour la scène *L'histoire du petit tailleur*, le célèbre conte des frères Grimm.

LE PORTEUR
DES PEINES DU MONDE

La découverte de l'Amérique fut un événement

unique dans l'histoire de l'humanité;

c'est aussi l'origine du déracinement brutal

et tragique des peuples amérindiens.

5 Autrefois, ceux que l'on nomme

aujourd'hui les Amérindiens habitaient

pleinement cette terre, ce pays.

Autrefois, du lever au coucher du soleil,

sur les bords du grand fleuve, chacun de leurs

10 gestes, de leurs chants, de leurs danses,

chacun de leurs outils de pierre et d'os,

chacun de leurs canots tenaient dans leur

langue à eux, dans leur vision du monde;

c'était leur manière de vivre, leur culture.

15 Cette liberté fut cruellement

effacée par l'histoire. […]

SCÈNE 1
Le Portageur

Un vieil homme masqué, mi-homme, mi-oiseau apparaît.

20 *Il porte, sur son dos, un immense ballot de portage.*

[…]

*Le vieil homme-oiseau prend une pierre… puis il se frappe
la poitrine en criant…*

LE PORTEUR OU L'HOMME-OISEAU.

25 Nin nipimutan innuat utanimiunuau
Je porte les misères de mon peuple
Nin nipimutan eshi pikanikan assi
Je porte les blessures de cette Terre

Il brandit la pierre et la jette au sol. Il s'agenouille et se
30 *penche vers la Terre…*

LE PORTEUR.
Nipeten assi, e tepuemikat
J'entends crier le ventre de la Terre

Il écoute, l'oreille tendue:

35 Kassinu tshekuan assit ka utshipan, unitshissitakanu
Il dit: la source de cette terre est oubliée
Uepinakanut auassit, ute umue assit ka utshipannitau
Il dit: la Terre est une personne que l'on perce et viole
en crachant dessus…

40 **LE PORTEUR.**
Elle dit: qui m'a déchirée?
de quel droit dis-tu que je t'appartiens?

qui es-tu?
es-tu celui qui me blesse?

45 où sont mes enfants?

la route du vent
emporte leurs cendres…

*On entend les outardes portées par le vent… elles rient
peut-être… comme les esprits de nos enfants emportés par*
50 *la mort.*

SCÈNE III
Le Loup de la finance

La lune immense se renverse dans le présage. Un loup hurle, ivre de lumière.

55 *Le Loup de la finance, riche conquérant de l'ouest américain, cowboy de cabaret, véritable personnage de bande dessinée, se tient debout sur un baril d'huile.*

Il porte un magnifique chapeau de cowboy en paillettes argentées; des liasses de billets de banque pendent de ses
60 *poches.*

C'est lui, le Loup de la finance, le loup financier du monde de l'homme blanc. Il possède tout. Tout est à lui, la Terre, la ville, les humains.

Une musique de discothèque l'accompagne.

65 *Il chasse l'Indien de ses terres. Il chasse même les morts indiens de leur cimetière… Il détruit les semences de notre survie; changer l'Indien en homme blanc, en faire un homme enseveli sous la ville…*

Il s'adresse au Porteur:

70 **LE LOUP DE LA FINANCE.**
Sors du ventre de la terre
Homme de maïs
Sors du ventre de la terre

LA TERRE TOUT ENTIÈRE
75 DÉSORMAIS M'APPARTIENT

ton destin tout entier
m'appartient…

Tu n'as plus de terre
tu n'as plus de nom
80 tu n'as plus rien
va-t'en… va-t'en…

tu n'as plus de nom
tu n'as plus de terre

TU N'AS PLUS RIEN
85 va-t'en… va-t'en…

Chassé du ventre de la terre, dépossédé de son identité, l'homme-oiseau, le Porteur des peines du monde, devient la marionnette vivante du Loup de la finance.

John Newcomb, *Quête de vision*, 1999.

Jerome Kleine, *Silhouette d'un danseur au crépuscule*, 1994.

Il danse, secoué, manipulé, comme par magie, envoûté par
90 *l'illusion de l'argent…*

La musique infernale déchire la nuit…

[…]

*Le Loup de la finance, pareil au maître de piste d'un grand
cirque, pareil au meneur de jeu des bingos minables, invite*
95 *l'homme-oiseau à tenter sa chance dans le grand monde
civilisé…*

Il lui jette des billets de banque au visage…

LE LOUP DE LA FINANCE.
WELCOME
100 ENTRE… dans le GRAND MONDE CIVILISÉ
ENTRE… dans la GRANDE VILLE MAGIQUE
ENTRE… IN THE BIG MAGIC CITY

tu n'as plus rien
tu n'as plus de nom
105 tu n'as plus de terre

tout désormais
m'appartient

AH… AH… AH… AH…

ENTRE… ENTRE…
110 DANS LA GRANDE MÉCANIQUE

THIS IS A TRUE STAGE
TO REACH THE TOP

ENTRE… ENTRE
DANS LE GRAND BUILDING HUMAIN…
115 TOUT M'APPARTIENT

AH… AH… AH… AH…

*L'homme-oiseau entre alors à nouveau dans le premier
cercle-des-herbes-de-la-guérison…*

Une pluie de déchets s'abat des étoiles; les quatre Lunes
120 *solsticielles et équinoxiales se vident…*

*Les quatres Lunes vomissent une pluie de déchets sur la
Terre sacrée.*

*Le Porteur des peines du monde s'effondre… désormais
« indien-des-villes », sans identité, perdu, seul et défait…*

Yves Sioui Durand, *Le Porteur des peines du monde*,
Montréal, © Leméac, 1992, extraits choisis entre les pages 11 et 41.

REPÈRES CULTURELS

YVES SIOUI DURAND
(dramaturge amérindien, né en 1951)

Yves Sioui Durand est le cofondateur de la seule compagnie théâtrale autochtone du Québec, Ondinnok. Le théâtre-rituel de Sioui Durand et d'Ondinnok s'inspire des mythes fondateurs amérindiens pour créer des pièces fortement évocatrices, où se conjuguent la danse, la musique et l'imagerie scénique. L'œuvre du dramaturge huron-wendat est ouvertement politique : il aborde de front la perte de l'identité autochtone et l'érosion de cette culture. Yves Sioui Durand a signé une dizaine de pièces, dont *Le Porteur des peines du monde* (1983), *AtiskenAndahate : Le voyage au pays des morts* (1988) et *La conquête de Mexico* (1991). Il travaille actuellement à l'adaptation cinématographique de sa pièce *Hamlet le Malécite*.

David Parrish, *Double Feature*, sans date.

Les Yankees

La nuit dormait dans son verseau,
les chèvres buvaient au rio,
nous allions au hasard
et nous vivions encore plus forts
5 malgré le frette et les barbares.

Nous savions qu'un jour ils viendraient
à grands coups d'axes, à coups de taxes
nous traverser le corps de bord en bord,
nous les derniers humains de la terre.

10 Le vieux Achille a dit :
« À soir c'est un peu trop tranquille.
Amis, laissez-moi faire le guet.
Allez ! Dormez en paix ! »

Ce n'est pas le bruit du tonnerre
15 ni la rumeur de la rivière
mais le galop
de milliers de chevaux en course
dans l'œil du guetteur.

Et tout ce monde sous la toile
20 qui dort dans la profondeur :
« Réveillez-vous !
V'là les Yankees, v'là les Yankees,
Easy come, Wisigoths,
V'là les Gringos ! »

25 Ils traversèrent la clairière
et disposèrent leurs jouets de fer.
L'un d'entr' eux loadé de guns
s'avance et pogne
le mégaphone.

30 « Nous venons de la part du Big Control,
son laser vibre dans le pôle,
nous avons tout tout tout conquis
jusqu'à la glace des galaxies.

Le président m'a commandé
35 de pacifier le monde entier.
Nous venons en amis.

Maint'nant assez de discussion
et signez-moi la reddition
car bien avant la nuit
40 nous regagnons la Virginie ! »

V'là les Yankees, v'là les Yankees
Easy come, Wisigoths,
V'là les Gringos !

« Alors je compte jusqu'à trois
45 et toutes vos filles pour nos soldats.
Le grain, le chien et l'uranium,
l'opium et le chant de l'ancien,
tout désormais nous appartient,
et pour que tous aient bien compris
50 je compterai deux fois
et pour les news d'la NBC :
Tell me my friend,
qui est le chef ici ?
Et qu'il se lève ! »
55 Et le soleil se leva.

Hey Gringo ! Escucha me, Gringo !
Nous avons traversé des continents,
des océans sans fin
sur des radeaux tressés de rêves
60 et nous voici devant vivants,
fils de soleil éblouissant
la vie dans le reflet d'un glaive.

America ! America !
Ton dragon fou s'ennuie,
65 amène-le que je l'achève.
Caligula, ses légionnaires,
ton président, ses millionnaires,
sont pendus au bout de nos lèvres.

Gringo ! t'auras rien de nous.
70 De ma mémoire de titan,
mémoire de 'tit enfant :
ça fait longtemps que je t'attends.
Gringo ! Va-t'en !
Va-t'en !
75 Allez Gringo ! Que Dieu te blesse !

La nuit dormait dans son verseau,
les chèvres buvaient au rio,
nous allions au hasard
et nous vivions encore plus forts
80 malgré le frette et les barbares.

«Les Yankees»,
paroles et musique de Richard Desjardins,
© Éditions Foukinic.

Le loup imitateur de hibou

Popa et Moman (Claude Meunier et Serge Thériault) en camping dans *La petite vie*.

Moman. Hé, Seigneur ! On aurait donc dû aller au Château Frontenac, aussi…

Popa. Voyons donc ! Camper, c'est ben plus romantique.

5   *Bruit d'automobile.*

Moman. Oui, c'est romantique, certain… Surtout à huit pieds de l'autoroute ! C'est pas le vent qui va remplir notre tente, c'est un char ! À part de ça, qu'est-ce tu connais au camping, toi ?

10   **Popa.** Qu'est-ce que je connais au camping, franchement ! Sais-tu qu'est-ce ça veut dire «Ti-Mé» en indien ?

Popa va chercher un sac de mines dans l'auto.

Moman. Trop cheap pour aller à l'hôtel ?

15   **Popa.** Oui, mais pas juste ça. Non, ça veut dire Ti-Mélèze de la forêt.

On entend le ululement d'un hibou.

Popa. Ah, mon Dieu ! Vite, moman… vite vite, couche-toi par terre…

20   *Popa et Moman se couchent par terre.*

Moman. Bon ! Ti-Mélèze a la chienne.

À nouveau le ululement du hibou.

Popa. Tchutt ! Moman !

Moman. Voyons donc, c'est juste un hibou !

25   **Popa.** Un hibou ! C'est un loup, Moman… Un loup qui imite un hibou.

Troisième ululement du hibou.

Moman. Un loup imitateur de hibou ?

Popa. Ben voyons donc, Moman, c'est connu : le loup imite toujours sa proie avant de l'attaquer…

Moman, *se relevant.* Ben justement, attends qu'y imite le Ti-Mélèze avant de t'énerver.

Claude Meunier, *Le monde de* La petite vie,
Montréal, © Leméac, 1998, p. 41 et 42.

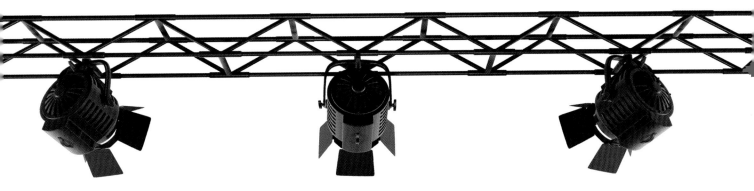

Les 36 situations dramatiques

Pour le Français Georges Polti (1868-1940), il existe 36 situations dramatiques de base. Les voici en résumé.

1. Le sauvetage d'une ou de plusieurs personnes.
2. Les supplications d'un personnage qui veut être tiré d'embarras.
3. La vengeance d'un proche.
4. La vengeance d'un crime.
5. La fuite d'un personnage traqué.
6. La destruction causée par un personnage.
7. Le désir de possession d'un bien, d'un être.
8. La révolte d'un personnage.
9. La quête de l'inaccessible.
10. Le rapt.
11. La résolution d'une énigme.
12. L'obtention ou la conquête d'un bien précieux.
13. La haine.
14. La rivalité.
15. L'adultère conduisant au meurtre du conjoint gênant.
16. La folie meurtrière.
17. La fatale imprudence.
18. L'inceste.
19. L'homicide d'un parent inconnu.
20. Le don de soi pour un idéal.
21. Le don de soi pour sauver un proche.
22. Le sacrifice à une passion fatale.
23. Le sacrifice des siens au nom d'un idéal supérieur.
24. Le combat à armes inégales.
25. L'adultère.
26. Les crimes commis au nom de l'amour.
27. Le déshonneur d'un être aimé.
28. Les amours contrariées, empêchées.
29. L'amour d'un personnage pour son ennemi.
30. L'ambition.
31. La lutte contre Dieu.
32. La jalousie.
33. L'erreur judiciaire.
34. Les remords.
35. Les retrouvailles.
36. L'épreuve du deuil.

D'après un article de Wikipédia résumant les propositions de Georges Polti.

INDEX DES AUTEURS

Remarque

L'astérisque (*) indique qu'une notice biographique sur l'auteur accompagne son texte ou un de ses textes.

INDEX DES NOTIONS

U

NOTICES BIBLIOGRAPHIQUES DES OUVRAGES PRÉSENTÉS DANS LES PAGES RÉPERTOIRE

DOSSIER 4 (page 81)

Papatie, Kevin. *Entre l'arbre et l'écorce*, [Enregistrement numérique], 3 min 40 s, dans *Wapikoni mobile : sélection 2008*, Montréal, Corporation Wapikoni mobile et Office national du film du Canada, 2009.

Rose, Reginald. *Douze hommes en colère*, adaptation de Attica Guedj et Stephan Meldegg, Paris, Avant-Scène, coll. «L'avant-scène théâtre», 1977, 63 p.

100 photos de Don McCullin pour la liberté de la presse, documents réunis par Reporters sans frontières, n° 30, mai 2009, 144 p.

Aird, Robert et Mira Falardeau. *Histoire de la caricature au Québec*, Montréal, VLB Éditeur, coll. «Études québécoises», 2009, 248 p.

DOSSIER 5 (page 111)

Collectif. *Un cri au bonheur*, [Enregistrement numérique], Montréal, Les productions Virage et Office national du film du Canada, 2007, 91 min.

Collectif. *Douze hommes rapaillés chantent Gaston Miron*, [Enregistrement sonore], Montréal, Spectra, 2008, 53 min.

Collectif. *Paroles des poètes d'aujourd'hui*, recueillies par Michel Piquemal et Claude Barrère, Paris, Albin Michel, coll. «Paroles», 1997, 93 p.

Tawara, Machi. *L'anniversaire de la salade*, traduit du japonais par Yves-Marie Allioux, Arles, Éditions Philippe Picquier, 2008, 112 p.

Collectif. *Les cent poèmes du bonheur*, textes réunis et présentés par Albine Novarino et Béatrice Mandopoulos, Paris, Omnibus, 2002, 215 p.

DOSSIER 6 (page 141)

Magnan, Lucie-Marie et Christian Morin, *100 pièces du théâtre québécois qu'il faut lire et voir*, Québec, Éditions Nota bene, coll. «NB poche», 2002, 443 p.

Bretonnière, Bernard. *Petit dictionnaire de théâtre*, Paris, Éditions théâtrales, coll. «Sur le théâtre», 2000, 144 p.

Tirard, Laurent. *Molière*, [Enregistrement numérique], Paris, Fidélité Productions, 2006, 121 min.

SOURCES ICONOGRAPHIQUES

DOSSIER 4

p. 2 : Private Collection/The Bridgeman Art Library • **p. 3 :** (b.g.) Carl Valiquet, Collection : Cinémathèque québécoise ; (b.m.) moodboard/Corbis ; (b.d.) © Here ! Films/Courtesy Everett Collection • **p. 19 :** Carl Valiquet, Collection : Cinémathèque québécoise • **p. 20 :** Collection : Musée national des Beaux-Arts du Québec, 37.54. Photo : Patrick Altman • **p. 21 :** Tate, London/Art Resource, NY • **p. 22 :** Erich Lessing/Art Resource, NY • **p. 27 :** Carl Valiquet, Collection : Cinémathèque québécoise • **p. 31 :** Tom Brakefield/Corbis • **p. 32 :** Private Collection/The Stapleton Collection/The Bridgeman Art Library • **p. 34 :** Visuel extrait de l'album « L'affaire Tournesol » : p. 26, vignette A3 • **p. 35 :** © Hergé/Moulinsart 2009 • **p. 37 :** John Newcomb/SuperStock • **p. 39 :** Atlantide Phototravel/Corbis • **p. 42 :** moodboard/Corbis • **p. 44 :** Catherine Raillard/Corbis • **p. 54 :** B. Busco/Getty Images • **p. 55 :** Carson Ganci/Design Pics/Corbis • **p. 56 :** Chip Simons/Getty Images • **p. 57 :** Colin Anderson /Getty Images • **p. 58 :** Alain Daussin/Getty Images • **p. 59 :** Knud Nielsen/Shutterstock • **p. 60 :** © Here ! Films/Courtesy Everett Collection • **p. 61 :** Distributeur K-Films Amérique • **p. 67 :** ADONIS Media, collection « Romans de Toujours » • **p. 68 :** (h.) ADONIS Media, collection « Romans de Toujours » ; (b.) Robert Harding World Imagery/Corbis • **p. 70 :** Gracieuseté de Fides • **p. 72 :** (h.) Jose Ortega/Getty Images ; (b.) Thomas Hoeffgen/Getty Images • **p. 76 :** Private Collection/The Bridgeman Art Library • **p. 77 :** Photo : Guy Dubois/Archives du Théâtre du Rideau Vert • **p. 78 :** © akg/Johann Brandstetter • **p. 79 :** Private Collection/The Bridgeman Art Library • **p. 81 :** (h.g.) Gracieuseté de Wapikonimobile ; (m.d.) Édition l'avant-scène théâtre ; (m.g.) Gracieuseté de Reporters sans frontières ; (b.d.) Robert Aird, Mira Falardeau, *Histoire de la caricature au Québec*, VLB éditeur, 2009 © VLB Éditeur, Robert Aird, Mira Falardeau, 2009

DOSSIER 5

p. 82 : Private Collection/The Bridgeman Art Library • **p. 83 :** © Ernest Pignon-Ernest/SODRAC (2009) • **p. 85 :** Jules Renard, *Poil de carotte* © Le Livre de Poche Jeunesse, 2007 • **p. 86 :** Bettmann/Corbis • **p. 87 :** NASA-GSFC – digital version copy/Science Faction/Corbis • **p. 96 :** Private Collection/The Bridgeman Art Library • **p. 97 :** Sophie Bassouls/Sygma/Corbis • **p. 98 :** (h.) Private Collection/The Bridgeman Art Library ; (b.) Bettmann/Corbis • **p. 100 :** Lebrecht Music & Arts/Corbis • **p. 101 :** (h.) Jamie Farrant/Istockphoto ; (b.) Photo : Laure Morali • **p. 102 :** Private Collection/© Special Photographers Archive/The Bridgeman Art Library • **p. 103 :** Paul Cooklin/Brand X/Corbis • **p. 105 :** (h.) © The Edward Seago Estate, courtesy of Portland Gallery, London. Photo : Private Collection/Photo Bonhams, London, UK/The Bridgeman Art Library ; (b.) NASA-GSFC – digital version copy/Science Faction/Corbis • **p. 106 :** © Kitti Bruneau. Photo : gracieuseté de la galerie Gala • **p. 109 :** Partir © Marleen Provençal, 2008 (www.madamep.com) Acrylique sur toile, 122 x 122 cm (Photo : É. Boucher) • **p. 111 :** (h.g.) Affiche du film *Un cri au bonheur*, © 2007 Office national du film du Canada et Productions Virage ; (m.d.) Éditions de l'Anse-aux-Corbeaux – Éditions Ad Litteram sous licence Spectra musique – Dessin : Denise Lefebvre ; (m.g.) Gracieuseté des Éditions Albin Michel ; (b.d.) Reproduit avec la permission des Éditions Philippe Picquier. Photo en couverture : Flashfilm/Getty Images ; (b.g.) Gracieuseté des Éditions Omnibus

DOSSIER 6

p. 112 : Scala/Art Resource, NY • **p. 113 :** (b.g.) Suzane O'Neill © 2006 ; (b.d.) © Dominique Lapointe • **p. 115 :** © Dominique Lapointe • **p. 117 :** Paul Lacroix – Courtoisie Galerie Lacerte art contemporain • **p. 118 :** © Succession Paul André/SODRAC (2009). Couverture : gracieuseté de Leméac • **p. 119 :** Suzane O'Neill © 2006 • **p. 120 :** Picsfive/Shutterstock • **p. 130 :** © Laurence Folie/Leemage • **p. 131 :** Photo : François-Xavier Gaudreault • **p. 132 :** Gracieuseté des Productions Kléos • **p. 133 :** © Patrick Sanfaçon • **p. 134 :** akg-images • **p. 135 :** Marc Séguin/SODRAC (2009). Photo : Galerie Simon Blais • **p. 136 :** (h.) Jerome Kleine/Superstock ; (b.) Gracieuseté du Théâtre Trillium • **p. 137 :** © P. La Porta/Leemage • **p. 138 :** Musée des Beaux-Arts, Marseille, France/Giraudon/The Bridgeman Art Library • **p. 139 :** (h.) © Yves Renaud 2008 ; (b.) Henri Paul/Bibliothèque et Archives Canada/e000001125 • **p. 141 :** (h.g.) Gracieuseté du CEAD ; (m.d.) © Éditions Nota bene, 2002 ; (m.g.) Bernard Bretonnière, *Petit dictionnaire du théâtre* © Éditions THÉÂTRALES, coll. « Sur le théâtre », 2000 ; (b.d.) Collection Christophel

Activités et exercices de grammaire

p. 142 : The Art Archive/Museum of Modern Art Mexico/Gianni Dagli Orti

Connaissances

p. 174 : David David Gallery/SuperStock • **p. 178 :** Monika Adamczyk/Istockphoto • **p. 185 :** James Steidl/Istockphoto • **p. 187 :** Jamie Farrant/Istockphoto • **p. 194 :** Lee Daniels/Istockphoto • **p. 201 :** Istockphoto • **p. 207 :** Farzin Salimi/Istockphoto • **p. 209 :** Istockphoto • **p. 212 :** Istockphoto • **p. 217 :** Eliza Snow/Istockphoto • **p. 223 :** Istockphoto • **p. 231 :** Kenneth Zirkel/Istockphoto • **p. 242 :** Rami Halim/Istockphoto • **p. 243 :** Tomas Jensen/Istockphoto • **p. 260 :** Britta Kasholm-Tengve/Istockphoto

Stratégies

p. 266 : Schalkwijk/Art Resource, NY • **p. 268 :** Feng Yu/Istockphoto • **p. 271 :** Lorenzo Colloreta/Istockphoto • **p. 275 :** Viorika Prikhodko/Istockphoto • **p. 276 :** Istockphoto • **p. 283 :** Aldo Murillo/Istockphoto • **p. 285 :** Charles Taylor/Istockphoto

Recueil de textes

p. 295 : Victoria & Albert Museum, London, UK/The Bridgeman Art Library

DOSSIER 4

p. 296 : Private Collection/The Bridgeman Art Library • **p. 298 :** (h.) Pablo del Rio Sotelo/Istockphoto ; (a.-p.) Dmitry Kudryavtsev /Istockphoto • **p. 299 :** Images.com/Corbis • **p. 300 :** Alberto Ruggieri/Illustration Works/Corbis • **p. 301 :** Images.com/Corbis • **p. 302 :** Getty Images • **p. 305 :** David Trood/Getty Images • **p. 307 :** Matias Rafael Mendiola/Istockphoto • **p. 309 :** Robert Mailloux/*La Presse* • **p. 310 :** George Peters/Istockphoto • **p. 311 :** Images.com/Corbis • **p. 312 :** Leonard de Selva/Corbis • **p. 313 :** Photo : Josée Lambert • **p. 314 :** (h.) © Mix & Remix ; (b.) Istockphoto • **p. 315 :** Robert Sarno/Istockphoto • **p. 317 :** Images.com/Corbis • **p. 318 :** (h.) Alberto Ruggieri/Illustration Works/Corbis ; (b.) Photo : Jacques Grenier • **p. 319 :** *Le Soleil* – Érick Labbé • **p. 320 :** © Agence QMI • **p. 321 :** (h.) Archives de *La Presse* ; (b.) Philadelphia Museum of Art/Corbis • **p. 322 :** Éditions Alto/Matte Stephens • **p. 323 :** Jose Ortega/Getty Images • **p. 324 :** (g.) Istockphoto ; (m.) Visuel extrait de l'album *L'affaire Tournesol* : p. 26, vignette A3 • **p. 325 :** Istockphoto • **p. 326 :** © Succession Picasso/SODRAC (2009). Photo : The Art Archive/Corbis • **p. 327 :** Gideon Mendel/Corbis • **p. 328 :** (h.) Patrick Robert/Corbis ; (m.) Jon Hursa/Pool/epa/Corbis • **p. 329 :** *Le Soleil* – Steve

Deschênes • **p. 330 :** AP Photo/Sebastian Scheiner • **p. 331 :** © Rex Features [2005] all rights reserved • **p. 332 :** Corbis • **p. 333 :** Stefano Bianchetti/Corbis

DOSSIER 5

p. 334 : Private Collection/The Bridgeman Art Library • **p. 336 :** Private Collection/Jeremy Hauser/Superstock • **p. 337 :** (a.-p.) Istockphoto ; (p.p.) Konstantin Kirillov/Istockphoto • **p. 338 :** The Gallery Collection/ Corbis • **p. 339 :** (a.-p.) Roberto A. Sanchez/Istockphoto ; (h.) Britta Kasholm-Tengue/Istockphoto ; (b.) Sophie Bassouls/Sygma/Corbis • **p. 340 :** (h.) Melinda Newman/Getty Images ; (b.) Sophie Bassouls/ Sygma/Corbis • **p. 341 :** Superstock • **p. 342 :** © Succession René Magritte/ SODRAC (2009). Photo : Christie's Images/Corbis • **p. 343 :** ANDERSEN ULF/GAMMA/EYEDEA • **p. 344 :** © Succession Marc Chagall/ SODRAC (2009). Photo : Bettmann/Corbis • **p. 345 :** Jakub Krechowicz/ Istockphoto • **p. 346 :** Hyacinth Manning/SuperStock • **p. 347 :** (h.) Stefano Bianchetti/Corbis ; (b.) SuperStock/SuperStock • **p. 348 :** (h.) Michael Todd Mushopf/Superstock ; (b.) Bibliothèque et Archives Canada/ nlc-008389 • **p. 349 :** (a.-p.) Amanda Ruch/Istockphoto ; Getty Images • **p. 350 à 353 :** (h. a.-p.) Levert Abrurrahman Cagin/Istockphoto • **p. 350 :** (h.d.) Istockphoto ; (h.m.) Yuri Khristich/Istockphoto ; (b.g.) Istockphoto ; (b.m.) Istockphoto • **p. 351 :** (h.) Hsu Soo Ming/Superstock ; (b.) © Succession Jean Paul Riopelle/SODRAC (2009). Photo : David David Gallery, Philadelphia/Superstock • **p. 352 :** (h.g.) Narcisa Floricica Buzlia ; (h.m.) Istockphoto ; (h.d.) Florea Marius Catalin/Istockphoto ; (a.-p.) Jan Will/Istockphoto ; (p.p.) Sophie Bassouls/Sygma/Corbis • **p. 353 :** (h.) Roberta Casatiggi/Istockphoto ; (m.) Ina Peters/Istockphoto ; (b.) Sophie Bassouls/Sygma/Corbis • **p. 354 :** Epic Stock/Shutterstock • **p. 355 :** (a.-p.) Véronika Vasilyuk/Shutterstock ; (p.p.) Roger Viollet/Getty Images • **p. 356 :** (g.) Dianan Ong/Superstock ; (d.) Sophie Bassouls/Sygma/Corbis • **p. 357 :** (h.) Aldo Ottaviani/Istockphoto ; (b.) Bibliothèque et Archives Canada : C-088566 • **p. 358 :** (h.) Erich Lessing/Art Resource, NY ; (b.) © Josée Lambert • **p. 359 :** (p.p.) Sophie Bassouls/Sygma/Corbis • **p. 360 :** (h.) Saso Novoselic/Istockphoto ; (b.) CP PHOTO/*Le Journal de Montréal*/Gilles Lafrance • **p. 361 :** (h.) *Le Soleil* – Raynald Lavoie ; (b.) Alexander Vasilev/Istockphoto

DOSSIER 6

p. 362 : Scala/Art Resource, NY • **p. 364 :** Photo : Marilène Bastien • **p. 365 :** Peeter Viisimaa/Istockphoto • **p. 366 :** (h.) Patrick A. Krost/ Istockphoto ; (b.) Photo : © Matthieu Bichat 2009 • **p. 367 :** Patrick Robert/Sygma/Corbis • **p. 368 :** (h.) Reuters/Corbis ; (b.) Photo : Jacques Grenier • **p. 369 :** Richard Packwood/Getty Images • **p. 370 :** AFP/Getty Images • **p. 372 :** Aldegonde Le Compte/Istockphoto • **p. 373 :** Istockphoto • **p. 374 :** (h.) Istockphoto ; (b.) François Roy/*La Presse* • **p. 384 :** Todd Davidson/Getty Images • **p. 385 :** Illustration Works/Corbis • **p. 386 :** Eric Fougère/VIP Images/Corbis • **p. 387 :** Nathan Griffith/ Corbis • **p. 388 :** Reproduit avec la permission du Nouveau Théâtre Expérimental. Photo : Gilbert Duclos • **p. 389 :** Reproduit avec la permission du Nouveau Théâtre Expérimental. Photo : Gilbert Duclos • **p. 390 :** © Martin Beaulieu • **p. 391 :** AFP/Getty Images • **p. 393 :** Private Collection/Art for After Hours/Superstock • **p. 394 :** Martin Chamberland/*La Presse* • **p. 395 :** images.com/Corbis • **p. 396 :** Ivan Cholakov Gostock-dot-net/Shutterstock • **p. 397 :** John Newcomb/ Superstock • **p. 398 :** (h.) Jerome Kleine/Superstock ; (b.) Photo : Benoit Aquin • **p. 399 :** Louis K. Meisel Gallery, Inc./Corbis • **p. 400 :** Avanti Ciné-Vidéo/Michel Tremblay © • **p. 401 :** James Steidl/Istockphoto

422 SOURCES ICONOGRAPHIQUES